Andre Kranke | Martin Schmied | Andrea Dorothea Schön

CO_2-Berechnung in der Logistik

Andre Kranke | Martin Schmied | Andrea Dorothea Schön

CO_2-Berechnung in der Logistik

Datenquellen, Formeln, Standards

1. Auflage 2011

© 2011 Verlag Heinrich Vogel in der Springer Fachmedien München GmbH, Aschauer Str. 30, 81549 München

1. Auflage 2011
Stand August 2011

Umschlaggestaltung: Bloom Project
Lektorat: Ulf Sundermann
Titelbild: seraph / Quelle PHOTOCASE
Herstellung: Silvia Sperling
Satz: satz-studio gmbh, Asbach-Bäumenheim
Druck: Kessler Druck+Medien GmbH & Co. KG, Michael-Schäffer-Str. 1, 86399 Bobingen

Die Springer Fachmedien München GmbH ist Teil der Fachverlagsgruppe
Springer Science+Business Media.

Das Werk, einschließlich aller seiner Teile, ist urheberrechtlich geschützt. Jede Verwertung außerhalb der engen Grenzen des Urheberrechtsgesetzes ist ohne Zustimmung des Verlages unzulässig und strafbar. Das gilt insbesondere für Vervielfältigungen, Übersetzungen, Mikroverfilmungen und die Einspeicherung und Verarbeitung in elektronischen Systemen.

Das Werk ist mit größter Sorgfalt erarbeitet worden. Eine rechtliche Gewähr für die Richtigkeit der einzelnen Angaben kann jedoch nicht übernommen werden.

Aus Gründen der Lesbarkeit wurde im Folgenden die männliche Form (z.B. Mitarbeiter) verwendet. Alle personenbezogenen Aussagen gelten jedoch stets für Männer und Frauen gleichermaßen.

ISBN 978-3-574-26095-7

Inhaltsverzeichnis

Vorwort der Autoren 11

Vorwort des Deutschen Speditions- und Logistikverbands (DSLV) 13

Vorwort des Umweltbundesamtes 15

1   **Rahmenbedingungen für die CO_2-Ermittlung in der Logistik** 17

1.1   **Klima und Treibhausgase** 17
1.1.1   Zeichen und Folgen des Klimawandels 17
1.1.2   Ursachen für den Klimawandel 19
1.1.3   Verursacher von Treibhausgasemissionen 23
1.1.4   THG-Emissionen des Verkehrs in Deutschland 25
1.1.5   Anerkannte Datenquellen 26

1.2   **Klimakonferenzen und THG-Reduzierungsziele** 27
1.2.1   Vereinbarungen von Cancun und Kopenhagen 28
1.2.2   Klimaschutzziele in Deutschland 29

1.3   **Dokumentation von THG-Emissionen** 30
1.3.1   Regionen und Länder 30
1.3.2   Unternehmen 36
1.3.3   Produkte und Dienstleistungen 42

1.4   **Bilanzierung von Scope-3-Emissionen** 47
1.4.1   Praktische Probleme der Bilanzierung 48
1.4.2   Relevanz der THG-Emissionen externer Logistikdienstleister 49
1.4.3   Analyse der Transporte 50
1.4.4   Auswahl der Emissionsfaktoren 53
1.4.5   Allokation – Zuordnung der Emissionen zur Sendung 55
1.4.6   Interpretation der CO_2-Berechnungen 59

2   **Berechnung der CO_2- und Treibhausgasemissionen**
        (THG-Emissionen) 61

2.1   **Grundlagen für alle Berechnungen** 61
2.1.1   Grundformel 61
2.1.2 CO_2-Formel für alle Verkehrsmittel 62
2.1.3   Berücksichtigung der Energieproduktion 64
2.1.4   Einbeziehung weiterer TGH-Emissionen (CO_2-Äquivalente) 66
2.1.5   Standardisierter Energieverbrauch und Ergebnisdarstellung 68

Inhaltsverzeichnis

2.2	**Praktische Hinweise für die Nutzung der Formeln**	71
2.2.1	Einheiten der Umrechnungsfaktoren	71
2.2.2	Genauigkeit der Berechnungen	72
2.2.3	Ladungsgewichte	72
2.2.4	Transportentfernungen	73
3	**Umrechnungsfaktoren für Energieträger und Betriebsstoffe**	75
3.1	**Grundprinzipien**	75
3.2	**Kraft- und Betriebsstoffe für Motoren**	79
3.2.1	Allgemeine Vorbemerkungen	79
3.2.2	Kraftstoffe fossilen Ursprungs	82
3.2.3	Biokraftstoffe	87
3.3	**Elektrischer Strom**	95
3.3.1	Allgemeine Vorbemerkungen	95
3.3.2	Bahnstrom	97
3.3.3	Strom aus dem öffentlichen Netz	99
3.3.4	Ökostrom	101
3.3.5	Eigenstromerzeugung	105
3.4	**Wärmeerzeugung**	106
3.4.1	Allgemeine Vorbemerkungen	106
3.4.2	Umrechnungsfaktoren	107
3.5	**Kältemittel**	111
3.5.1	Allgemeine Vorbemerkungen	111
3.5.2	Umrechnungsfaktoren	112
3.6	**Zusammenfassung**	115
4	**Spezifischer Energieverbrauch in der Logistik**	117
4.1	**Grundsätzliche Überlegungen**	117
4.1.1	Der schnelle und der exakte Weg	117
4.1.2	Darstellung von THG-Emissionen und Energieverbräuchen	119
4.1.3	Allgemeine Einflussgrößen	120
4.1.4	Gemessene Werte versus Default-Werte	122
4.2	**Lkw-Verkehre**	126
4.2.1	Allgemeine Einflussfaktoren	127
4.2.2	Ermittlung des Energieeinsatzes ohne Detailkenntnisse	130
4.2.3	Ermittlung des Energieeinsatzes mit Detailkenntnissen	132

Inhaltsverzeichnis

4.2.4	Datenquellen für Kraftstoffverbräuche	145
4.2.5	Berechnung von standardisierten Energieverbrauchswerten und Treibhausgasemissionen	167
4.2.6	Entfernungsberechnung	168
4.2.7	Besonderheiten bei Lkw-Kühltransporten	169
4.2.8	Besonderheiten bei der Berechnung von Sammel- und Verteilerverkehren	175

4.3	**Bahnverkehre**	181
4.3.1	Allgemeine Einflussfaktoren	181
4.3.2	Ermittlung des Energieeinsatzes ohne Detailkenntnisse	183
4.3.3	Ermittlung des Energieeinsatzes mit Detailkenntnissen	186
4.3.4	Berechnungsweg für Bahnen außerhalb Europas	193
4.3.5	Berechnung von standardisierten Energieverbrauchswerten und Treibhausgasemissionen	194
4.3.6	Entfernungsberechnung	197

4.4	**Binnenschifffahrt**	198
4.4.1	Allgemeine Einflussfaktoren	198
4.4.2	Ermittlung des Energieeinsatzes ohne Detailkenntnisse	202
4.4.3	Ermittlung des Energieeinsatzes mit Detailkenntnissen	208
4.4.4	Berechnung von standardisierten Energieverbrauchswerten und Treibhausgasemissionen	211
4.4.5	Entfernungsberechnung	212

4.5	**Seeschifffahrt**	213
4.5.1	Allgemeine Einflussfaktoren	213
4.5.2	Ermittlung des Energieeinsatzes ohne Detailkenntnisse für Massengutfrachter, Tanker und Containerschiffe	217
4.5.3	Ermittlung des Energieeinsatzes mit Detailkenntnissen für Massengutfrachter, Tanker und Containerschiffe	220
4.5.4	Berechnungsweg für RoRo-Schiffe (Fähren)	228
4.5.5	Berechnung von standardisierten Energieverbrauchswerten und Treibhausgasemissionen	230
4.5.6	Entfernungsberechnung	233

4.6	**Luftfracht**	235
4.6.1	Allgemeine Einflussfaktoren	235
4.6.2	Ermittlung des Energieeinsatzes ohne Detailkenntnisse	241
4.3.3	Ermittlung des Energieeinsatzes mit Detailkenntnissen	244
4.6.4	Berechnung von standardisierten Energieverbrauchswerten und Treibhausgasemissionen	254
4.6.5	Entfernungsberechnung	258

Inhaltsverzeichnis

4.7	**Gebäude, Lager und Umschlagseinrichtungen**	260
4.7.1	Allgemeine Einflussfaktoren	260
4.7.2	Strom und Wärme	263
4.7.3	Gabelstapler und sonstige Fahrzeuge	270
4.7.4	Kältemittel	274
4.7.5	Allokation von Energieverbrauch und Treibhausgasemissionen auf Einzelsendungen	276
5	**Ausgewählte Berechnungsmethoden und Datenquellen**	279
5.1	**CEN-Normentwurf zur Berechnung des Energieverbrauchs und der Treibhausgasemissionen von Transportdienstleistungen**	279
5.1.1	Einsatzbereich	279
5.1.2	Berechnungsgrundsätze	280
5.1.3	Bedeutung für die Praxis	282
5.2	**Transport Emission Model – TREMOD**	283
5.2.1	Einsatzbereich	283
5.2.2	Berechnungsgrundsätze	284
5.2.3	Bedeutung für die Praxis	287
5.3	**Handbuch für Emissionsfaktoren des Straßenverkehrs (HBEFA)**	287
5.3.1	Einsatzbereich	287
5.3.2	Berechnungsgrundsätze	289
5.3.3	Bedeutung für die Praxis	290
5.4	**EU-Richtlinien zur CO_2-Messung bei Kraftfahrzeugen**	291
5.4.1	Einsatzbereich	291
5.4.2	Berechnungsgrundsätze	293
5.4.3	Bedeutung für die Praxis	294
5.5	**EU-Richtlinien zum Emissionshandel**	296
5.5.1	Einsatzbereich	296
5.5.2	Berechnungsmethode	296
5.5.3	Bedeutung für die Praxis	301
5.6	**Energieausweis für Immobilien**	302
5.6.1	Einsatzbereich	302
5.6.2	Berechnungsmethode	304
5.6.3	Bedeutung für die Praxis	306
5.7	**VCI-Leitfaden CO_2-Emissionen in der Logistik**	307
5.7.1	Einsatzbereich	307

Inhaltsverzeichnis

5.7.2		Berechnungsgrundsätze	308
5.7.3		Bedeutung für die Praxis	309

6   **Elektronische Berechnungstools** 311

6.1   **EcoTransit** 311
6.1.1   Umfang und Verfügbarkeit 311
6.1.2   Eigentümer und Partner 312
6.1.3   Methoden und Datenquellen 312
6.1.4   Qualität und Bedeutung des Berechnungstools 316

6.2   **NTM Calc** 317
6.2.1   Umfang und Verfügbarkeit 317
6.2.2   Eigentümer und Partner 317
6.2.3   Methoden und Datenquellen 317
6.2.4   Qualität und Bedeutung des Berechnungstools 318

6.3   **BearingPoint-Rechner** 319
6.3.1   Umfang und Verfügbarkeit 319
6.3.2   Eigentümer und Partner 320
6.3.3   Methoden und Datenquellen 320
6.3.4   Qualität und Bedeutung des Berechnungstools 321

6.4   **Map&Guide** 321
6.4.1   Umfang und Verfügbarkeit 321
6.4.2   Eigentümer und Partner 322
6.4.3   Methoden und Datenquellen 322
6.4.4   Qualität und Bedeutung des Berechnungstools 323

6.5   **CO_2-Tec** 324
6.5.1   Umfang und Verfügbarkeit 324
6.5.2   Eigentümer und Partner 324
6.5.3   Methoden und Datenquellen 324
6.5.4   Qualität und Bedeutung des Berechnungstools 325

6.6   **Eco-Calculator** 326
6.6.1   Umfang und Verfügbarkeit 326
6.6.2   Eigentümer und Partner 326
6.6.3   Methoden und Datenquellen 326
6.6.4   Qualität und Bedeutung des Berechnungstools 327

6.7   **CO_2-Rechner der Luftfahrtgesellschaften** 328
6.7.1   Umfang und Verfügbarkeit 328
6.7.2   Eigentümer und Partner 328

6.7.3	Methoden und Datenquellen	328
6.7.4	Qualität und Bedeutung des Berechnungstools	329
6.8	**CO_2-Rechner der Seereeder**	330
6.8.1	Umfang und Verfügbarkeit	330
6.8.2	Eigentümer und Partner	330
6.8.3	Methoden und Datenquellen	330
6.8.4	Qualität und Bedeutung des Berechnungstools	330
6.9	**Rechnervergleich**	332
Literaturverzeichnis		333

Vorwort der Autoren

„Was du nicht messen kannst, kannst du nicht lenken" – diese im Management vieler Unternehmen verbreitete Philosophie des US-Ökonomen Peter Drucker (*1909 † 2005) gilt nicht nur für das Finanz- und Qualitätswesen, sondern auch für den Klimaschutz. Nur wenn sich Kohlendioxid- und Treibhausgasemissionen eindeutig quantifizieren lassen, können Reduzierungsziele und -maßnahmen festgelegt, kontrolliert und bei Bedarf korrigiert werden. Während die Weltgemeinschaft für die Ermittlung von CO_2- und Treibhausgasemissionen von Ländern und Regionen schon vor einigen Jahren eindeutige Berechnungsverfahren festgelegt hat, existieren auf Unternehmens- und Produktebene nur sehr viel gröbere Vorgaben. Dieser Mangel an Standards zeigte sich in den vergangenen Jahren insbesondere im Bereich der Logistik mit ihren vielfältigen Transport-, Lager- und Umschlagprozessen. Jedes Unternehmen stellte Berechnungen auf Basis eigener Methoden an.

Dieses Buch will an dieser Stelle Abhilfe schaffen und liefert deshalb detailliert nachvollziehbare Berechnungsmethoden zur Ermittlung der CO_2- und Treibhausgasemissionen der Verkehrsträger Lkw, Bahn, Flugzeug, See- und Binnenschiff sowie bei Lager und Umschlag. Die Auswirkungen einer Logistikkette auf das Weltklima können mit den Formeln und Basisdaten dieses Buches wissenschaftlich korrekt ermittelt werden. Dadurch lässt sich die Rolle der Logistik in den Klimabilanzen einzelner Unternehmen und Produkte klar bestimmen. Die Methoden dieses Buches berücksichtigen die vorliegenden internationalen Vorschriften und Standards sowie insbesondere den Anfang 2011 vorgestellten Entwurf der DIN- und CEN-Norm prEN 16258:2011 „Methode zur Berechnung und Deklaration des Energieverbrauchs und der Treibhausgasemissionen bei Transportdienstleistungen (Güterverkehr und Personenverkehr)". Das Buch erläutert die Vorgaben des europäischen Normentwurfes und füllt zusätzlich jene Lücken, die geschlossen werden müssen, um Emissionsberechnungen in der Praxis durchführen zu können.

Manchem Leser mögen die vorgestellten Methoden beim ersten Durchblättern des Buches kompliziert und vielleicht sogar zu wissenschaftlich erscheinen. Dennoch richtet sich dieses Buch in erster Linie an die Praktiker in den Unternehmen. Das Buch folgt dem Prinzip „vom Einfachen zum Komplizierten" und erlaubt damit sowohl schnelle erste Berechnungen als auch die detailliertere und damit genauere Ermittlung von klimarelevanten Emissionen durch Logistikprozesse. Auch wenn Logistikverantwortliche, Umweltbeauftrage und Führungskräfte in Industrie, Handel und Dienstleistung solche Berechnungen nicht selbst durchführen, sollten sie wissen, auf Basis welcher Parameter und Festlegungen die CO_2- und Treibhausgaswerte in ihren Klimabilanzen zustande kommen. Dieses Buch liefert die dafür notwendigen Hintergrundinformationen, die in diesem Umfang im deutschsprachigen Raum für die Logistik bisher nicht vorlagen.

Vorwort der Autoren

Das Grundprinzip für die Ermittlung von Klimagasen in der Logistik erläutert das Kapitel 2. Hier kann der Leser sehr schnell erfassen, wie Berechnungen zu erfolgen haben und worauf in erster Linie zu achten ist. Dieses Kapitel sollten jene Leser als Einstieg wählen, die schnell erste Berechnungen durchführen möchten. Fortgeschrittene Leser wissen, dass der Schlüssel zur Ermittlung von möglichst genauen und in der Fachöffentlichkeit anerkannten CO_2- und Treibhaugasemissionswerten in der genauen Festlegung und Herleitung von Umrechnungsfaktoren und spezifischen Energieverbräuchen liegt. Hier bieten die Kapitel 3 und 4 einen detaillierten Einblick in die gängigen Methoden. Außerdem liefern diese beiden Buchabschnitte eine Reihe von Umrechnungsfaktoren und spezifischen Energieverbrauchsdaten. Diese ermöglichen es, konkrete Berechnungen auch dann anzustellen, wenn eigene Messungen nicht möglich sind.

Wer bei der Diskussion um die „korrekt" ermittelte CO_2- und Treibhaugasemission nicht abseits stehen möchte, muss aber nicht nur die Berechnungsverfahren im Detail kennen. Ebenso wichtig ist auch die Kenntnis relevanter multinationaler Vereinbarungen, EU-Verordnungen, Gesetze, Normen, Branchenstandards und Softwaretools. Die Kapitel 1, 5 und 6 benennen und erläutern die für Deutschland wichtigsten Rahmenbedingungen.

Bei aller Begeisterung für Formeln, Datenquellen und Standards sollte man nie aus dem Auge verlieren: Die Berechnung von CO_2- und Treibhaugasemissionen ist kein Selbstzweck, sondern Mittel zum Zweck. Aufwand und Nutzen der Emissionsermittlung sind regelmäßig zu hinterfragen. Denn nicht die Erstellung einer umfangreichen Klimabilanz, sondern die mittel- und langfristige Reduzierung von klimaschädlichen Emissionen muss im Vordergrund des unternehmerischen Handels stehen. Und wie aus der Erfahrung mit Finanz- und Qualitätskennzahlen bekannt, kann es auch bei Umweltkennzahlen sinnvoll sein, sich auf wenige, aussagekräftige Messgrößen zu fokussieren, um das Unternehmen „klimafreundlich" zu lenken. Es sollte der Grundsatz gelten: „Sei Dir der Komplexität der Dinge bewusst, handle aber so einfach und praxisnah wie möglich."

Die Entstehung dieses Buches wäre ohne die Mithilfe vieler Partner und Freunde nicht möglich gewesen. Die Autoren bedanken sich bei allen Behörden, Unternehmen, Verbänden, Instituten und Einzelpersonen, die die Entstehung dieses Buches unterstützt haben. Hier bedanken wir uns insbesondere auch für die Unterstützung des Umweltbundesamts (UBA) und des Deutschen Speditions- und Logistikverbandes (DSLV). Ein besonderer Dank gilt auch den Mitarbeitern des Berliner Öko-Institutes, der VerkehrsRundschau-Redaktion und Herrn Wolfram Knörr vom Institut für Energie- und Umweltforschung Heidelberg (IFEU) sowie Herrn Ulf Sundermann, dem zuständigen Lektor des Verlag Heinrich Vogel.

Andre Kranke   *Martin Schmied*   *Andrea Schön*

Vorwort des Deutschen Speditions- und Logistikverbands (DSLV)

Vom Verkehr ausgehende Umweltbelastungen können nicht bestritten werden, aus ihnen entsteht eine besondere Verantwortung für sämtliche Akteure der Logistik für den Erhalt der natürlichen Umwelt. Gleichzeitig muss die wirtschaftliche Leistungsfähigkeit des Güterverkehrs als Voraussetzung für eine globale Versorgung von Industrie, Handel und Bevölkerung gefestigt werden. Der DSLV begrüßt daher auch das vom Bundesministerium für Verkehr, Bau und Stadtentwicklung (BMVBS) im Aktionsplan Güterverkehr und Logistik 2010 festgelegte Ziel, die Vereinbarkeit von Verkehrswachstum mit Umwelt- und Klimaschutzzielen zu fördern.

Bereits organisatorische und technische Einzelmaßnahmen, selbst wenn sie zunächst nur ökonomisch motiviert waren, bergen oftmals beträchtliches ökologisches Rationalisierungspotential mit positiven Auswirkungen auf die Umwelt. Die Umsetzung energiesparender Maßnahmen wirkt sich dann nicht nur kostensenkend, sondern auch positiv auf die Klimabilanz eines Unternehmens aus. Es dürfte jedoch abzusehen sein, dass Einzelmaßnahmen angesichts des prognostizierten Mengenwachstums für alle Verkehrsträger zu wenig Wirkung zeigen, um globale Umweltziele zu erreichen. Es ist vielmehr die Kombination mehrerer Maßnahmen, gemeinsam umzusetzen von Staat und Wirtschaft, die zur Senkung von Treibhausgasemissionen führen wird. Eine leistungsfähige Infrastruktur, neue Antriebstechnologien für sämtliche Verkehrsträger und die kritische Überprüfung bestehender logistischer Versorgungsstrukturen und Lieferketten werden dazu beitragen, uns dem Ziel einer möglichst emissionsarmen Güterlogistik zu nähern.

Auch wenn hiermit nur Teilaspekte der „Grünen Logistik" berücksichtigt werden, haben sich Treibhausgasemissionen inzwischen als die Messgröße für den Grad der Umsetzung „grüner" Logistikaktivitäten etabliert. Generell ist – wie in jeder anderen Branche – die Berechnung von Treibhausgasemissionen in Güterverkehr und Logistik zunächst nur eine Erkenntnishilfe und Grundlage, um Emissionen zu senken. Denn erst wenn das tatsächliche Ausmaß der selbst verursachten Emissionen festgestellt wurde, können wirksame Reduzierungs- und Vermeidungsstrategien greifen. Die alleinige Berechnung von Treibhausgasemissionen erfüllt aber auch keinen Selbstzweck. Messen ohne zu reduzieren oder zu vermeiden trägt nicht zum Klimaschutz bei.

Für die meisten Güterverkehrsbetriebe, gleich welcher Größe, sind konkrete unternehmensbezogene CO_2-Berechnungen ein aufwändiges Unterfangen, das durch die Vielfalt der existierenden Rechenmethoden noch erschwert wird. Der DSLV fördert deshalb auch die europäischen Normungsaktivitäten auf diesem Gebiet.

Vorwort des Deutschen Speditions- und Logistikverbands (DSLV)

In seinem im April 2011 veröffentlichten Leitfaden hat der DSLV bereits Grundlagen und Verfahren zur Berechnung von Treibhausgasemissionen auf Basis des Normentwurfs prEN 16258:2011 als Einstieg in die Thematik vorgestellt. Das hier vorliegende Buch wird dem Interessierten darüber hinaus gehende wertvolle Details und Hintergrundinformationen für eine praktische Umsetzung liefern.

Mathias Krage

Präsident des DSLV Deutscher Speditions- und Logistikverband e.V., Bonn/Berlin

Vorwort des Umweltbundesamtes

Güterverkehr ist unverzichtbar für die Versorgung der Unternehmen mit Rohstoffen und Vorprodukten sowie der Konsumenten mit Ge- und Verbrauchsgütern. Er ist eine wichtige Voraussetzung für eine arbeitsteilige Produktion und ein breites Warenangebot. Je enger die Handelsverflechtungen zwischen Regionen sind und je weiter diese Regionen voneinander entfernt liegen, desto mehr Güterverkehr findet statt.

Der gesamte in Deutschland erbrachte Güterverkehrsaufwand – als Produkt von Transportaufkommen und Transportweite – ist zwischen den Jahren 2000 und 2010 um rund 22 Prozent gestiegen und wird voraussichtlich auch in den kommenden Jahrzehnten weiter zunehmen. So geht das Bundesverkehrsministerium (BMVBS) in einer Prognose bis 2025 von einem Wachstum der Güterverkehrsleistung auf der Straße um 79 Prozent gegenüber 2004 aus. Ein Nachteil dieser Entwicklung ist, dass dadurch die negativen Umweltwirkungen des Güterverkehrs zunehmen – allem voran der Ausstoß des klimaschädlichen Kohlendioxids (CO_2). Der Güterverkehrssektor muss einen stärkeren Beitrag zur CO_2-Emissionsminderung leisten als bisher. Eine grundlegende Voraussetzung, um in einem Logistikunternehmen Initiativen zur Emissionsminderung zu entwickeln, ist, die betrieblichen CO_2-Emissionen in Umfang und Ursprung zu kennen. So wird sichtbar, wo und wie der Energieverbrauch und somit auch die Emissionen am effizientesten reduziert werden können. Das bringt nicht nur eine direkte Kostenersparnis, sondern außerdem einen Wettbewerbsvorteil, wenn das ökologische Engagement an die Kunden kommuniziert wird.

Um Speditions- und Logistikunternehmen bei ihren Klimaschutzbemühungen zu unterstützen, haben BMU und UBA ein Forschungsvorhaben zum Emissionsmonitoring in der Logistikkette angestoßen, dessen Ergebnisse in dieses Buch eingeflossen sind. Nützliche Hintergrundinformationen und detaillierte Ausführungen zur Berechnungsmethodik machen die Theorie der Emissionsminderung für Unternehmen greifbarer.

Denn nur was man kennt, kann man auch beeinflussen.

Jochen Flasbarth
Präsident des Umweltbundesamtes

Rahmenbedingungen für die CO$_2$-Ermittlung in der Logistik   **1**

1   Rahmenbedingungen für die CO$_2$-Ermittlung in der Logistik

1.1   Klima und Treibhausgase

Dass sich auf der Erde Leben in der uns bekannten Art entwickeln konnte, ist ein äußerst seltenes Naturwunder. Dies wird einem vor allem dann bewusst, wenn man die lebensfeindlichen Planeten und Monde unseres Sonnensystems betrachtet.

Eine entscheidende Rolle spielt unsere Atmosphäre, die wie eine Schutzhülle gegen lebensfeindliche Strahlungen wirkt und uns ein einigermaßen konstantes Klima verschafft[1]. Die uns vertraute Artenvielfalt auf der Erde hat sich in den vergangenen Jahrtausenden am besten bei einer durchschnittlichen Oberflächentemperatur von etwa 15 Grad Celsius entwickeln können.

Die besondere Zusammensetzung der Erdatmosphäre hat dafür gesorgt, dass in den vergangenen Jahrtausenden die Temperatur auf der Erdoberfläche mit einigen Schwankungen relativ konstant auf diesem Niveau geblieben ist. Diese Wirkung beruht auf dem sogenannten natürlichen Treibhauseffekt, der in erster Linie durch die in der Atmosphäre enthaltenen Treibhausgase bewirkt wird. Während die Sonnenstrahlung weitgehend ungehindert durch die Atmosphäre gelangen kann, halten Kohlendioxid und weitere Gase einen Teil der von der Erdoberfläche kommenden Wärmestrahlung in der Atmosphäre zurück, die sonst in das Weltall entweichen würde. Dieser natürliche Treibhauseffekt ermöglicht die heute vorherrschenden klimatischen Bedingungen. Ohne diesen Treibhauseffekt würden an der Erdoberfläche anstelle von 15 Grad Celsius im Mittel nur etwa minus 18 Grad Celsius herrschen; die Erde wäre völlig vereist.

1.1.1   Zeichen und Folgen des Klimawandels

Als Klimawandel bezeichnen führende Wissenschaftler seit ein paar Jahrzehnten die über einen längeren Zeitraum festzustellende Veränderung der durchschnittlichen Erdtemperatur und die dadurch verursachte Häufung der Wetterextreme auf der ganzen Welt oder in bestimmten Regionen.

---

1) Wetter und Klima werden leicht miteinander verwechselt: Klima ist physikalisch-thermodynamisch definiert und kennzeichnet die Durchschnittstemperatur der gesamten Erde oder zumindest großer Regionen. Diese Temperatur kann durchaus beträchtlichen Schwankungen unterliegen, die aber ihrerseits in großen Zeitabständen geschehen: So beträgt die Erwärmung von der Eiszeit in die „Normal"-zeit 1°C pro Jahrtausend. Wetter hingegen ist lokal und stochastisch, das heißt es ist von derart vielen Parametern abhängig, dass es als „zufällig" und nur kurzfristig vorhersehbar erscheint. Es kann sich in kurzen Zeiträumen entsprechend dramatisch verändern.

1 Rahmenbedingungen für die CO₂-Ermittlung in der Logistik

Beobachtungen und Messungen der Wissenschaftler beweisen eine deutliche Erwärmung des Klimasystems in den vergangenen einhundert Jahren. Zwischen 1906 und 2005 stieg die globale bodennahe Mitteltemperatur um 0,74 Grad Celsius. Außerdem nahmen die durchschnittlichen Gebirgsgletscher und Schneebedeckungen auf der Nord- und Südhalbkugel ab. Der Meeresspiegel stieg im 20. Jahrhundert um etwa 17 Zentimeter im globalen Mittel. Grund dafür sind laut Wissenschaft die thermische Ausdehnung des Meeres sowie schmelzende Gletscher, Eiskappen und Eisschilde.

Der Klimawandel macht sich auch in Deutschland bemerkbar: Zwischen 1901 und 2008 ist die mittlere Lufttemperatur in Deutschland um knapp ein Grad Celsius gestiegen. Das Jahrzehnt 1990–1999 war die wärmste Dekade des gesamten 20. Jahrhunderts. Auch in den ersten Jahren des 21. Jahrhunderts war es erheblich wärmer als im Mittel der Klimanormalperiode 1961–1990. Dabei ist der beobachtete Temperaturanstieg seit 1901 im Südwesten Deutschlands besonders hoch. So stieg die durchschnittliche Jahrestemperatur im Saarland um etwa 1,3 °C. Im Nordosten dagegen nahmen die Temperaturen seit 1901 deutlich weniger stark zu, in Mecklenburg-Vorpommern beispielsweise nur um 0,6 °C [UBA 2011].

Nach Berechnungen des von der internationalen Staatengemeinschaft gegründeten Sachverständigenrates für Klimaänderungen IPCC (Intergovernmental Panel on Climate Change) und des Umweltbundesamtes (UBA) werden weltweit bis zum Ende des 21. Jahrhunderts die Durchschnittstemperaturen im günstigsten Fall um 2,3 Grad Celsius und im schlechtesten Fall um 4,5 °C (bezogen auf die vorindustrielle Zeit) ansteigen.

Ein weiteres Ansteigen der Durchschnittstemperatur um über zwei Grad Celsius kann nach Meinung vieler Wissenschaftler zu extremen Veränderungen des Weltklimas mit dramatischen wirtschaftlichen und sozialen Folgen führen. So wird befürchtet, dass der grönländische Eisschild, der schon jetzt abschmilzt, Mitte des 21. Jahrhunderts im Sommer vollständig verschwinden wird. Dies könnte laut UBA langfristig zu einem Meeresspiegelanstieg von etwa sieben Metern führen.

Betroffen sind auch die Niederschlagsmengen. Diese könnten je nach Jahreszeit um bis zu 40 Prozent zunehmen oder fallen. Damit nehmen auch Extremereignisse wie Hitzewellen, extreme Kälteperioden und Starkniederschläge zu. Eine höhere Eintrittswahrscheinlichkeit wird auch dafür prognostiziert, dass tropische Wirbelstürme künftig intensiver und höhere Spitzenwindgeschwindigkeiten sowie mehr Starkniederschläge mit sich bringen werden. All diese Auswirkungen des Klimawandels erhöhen die wirtschaftlichen Schäden und Gefahren für Leib und Leben durch Wetter- und Klimaereignisse. Wahrnehmbar sind diese schon heute: Der Rückversicherer Munich Re beobachtet beispielsweise eine Verdreifachung der Wetterextreme seit 1980 mit einer noch höheren Zunahme der Schadenssummen.

Rahmenbedingungen für die CO₂-Ermittlung in der Logistik **1**

Welche Auswirkungen der Klimawandel an welchen Orten ganz konkret haben wird, kann von der Wissenschaft aufgrund der hohen Komplexität der Klimamodelle und den langen Prognosezeiträumen derzeit nicht exakt vorausgesagt werden. Schätzungen des ehemaligen Chef-Ökonomen der Weltbank, Sir Nicolas Stern, sprechen aber von Folgekosten für die Anpassung an einen ungebremsten Klimawandel von bis zu 20 Prozent des weltweiten Bruttoinlandproduktes. Werden hingegen rechtzeitig Maßnahmen zur Reduktion der Klimafolgen ergriffen, betragen die Kosten demnach lediglich rund ein Prozent des Bruttoinlandproduktes.

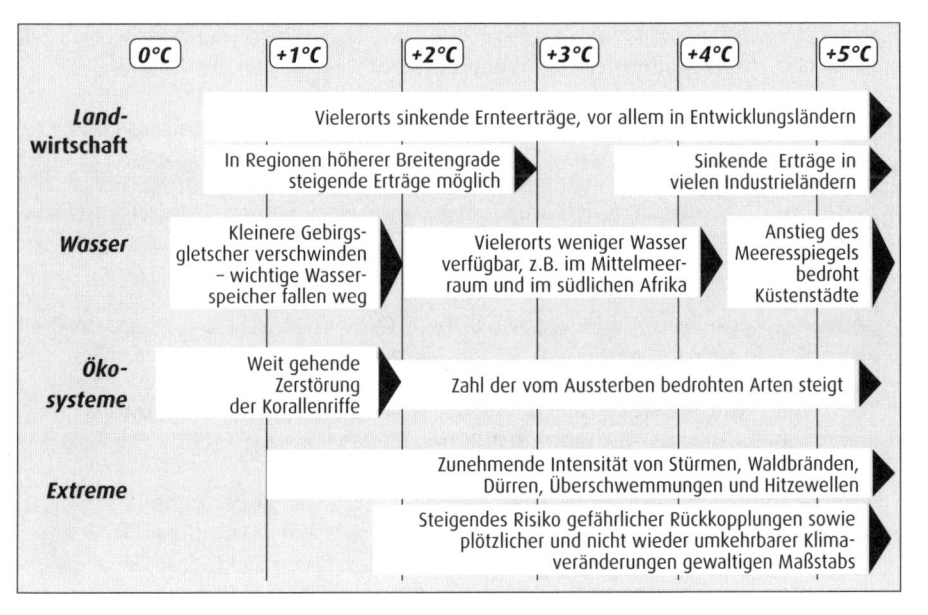

Abb. 1.1-1: Auswirkungen des Klimawandels bei einer Veränderung der globalen Durchschnittstemperatur gegenüber der vorindustriellen Temperatur [Stern Report 2006]

1.1.2 Ursachen für den Klimawandel

Einige Menschen meinen, dass die unterschiedliche Intensität der Sonneneinstrahlung auf die Erde für die Erhöhung der Durchschnittstemperatur auf der Oberfläche der Erde verantwortlich ist. Dies ist aber nur zu einem Teil richtig. Die über einen längeren Zeitraum zunehmende Intensität der Sonnenbestrahlung ist zwar eine der Ursachen für den Klimawandel auf der Erde. Jedoch ist die seit 1978 direkt vom Orbit aus gemessene Änderung der Sonnenaktivität nach Meinung der Wissenschaft bei weitem zu klein, um als Hauptursache für die seitherige Temperaturentwicklung in Frage zu kommen.

Rahmenbedingungen für die CO_2-Ermittlung in der Logistik

Der größte Teil des Anstiegs der mittleren globalen Temperatur seit Mitte des 20. Jahrhunderts geht laut einem aktuellen Bericht des IPCC „sehr wahrscheinlich" (das heißt zu über 90 Prozent) auf den Anstieg der vom Menschen verursachten Treibhausgaskonzentrationen in der Erdatmosphäre zurück.

Die durch menschliche Aktivitäten ausgelöste und über die natürlichen Emissionen hinausgehende Freisetzung von Treibhausgasen verursacht den zusätzlichen, sogenannten „anthropogenen" Treibhauseffekt. Neben der Erhöhung der auch natürlich vorkommenden Treibhausgase wie Kohlendioxid (CO_2), Distickstoffoxid / Lachgas (N_2O), Ozon (O_3) oder Methan (CH_4) entstehen durch den Menschen auch zusätzliche, in der Natur nicht vorkommende Klimagase. Dazu gehören:

- Fluorchlorkohlenwasserstoffe (FCKW), die als Treib-, Kühl-, Lösungs- und Reinigungsmittel eingesetzt wurden und deren Einsatz teilweise verboten ist;

- perfluorierte, das heißt vollständig halogenierte Fluorkohlenwasserstoffe (FKW, engl. PFC), die bei der Herstellung von Aluminium freigesetzt und auch in der Elektronikindustrie verwendet werden;

- teilhalogenierte Fluorkohlenwasserstoffe (HFKW; engl. HFC), die zum Beispiel als FCKW-Ersatzkältemittel (z.B. R134a, R404A) eingesetzt werden;

- Schwefelhexafluorid (SF_6), das in Hochspannungsanlagen entsteht und als Füllgas in Schallschutzfenstern und Autoreifen eingesetzt wird.

Ebenfalls zum anthropogenen Treibhauseffekt trägt der in geringem Umfang in größeren Höhen durch den Flugverkehr emittierte Wasserdampf bei. Darüber hinaus wird der anthropogene Treibhauseffekt dadurch verstärkt, dass der absolute Gehalt von Wasserdampf in der Atmosphäre mit steigender Temperatur der Luft und der Ozeane wächst, wodurch eine weitere Temperaturerhöhung bewirkt wird. Rückkoppelungen gibt es auch dadurch, dass wärmeres Ozeanwasser weniger CO_2 aus der Atmosphäre absorbieren kann als kaltes.

Die Erhöhung der Treibhausgase in der Atmosphäre konnte von den Wissenschaftlern durch Messungen nachgewiesen werden. So hat die globale atmosphärische Konzentration der treibhauswirksamen Gase Kohlendioxid, Methan und Distickstoffoxid deutlich zugenommen. Die Konzentration von Methan hat sich seit Beginn der Industrialisierung um das Jahr 1750 mehr als verdoppelt. Der Distickstoffoxid-Anteil stieg um etwa 18 Prozent. Die CO_2-Konzentration in der Erdatmosphäre ist mit Beginn der Industrialisierung ebenfalls um etwa 36 Prozent gestiegen [UBA 2011].

Die gegenwärtige CO_2-Konzentration wurde in den vergangenen 650.000 Jahren und laut Umweltbundesamt wahrscheinlich auch in den letzten 20 Millionen Jah-

Rahmenbedingungen für die CO₂-Ermittlung in der Logistik

ren nicht erreicht. Die derzeitige jährliche Anstiegsrate ist die höchste der letzten 20.000 Jahre. Die Konzentrationszunahme der Dekade 1996–2005 hat sich gegenüber vorangegangenen Dekaden deutlich erhöht. Während die mittlere Wachstumsrate im Zeitraum 1960–2005 noch 1,4 ppm pro Jahr betrug, erreichte sie in der genannten Dekade 1,9 ppm pro Jahr.

Seit 1958 ist dieser Trend durch regelmäßige Messungen auf dem hawaiianischen Vulkan Mauna Loa belegt. Auch die Messungen an den Stationen des Umweltbundesamtes (UBA), z.B. an der Messstelle Schauinsland (Schwarzwald), zeigen diesen Trend. Hier betrug die CO_2-Konzentration 1972 rund 330 ppm und hat 2008 einen Wert von rund 387 ppm erreicht [UBA 2010].

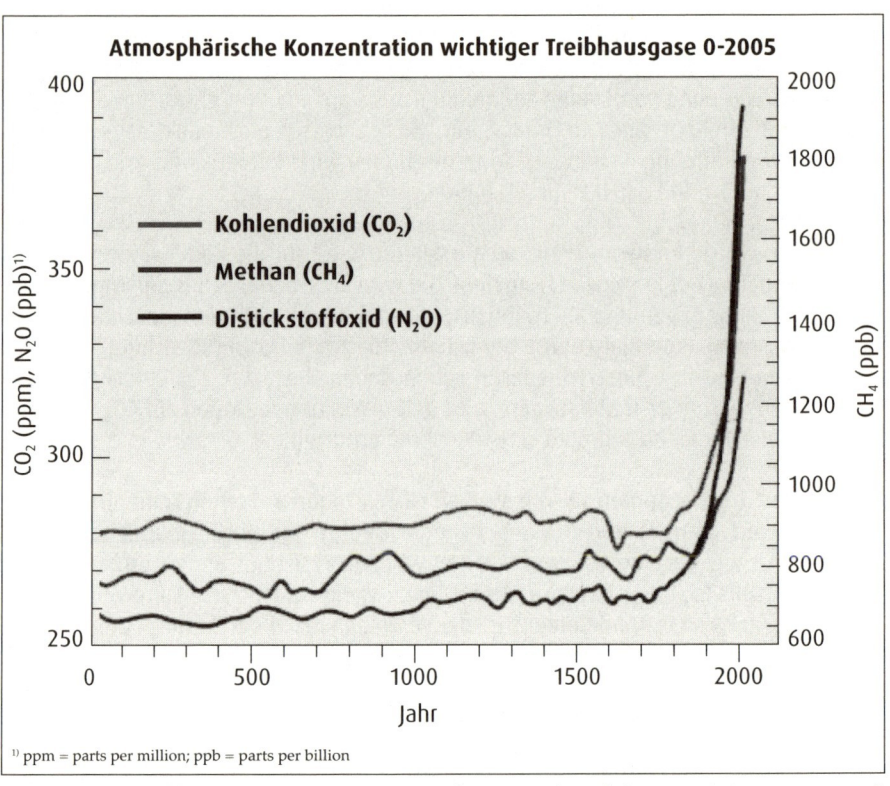

Abb. 1.1-2: Entwicklung THG-Konzentrationen in der Atmosphäre [Climate Service Center 2010]

 Treibhausgase (THG) und Kohlendioxid (CO₂)
Die Luft in der Erdatmosphäre besteht auf Meereshöhe vor allem aus Stickstoff (78 Prozent), Sauerstoff (21 Prozent) und Argon (0,9 Prozent). Weniger als ein Prozent machen über 20 sogenannte Spurengase aus. Die wichtigsten Spuren-

gase in der Atmosphäre, die den natürlichen Treibhauseffekt verursachen, sind Kohlendioxid (CO_2), Ozon (O_3), Distickstoffoxid (Lachgas = N_2O) und Methan (CH_4). Hinzu kommen anthropogene Treibhausgase wie teilhalogenierte Fluor-kohlenwasserstoffe (H-FKW) und perfluorierte Kohlenwasserstoffe (FKW) so-wie Schwefelhexafluorid (SF_6). Außerdem findet sich in der Erdatmosphäre Wasserdampf (H_2O), der durch die Wolkenbildung zu rund 60 Prozent zum natürlichen Treibhauseffekt beiträgt.

Kohlenstoffdioxid – auch Kohlendioxid genannt – ist das bekannteste und nach Wasserdampf auch zweitwichtigste Treibhausgas. Sein Anteil am natürlichen Treibhauseffekt wird mit 20 Prozent beziffert. CO_2 ist eine chemische Verbin-dung aus Kohlenstoff und Sauerstoff. Es ist ein unbrennbares, saures, farb- und geruchloses, inertes (=reaktionsträges) Gas, das sich gut in Wasser löst. Be-kannt ist es auch als Kohlensäure in Getränken. CO_2 entsteht sowohl bei der Verbrennung von kohlenstoffhaltigen Substanzen unter ausreichender Sauer-stoffzufuhr als auch im Organismus von Lebewesen als Produkt der sogenann-ten Zellatmung. In höheren Konzentrationen wirkt Kohlenstoffdioxid giftig und kann zum Tod durch Ersticken führen.

CO_2 wurde im Kyoto-Protokoll als Referenzwert für die Klimawirksamkeit der anderen Treibhausgase festgelegt. Sie wird als ein Vielfaches der Wirkung von CO_2 angegeben und als Treibhauspotenzial oder international auch als Global Warming Potential (GWP) bezeichnet. Hierbei wird berücksichtigt, dass die Treibhausgase unterschiedliche Lebensdauern besitzen. Zur Berechnung des GWP einzelner Treibhausgase wird deren Wirkung, bezogen auf CO_2, üblicher-weise für einen Zeitraum von 100 Jahren ermittelt.

Das Treibhauspotenzial von Methan ist – bezogen auf einen Zeitraum von 100 Jahren – gemäß dem IPCC-Bericht von 2007 zum Beispiel 25-mal so hoch ange-setzt wie das von CO_2. Dieser Mittelwert berücksichtigt, dass Methan zwar ei-nerseits (so lange es in der Atmosphäre ist) eine viel höhere Klimawirksamkeit besitzt als CO_2. Andererseits ist die Verweildauer in der Atmosphäre aber mit 9–15 Jahren deutlich kürzer als bei CO_2.

Höhere Klimawirksamkeit sowie die längsten Verweildauern und damit einen sehr hohen GWP-Wert besitzen die vom Menschen geschaffenen Fluorkohlen-wasserstoffe und das Schwefelhexafluorid. Eine sehr kurze Verweildauer von nur wenigen Wochen besitzt beispielsweise das troposphärische Ozon (O_3). Dieses Treibhausgas bildet sich erst durch Sonneneinstrahlung in der Atmo-sphäre. Wichtiger Ausgangsstoff für die Bildung von Ozon sind Stickoxide (NO_x). Die exakten Wirkungen des Treibhausgases Ozon sind aufgrund seiner kurzen Lebensdauer und unterschiedlicher Konzentrationen in der Atmosphäre schwer zu bestimmen.

Rahmenbedingungen für die CO_2-Ermittlung in der Logistik

Treibhausgas (TGH)	Formel	GWP 20 Jahre	GWP 100 Jahre	GWP 100 Jahre (alt)*
Kohlendioxid	CO_2	1	1	1
Methan	CH_4	72	25	21
Lachgas	NO_2	289	298	310
*) Alter GWP-Faktor				

Tab. 1.1-1: Global Warming Potential (GWP) ausgewählter Treibhausgase bei unterschiedlichen Mittelungszeiträumen [IPCC Assessment Report 2007]

Um die Gesamtmenge aller emittierten Treibhausgase zu berechnen, wird das GWP der einzelnen Treibhausgase herangezogen. Werden beispielsweise ein Kilogramm Methan und ein Kilogramm Lachgas emittiert, dann entsprechen die Methan-Emissionen 25 kg CO_2-Emissionen und die Lachgas-Emissionen 298 kg CO_2-Emissionen. Die Methan- und Lachgas-Emissionen zusammen ergeben damit eine Summe von 323 kg CO_2. Um kenntlich zu machen, dass es sich um berechnete, nicht reale CO_2-Emissionen handelt, spricht man von so genannten Kohlendioxid-Äquivalent-Emissionen (oder kurz von CO_2e-Emissionen).

Bei der Verwendung der GWP der einzelnen Treibhausgase ist zu beachten, dass sich die GWP-Faktoren in den letzten Jahren teilweise leicht verändert haben. So wurde für Methan in früheren Jahren oftmals ein GWP-Faktor von 21 und für Lachgas von 310 verwendet. In diesem Buch werden die aktuell im IPCC-Bericht von 2007 aufgeführten GWP-Werte für einen Mittelungszeitraum von 100 Jahren verwendet.

1.1.3 Verursacher von Treibhausgasemissionen

Bei der Bestimmung der Emissionen von Treibhausgasemissionen (auch als THG-Emissionen bezeichnet) wird zwischen den natürlichen Treibhausgasemissionen und den anthropogenen, also durch den Mensch zusätzlich verursachten Emissionen unterschieden. Diese Unterscheidung wird vorgenommen, da sich die natürlichen Treibhausgasemissionen grundsätzlich im Gleichgewicht mit dem natürlichen Abbau von THG befinden. Die Beiträge emissionsverursachender Prozesse zum anthropogenen Treibhauseffekt werden global wie folgt geschätzt [IPPC 2007]:

• Verbrennung fossiler Energieträger wie Kohle oder Erdöl ca. 50 Prozent,
• chemische Industrie (v.a. FCKW und FKW) etwa 20 Prozent,
• Waldvernichtung und -abholzung ca. 15 Prozent sowie
• Landwirtschaft und andere Bereiche (z.B. Methan-Emissionen durch Rinderhaltung, Reisanbau und Mülldeponien; Lachgas-Emissionen durch Düngung) 15 Prozent.

1 Rahmenbedingungen für die CO_2-Ermittlung in der Logistik

In der Logistik treten Treibhausgasemissionen vor allem in Form der Verbrennung fossiler Energieträger auf. Diese findet durch den Energieverbrauch der Verkehrsmittel sowie durch den Energieverbrauch bei Lager- und Umschlagsprozessen statt. Während die Emissionen durch Transport und Verkehr weltweit schon recht gut erfasst wurden, existieren kaum fundierte Daten zu den weltweiten THG-Emissionen im Bereich Lager und Umschlag. Das World Economic Forum schätzte für 2009 den CO_2-Anteil von Gebäuden auf 13 Prozent der CO_2-Emissionen im Frachtbereich; 80 Prozent davon entfallen wiederum auf die Emissionen durch den Energieverbrauch durch Beleuchtung.

Der weltweite Verkehr war laut IPPC im Jahr 2004 mit 6,4 Gigatonnen CO_2e für rund 23 Prozent der energiebedingten THG-Emissionen verantwortlich. Damit verursacht der Verkehr weltweit rund zehn Prozent des gesamten anthropogenen Treibhauseffekts.

Hauptanteil an den Treibhausgasen im Verkehr hat das CO_2 mit rund 97 Prozent. Hinzu kommen Methan (0,1–0,3 Prozent) und Lachgas (2,0–2,8 Prozent), die wie CO_2 bei der Kraftstoffverbrennung entstehen. Nicht berücksichtigt sind hierbei die Treibhausgasemissionen, die bei der Gewinnung, Herstellung und Verteilung der Energieträger für die Verkehrsmittel entstehen (z.B. Diesel für Lkw oder Strom für die elektrische Eisenbahn, auch als „Vorkette" oder „Well-to-Tank" bezeichnet). In der Systematik dieser Treibhausgasbilanzen werden diese vorgelagerten Emissionen dem Sektor der Energiewirtschaft zugeordnet. Ebenfalls unberücksichtigt sind FKW- bzw. H-FKW-Emissionen aus den Klimaanlagen und Kühlaggregaten der Fahrzeuge oder aus Kühllagern.

Energieverbrauch	Exajoule	Anteil in Prozent
Leichte Fahrzeuge	34,2	44,5
Zweiräder	1,2	1,6
Schwere Nfz	12,48	16,2
Mittlere Lkw	6,77	8,8
Busse	4,76	6,2
Eisenbahn	1,19	1,5
Luftverkehr	8,95	11,6
Schiff	7,32	9,5
Total	**76,87**	**99,9**

Tab. 1.1-2: Energieverbrauch im Verkehr weltweit im Jahr 2000 [IPCC 2007a]

Rahmenbedingungen für die CO$_2$-Ermittlung in der Logistik   **1**

1.1.4   THG-Emissionen des Verkehrs in Deutschland

In Deutschland verursachte der Verkehr im Jahr 2008 THG-Emissionen in Höhe von 153,5 Millionen Tonnen Kohlendioxid-Äquivalenten (CO$_2$e), wovon 146 Millionen Tonnen auf den Straßenverkehr entfallen (95 Prozent). Der gesamte Verkehr verursacht damit 16 Prozent der gesamten Treibhausgasemissionen Deutschlands. Berücksichtigt man die THG-Emissionen aus der Landnutzung (LULUCF, siehe Kapitel 1.3.1) liegt der Anteil des Verkehrs noch bei 15,5 Prozent. Hinzu kommen Treibhausgasemissionen für von Deutschland ausgehende internationale Luftverkehre sowie Treibstoffbunkerungen für Seeverkehre von 35,5 Mio. Tonnen CO$_2$e, wodurch sich der Gesamtanteil des Verkehrs in Deutschland an den THG-Emissionen einschließlich LULUCF auf 18,5 Prozent erhöht [Inventarbericht UBA 2010]. Zum Vergleich: 1990 hatte der Verkehr einschließlich Luft- und Seeverkehre nur einen Anteil von 15,2 Prozent an den Treibhausgasemissionen Deutschlands.

Nicht mit einberechnet sind in diesen Zahlen wiederum die Kraftstoffherstellung und -bereitstellung beziehungsweise die Stromerzeugung bei elektrisch betriebenen Verkehrsmitteln, da diese bei nationalen Emissionsinventaren gemäß den Kyoto-Richtlinien der Energiewirtschaft zugeordnet werden. Wie hoch der Anteil des Verkehrs ausfällt, wenn auch diese Vorkettenemissionen berücksichtigt würden, zeigt ungefähr der Anteil des Verkehrs am Endenergieverbrauch: Dieser betrug 2008 in Deutschland etwa 30 Prozent [Arbeitsgemeinschaft Energiebilanzen 2009].

Ohne Flug- und Seeverkehr sowie Landwirtschafts- und Bauverkehr beträgt der Anteil des Güterverkehrs an den reinen CO$_2$-Emissionen aller Verkehrsträger rund 30 Prozent. Mit 70 Prozent wird somit der Hauptteil der Emissionen vom Personenverkehr mit Pkw, Krafträdern, Bussen und Bahnen verursacht. Beim Güterverkehr sind die schweren Nutzfahrzeuge (73 Prozent), die leichten Nutzfahrzeuge (17 Prozent), der Schienengüterverkehr (6 Prozent) und die Binnenschifffahrt (4 Prozent) Hauptverursacher der CO$_2$-Emissionen (*siehe Tab. 1.1-3*).

Das Umweltbundesamt erwartet bis zum Jahr 2030 (und unter Einbeziehung aller bereits beschlossenen zukünftigen Maßnahmen und Gesetzesänderungen) eine Minderung der CO$_2$-Emissionen in Deutschland im Verkehr (ohne Flugverkehr) von 165,6 Mio. Tonnen (2005) auf 156,1 Mio. Tonnen (-5,7 %). Der Rückgang geht vor allem auf den verminderten CO$_2$-Ausstoß beim Pkw-Verkehr zurück. Aufgrund der Modernisierung der Pkw-Flotte sinken die CO$_2$-Emissionen hier um rund 19 Prozent. Gleichzeitig werden aber aufgrund des erwarteten stark anwachsenden Güterfernverkehrs die CO$_2$-Emissionen bei den schweren Nutzfahrzeugen bis 2030 um knapp 28 Prozent steigen.

Hervorzuheben ist auch die vom Umweltbundesamt erwartete Steigerung der CO$_2$-Emissionen beim Flugverkehr aus Deutschland heraus. Hier verdoppeln sich die Emissionen von 25,4 Mio. Tonnen (2005) auf 53 Mio. Tonnen (2030). Damit sind der Straßengüter- und Luftverkehr die einzigen Bereiche, für die in Zukunft mit einer Zunahme der CO_2-Emissionen in Deutschland gerechnet wird. Dies verdeutlicht aus Klimagesichtspunkten den Handlungsbedarf in diesen Bereichen. Das Umweltbundesamt hält es laut einer aktuellen Studie für möglich, die CO_2-Emissionen des Verkehrs bis 2030 um 30–50 Prozent zu reduzieren. Dies setzt aber voraus, dass eine Reihe von zusätzlichen Maßnahmen wie höhere Energie- und CO_2-Steuern oder CO_2-Grenzwerte für Nutzfahrzeuge ergriffen werden.

Emissionen durch Verkehr in Deutschland nach TREMOD-Trend [Mio. t CO_2]			
	2005	2020	2030
Straßenverkehr	*155,1*	*152,3*	*143,9*
motorisierter Individualverkehr	106,4	96,6	86,6
Bus	3,2	2,8	2,6
leichte Nutzfahrzeuge	8,8	8,5	7,9
schwere Nutzfahrzeuge	36,7	44,4	46,8
Schienenverkehr[1]	*8,5*	*9,2*	*9,6*
Schienenpersonenverkehr	5,7	5,6	5,5
Schienengüterverkehr	2,8	3,6	4,1
Binnenschiffverkehr	*2,0*	*2,3*	*2,6*
Flugverkehr[2]	*25,4*	*42,1*	*53*
Gesamt	*191,0*	*205,9*	*209,1*
Zunahme gegenüber 2005 [%]	**0**	**7,8**	**9,5**
[1] Schienenverkehr einschl. vorgelagerter Prozesse (Strombereitstellung) [2] von deutschen Flughäfen abgehender Flugverkehr bis zur ersten Landung			

Tab. 1.1-3: CO2-Emissionen nach Verkehrsbereichen in Deutschland 2005–2030 [Quelle: UBA/TREMOD 2010 (TREMOD Version 4.17 2006]

1.1.5 Anerkannte Datenquellen

Wichtigste Datenquelle zum weltweiten Klimawandel ist der 1988 von der internationalen Staatengemeinschaft gegründete Sachverständigenrat für Klimaänderungen (Intergovernmental Panel on Climate Change, IPCC). Dieser ist ein wissenschaftliches Gremium, leistet jedoch selbst keine wissenschaftliche Forschungsarbeit. Seine Rolle besteht vielmehr darin, die neuesten Ergebnisse der weltweiten Klimaforschung zu sammeln und einzuschätzen. Dazu erstellt das IPCC in regelmäßigen Abständen Berichte und Abhandlungen, die als wissenschaftliche Grundlage für die internationalen Klimaverhandlungen dienen. Am

Rahmenbedingungen für die CO₂-Ermittlung in der Logistik

1

wichtigsten sind hierbei die sogenannten Sachstandsberichte, die mit einem Abstand von sechs bis sieben Jahren produziert und veröffentlicht werden. Sie bestehen aus drei Bänden und bieten umfassende Informationen zum Klimawandel: seine Ursachen, Folgen sowie die Handlungsoptionen und konkreten Maßnahmen, die notwendig sind, um den Klimawandel in seinen Auswirkungen zu begrenzen.

Zuletzt hat der IPCC den Stand der weltweiten Klimaforschung in seinem Vierten Sachstandsbericht aus dem Jahr 2007 zusammengefasst: Der nächste Sachstandsbericht soll 2013/14 erscheinen. Zwischendurch werden auch Sonderberichte zu Teilthemen veröffentlicht. Der IPCC ist damit die umfangreichste und anerkannteste Quelle zum Thema Klimawandel und THG-Emissionen. Aufgrund einzelner Fehler, die im letzten Bericht vorgekommen sind, werden seit kurzem die Kerndaten der IPCC-Berichte noch einmal von einer unabhängigen Forschungsstelle überprüft.

Für Deutschland liefert das Umweltbundesamt die THG-Emissionen an das IPCC. Im Auftrag des UBA wird jedes Jahr der „Nationale Inventarbericht zum Deutschen Treibhausgasinventar" nach den IPCC-Richtlinien erstellt. Das UBA ist damit die Hauptdatenquelle zum Thema Klimawandel und THG-Emissionen in Deutschland.

Internet-Tipp
Intergovernmental Panel on Climate Change (IPCC)
http://www.ipcc.ch

Bundesumweltministerium
http://www.bmu.de/klima_energie/doc/41060.php

Umweltbundesamt (UBA)
http://www.uba.de

1.2 Klimakonferenzen und THG-Reduzierungsziele

Seit fast 20 Jahren werden von den Vereinten Nationen Weltklimakonferenzen abgehalten. Auf der ersten Konferenz 1992 in Rio de Janeiro wurde die Klimarahmenkonvention (United Nations Framework Convention on Climate Change, kurz: UNFCCC) ins Leben gerufen. Diese ist ein internationales, multilaterales Klimaschutzabkommen, im Rahmen dessen sich die heute 194 Vertragsstaaten sowohl auf eine Minderung der anthropogenen Auswirkungen auf das Klima als auch auf eine Verlangsamung der globalen Erwärmung und eine Abmilderung der Klimafolgen verständigt haben:

1   Rahmenbedingungen für die CO_2-Ermittlung in der Logistik

„Das Endziel dieses Übereinkommens (...) ist es, (...) die Stabilisierung
der Treibhausgaskonzentrationen in der Atmosphäre auf einem Niveau zu
erreichen, auf dem eine gefährliche anthropogene [d.h. vom Menschen verursachte]
Störung des Klimasystems verhindert wird."

[UNITED NATIONS FRAMEWORK CONVENTION ON CLIMATE CHANGE (UNFCCC)]

1.2.1   Vereinbarungen von Cancun und Kopenhagen

1997 legte das Kyoto-Protokoll erstmals verbindliche Reduzierungsziele für Industrieländer (so genannte Annex-I-Staaten, siehe Kapitel 1.3) fest. Auf der Klimakonferenz in Kopenhagen (Dezember 2009) misslang den 120 anwesenden Staats-
und Regierungschefs allerdings, ein Folgeabkommen für das Kyoto-Protokoll zu
beschließen. Nach dem Kyoto-Protokoll sollten diese Länder innerhalb der sogenannten ersten Verpflichtungsperiode bis 2008–2012 ihre THG-Emissionen um
durchschnittlich 5,2 Prozent gegenüber dem Stand von 1990 reduzieren. Auch ein
Jahr später (Dezember 2010) gelang der Abschluss eines Folgeabkommens bei der
Klimakonferenz im mexikanischen Cancun nicht.

Immerhin einigten sich die Staaten in Mexiko darauf, dass der globale Temperaturanstieg auf zwei Grad Celsius gegenüber dem vorindustriellen Niveau begrenzt werden soll. Dieses Ziel soll im Jahr 2015 noch einmal überprüft werden
und gegebenenfalls auf 1,5 °C verschärft werden. In Cancun wurde auch eine Ab-
sichtserklärung bezüglich der Entwicklung eines Zeitrahmens vereinbart, wann
die weltweiten CO_2-Emissionen ihren Höhepunkt erreicht haben und sinken
sollen. Die Industrieländer haben in Cancun außerdem dem Weltklimarat IPCC
zugestimmt, wonach die Treibhausgas-Emissionen weltweit bis zum Jahr 2020
um mindestens 25 bis 40 Prozent im Vergleich zu 1990 gesenkt werden müssen.

Die EU und ihre Mitgliedstaaten haben bereits vor der Kopenhagen-Konferenz ein
EU-Emissionsminderungsziel für 2020 von 20 Prozent gegenüber 1990 EU-intern
rechtsverbindlich festgeschrieben. Dieses Ziel soll auf 30 Prozent aufgestockt werden, wenn andere Industriestaaten vergleichbare Anstrengungen unternehmen
und sich die Entwicklungsländer angemessen beteiligen. Ob dies aber ausreichend
ist, um weltweit unter der Zwei-Grad-Marke zu bleiben, ist fraglich. Ganz entscheidend wird auch das Verhalten der beiden größten THG-Emittenten China
und USA sein. Laut Bundesumweltministerium müssen die globalen Emissionen
bis 2050 um mindestens 50 Prozent gegenüber 1990 reduziert werden, um die
Zwei-Grad-Marke nicht zu überschreiten. Laut Weltklimarat IPCC ist seitens der
Industrieländer sogar eine Reduktion der Treibhausgasemissionen um 80 bis 95
Prozent gegenüber 1990 notwendig. Hinzu kommt, dass die Trendwende der global noch steigenden Emissionen deutlich vor 2020 (peak year), eher noch bis 2015
eintreffen muss. Je später die Trendwende, desto stärker müssten die Emissionen

Rahmenbedingungen für die CO$_2$-Ermittlung in der Logistik   **1**

nach 2020 gemindert werden – was erfahrungsgemäß nur schwer erreichbar sein dürfte. Einige Wissenschaftler befürchten daher, dass die Weltgemeinschaft diese Ziele nicht erreichen wird und es trotz der Bemühungen vieler Staaten zu einer Erwärmung von zwei bis drei Grad Celsius weltweit kommen wird.

Land	Ziel	Bezugsjahr
China	40 bis 45 %	2005
EU	20 bis 30 %	1990
Indien	20 bis 25 %	2005
Japan	25 %	1990
Kanada	17 %	2005
Russland	15 bis 25 %	1990
USA	17 %	2005

Tab. 1.2-1 : Angekündigte THG-Minderungsziele bis 2020 (ausgewählte Länder) [UNFCCC 2010]

1.2.2   Klimaschutzziele in Deutschland

Im Juni 2011 präsentierte die Bundesregierung ihr aktualisiertes (Atomausstieg) „Energiekonzept für eine umweltschonende, zuverlässige und bezahlbare Energieversorgung", das zusammen mit dem im September 2010 und dem im August 2007 verabschiedeten „Integrierten Energie- und Klimaschutzprogramm (IEKP)" die grundlegenden Klimaschutzziele festschreibt.

Bis zum Jahr 2050 sollen demnach in Deutschland die Treibhausgasemissionen um 40 Prozent und bis 2050 um mindestens 80 Prozent gegenüber 1990 reduziert werden. Dazu soll bis 2050 der Anteil der erneuerbaren Energien am Bruttoendenergieverbrauch 50 Prozent betragen. Der Anteil der Stromerzeugung aus erneuerbaren Energien am Bruttostromverbrauch soll bis 2050 auf 80 Prozent erhöht werden. Der Primärenergieverbrauch soll bis 2020 gegenüber 2008 um 20 Prozent und bis 2050 um 50 Prozent sinken. Dazu will die Bundesregierung bis 2020 den Stromverbrauch gegenüber 2008 in einer Größenordnung von zehn Prozent, bis 2050 von 25 Prozent vermindern. Die Sanierungsrate für Gebäude soll von derzeit jährlich weniger als ein Prozent auf zwei Prozent des gesamten Gebäudebestands verdoppelt werden.

Im Verkehrsbereich will der Bund den Endenergieverbrauch bis 2020 um rund zehn Prozent und bis 2050 um rund 40 Prozent gegenüber 2005 zurückführen.

Dazu soll
- die Elektromobilität gefördert und privilegiert werden (z.B. durch kostenloses Parken),
- die europäische Gesetzgebung zur Begrenzung der CO$_2$-Emissionen von Stra-

ßenfahrzeugen für die Zeit nach 2020 weiterentwickelt werden (insbesondere durch eine ambitionierte Ausgestaltung der CO_2-Grenzwerte für Neufahrzeuge),

- die Wasserstoff- und Brennstoffzellentechnologie sowie Erdgasfahrzeuge weiter gefördert werden,
- die Automobil- und Kraftstoffindustrie aufgefordert werden, die technischen Voraussetzungen für die Einführung und Nutzung von Benzin- und Dieselkraftstoffen zu schaffen, deren biogener Anteil über zehn bzw. sieben Prozent hinausgeht,
- die Beigabe von nachhaltig erzeugtem Pflanzenöl zum Mineralöl (gemeinsame Hydrierung im Raffinationsprozess zur Anrechnung auf die Biokraftstoffquote mit einer Höhe von drei Prozent des Volumengehalts) für den gesamten Dieselkraftstoffmarkt zugelassen werden und
- über eine weitere emissionsabhängige Spreizung der Lkw-Maut und eine Fortentwicklung der emissionsbasierten Kfz-Steuer nachgedacht werden.

 **Internet-Tipp**
United Nations Framework Convention on Climate Change (UNFCCC)
http://unfccc.int

Bundesumweltministerium
http://www.bmu.de/klima_energie/doc/41060.php

Bundeswirtschaftsministerium
http://www.bmwi.de

1.3 Dokumentation von THG-Emissionen

Wie in dem vorangegangenen Kapitel bereits ausgeführt, werden Treibhausgasemissionen oftmals für ganze Länder ausgewiesen. Neben Ländern kann dies aber auch für einzelne Regionen, Unternehmen oder auch Produkte erfolgen. Diese Berechnungen und die damit verbundene Dokumentation der Ergebnisse erfolgt dabei mehr oder weniger standardisiert und wird im Folgenden vorgestellt.

1.3.1 Regionen und Länder

Jedes Jahr melden 41 Industriestaaten (EU, EFTA, USA, Japan, Australien sowie einige wenige Schwellenländer wie Russland oder die Ukraine) bis zum 15. April die Treibhausgasemissionen ihres Landes an das Sekretariat der Klimarahmenkonvention (United Nations Framework Convention on Climate Change – UNFCCC). Dazu haben sich die Staaten, die auch als Anhang-I-Länder (Annex I Parties) nach dem Kyoto-Protokoll bezeichnet werden, im Jahr 1994 verpflichtet. Mit dem Kyoto-Protokoll aus dem Jahr 1998 vereinbarten die Industrieländer, mit dem Auf-

Rahmenbedingungen für die CO₂-Ermittlung in der Logistik **1**

bau einheitlicher Standards zur Erfassung der THG-Emissionen sowie nationaler Organisationen für die Erstellung von Treibhausgasinventaren zu beginnen. Die meisten Inventarberichte dieser Staaten starten mit dem Jahr 1990.

In den Inventarberichten der meisten Annex-I-Länder werden die Quellen und Senken für die sechs Kyoto-Treibhausgase CO_2, N_2O, CH_4, HFKW, FKW und SF_6 erfasst. Basis für die Berechnung sind die Guidelines for National Systems (UNFCCC Decision 19/CMP.1), die nach dem Kyoto-Protokoll und auch nach Vorgaben der EU-Kommission (280/2004/EG) einzuhalten sind. Im Detail regeln die IPCC Guidelines und die IPCC Good Practice Guidance die Erfassung der Emissionsdaten auf nationaler Ebene. Bei der Erfassung und Darstellung der THG-Emissionen der Länder werden die Quellen unterschieden. Die Inventarberichte kennen die Hauptsektoren „Energie", „Industrieprozesse", „Lösemittel und andere Produktverwendung", „Landwirtschaft", „Landnutzung, Landnutzungsänderungen und Forstwirtschaft", „Abfall und Abwasser", und „andere Bereiche". Der „Verkehr" ist hierbei ein Untersektor des Bereiches „Energie".

Neben den Annex I Parties sind weitere 122 Länder in den UNFCCC-Prozess eingebunden (Non-Annex I Parties). Diese Entwicklungs- und Schwellenländer haben in der Regel noch kein jährliches THG-Berichtswesen nach internationalen Vorgaben aufgebaut. Die Mehrzahl dieser Staaten, zu denen auch China, Indien und Brasilien gehören, haben bisher bei der UNFCCC nur ein Klimainventar für das Jahr 1994 hinterlegt. Nur sehr wenige Ländern aus dieser Gruppe können schon einen zweiten oder sogar dritten Inventarbericht vorweisen.

Aufgrund dieser unterschiedlichen Datenbasis liegen aktuelle Vergleiche der THG-Emissionen zwischen den Annex-I- und Non-Annex-I-Staaten bei der UNFCCC nicht vor. Dennoch finden sich in den Medien immer wieder Rankings zu Klimagasen, in denen Länder aus beiden Anhängen gelistet sind. Hier werden in der Regel nur die reinen CO_2-Emissionen (ohne andere Treibhausgase) verglichen. Die Vorgehensweise ist durchaus zulässig, da zum Beispiel bei den Annex-I-Staaten die CO_2-Emissionen einen Anteil von über 80 Prozent an allen anthropogenen THG-Emissionen dieser Länder haben. Oftmals werden in den Rankings auch nur jene CO_2-Emissionen berücksichtigt, die aus dem Energieverbrauch stammen. So hat die chinesische Regierung hierzu für das Jahr 2004 einen Wert von 5,07 Milliarden Tonnen Kohlendioxidemissionen veröffentlicht. Hierbei ist jedoch nicht genau nachvollziehbar, welche Emissionen im Detail dazu zählen.

Einen sehr guten Vergleich liefern die Berechnungen der niederländischen Umweltagentur PBL. Für ein Ranking der Staaten wurden die CO_2-Emissionen aus der Verbrennung fossiler Energieträger und aus der Zementherstellung ermittelt. Diese machen über 90 Prozent der vom Menschen verursachten Kohlendioxidemissionen aus [PBL 2010]. Laut diesem Ranking für das Jahr 2009 ist China mitt-

31

lerweile mit 8,060 Milliarden Tonnen der mit Abstand größte Verursacher von CO_2. Der bisherige CO_2-Spitzenverursacher USA kommt demnach noch auf 5,31 Milliarden Tonnen CO_2. Platz drei belegt die EU mit 3,05 Milliarden Tonnen CO_2. Deutschland verursacht nach diesem Ranking der Umweltagentur PBL 0,77 Milliarden Tonnen CO_2 (=770 Millionen Tonnen). Die chinesische Regierung hatte vor zwei Jahren erstmals bestätigt, dass ihr Land die USA bei den CO_2-Emissionen eingeholt habe und die Emissionen in China weiter steigen werden (wobei das Pro-Kopf-Verhältnis zwischen China und den USA bei ca. 2,7 zu 25 Tonnen/Kopf, also beinahe 1:10 liegt).

CO_2-Emissionen 2009 (in Mio. Tonnen)	
Land	**Emissonen 2009**
ANNEX I	
USA	5.310
EU-15	3.050
– Deutschland	770
– Großbritannien	490
– Italien	410
– Frankreich	370
– Spanien	310
– Niederlande	160
Russische Förderation	1.570
Japan	1.180
Kanada	540
Australien	400
Ukraine	310
Polen	280
NON ANNEX I	
China	8.060
Indien	1.670
Iran	570
Südkorea	560
Mexiko	470
Indonesien	440
Brasilien	380
Südafrika	380
Saudi-Arabien	370
Taiwan	260
Thailand	240

Tab. 1.3-1: CO_2-Emissionen ausgewählter Länder 2009 (fossile Kraftstoffe und Zementherstellung) [PBL 2010]

Rahmenbedingungen für die CO$_2$-Ermittlung in der Logistik **1**

LULUCF-Erfassung

Gemäß UNFCCC wird in den nationalen Inventarberichten zwischen den Treibhausgasemissionen mit und ohne den Emissionen durch „Landnutzung, Landnutzungsänderungen und Forstwirtschaft (engl. land use, land-use change and forestry, kurz LULUCF) unterschieden. Durch Erfassung von LULUCF wird die Kohlenstoffbildung durch die Vegetation angerechnet (durch Photosynthese wandeln Pflanzen Kohlendioxid in Kohlenstoff und Sauerstoff um). Durch das Aufforsten von Wäldern in einem Land wird mehr Kohlendioxid aus der Atmosphäre aufgenommen. Rodung von Wäldern durch Landnutzungsänderungen wirkt hingegen negativ.

Bei der LULUCF-Anrechnung wird auch der Umgang mit Böden betrachtet, da sehr viel CO$_2$ in der Erde gebunden ist. So kann beispielsweise durch eine andere Art des Pflügens dafür gesorgt werden, dass weniger CO$_2$ aus der Erde entweicht. Die Berücksichtigung von LULUCF kann somit sowohl zu höheren als auch zu niedrigeren Treibhausgasemissionen führen.

Uneinheitlich ist bislang die Berechnung der LULUCF-Werte. Die Länder definieren zum Beispiel Waldflächen unterschiedlich. Ebenso uneinheitlich wird die Nulllinie (engl. baseline) festgelegt, von der aus Veränderungen gemessen und angerechnet werden. Umstritten ist auch, wie Waldbrände zu behandeln sind. Durch die Anrechnung von LULUCF reduzierten sich die THG-Emissionen der Annex-I-Länder im Jahr 2007 von 18,1 auf 16,5 Milliarden Tonnen Kohlendioxidäquivalente (minus 8,8 Prozent). Bei den Non-Annex-I-Länder reduzierte LULUCF im Jahr 1994 die THG-Emissionen von 11,9 auf 11,7 Milliarden Tonnen CO$_2$e nur um 1,7 Prozent. In Deutschland hat der LULUCF-Effekt im Jahr 2008 hingegen zu rund 3,1 Prozent höheren CO2-Emissionen geführt [UNFCCC 2009; Nationaler Inventurbericht 2010]. Die LULUCF-Anrechnung gilt daher unter Kritikern als Schlupfloch für einige Industrie- und Schwellenländer, die Treibhausgasemissionen mit einfachen Mitteln zu reduzieren.

Deutschland gehört zu den Annex I Parties und erstellt jedes Jahr einen „Nationalen Inventarbericht zum Deutschen Treibhausgasinventar". Dieser Bericht umfasst derzeit mehr als 600 Seiten. Über ein Jahr lang werden die Daten für diesen Bericht zusammengetragen und niedergeschrieben. Nationale Koordinierungsstelle hierfür ist das Umweltbundesamt.

In Deutschland sammelt das UBA dabei die Daten im sogenannten „Zentralen System Emissionen" (ZSE). In dieser Datenbank werden die Informationen aus den verschiedenen Quellen eingepflegt und die Berichte erzeugt. Basis für die Berechnungen sind in erster Linie Angaben des Statistischen Bundesamtes, der Branchenverbände sowie Expertenschätzungen der UBA-Mitarbeiter. Zu einer weiteren wichtigen Datenquelle hat sich in den vergangenen Jahren auch das

Europäische Emissionshandelssystem (ETS) und die Deutsche Emissionshandelsstelle (DEHSt) entwickelt. Allein in Deutschland müssen 1.700 Unternehmen, die im Jahr 2009 428,2 Millionen Tonnen Kohlendioxid (CO_2) in die Atmosphäre freigesetzt haben, ihre Emissionen an die DEHSt melden. In dem DEHSt-Bericht befinden sich sogar CO_2-Emissionen und Quellen für die einzelnen Bundesländer – bezogen aber nur auf die meldepflichtigen Unternehmen gemäß Treibhausgas-Emissionshandelsgesetz (TEHG).

Der Verkehr ist im Nationalen Inventarbericht (wie bereits erwähnt) Teil des Hauptsektors Energie. Beim Verkehr werden ausschließlich die direkten THG-Emissionen des Verkehrs ohne Emissionen der Energievorketten berücksichtigt. Für den Straßenverkehr wird nur der Verkehr auf öffentlichen Straßen im Inland ohne den land- und forstwirtschaftlichen sowie den militärischen Verkehr betrachtet. Die Berechnungen erfolgen für die Fahrzeugkategorien Personenkraftwagen (Pkw), motorisierte Zweiräder (MZR), Leichte Nutzfahrzeuge (LNF), Schwere Nutzfahrzeuge (SNF) und Busse. Hinzu kommen Eisenbahnverkehre (außer mit Strom betriebene Züge), nationale Binnen- und Küstenschifffahrt sowie nationaler Flugverkehr. Die Berechnung der THG-Emissionen erfolgt für den Nationalen Inventurbericht mit dem Verkehrsemissionsmodell TREMOD (*siehe Kapitel 5.2*).

Von den Nationalen Inventarberichten separat erfasst werden die Emissionen aus der internationalen Luftfahrt und dem internationalen Seeverkehr. Diese auf Basis der Treibstoffverkäufe berechneten THG-Emissionen werden keinem Land zugeordnet, sondern separat ausgewiesen.

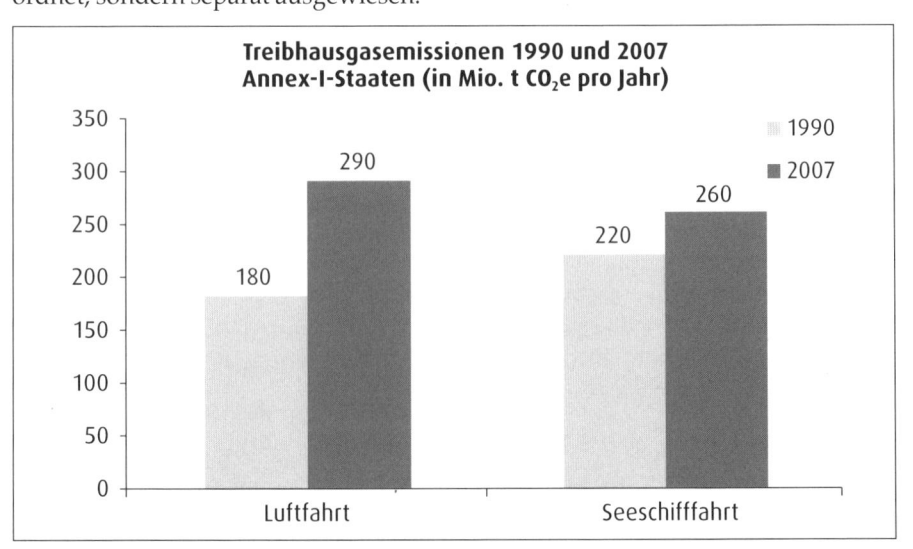

Abb. 1.3-1: THG-Emissionen der internationalen Luft- und Seeschifffahrt 1990 und 2007 [UNFCCC 2009]

Rahmenbedingungen für die CO₂-Ermittlung in der Logistik

Für Treibhausgasberechnungen in der Logistik ist auch der Energieverbrauch der Terminals, Lager, Warehouses und Bürogebäude relevant. Diese finden sich im Nationalen Inventurbericht ebenfalls unter dem Sektor Energie in der Rubrik „Übrige Feuerungsanlagen: Gewerbe, Handel, Dienstleistung". Allerdings ist davon auszugehen, dass diese Energieverbräuche der Logistik nur einen geringen Beitrag zum Gesamtenergieverbrauch dieses Untersektors liefern. Der ebenfalls für die Logistik relevante Bereich „Kälte- und Klimaanlagen" wird im Nationalen Inventarbericht zum Hauptsektor „Industrieprozesse" zugerechnet. Erfasst werden die Emissionen durch Haushaltskälte, Gewerbekälte, Transportkälte, Industriekälte, stationäre Klimaanlagen und Raumklimageräte sowie mobile Klimaanlagen.

Beim Betrieb von Kälteanlagen können durch Leckagen oder Havarien Kältemittel in die Atmosphäre gelangen, die extrem hohe GWP-Faktoren aufweisen. Die heute meist eingesetzten Kältemittel gehören in der Regel zu der Gruppe der teilfluorierten Kohlenwasserstoffe (HFKW). In Deutschland wird vor allem das HFKW-Kältemittel R134a und die Gemische R404A und R507A freigesetzt. Das wichtigste HFKW-Kältemittel für stationäre Kälteanlagen in der Gewerbekälte ist die Mischung R-404A, noch vor dem HFKW-R134a. Auch die Mischungen R407C und R508B spielen inzwischen eine nicht zu vernachlässigende Rolle. Teilweise ist auch noch das FCKW-Kältemittel R22 im Einsatz, das aber in Deutschland in Neuanlagen nicht mehr verwendet werden darf. In Lagern wird zudem auch das Kühlmittel Ammoniak (NH_3) eingesetzt, das keinen direkten Treibhauseffekt besitzt.

In Kühlfahrzeugen wird HFKW seit 1993 als Kältemittel eingesetzt. Heute kommen als Kältemittel in Kühlfahrzeugen überwiegend R404A, R134a und R410A zum Einsatz. Dem Ladevolumen der Kühlfahrzeuge entsprechend variieren Größe und Kältemittelfüllung der Kälteaggregate.

Kühlcontainer werden vor allem für den Transport verderblicher Waren auf Seeschiffen eingesetzt. Bevorzugtes Kältemittel ist R134a. Es wird aber auch zum Teil R404A eingesetzt. Da die Emissionen vorzugsweise in internationalen Gewässern erfolgen, werden die Kältemittelemissionen in den Nationalen Inventarberichten entsprechend dem Anteil eines Landes am Welthandel aufgeteilt. Deutschland werden zehn Prozent der weltweiten Emissionen aus dem Bestand von Kühlcontainern zugerechnet.

Zum Bereich „Mobile Klimaanlagen" zählen Fahrzeugklimaanlagen in Personenkraftwagen (Pkw), Lastkraftwagen (Lkw), Bussen, Landmaschinen, Schienenfahrzeugen und auf Schiffen. In mobilen Klimaanlagen werden vor allem HFKW eingesetzt. Heute wird fast ausschließlich R134a als Kältemittel verwendet.

Internet-Tipp
United Nations Framework Convention on Climate Change (UNFCCC)
http://unfccc.int

Emission Trading System (EU ETS)
http://ec.europa.eu/environment/climat/emission/index_en.htm

Umweltbundesamt - Deutsche Emissionshandelsstelle (DEHSt)
http://dehst.de

Niederländische Umweltagentur PBL
http://www.pbl.nl

1.3.2 Unternehmen

Anfang der Neunziger-Jahre des letzten Jahrhunderts haben vor allem börsenno-tierte Unternehmen damit begonnen, regelmäßig Umweltbilanzen zu veröffent-lichen. Mit diesen war es ihnen möglich, die Unternehmensbereiche zu identi-fizieren, bei denen sich Emissionsminderungsmaßnahmen am meisten rentieren. Mittlerweile haben sich diese Umweltbilanzen zu umfangreichen Nachhaltig-keitsberichten entwickelt, in denen neben dem Thema Umwelt auch die Bereiche Soziales und Ökonomie behandelt werden.

Mit diesen Berichten verfolgen die Unternehmen unter anderem das Ziel, das Image des Unternehmens und der dazugehörigen Marken zu stärken – sowohl gegenüber der Öffentlichkeit und den Kunden als auch gegenüber dem Finanz-markt: Neben den Verbrauchern achten auch immer mehr Finanzinvestoren da-rauf, dass Unternehmen sich nachhaltig und damit auch umweltgerecht verhalten.

Im Jahr 1999 wurde dazu in den USA und Europa der Dow Jones Stoxx Sustainabi-lity Index (DJSI) geschaffen. Aus 57 Branchen werden – gemessen an der nachhalti-gen Entwicklung – jeweils die besten zehn bis 20 Prozent der Unternehmen in den Index aufgenommen. Nach Angaben des DJSI (Herbst 2010) sind derzeit in 16 Län-dern Finanzprodukte im Wert von acht Milliarden US-Dollar auf Basis des Nach-haltigkeitsindexes am Markt. Investoren und Anleger können so gezielt in vorbild-liche Unternehmen investieren. Unter den weltweit gelisteten „Supersector leaders" war 2010 BMW das einzige deutsche Unternehmen. Als Logistiker wurde wie bereits in den vorangegangenen drei Jahren TNT im Bereich „Industriegüter und -dienstleistungen" (einschließlich „Industrietransport") als weltweiter „Su-persector leader" des Jahres ausgezeichnet.

Basis für die Bewertung der Unternehmen sind auch die Nachhaltigkeitsberichte. Das Thema „Treibhausgasemissionen und Klimaschutz" ist mittlerweile ein fester

Rahmenbedingungen für die CO₂-Ermittlung in der Logistik

Bestandteil in fast jedem Nachhaltigkeitsbericht. In manchen Unternehmen ist das Thema Nachhaltigkeit mittlerweile sogar Teil des allgemeinen Geschäftsberichtes. Es existieren jedoch keine gesetzlichen Normen für die Erstellung eines Nachhaltigkeitsberichts. Die meisten Unternehmen richten sich nach den Vorgaben der Global Reporting Initiative (GRI), die 1997 von Investoren- und Umweltgruppen aus den USA gegründet wurde. Der aktuelle GRI-Leitfaden G3 umfasst Prinzipien der Berichterstattung mit insgesamt 79 ökonomischen, ökologischen und gesellschaftlich/sozialen Leistungsindikatoren. Die Bilanzierung der THG-Emissionen der Unternehmen wird im GRI-Leitfaden unter den Indikatoren EN 16 (gesamte direkte und indirekte Treibhausgasemissionen nach Gewicht, z.B. durch Strom- und Wärmeverbrauch) und EN 17 (andere relevante Treibhausgasemissionen nach Gewicht; z.B. durch Dienstreisen) erfasst. Weiterhin kann unter dem Indikator EN 18 (Initiativen zur Verringerung der Treibhausgasemissionen und erzielte Ergebnisse) berichtet werden.

Zur genauen Ermittlung der THG-Emissionen verweist GRI unter anderem auf das sogenannte Greenhouse Gas Protocol (kurz: GHG Protocol). Das GHG Protocol ist weltweit der anerkannteste Standard zur Erfassung von THG-Emissionen in Organisationen wie Unternehmen. Er wurde vom World Resources Institute (WRI) und World Business Council for Sustainable Development (WBCSD) entwickelt und im Jahr 2001 zum ersten Mal veröffentlicht. Wie der GRI-Standard ist das GHG Protocol ein freiwilliger, nicht gesetzlich vorgeschriebener Standard. Die meisten Unternehmen in den westlichen Industrieländern berechnen ihre THG-Emissionen nach diesem Standard und verweisen bei ihren Treibhausgasberichten auf das GHG Protocol, welches kostenfrei im Internet verfügbar ist. Die GHG-Version aus dem Jahr 2004 diente der International Organisation for Standardisation (ISO) auch als Grundlage für die Entwicklung der Norm ISO 14064-1:2006 „Greenhouse gases – Part 1: Specification with guidance at the organization level for quantification and reporting of greenhouse gas emissions and removals".

 Scopes – Bilanzierungsgrenzen gemäß GHG-Protokoll
Scope 1 umfasst die THG-Emissionen, die direkt durch das Unternehmen verursacht und kontrolliert werden. Dazu zählen zum Beispiel Emissionen durch die Verbrennung von Energieträgern in stationären und mobilen Anlagen, also zum Beispiel die THG-Emissionen eines Heizkessels oder die THG-Emissionen der mit Benzin oder Diesel betriebenen Fahrzeuge. Die Scope-1-Emissionen werden auch als direkte Emissionen bezeichnet.

Scope 2 beinhaltet ausschließlich die indirekten Emissionen, die durch die Strombereitstellung für das Unternehmen entstehen. Neuerdings werden auch Emissionen der Bereitstellung von Fern- und Prozesswärme diesem Bereich zugerechnet. Streng genommen werden unter Scope 2 nur die Emissionen, die im Kraftwerk und bei der Verteilung des Stroms bzw. der Fernwärme entstehen, berücksichtigt. Die indirekten Emissionen durch die Gewinnung, Verteilung und Herstellung der Energieträger (z.B. Heizöl), die dann im Kraftwerk eingesetzt werden, fallen hingegen unter Scope 3.

Scope 3 erfasst alle übrigen indirekten Emissionen, die mit der Unternehmenstätigkeit verbunden sind, also z.B. Emissionen von eingekauften Produkten und Dienstleistungen. Dazu zählen in der Logistik zum Beispiel auch Emissionen, die beim Einsatz von externen Transportdienstleistern entstehen. Wenn bei Dienstreisen Flugzeug, Bahn oder Mietwagen genutzt werden, fallen diese ebenfalls in diesen Bereich. Außerdem werden im GHG-Protokoll für Scope 3 auch die Emissionen genannt, die bei der Nutzung der verkauften Produkte und Dienstleistungen durch den Kunden hervorgerufen werden. Ebenfalls in den Scope 3 fallen die Emissionen, die bei der Herstellung der Kraftstoffe (z.B. Benzin oder Diesel) entstehen.

Grundsätzlich unterscheidet auch die ISO 14064-1 diese drei Scopes; dort werden sie als „Direct GHG emissions", „Energy indirect GHG emissions" bzw. „Other indirect GHG emissions" bezeichnet.

GHG Protocol und ISO 14064-1 sind sich damit in ihren Inhalten sehr ähnlich. Beide Standards fordern zu Beginn eine klare Festlegung der Systemgrenzen, also eine eindeutige Festlegung, welche Unternehmensteile in die Bilanz einbezogen werden. Beide Standards unterscheiden dabei zwischen direkten Emissionen (Scope 1), indirekten Emissionen durch die Bereitstellung von Strom, Fern- Prozesswärme (Scope 2) oder sonstigen indirekten Emissionen (Scope 3).

In der Praxis folgen die meisten Unternehmen bei der Festlegung der THG-Bilanzierungsgrenzen den GHG-Vorgaben bzw. denen der ISO 14064-1. Auch aus Gründen der Datenverfügbarkeit, die in jeder Branche etwas anders gelagert ist, zieht aber jedes Unternehmen im Detailgrad seine Grenzen anders. So rechnet das eine Unternehmen Subunternehmer (zum Beispiel Ladenbesitzer im Einzelhandel oder Lkw-Transportdienstleister) mit in den Scope 1. Andere Unternehmen berücksichtigen die Emissionen dieser festen Unternehmenspartner gar nicht oder aber im Scope 3, sofern dieser im Nachhaltigkeitsbericht überhaupt behandelt wird.

Sofern Industrie- und Handelsunternehmen Emissionen im Bereich Logistik ausweisen, beziehen sich diese fast immer nur auf eigene Fahrzeuge und Gebäude. Da der Großteil der logistischen Leistung aber oftmals von Dienstleistern erbracht wird, spiegeln die in den Nachhaltigkeitsberichten genannten Anteile der Logistik an den THG-Emissionen natürlich nur einen Teil der real durch die Logistik verursachten Emissionen wider.

Rahmenbedingungen für die CO_2-Ermittlung in der Logistik

Wenn Unternehmen aber lediglich die THG-Emissionen ihres eigenen Fuhrparks und ihrer eigenen Logistikimmobilien ausweisen, verhalten sie sich sowohl in Übereinstimmung mit den Anforderungen des GHG Protocols als auch mit denen der ISO 14064-1. Unternehmen müssen nach beiden Standards ausschließlich die unter Scope 1 und 2 anfallenden Emissionen berechnen, während es ihnen freigestellt ist, die Scope-3-Emissionen auszuweisen. Daher muss der Leser der Klimabilanzen von Unternehmen immer genau darauf achten, ob und in welchem Umfang Scope-3-Emissionen berücksichtigt wurden.

Dies gilt auch bei der Frage, ob die Emissionen, die zum Beispiel bei Produktion und Bereitstellung von Kraftstoffen anfallen, in den Klimabilanzen eines Logistikdienstleisters berücksichtigt wurden oder nicht. Die meisten Unternehmen rechnen nur die Scope-1-Emissionen ab der Zapfsäule (auch als tank-to-wheel bezeichnet). Einige Unternehmen hingegen bilanzieren auch die Vorkette mit (well-to-tank) und weisen diese unter Scope 3 in den Klimabilanzen aus. Hier könnte es schon bald auch von anderen Unternehmen zu einem Umdenken in Richtung well-to-wheel kommen, da der Emissionsvorteil von Biokraftstoffen sonst erheblich überschätzt wird. Bei einer Tank-to-wheel-Betrachtung werden nämlich Biokraftstoffe mit Nullemissionen bewertet. Aber natürlich entstehen gerade bei der Produktion und Verteilung der Biokraftstoffe auch THG-Emissionen, die somit nicht mit betrachtet werden.

Unterschiedlich ist bei den Unternehmen auch, welche Treibhausgase bilanziert werden. Während einige Unternehmen nur die reinen CO_2-Emissionen erfassen, geben andere alle THG-Emissionen als CO_2-Äquivalente an. Nur wenige Unternehmen quantifizieren beide Werte oder sogar jedes einzelne Treibhausgas in ihrem Nachhaltigkeitsbericht. Dabei gibt es eigentlich klare Angaben: Alle Standards – GRI, GHG Protocol und ISO 14064-1 – fordern, dass alle Treibhausgase als CO_2-Äquivalente ausgewiesen werden müssen.

Wie CO_2-Äquivalente bei Flugreisen berechnet werden sollen, ist derzeit allerdings in keinem Standard eindeutig geregelt. Die meisten Wissenschaftler nehmen aber an, dass die Emissionen der Flugzeuge in Reiseflughöhe (z.B. Stickoxide/NO_x, Wasserdampf) zusätzlich zur Treibhausgaswirkung des Flugverkehrs beitragen. Die Klimawirkung der verschiedenen Triebwerksemissionen kann mit Hilfe des sogenannten Radiative Forcing Index (RFI) auf diejenige des Kohlendioxids umgerechnet werden. Nach einer Studie des IPCC Change liegt der RFI zwischen zwei und vier (beste Schätzung: 2,7) [IPCC 1999]. Das bedeutet: Die Gesamtklimawirkung des Flugverkehrs liegt um den Faktor zwei bis vier höher als die reine Wirkung des CO_2. Mit der Vorlage des vierten Sachstandsberichts des IPCC im Jahr 2007 wurde für den RFI-Faktor sogar eine Spannweite von 1,9 bis 4,7 angegeben [Graßl et al. 2007]. In der derzeitigen wissenschaftlichen Diskussion ist aber offen, inwieweit der RFI-Faktor, der die aktuelle Strahlungswirkung beschreibt,

1:1 auf das GWP übertragen werden kann, das die Wirkung über einen Zeitraum von 100 Jahren beschreibt (*siehe Kapitel 1.1*). Nach Meinung der meisten Fluggesellschaften ist daher die höhere Klimawirksamkeit noch nicht eindeutig belegt und vor allem nicht quantifizierbar, so dass fast alle Airlines ausschließlich ihre CO_2-Emissionen bilanzieren.

In den Unternehmensklimabilanzen kommen auch bei der Anrechnung von regenerativ erzeugtem Ökostrom (auch als grüner Strom bezeichnet) verschiedene Methoden zum Einsatz. Während sich die meisten Unternehmen für eingekauften Strom aus z.B. Wasserkraft oder Windenergie (unabhängig davon, ob es Alt- oder Neuanlagen sind) die günstigen Treibhausgasemissionen dieser regenerativen Energieträger zuschreiben (nahezu THG-frei), folgen andere Unternehmen wie beispielsweise REWE oder Tetra Pak einem Kompromissvorschlag einiger Umweltinstitute. Danach wird nur für den Teil des regenerativ erzeugten Ökostroms der günstigere Emissionswert berücksichtigt, der aus zusätzlichen Neuanlagen kommt. Strom etwa aus alten Wasserkraftwerken wird mit dem Emissionswert des herkömmlichen Strommixes bewertet. Die unterschiedliche Herangehensweise ist derzeit möglich, da hierzu in keinem der Standards eine abschließende Vorgabe zur Berechnung entsprechender Stromprodukte enthalten ist.

Durch diese und andere Unterschiede sind die veröffentlichten THG-Emissionsdaten in Unternehmensklimabilanzen sowie in den Nachhaltigkeitsberichten kaum miteinander vergleichbar. Einige Unternehmen publizieren auch Angaben zur Genauigkeit der bilanzierten THG-Daten. Hier wird für Scope 1 und 2 in der Regel ein Wert von +/- fünf Prozent angegeben. Für Scope 3 hingegen liegt die Genauigkeit oftmals nur bei +/- 20–30 Prozent. Viele Logistikkonzerne arbeiten deshalb daran, die Genauigkeit der Daten ihrer Subunternehmer zu verbessern. Dies betrifft besonders die der Lkw-Fuhrunternehmer. Betroffen sind aber auch Fluggesellschaften, Reedereien, Eisenbahnunternehmen, Umschlagsbetriebe und Kontraktlogistiker.

Neuer Standard durch Emissionshandel
Ein neuer Standard zur Ermittlung von CO_2-Emissionen in Unternehmen hat sich in den vergangenen drei Jahren durch die Einführung des Emissionshandels in der Europäischen Union etabliert. Betreiber von großen Energieanlagen (mit einer Feuerungswärmeleistung über 20 Megawatt) sowie energieintensive Industrieanlagen bekommen Rechte zugeteilt, wie viel CO_2 sie pro Jahr in die Atmosphäre ablassen dürfen. Überschüssige Rechte können an Unternehmen verkauft werden, deren Emissionsrechte nicht ausreichen. Im Zuge dieses Handelssystems hat die EU umfangreiche Richtlinien zur Berechnung der CO_2-Emissionen erlassen. Ab 2012 sollen auch die Betreiber von Luftfahrzeugen in der EU am Emissionshandel teilnehmen. Eine weitere Ausweitung auf andere Verkehrsträger und Wirtschaftszeige wird in der Politik diskutiert. Es ist anzu-

Rahmenbedingungen für die CO₂-Ermittlung in der Logistik

nehmen, dass sich bei stärkerer Ausweitung des Emissionshandels die gesetzlichen Berechnungsvorgaben der CO_2-Emissionen auch in den Nachhaltigkeitsberichten wiederfinden werden.

Neben den reinen CO_2- oder THG-Emissionen finden sich in den Nachhaltigkeitsberichten oftmals auch spezifische Emissionswerte. Diese sind je nach Branche und Zielen des Unternehmens sehr unterschiedlich. So geben Einzelhandelsunternehmen wie METRO, REWE oder Tengelmann auch (oder sogar nur) die CO_2- bzw. THG-Emissionen je „Quadratmeter Verkaufsfläche" an. Dies hat den Vorteil, dass sich Effizienzverbesserungen bei den CO_2-Emissionen über mehrere Jahre leichter vergleichen lassen. Durch Neueröffnung, Schließung oder sogar Unternehmenszu- und -verkäufe finden in den THG-Bilanzen absolut zwar Veränderungen bei den Emissionen statt. Diese haben aber nicht unbedingt etwas mit Effizienzverbesserungen zu tun. Nachdem die Unternehmen in den Anfangsjahren der THG-Berichterstattung meistens absolute CO_2-Reduzierungsziele in den Nachhaltigkeitsbericht geschrieben haben, werden die Ziele neuerdings oft auch auf spezifische THG-Emissionen bezogen. So spricht die Deutsche Post DHL neuerdings von einem Effizienzverbesserungsziel von 30 Prozent bis 2020. Dazu wurde eine komplexe Kennzahl geschaffen, die die CO_2-Effizienz des Post-DHL-Logistiknetzwerkes widerspiegeln soll. Nachteil dieser Kennzahl: Bei stark fallender Nachfrage und nur geringen Kapazitätsreduzierungen (Wirtschaftskrise 2008 bis 2009) zeigen diese Kennzahlen eine starke Verschlechterung der CO_2-Effizienz – was in der Öffentlichkeit schwer zu kommunizieren ist.

Spezifische THG-Emissionen liefert auch die Deutsche Bahn in ihrem Nachhaltigkeitsbericht. Es werden Emissionswerte je Tonnenkilometer für Güter beziehungsweise Personenkilometer für Fahrgäste angegeben. Durch diese Art der Darstellung lassen sich zum einen Effizienzgewinne zum Vorjahr darstellen, aber auch die Unterschiede der Verkehrsträger aufzeigen. Die Deutsche Bahn nutzt dies, um im Nachhaltigkeitsbericht die Vorteile des Verkehrsträgers Schiene gegenüber anderen Verkehrsträgern aufzuzeigen. Bei Verkehrsträgervergleichen ist aber die Betrachtung spezifischer Werte pro Tonnen- oder Personenkilometer nicht zielführend, da es sein kann, dass die Wegstrecke für eine Fahrt je nach Verkehrsmittel unterschiedlich lang sein kann. Deshalb hat die Deutsche Bahn für diese Vergleiche die Entwicklung der Internet-Tools „Umweltmobilcheck" und „EcoTransIT" (*siehe Kapitel 6.1*) mitfinanziert.

Die Klimavorteile der eigenen Produkte im Rahmen der Nachhaltigkeitsberichterstattung herauszustellen, ist sehr beliebt. Sehr intensiv ist dies zum Beispiel bei der BASF zu beobachten. Das Chemieunternehmen setzt den bilanzierten THG-Emissionen des Unternehmens die THG-Einsparungen durch BASF-Produkte wie Wärmedämmstoffe entgegen.

Internet-Tipp
Global Reporting Initiative (GRI)
http://www.globalreporting.org

Greenhouse Gas Protocol
http://www.ghgprotocol.org

ISO 14064-1 – International Organization for Standardization (ISO)
http://www.iso.org

Dow Jones Stoxx Sustainability Index
http://www.sustainability-index.com

Datenbank mit Nachhaltigkeitsberichten
http://www.ranking-nachhaltigkeitsberichte.de

1.3.3 Produkte und Dienstleistungen

Die Dokumentation von Treibhausgasemissionen von Produkten und Dienstleistungen hat in der Regel zum Ziel, dem Kunden eines Unternehmens verlässliche Daten über die Klimawirksamkeit des von ihm gekauften und genutzten Gutes mitzuteilen. Die Kunden nutzen diese Daten für die Berechnung ihrer persönlichen (Endverbraucher-) oder betrieblichen (Scope-3-)Treibhausgasemissionen. Zusätzlich können die dokumentierten Emissionswerte Auswirkungen auf die Kaufentscheidung des Kunden haben, sofern die Werte glaubhaft und vergleichbar sind. Zu unterscheiden sind grundsätzlich THG-Werte, die den kompletten Lebenszyklus eines Produktes abbilden und jene, die Informationen liefern, welche Emissionen bei der Nutzung des Produktes oder der Dienstleistung anfallen.

Lebenszyklusemissionen
Die Erfassung und Analyse produktbezogener THG-Bilanzen unter Berücksichtigung der Lebenszyklusemissionen kann Unternehmen helfen, die komplexen Wertschöpfungsnetze hinsichtlich der THG-Emissionen zu optimieren und so die THG-Emissionen des Produktes zu senken. Auch um die individuell verursachten Treibhausgasemissionen eines jeden Menschen oder Unternehmens berechnen zu können, muss man die Emissionen kennen, die genutzte Produkte verursachen. Im Idealfall lassen sich sogar sogenannte CO_2-Fußabdrücke (Product Carbon Footprint; kurz: PCF) vergleichen. Zu einem PCF gehören die Emissionen, die durch die Gewinnung oder durch den Anbau der Rohstoffe, durch die Herstellung, den Transport und Verkauf der Produkte entstehen. Je nach Berechnungsansatz werden in den Lebenszyklus manchmal auch die Emissionen durch Gebrauch und Entsorgung des Produktes eingerechnet.

Rahmenbedingungen für die CO$_2$-Ermittlung in der Logistik

Die Schwierigkeit, den CO$_2$-Fußabdruck zu berechnen, liegt in der Komplexität der meisten Herstellungs-, Distributions-, Lager- und Handelsprozesse. Für viele Produkte finden sich Prozessketten mit zehn und mehr Lieferanten, oftmals über die deutschen und europäischen Grenzen hinweg bis hin zu Lieferanten in der ganzen Welt. Zudem können in komplexen Produkten eine Vielzahl von Rohstoffen und Rohprodukten verwendet werden, die alle beim CO$_2$-Fußabdruck berücksichtigt werden müssen.

Problematisch bei der Berechnung von Product Carbon Footprints ist auch die korrekte Zuordnung von THG-Emissionen eines Wertschöpfungsprozesses auf ein einzelnes Produkt. Für diese sogenannte Allokation der THG-Emissionen auf das Produkt wie auch generell zum methodischen Vorgehen bei der Berechnung eines PCF existieren derzeit keine weitreichend anerkannten internationalen Berechnungsstandards. In Deutschland orientieren sich viele Unternehmen bei der Erstellung eines PCF aufgrund fehlender Vorgaben an der Norm zur Ökobilanz (ISO 14040 und 14044). Britische Organisationen haben 2008 die sogenannte Publicly Available Specification „Specification for the assessment of the life cycle greenhouse gas emissions of goods and services" (PAS 2050) vorgelegt, die auf eine Initiative des Carbon Trust und des britischen Umweltministeriums zurückgeht und vom British Standards Institution (BSI) koordiniert wurde. Jedoch erfährt dieser Vorschlag außerhalb Großbritanniens kaum Zustimmung. Standardisierungsbemühungen auf internationaler Ebene (ISO 14067 – Carbon Footprint of Products) sind bisher zu keinem abschließenden Ergebnis gekommen. Auch das GHG Protocol entwickelt derzeit mit dem „Product and Supply Chain Accounting and Reporting Standard" eine Vorgabe, wie PCFs erstellt werden sollen. Dieser liegt derzeit vor.

Kritisch wird von vielen Unternehmen (vor allem aus Deutschland) auch die Kennzeichnung von Produkten mit THG-Werten gesehen. In Großbritannien werden in Pilotprojekten auf Basis von PAS 2050 auf einigen Produkten (Orangensaft, Waschmittel etc.) konkrete Angaben zur CO$_2$-Emission durch den Herstellungs- und Verkaufsprozess gemacht. So verursacht nach Verpackungsangaben des führenden britischen Handelshauses Tesco ein Liter Orangensaft einen CO$_2$-Fußabdruck von 360 Gramm Kohlendioxid.

Abb. 1.3-2: CO_2-Etikett auf einer Orangensaft-Packung bei Tesco [Tesco 2009]

Insbesondere deutsche Handelsunternehmen kritisieren ebenso wie Umweltforschungsinstitute diese Kennzeichnung von Produkten mit exakten CO_2-Werten. Ihrer Meinung nach ist auch mit Standards wie PAS 2050 eine vergleichbare Berechnung der Emissionen von Produkten aufgrund vieler Datenungenauigkeiten und Abgrenzungsprobleme nicht möglich und damit für den Endverbraucher irreführend. Ein konkreter Zahlenwert würde dem Verbraucher eine Genauigkeit und Aussagekraft suggerieren, die nach dem derzeitigen Stand der Methodik nicht erreicht werden kann.

Dennoch haben sich in den vergangenen Jahren mehrere deutsche Handelsunternehmen immer wieder mit der Berechnung von produktbezogenen CO_2-Emissionen beschäftigt. Vorreiter war hier unter anderem der Versandhändler Otto, der schon vor einigen Jahren den Fußabdruck für ein T-Shirt ermittelt hat. Betrachtet wurde die Wertschöpfungskette von der Rohstoffherstellung in Asien bis zum Endkunden in Deutschland. Im Rahmen der PCF-Initiative des Öko-Instituts, des Umweltverbandes WWF und der Agentur Thema 1 untersuchten 2008 auch mehrere deutsche Unternehmen (darunter REWE, Tchibo, Tengelmann, dm Drogeriemarkt, Frosta, Tetra Pak, Deutsche Telekom, Henkel, BASF, DSM) gemeinsam den

Rahmenbedingungen für die CO₂-Ermittlung in der Logistik 1

CO₂-Fußabdruck ausgewählter Produkte (Eier, Shampoo, Sporttasche, Waschmittel etc.). Die Ergebnisse bestätigten die Komplexität und die Ungenauigkeiten der Berechnungen. Sie zeigten aber auch, dass die Kenntnis des PCF hilft, CO₂-Reduzierungspotenziale von Produkten unter Einbeziehung der gesamten Wertschöpfungskette zu erkennen.

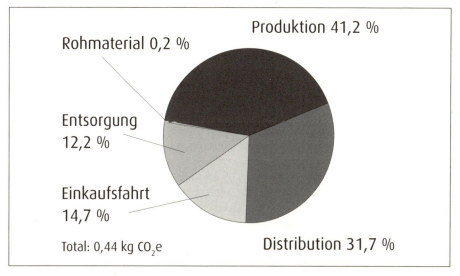

Abb. 1.3-3: THG-Footprint einer 500 g Schale Best-Alliance Erdbeeren aus Spanien bei Rewe [REWE]

Für Logistikdienstleistungen liefern einige größere Logistikunternehmen schon heute THG-Emissionswerte. Zum einen bieten einige große Spediteure, Luftfahrtunternehmen und Reedereien ihren Kunden Jahresdurchschnittswerte aus den Vorjahren an. Meistens werden diese in CO₂-Emission je Tonnenkilometer oder je Sendung angegeben. Im entfernten Sinne sind diese Angaben ebenfalls PCFs. Für größere Kunden erstellen die Umweltabteilungen der Logistikdienstleister andererseits auch individuelle Berechnungen der THG-Emissionen aller Transporte. Dazu haben die Logistikunternehmen Methoden und auch Softwaretools entwickelt (*siehe Kapitel 6*). Aufgrund fehlender Standards sind die veröffentlichten Werte der Logistikdienstleister in der Regel derzeit aber nur bedingt miteinander vergleichbar. Hier soll die im Februar 2011 als Entwurf vorgelegte CEN-Norm „Methodology for calculation and declaration on energy consumptions and GHG emissions in transport services" (prEN 16258:2011) Abhilfe schaffen (*siehe Kapitel 5.1*).

Vorrangiges Ziel der von den Logistikunternehmen bereitgestellten dienstleistungsbezogenen THG-Werte ist es, dem Kunden Daten für die Erstellung von eigenen Klimabilanzen zu stellen. Ob daraus auch ein Kriterium für die Kaufentscheidung des Kunden wird, bleibt abzuwarten.

THG-Emissionen während der Nutzungsphase
Dokumentationen über die CO_2-Emissionen von Produkten während der Nutzung existieren eigentlich schon seit Jahren. Meistens hängen diese CO_2-Emissionen direkt vom Energieverbrauch ab. So werden schon seit über einem Jahrzehnt Elektrogroßgeräte (Kühl- und Gefriergeräte, Waschmaschinen, Wäschetrockner, Geschirrspüler, Lampen, Raumklimageräte, Elektrobacköfen) mit einem Energielabel versehen. Basis für die Vergabe der Labels sind EU-einheitliche Berechnungsmethoden des Energieverbrauchs für durchschnittliche Betriebszustände. Auf Basis dieser Zahlen lässt sich dann je nach Länderstrommix auf die CO_2-Emissionen während der Produktnutzung schließen.

Ein ähnliches Energielabel soll auch für Personenkraftwagen eingeführt werden. Einheitliche Daten zum Energieverbrauch und den CO_2-Emissionen sind schon seit über zwei Jahrzehnten vorhanden. Mehrere EU-Normen regeln, wie die Verbräuche und Emissionen von Kraftfahrzeugen zu ermitteln und zu dokumentieren sind. Diese Normverbräuche und Norm-CO_2-Emissionen, die auf Rollenprüfständen nach einem festgelegten Fahrzyklus ermittelt werden, müssen nach dem Energieverbrauchskennzeichnungsgesetz beim Pkw-Verkauf gut lesbar unter der Windschutzscheibe oder an den Infoständern neben den Fahrzeugen angebracht werden. Mit dem realen Verbrauch bzw. den realen CO_2-Emissionen haben diese Werte aber nichts zu tun; diese können im Extremfall bis zu 25 Prozent höher liegen.

Seit wenigen Jahren ist die Automobilindustrie zudem verpflichtet, eine Liste aller Neuwagen mit ihrem Kraftstoffverbrauch und CO_2-Emissionen zu veröffentlichen. Die Daten werden von der Deutschen Automobil Treuhand GmbH (DAT) im Auftrag der deutschen Automobilhersteller und internationalen Importeure regelmäßig erstellt und kostenlos veröffentlicht. Die CO_2-Daten dienen auch als Berechnungsgrundlage für die seit kurzer Zeit geltende CO_2-abhängige Kraftfahrzeugsteuer.

Für schwere Lkw existieren hingegen europaweit bisher noch keine einheitlichen Regelungen zur Messung und Dokumentation der Kraftstoffverbräuche und CO_2-Emissionen. Derzeit laufen aber wissenschaftliche Untersuchungen für die Einführung geeigneter Messverfahren bei schweren Lkw. Für leichte Nutzfahrzeuge existieren hingegen wie für Pkw entsprechende Regelungen.

Rahmenbedingungen für die CO_2-Ermittlung in der Logistik

Internet-Tipp
Product-Carbon-Footprint-Projekt in Deutschland
http://www.pcf-projekt.de

CO_2-Label in Großbritannien
http://www.carbon-label.com

PAS 2050
http://www.bsigroup.com/Standards-and-Publications/How-we-can-help-you/Professional-Standards-Service/PAS-2050

Deutsche Energieagentur (Dena)
http://www.stromeffizienz.de

Deutsche Automobil Treuhand GmbH
http://www.dat.de

1.4 Bilanzierung von Scope-3-Emissionen

Eine besondere Herausforderung stellt die Berechnung derjenigen THG-Emissionen dar, die externe Dienstleister im Auftrag des bilanzierenden Unternehmens verursachen. Dies können aus Sicht eines Verladers die Emissionen von externen Logistikdienstleistern sein, die in seinem Auftrag Transporte durchführen. Dies können aber auch aus Sicht eines Logistikdienstleisters die Emissionen eines von ihm beauftragten Subunternehmers sein. Diese so genannten Scope-3-Emissionen müssen nach den Standards für Unternehmensklimabilanzen (ISO 14061-1 und GHG Protocol) nicht zwangsläufig berichtet werden (*siehe Kapitel 1.3.2*). Derzeit gehen aber immer mehr Unternehmen dazu über, die Emissionen der Fremdlogistikdienstleister in ihren Klimabilanzen zu berücksichtigen.

Gerade bei größeren Logistikdienstleistern können diese Scope-3-Emissionen erheblich zu den Gesamtemissionen beitragen. Beispielsweise entfallen bei der Deutschen Post DHL auf diesen Bereich rund 80 Prozent der gesamten CO_2-Emissionen. Bei DB Schenker sind es sogar mehr als 90 Prozent der gesamten THG-Emissionen.

Verlader:
Zu der Gruppe der Verlader werden Unternehmen aus den Sektoren Industrie, Handel und Dienstleistungen (außer Logistikdienstleistungen) gezählt, die Transport-, Speditions- und Lagereiaufträge an externe (also nicht zum eigenen Unternehmen gehörende) Logistikdienstleister vergeben.

Logistikdienstleister (externe):
Externe Logistikdienstleister sind Unternehmen, die gewerblich Transport-, Speditions- und Lagereiaufgaben für ihren Auftraggeber durchführen. Hierzu zählen Spediteure, Transporteure (Lkw-Frachtführer, Reedereien, Eisenbahnverkehrsunternehmen und Fluggesellschaften) sowie Lagerei- und Umschlagsbetriebe. Große Logistikdienstleister verfügen in der Regel über ein umfangreiches Transport- und Lagernetzwerk. Diese Logistikdienstleister beauftragen oftmals kleinere oder spezialisierte Logistikdienstleister, um die Transport-, Speditions- und Lagereiaufgaben durchzuführen. Diese Unternehmen werden dann auch als Subunternehmer bezeichnet.

1.4.1 Praktische Probleme der Bilanzierung

Um die THG-Emissionen zu ermitteln, lassen beide Standards (ISO 14064-1 und GHG Protocol) grundsätzlich zwei Methoden zu: einerseits den kraftstoff- beziehungsweise energiebasierten und andererseits den entfernungsbasierten Ansatz. Der derzeitige CEN-Normentwurf prEN 16258:2011 sieht im Prinzip ebenfalls diese beiden Methoden vor, wobei auch Mischformen zugelassen werden (*siehe Kapitel 5.1*).

Bei der kraftstoff- beziehungsweise energiebasierten Methode werden die Treibhausgase mit Hilfe des Verbrauchs an Kraftstoffen beziehungsweise Energie (zum Beispiel Stromverbrauch einer Elektro-Lokomotive) und kraftstoff- beziehungsweise energiespezifischen Emissionsfaktoren berechnet. Diese Vorgehensweise wird in diesem Buch in Kapitel 2 beschrieben. Grundsätzlich ist dieser Ansatz genauer als der entfernungsbasierte Ansatz – eine korrekte Erfassung des Kraftstoff- und Energieverbrauchs vorausgesetzt. Genau dies stellt aber das Problem dar: Zum einen müssten die beauftragten Logistikdienstleister und Subunternehmer dem Auftraggeber die exakten Kraftstoff- und Energieverbräuche für seine Transporte ausweisen, um daraus die THG-Emissionen berechnen zu können. In der Regel verfügen die Logistikdienstleister/Subunternehmer (wenn überhaupt) nur über durchschnittliche Angaben für ihre Transporte insgesamt, nicht aber für Transporte einzelner Kunden. Darüber hinaus sind aufgrund fehlender Standards die von den Transportdienstleistern erhobenen Daten auch nicht unbedingt vergleichbar. Hier soll der bereits erwähnte CEN-Normentwurf zur Berechnung der THG-Emissionen von Transportdienstleistungen Abhilfe schaffen.

Zum anderen stellt es aber auch ein Problem dar, dass insbesondere große Logistikdienstleister und Verlader mit einer Vielzahl von Subunternehmern zusammenarbeiten. Daher ist es derzeit auch kaum möglich, gemessene Kraftstoff- und Energiedaten abzufragen und diese dann auch noch auf Plausibilität zu überprüfen. Zukünftig mögen IT-basierte Lösungen es ermöglichen, adäquat die notwendigen Daten von diese externen Dienstleistern abzufragen. Derzeit ist es aber kaum praktikabel.

Rahmenbedingungen für die CO₂-Ermittlung in der Logistik **1**

Um die THG-Emissionen der Transporte von Subdienstleistern konsistent zu ermitteln, muss daher heute meist auf den entfernungsbasierten Ansatz zurückgegriffen werden. Dabei werden Angaben zu Jahresfahrleistungen der Lastkraftwagen oder Angaben zu den jährlichen Tonnenkilometern sowie passende Emissionsfaktoren benötigt. Letztere geben zum Beispiel an, wie viel Treibhausgase pro zurückgelegtem Lkw-Kilometer oder Tonnenkilometer in die Umwelt gelangen. Diese Emissionsfaktoren können aus offiziellen Datenbanken entnommen werden, wie zum Beispiel dem „Handbuch für Emissionsfaktoren des Straßenverkehrs" (*siehe Kapitel 5.3*). Nachteil der entfernungsbasierten Methode ist, dass in diesen Datenbanken Durchschnittswerte enthalten sind, die nicht exakt die Situation des einzelnen Logistikdienstleisters abbilden. Schult beispielsweise der Dienstleister regelmäßig alle seine Fahrer via Eco-Training, dann verbraucht seine Lkw-Flotte weniger Diesel als der Durchschnitt in Deutschland; dies wird bei den Kraftstoffverbrauchs- und Energiewerten, die in den gängigen Datenbanken enthalten sind, allerdings grundsätzlich nicht abgebildet.

Dennoch können die THG-Emissionen der Logistikdienstleister mit Hilfe des entfernungsbasierten Ansatzes verhältnismäßig genau berechnet werden. Dies setzt aber voraus, dass man die Berechnungen möglichst an die realen Gegebenheiten anpasst. Wie hierbei grundsätzlich vorgegangen werden soll, wird im Folgenden vorgestellt. Wie hingegen konkret mit Hilfe des entfernungsbasierten Ansatzes die THG-Emissionen der einzelnen Verkehrsträger berechnet werden können, wird in Kapitel 4 erklärt!

1.4.2 Relevanz der THG-Emissionen externer Logistikdienstleister

Wie genau die Berechnungen der Realität angepasst werden müssen, hängt auch vom Anteil der THG-Emissionen der externen Logistikdienstleister an den Gesamtemissionen ab. Verlader und Logistikdienstleister sollten in einer ersten Analyse klären, welchen Anteil die Transporte Dritter überhaupt an den Gesamtemissionen besitzen. Dabei ist auch zu klären, welches Verkehrsmittel den größten Beitrag zu den THG-Emissionen beisteuert. Für die Analyse können die THG-Emissionen für jedes Verkehrsmittel mit Hilfe des Transportaufkommens (Tonnage), der grob zurückgelegten Entfernung und den (in Kapitel 4 beschriebenen) durchschnittlichen THG-Emissionsfaktoren pro Tonnenkilometer ermittelt werden.

Da sich die THG-Emissionen pro Tonnenkilometer für die Transportmodi Luftverkehr, Straße, Schiene und Seeschiff sich grob 100 : 10 : 4 : 2 verhalten, spielen Transporte mit Bahn und Schiff in Klimabilanzen eher eine untergeordnete Rolle. Hohe Anteile an Luftfracht (zum Beispiel IT- oder Elektroindustrie oder auch bei global agierenden Logistikunternehmen) lassen auch hohe transportbedingte THG-Emissionen erwarten. Grundsätzlich sollten daher vor allem Verlader und Logistikunternehmen mit hohem Luftfrachtanteil ihre durch Dritte verursachten Transportemissionen genauer unter die Lupe nehmen.

Bei Verladern zeigt die Analyse der THG-Emissionen im ersten Schritt, ob die Logistikdienstleistungen Dritter überhaupt eine Relevanz für das Unternehmen haben. Je komplexer die eigene Produktionskette ist, desto geringer ist tendenziell der Anteil der Transportemissionen – trotz des „Global Sourcings" von Großunternehmen, die ihre Beschaffungs- und Distributionsmärkte in aller Welt haben. Vor allem in Industriebereichen mit hohen THG-Emissionen durch die Produktionsprozesse spielen transportbedingte THG-Emissionen eher eine nachgeordnete Rolle. Liegt der Anteil der THG-Emissionen der Logistikdienstleister deutlich unter fünf Prozent, können die THG-Emissionen auch durch Verwendung von Durchschnittswerten ausreichend gut ermittelt werden. Liegen die THG-Emissionen aber deutlich über dieser Schwelle, sollten zumindest für die relevanten Verkehrsmittel – wie in den folgenden Punkten beschrieben – die THG-Emissionen so realitätsnah wie möglich ermittelt werden.

Für große Logistikdienstleister spielen Transporte naturgemäß die entscheidende Rolle; in der Regel sind mehr als 95 Prozent ihrer Emissionen transportbedingt, während nur ein kleiner Anteil auf stationäre Prozesse wie Lagerhaltung und Umschlag entfällt. Die Analyse der THG-Emissionen zeigt hier insbesondere, welche Bedeutung die THG-Emissionen der einzelnen Verkehrsträger und darin die Emissionen der externen Dienstleister haben. Trägt beispielsweise der Schienenverkehr weniger als fünf Prozent zu den gesamten THG-Emissionen des Logistikunternehmens bei, kann auch hier mit gröberen Berechnungen ein ausreichend genaues Ergebnis erzielt werden. Grundsätzlich gilt dies auch für den stationären Bereich – hier können aber in der Regel viel leichter gemessene Energiedaten erhoben werden, so dass trotz geringer Bedeutung für die gesamten THG-Emissionen eine genaue Messung der Energieverbräuche und damit eine detaillierte Berechnung der THG-Emissionen gut möglich ist.

1.4.3 Analyse der Transporte

Sind die THG-Emissionen eines Verkehrsmittels relevant, sollten die durchgeführten Transporte detaillierter analysiert werden. Für die Emissionsberechnung relevant sind
- die genau zurückgelegten Wegstrecken sowie
- die Auslastung der Lkw.

Werden die Güter an externe Dienstleister übergeben, sind für den Verlader (ebenso wie für den Logistikdienstleister) beide Größen unbekannt. Beide Größen werden aber oftmals über die Art der Transporte bestimmt. Je nachdem, ob es sich beispielsweise bei Lkw-Verkehren um Stückgut-, Teil- und Ganzladungsverkehre

Rahmenbedingungen für die CO_2-Ermittlung in der Logistik **1**

oder im Zugverkehr um Ganzzüge oder Einzelwagenverkehre handelt, sind die Wegstrecken beziehungsweise die Auslastungen verschieden. Auch Kurier-, Paket- und Expressdienste (KEP-Dienste) nutzen andere Netze, die Rückwirkungen auf zurückgelegte Wege und Auslastungen haben.

Will ein Verlader beispielsweise eine Ladung per Lkw von seinem Produktionsstandort in Frankfurt am Main zu einem Kunden nach Villach in Österreich transportiert haben, ist ihm unbekannt, welchen Weg die Ladung genau nimmt. Würde die Ladung im Direktverkehr von Frankfurt am Main nach Villach gefahren, würde ein Lkw rund 670 km zurücklegen. Der Dienstleister transportiert aber die Ladung über sein Stückgutnetz und nutzt seine Umschlagspunkte für Transporte nach Österreich. Die Ladung wird mit anderen Gütern in einer Tour eingesammelt und zum Beispiel zu einem internationalen Hub in Deutschland gefahren. Bei dieser Sammeltour kann der Lkw auch Waren ausfahren, die er vom Hub schon mitgenommen hat. Im internationalen Hub wird die Ladung aus Frankfurt ausgeladen und neu mit anderen Gütern zusammen auf einen Lkw verladen, der direkt vom Hub in Deutschland zu einem weiteren internationalen Hub in Österreich fährt. Dort wird dann schließlich die Lkw-Ladung nochmals umgeschlagen. Die Ladung aus Frankfurt wird dort wieder mit anderen Ladungen auf einen Verteiler-Lkw geladen, der in einer Tour bei mehreren Kunden die Ladungen ablädt und gleichzeitig wieder neue Ladungen zum Hub in Österreich zurückführt. Die Ladung aus Frankfurt legt in diesem Fall eine Strecke von 1.000 km zurück – im Vergleich zur Direktfahrt ist diese Strecke knapp 50 Prozent länger.

Hierbei ist sogar nur die direkte Entfernung im Vor- und Nachlauf berücksichtigt – real sind die Strecken bei den Sammel- und Verteilerverkehren deutlich länger als die direkte Entfernung. Diese längeren Strecken werden vom Logistikdienstleister in Kauf genommen, da er Sendungen konsolidieren kann, um so eine höhere Auslastung und damit eine höhere Wirtschaftlichkeit im Vergleich zu Direktverkehren zu erzielen. Auch ökologisch schneidet der Transport über das Netzwerk in der Regel besser ab als Direktverkehre, da nicht nur die höhere Auslastung die Nachteile der längeren Strecke überkompensiert. Erreicht wird damit auch eine Transportvermeidung durch Bündelung. Zur Berechnung der genauen Strecke müssen somit die Umschlagspunkte bekannt sein, die der beauftragte Dienstleister nutzt.

Ähnliche Netzwerke gibt es bei allen Verkehrsträgern. Auch Frachtflugzeuge nutzen oftmals den Heimatflughafen ihrer Airline als Drehkreuz. Dieser Heimatflughafen muss aber nicht auf dem direkten Weg vom Start- zum Zielflughafen sein. So ist zum Beispiel ein Flug von Shanghai nach Frankfurt am Main mit Zwischenstopp in Dubai um 28 Prozent länger als ein Direktflug von Shanghai nach Frankfurt – mit entsprechenden Auswirkungen auf die THG-Emissionen. Auch hier ergibt sich das genutzte Netz über die beauftragte Fluggesellschaft. Da gerade in der

Luftfracht jeder Kilometer deutlich in den Emissionen zu Buche schlägt, ist es natürlich auch ökologisch weit sinnvoller, längere Strecken der Netzwerke in Kauf zu nehmen als zusätzliches Fluggerät auf der Strecke einzusetzen.

Für die Emissionsberechnung wäre es nun aber falsch, die direkte und damit kurze Wegstrecke einerseits und gleichzeitig die höhere Auslastung, die sich über das Netzwerk ergibt, andererseits zu verwenden. Da in der Regel die Auslastung der Fahrzeuge unbekannt ist, werden beim entfernungsbasierten Ansatz oft durchschnittliche Auslastungen herangezogen, die auf Statistiken basieren (z.B. Durchschnittsauslastung der genutzten Airline). Diese Werte spiegeln aber meist die Durchschnittswerte für die Netzwerke mit den verwendeten Umschlagspunkten wider. Daher ist es für die Berechnung der THG-Emissionen externer Dienstleister unerlässlich, auch die Wegstrecken konkret für die genutzten Netzwerke zu ermitteln, um möglichst reale Emissionsberechnungen zu bekommen – immer vorausgesetzt, die THG-Emissionen des betrachteten Verkehrsmittels sind relevant für die Gesamtemissionen. Bei Transportketten (zum Beispiel Vorlauf Lkw, Hauptlauf Flugzeug, Nachlauf Lkw) muss der Weg möglichst für die gesamte Strecke nachverfolgt werden. Welcher Aufwand schließlich in die Analyse des Vor- und Nachlaufes gesteckt werden soll, hängt aber auch davon ab, welche Bedeutung diese für die Gesamtemissionen haben.

Ein Spezialfall sind die erwähnten Sammel- und Verteilerverkehre beim Lkw. Der Verlader oder auch die Logistikdienstleister kennen hierbei in der Regel nur den Verladeort beziehungsweise Ausladeort und das Umschlagshub. Die Auflade- und Abladepunkte für die anderen Kunden, damit den Tourverlauf und die gesamte Wegstrecke des Lkw sind damit unbekannt. Grundsätzlich wird somit ein Korrekturfaktor zur Umrechnung der Direktstrecke auf die reale Strecke benötigt. Wie in diesen Fällen vorgegangen werden kann, wird in Kapitel 4.2.7 beschrieben. Allerdings wird es auch Fälle geben, in denen ein Logistikdienstleister einen weiteren Kunden auf seinen Lkw nimmt, der zu einem (erheblichen) Umweg führt. Diese Umwege können in entfernungsbasierten Berechnungen nicht berücksichtigt werden, so lange der externe Dienstleister nicht direkt seine Wegstrecken, Kraftstoffverbräuche und damit THG-Emissionen berichtet. Statistische Werte liegen hierfür nicht vor.

Bei der Berechnung der Wegstrecken ist zudem zu berücksichtigen, wie die Entfernungen erhoben werden. Im Luftverkehr beispielsweise werden Entfernungen in der Regel auf Basis der Großkreisentfernungen ermittelt. Dies ist jeweils die kürzeste Entfernung zwischen zwei Punkten auf der Erde. Bedingt durch Warteschleifen, durch den nutzbaren Luftraum (z.B. Umfliegen gesperrter Gebiete) oder durch das Wetter (z.B. Gewitter) werden aber in der Regel Umwege geflogen, die zusätzlich zur Großkreisentfernung berücksichtigt werden müssen. Solche systematisch auftretenden Umwege können ebenfalls durch Korrekturfaktoren berücksichtigt werden (*siehe Kapitel 4.6*).

Rahmenbedingungen für die CO₂-Ermittlung in der Logistik

1.4.4 Auswahl der Emissionsfaktoren

Die Emissionsfaktoren geben die Masse der THG-Emissionen (z.B. Gramm oder Kilogramm) pro Fahrzeugkilometer oder pro Tonnenkilometer an.

Mit den Werten pro Fahrzeugkilometer können durch Multiplikation der ermittelten Entfernungen die THG-Emissionen für das gesamte Fahrzeug, Schiff, Flugzeug oder für den Zug berechnet werden. In einem weiteren Schritt müssen dann die insgesamt für einen Transport ermittelten THG-Emissionen auf die Einzelsendung herunter gebrochen werden (auch als Allokation bezeichnet). Dieser Schritt wird im nächsten Unterpunkt noch näher betrachtet.

Werden hingegen Emissionsfaktoren pro Tonnenkilometer verwendet, sind die Emissionen über eine durchschnittliche Auslastung bereits auf Sendungsebene heruntergebrochen. Emittiert zum Beispiel ein Lkw 1.000 g CO_2 pro km und hat 10 Tonnen der möglichen Nutzlast von 25 Tonnen geladen, dann weist der Lkw CO_2-Emissionen in Höhe von 100 g pro Tonnenkilometer (1.000 g CO_2/km : 10 t) aus. Wird mit diesem Lkw eine Sendung mit einem Gewicht von zwei Tonnen transportiert, verursacht diese Ladung pro Streckenkilometer 200 g CO_2 (100 g CO_2/tkm × 2 t). Bei der Verwendung von Emissionsfaktoren pro Tonnenkilometer sind somit immer zwei Aspekte zu bedenken:

Erstens: Die Allokation, also die Zuordnung der Emissionen zur Einzelsendung, erfolgt immer über das Gewicht. Wie der nächste Punkt zeigt, sind prinzipiell aber auch Zuordnungen über die Anzahl der Sendungen, Paletten- oder Containerstellplätze, die Lademeter oder das Volumen der Sendungen denkbar. Diese Arten der Allokation sind bei Werten pro Tonnenkilometer nicht berücksichtigt.

Zweitens: Zur Berechnung der Werte wird eine repräsentative oder durchschnittliche Auslastung zugrunde gelegt. In dem oben beschriebenen Fall zum Beispiel 40 Prozent (10 t : 25 t). Streng genommen gelten die THG-Emissionsfaktoren pro Tonnenkilometer nur für diese Auslastung. Ergibt die Analyse des Transports (siehe Kapitel 1.4.3), dass die Auslastung stark von dieser Durchschnittsauslastung abweicht, sollten die Berechnungen über THG-Emissionsfaktoren pro Fahrzeugkilometer erfolgen und die Allokation selbst durchgeführt werden. Um bereits unterschiedliche Auslastungen zu berücksichtigen, können auch die THG-Emissionsfaktoren pro Tonnenkilometer für unterschiedliche Gutarten (z.B. Volumengut, Massengut oder Durchschnittsgut) ermittelt werden. Hier fließen dann aus Statistiken ermittelte Auslastungswerte für zum Beispiel diese drei Gutarten ein. Werden THG-Emissionsfaktoren pro Tonnenkilometer für verschiedene Gutarten bereitgestellt, ist wahrscheinlicher, dass damit die reale Situation bereits abgedeckt ist. Zudem stellen externe Logistikdienstleister selten Angaben zur Auslastung zur Verfügung, da diese relevant für die Kosten und damit für die

Aushandlung der Verträge mit dem Auftraggeber sind. In diesem Fall muss ohnehin über die Gutart auf die durchschnittliche Auslastung zurückgeschlossen werden. THG-Emissionsfaktoren pro Tonnenkilometer differenziert nach Gutarten werden ebenfalls in Kapitel 4 vorgestellt.

Aber auch für die Verwendung von THG-Emissionsfaktoren pro Fahrzeugkilometer benötigt man die Auslastung. Der Dieselverbrauch und damit die THG-Emissionen pro Kilometer sind für einen leeren Lkw natürlich deutlich niedriger als für einen vollen Lkw. Diese Gewichtsabhängigkeit gilt auch für Flugzeug und Eisenbahn. Bei Schiffen spielt sie in der Regel eine untergeordnete Rolle, da zur Stabilisierung der Schiffe bei geringer Ladung zusätzliches Ballastwasser aufgenommen wird, so dass das Gesamtgewicht für leere und volle Schiffe vergleichbar ist. Die Folge ist, dass sich der Energieverbrauch und damit die THG-Emissionen pro Schiffskilometer kaum unterscheiden. Daher variieren insbesondere bei Seeschiffen die Emissionsfaktoren pro Schiffskilometer nicht in Abhängigkeit der Auslastung. Bei Flugzeugen haben die Beladung und damit die Auslastung durchaus einen Einfluss auf den Kerosinverbrauch und die THG-Emissionen pro Flugkilometer. Die in Datenbanken öffentlich publizierten Emissionsfaktoren pro Flugzeugkilometer berücksichtigen diese Abhängigkeit von der Auslastung aber nicht – es wird nur ein Wert für eine mittlere Auslastung veröffentlicht. Daher kann bei Flugzeugen in der Regel diese Abhängigkeit nicht betrachtet werden, obwohl sie real besteht. In Kapitel 4 sind, falls vorhanden, die Emissionsfaktoren in Abhängigkeit der Auslastung angegeben.

Unabhängig davon, ob Emissionsfaktoren pro Fahrzeugkilometer oder Tonnenkilometer verwendet werden, differieren sie in Abhängigkeit folgender Parameter:

- Art des Verkehrsmittel (z.B. Solo-Lkw oder Lkw-Sattelzug, Frachtflugzeug oder Beiladung in Passagiermaschinen)
- Größe (z.B. Lkw unter 12 Tonnen zGG oder 12–18 t zGG; Containerschiffe mit 3.500 bis 4.700 TEU oder über 7.000 TEU)
- Alter/Emissionsklasse der Fahrzeuge (z.B. Euro-3- oder Euro-5-Lkw, bei Flugzeugen über den Flugzeugtyp: z.B. Boeing 747-200 oder 747-400).

Bei der Analyse der Transporte (*siehe Kapitel 1.4.3*) müssen daher immer diese emissionsrelevanten Faktoren mit erhoben werden. Unterschätzt wird in diesem Zusammenhang die Größe der eingesetzten Verkehrsmittel. Bei Lkw ist dies deutlich relevanter als die Kenntnis der Euro-Abgas-Klassen. Ähnliches gilt auch bei allen anderen Verkehrsmitteln. Daher müssen auch für extern eingesetzte Logistikdienstleister entsprechende Angaben vorliegen. Meist kann über die Verkehrsart auf die eingesetzten Fahrzeuge zurückgeschlossen werden. Im Hauptlauf zwischen zwei Hubs werden in der Regel 40-Tonnen-Lkw eingesetzt, während im Sammel- und Verteilerverkehr kleinere Lkw zum Einsatz kommen. Bei Container-

Rahmenbedingungen für die CO₂-Ermittlung in der Logistik

schiffen werden auf der Asien-Europa-Route hauptsächlich die größten verfügbaren Schiffe eingesetzt, während sich beim Durchqueren des Panamakanals Beschränkungen von derzeit auf maximal 5.000 TEU ergeben.

Wie eingangs erwähnt, werden die Emissionsfaktoren in der Regel aus Datenbanken entnommen, wie sie in Kapitel 4 vorgestellt werden. Es ist dennoch ratsam, Verbrauchs- und Emissionswerte von seinen externen Dienstleistern abzufragen. Zur überschlägigen Verifizierung der genutzten THG-Emissionsfaktoren ist außerdem die Flottenzusammensetzung zu erfassen. Zwar werden diese Faktoren derzeit von den Dienstleistern noch methodisch unterschiedlich erhoben; dennoch wird so bereits der Grundstein gelegt, mittelfristig – wie auch vom erwähnten CEN-Normentwurf gefordert – berechnete Werte systematisch durch gemessene Werte ersetzen zu können. Kann ein Unternehmen zudem Emissionsfaktoren zur Verfügung stellen, zeigt es damit bereits einen gewissen methodischen Entwicklungsstand. Dazu sollte es aber auch in der Lage sein, die grundsätzlichen Annahmen/Parameter, die eingeflossen sind, zu benennen. So sollten die oben genannten Einzelparameter idealerweise alle enthalten sein. Eine Gegenüberstellung der vom Dienstleister zur Verfügung gestellten THG-Emissionsfaktoren und der Faktoren aus Datenbanken kann zudem als Qualitätskontrolle der gelieferten Daten dienen. Bei Abweichungen von +/- 20 Prozent ist Vorsicht geboten. In diesem Fall sollte man den Subdienstleister methodisch genauer unter die Lupe nehmen. Allerdings ist bei der Gegenüberstellung immer darauf zu achten, ob auch die Werte des Dienstleisters, der in der Regel Durchschnittswerte für sein Gesamtgeschäft liefert, überhaupt repräsentativ für die eigenen Transporte sind. Ist dies nicht der Fall, sind große Unterschiede zwischen berechneten und vom Dienstleister bereitgestellten Emissionswerten zu erwarten. Insbesondere entstehen natürlich große Unterschiede, wenn ein externer Logistikdienstleister THG-Emissionen pro Sendung zur Verfügung stellt. In diesen Wert gehen Durchschnittsentfernungen des Netzwerkes des Logistikdienstleisters ein. Die zurückgelegten Wege der eigenen Transporte können aber von diesen Werten stark abweichen.

1.4.5 Allokation – Zuordnung der Emissionen zur Sendung

Werden Emissionsfaktoren pro Tonnenkilometer genutzt, erfolgt die Zuordnung der Emissionen über das Gewicht. Wie bereits ausgeführt, sind auch andere Allokationen über die Anzahl der Sendungen, die Palettenstellplätze, die Lademeter oder das Volumen denkbar, wobei beispielsweise die erwähnte CEN-Norm prEN 16258:2011 die Allokation über das Gewicht und damit über die Tonnenkilometer klar als präferierte Variante empfiehlt.

Ein Vorteil der Allokationsgröße Tonnenkilometer ist, dass sich auch intermodale Transportketten leichter berechnen lassen. Damit können zum Beispiel CO_2-Vergleichswerte für eine Transportaufgabe bei unterschiedlichen Modal Splits ermittelt werden. So ist beispielsweise die CO_2-Minderungen durch eine Verlagerung (Modal Shift) von Luft- zu Seefracht berechenbar (siehe Beispielrechnung).

 Beispielrechnung Modal-Split-Vergleich
Vergleich von Warensendungen eines Unternehmens per Seeschiff und Flugzeug bei derzeit durchgeführter (Standard-) Transportmittelverteilung (Modal Split 1) und steigendem Anteil von Seefracht gegenüber Luftfracht (Modal Split 2).

Es gilt für beide Rechnungen: CO_2-Emissionsfaktoren: Seeschiff = 15 g CO_2/tkm; Flugzeug: 750 g CO_2/tkm (nur direkte Emissionen). Die Schiffsroute zwischen Versand- und Empfangsort ist länger als der direkte Luftweg.

Modal Split 1 (Standard): Ladungsgewicht: per Seeschiff: 10 t, per Flugzeug 2 t; Entfernung: 10.000 km (Seeschiff), 5.000 km (Flugzeug) => Transportleistung:100.000 tkm (Seeschiff), 10.000 tkm (Flugzeug)

CO_2-Emissionen Seeschiff: $100.000 \text{ tkm} \times 15 \frac{g\,CO_2}{tkm} = 1{,}5$ Tonnen CO_2

CO_2-Emissionen Flugzeug: $10.000 \text{ tkm} \times 750 \frac{g\,CO_2}{tkm} = 7{,}5$ Tonnen CO_2

Modal-Split-Vergleichswert 1: $\frac{9 \text{ t } CO_2}{110.000 \text{ tkm}} = 82 \frac{g\,CO_2}{tkm}$

Damit ergeben sich für diese Transportaufgabe beim Modal Split 1 CO_2-Emissionen in Höhe von insgesamt **neun Tonnen CO_2** beziehungsweise **82 g/tkm**.

Modal Split 2 (mehr See- statt Luftfracht): Ladungsgewicht: per Seeschiff: 11 t, per Flugzeug 1 t; Entfernung: 10.000 km (Seeschiff), 5.000 km (Flugzeug) => Transportleistung:110.000 tkm (Seeschiff), 5.000 tkm (Flugzeug)

CO_2-Emissionen Seeschiff: $110.000 \text{ tkm} \times 15 \frac{g\,CO_2}{tkm} = 1{,}65$ Tonnen CO_2

CO_2-Emissionen Flugzeug: $5000 \text{ tkm} \times 750 \frac{g\,CO_2}{tkm} = 3{,}75$ Tonnen CO_2

Modal-Split-Vergleichswert 2: $\frac{5{,}4 \text{ t } CO_2}{115.000 \text{ tkm}} = 47 \frac{g\,CO_2}{tkm}$

Damit ergeben sich für diese Transportaufgabe beim Modal Split 2 Emissionen in Höhe von insgesamt **5,4 Tonnen** CO_2 beziehungsweise **47 g/tkm**.

Die Vergleichsrechnung zeigt, dass die Verlagerung von einer Tonne Fracht vom Luft- auf den Seeverkehr die CO_2-Emissionen der Transportaufgabe von 82 auf 47 g/tkm reduziert, was einer CO_2-Einsparung von etwa 40 Prozent beziehungsweise 3,6 Tonnen CO_2 entspricht. Da die Berechnungen aber nur mit durch-

Rahmenbedingungen für die CO₂-Ermittlung in der Logistik

schnittlichen Emissionswerten pro Tonnenkilometer durchgeführt wurden, können die CO_2-Minderungen im Einzelfall auch kleiner oder höher ausfallen.

Die Verwendung anderer Allokationen setzt natürlich auch voraus, dass man diese Größen für alle Sendungen vorliegen hat. Ein anderer Weg der Allokation wird schon lange bei Containerschiffen gegangen. Dort erfolgt die Allokation statt über das Gewicht über die Anzahl der Containerstellplätze, wobei als normierte Größe der 20-Fuß-Standard-Container genutzt wird (TEU = Twenty-foot Equivalent Unit). Grundsätzlich haben alle genannten Größen zur Allokation eine Berechtigung. Bei Volumengütern ist beispielsweise nicht die maximale Nutzlast des Lkw der limitierende Faktor, sondern der Laderaum beziehungsweise die zur Verfügung stehende Fläche. Daher ist es prinzipiell auch denkbar, die Emissionen pro Palettenstellplatz oder pro eingenommenes Volumen zu berechnen. Wichtig ist in diesem Zusammenhang, dass verschiedene Größen der Allokation auch zu unterschiedlichen Ergebnissen führen und damit die der einzelnen Sendung zugeordnete Emissionsmenge variabel ist. Summiert man aber die Emissionen aller Einzelsendungen wieder auf, müssen sich immer die Gesamtemissionen des Fahrzeuges, Zuges, Flugzeuges oder Schiffes ergeben.

Wichtig hierbei ist, dass die Größe zur Allokation einheitlich für ein Verkehrsmittel gewählt werden muss und nicht von Sendung zu Sendung und von Dienstleister zu Dienstleister gewechselt werden kann. Der CEN-Normentwurf prEN 16258:2011 zur Berechnung des Energieverbrauchs und der THG-Emissionen von Transportdienstleistungen empfiehlt die Nutzung des Gewichts zur Allokation, lässt aber auch die Allokation über die anderen genannten Größen zu. Der CEN-Normentwurf schreibt aber auch vor, dass die Methode der Allokation einheitlich sein muss. Werden Emissionsdaten von Logistikdienstleistern abgefragt, muss somit streng genommen auch die Methode zur Allokation vorgegeben werden. Andernfalls sind die Ergebnisse der einzelnen Subunternehmer auf keinen Fall gleichzeitig verwendbar.

Weiterhin ist in diesem Zusammenhang zu berücksichtigen, dass Auslastungen, die zur Allokation verwendet werden, Durchschnittswerte der gesamten Tour sind und nicht nur für den Teil der Tour, in dem die eigene Sendung enthalten ist. Anschaulich wird dies bei Containerschiffslinien: Von Asien nach Europa haben Containerschiffe (bezogen auf die Containerstellplätze) Auslastungsgrade von 90 Prozent und mehr. Von Europa nach Asien beträgt hingegen die Auslastung teilweise unter 50 Prozent, da weniger Waren von Europa nach Asien transportiert werden. Die freien Containerstellplätze werden benutzt, um leere Container wieder nach Asien zu transportieren. Da kein Transport von Asien nach Europa möglich wäre, ohne dass ein Schiff auch wieder von Europa nach Asien fährt, können repräsentative THG-Emissionen auch nur für die gesamte Containerlinie berechnet werden. Hierzu wird eine durchschnittliche Auslastung über beide Richtungen beziehungsweise für die gesamte Rundtour verwendet (rund 70 Prozent). Analoges gilt auch für andere Verkehrsmittel.

Zudem müssen auch Leerfahrten, die zur Bereitstellung der Verkehrsmittel notwendig sind, in die Berechnung einbezogen werden. Diese müssen verursachergerecht auf alle Sendungen, die bei der Fahrt transportiert werden, zugeordnet werden. Dies ist gerade auch für extern beauftragte Dienstleister zu beachten. Verlader und Logistikdienstleister berücksichtigen hierbei gerne nur die Ladungsfahrten. Die Leerfahrten gehen hingegen oftmals nicht in die Rechnung ein, obwohl ohne diese die Dienstleistung vom Subunternehmer gar nicht angeboten werden könnte. Auch für Leerfahrten können statistische Werte herangezogen werden, so dass sie in Form eines Aufschlages in die Berechnung jeder einzelnen Sendung einbezogen werden können. Dieser Aufschlag kann auch in die Auslastung direkt mit eingerechnet werden. Auch dies wird in Kapitel 4 vorgestellt. Ein Spezialfall sind in diesem Zusammenhang die Rangierfahrten für die Zusammenstellung von Zügen. Sie können nennenswert zu den Gesamtemissionen eines Transportes beitragen und müssen ebenfalls bei den Berechnungen berücksichtigt werden. Auch hier gilt wie eingangs ausgeführt: Diese Detailbetrachtungen sind vor allem dann nötig, wenn die THG-Emissionen dieser Verkehrsmittel einen nennenswerten Beitrag zu den Gesamtemissionen liefern.

Außerdem sei in diesem Zusammenhang erwähnt, dass bei Transporten oftmals nicht das reale, sondern das frachtpflichtige Gewicht erhoben wird. Dies gilt insbesondere beim Lkw- und Luftverkehr. Beim frachtpflichtigen Gewicht wird für voluminöse Güter ein fiktives Minimalgewicht zugrunde gelegt, das für die Berechnung der Transportkosten herangezogen wird. Beispielsweise wird bei der Luftfracht pro Kubikmeter Ladung mindestens ein frachtpflichtiges Gewicht von 166,67 kg berechnet. Wiegt ein Kubikmeter Ladung mehr als 166,67 kg, wird das reale Gewicht zur Berechnung der Frachtkosten herangezogen. Da es letztendlich vom Mix der Güter abhängt, wann das fiktive und wann das reale Gewicht zur Berechnung des frachtpflichtigen Gewichts herangezogen wird, kann nicht ohne weiteres mehr vom frachtpflichtigen Gewicht auf das Realgewicht zurückgerechnet werden. Erschwerend kommt hinzu, dass insbesondere beim Straßengüterverkehr jedes Unternehmen – teilweise sogar noch von Land zu Land – unterschiedliche Ansätze zur Berechnung der frachtpflichtigen Gewichte verwendet. Grundsätzlich wäre diese Größe für die Allokation der Emissionen das ideale Maß, da es Gewicht und Volumen gleichzeitig berücksichtigt. Aufgrund der unterschiedlichen Berechnungsansätze kann es aber nicht generell zur Allokation verwendet werden. Sinnig ist aber grundsätzlich, frachtpflichtige und Realgewichte parallel zu erheben, da die Differenz zwischen beiden auch ein Indikator für den Cargomix darstellt, der wiederum auslastungsrelevant ist (*siehe auch Kapitel 1.4.4*).

Abschließend muss darauf hingewiesen werden, dass nicht nur das Gewicht der

Rahmenbedingungen für die CO₂-Ermittlung in der Logistik

Ladung, sondern auch die Gewichte der Verpackungen oder Ladungsträger (zum Beispiel zur Ladungssicherung) mit berücksichtigt werden müssen. Offensichtlich ist dies bei Containertransporten. Das Leergewicht eines 40-Fuß-Containers aus Stahl liegt bei rund 3,8 Tonnen, das eines 20-Fuß-Containers bei rund 2,3 Tonnen. Bei Berechnungen der THG-Emissionen müssen diese Gewichte mit berücksichtigt werden. Weniger offensichtlich sind Hilfsmaterialien, die zum Transport benötigt werden. Werden Frischfische per Luftfracht transportiert, werden diese in Kisten mit Eis transportiert. Das Gewicht des Eises zur Kühlung gehört zur Ladung und muss ebenfalls in die Bilanz einbezogen werden.

1.4.6 Interpretation der CO_2-Berechnungen

In die Berechnung der THG-Emissionen von externen Logistikdienstleistern fließen, wie in den vorangegangene Kapiteln gezeigt, eine Vielzahl von Faktoren ein. Je besser diese Inputdaten zur Verfügung stehen, desto genauer sind die Rechenergebnisse. Liegen diese Inputdaten in einer guten Qualität vor (Daten zur Strecke, Auslastung, Fahrzeugarten etc.) und sind die verwendeten Emissionsfaktoren exakt auf diese Faktoren abgestimmt, liegen die Fehler der berechneten Werte im Vergleich zur realen Situation in einem Bereich von circa zehn Prozent. Die Fehler kommen vor allem daher, dass die realen Bedingungen (zum Beispiel regelmäßige Fahrerschulung, technische Maßnahmen am Fahrzeug, die nicht in den durchschnittlichen Emissionsfaktoren enthalten sind) von den Durchschnittswerten abweichen. Liegen aber für die benötigten Inputdaten nur teilweise Informationen vor oder werden in großem Umfang Schätzungen verwendet, führt dies auch dazu, dass die Emissionsberechnungen für externe Dienstleister nicht die reale Situation abbilden. Die Fehler können dann leicht Größenordnungen von 20 bis 30 Prozent oder mehr erreichen. Auch bestimmte Sonderformen von Transporten (zum Beispiel temperaturgeführte Transporte) sind in Durchschnittswerten nicht enthalten und können teilweise zu erheblichen Abweichungen von real gemessenen Emissionswerten führen (*siehe Kapitel 4.2.6*).

Welche Aussage haben dann die über den entfernungsbasierten Ansatz berechneten Emissionen der externen Logistikdienstleister? Sie ermöglichen überhaupt erst einmal zu analysieren, in welchen Bereichen eine zielführende Klimaschutzstrategie ansetzen soll. THG-Bilanzen werden schließlich nicht zum Selbstzweck durchgeführt, sondern zur Identifikation der Bereiche, in denen – auch unter ökonomischen Aspekten – Klimaschutzmaßnahmen am sinnvollsten ergriffen werden können. Zeigt die Bilanz, dass ein Großteil der THG-Emissionen des Unternehmens durch die beauftragten externen Dienstleister entsteht, dann kann nur in Kooperation mit diesen Dienstleistern der CO_2-Fußabdruck des eigenen Unternehmens gesenkt werden. Die Analyse zeigt zudem, welcher Verkehrsträger und welcher externe Dienstleister konkret der geeignete Partner für eine sinnvolle Klimaschutzstrategie ist.

Zukünftig sollten dann in den Klimabilanzen für diese zentralen Dienstleister die berechneten Werte durch gemessene Werte ersetzt werden. Der CEN-Normentwurf wird bereits zu einer stärkeren Standardisierung der gemessenen Werte führen. Aber auch der CEN-Standard lässt Freiheitsgrade, die der Verlader oder Logistikdienstleiter durch klare Vorgaben beseitigen muss (zum Beispiel welche Größe zur Allokation verwendet werden muss). Die Verwendung real gemessener Werte für die externen Dienstleister wird es in Zukunft ermöglichen, ergriffene Klimaschutzmaßnahmen besser abzubilden. Natürlich sind die Auswirkungen eines Teils der Maßnahmen (zum Beispiel Modernisierung der Fahrzeugflotte; Erhöhungen der Auslastungen) auch schon heute berechenbar. Aber insbesondere organisatorische Maßnahmen (zum Beispiel Fahrertraining) und Teilverbesserungen am Fahrzeug (zum Beispiel Aerodynamik) sind erst dann ebenfalls abbildbar.

Zu guter Letzt muss darauf hingewiesen werden, dass insbesondere die THG-Emissionen der großen Logistikdienstleister aufgrund der derzeit praktizierten Vorgehensweise zur Berechnung der THG-Emissionen externer Logistikdienstleister kaum vergleichbar sind. Sehr wohl ermöglichen aber diese Bilanzen, die Fortschritte zu belegen, die ein Unternehmen auf seinem Weg zur Klimafreundlichkeit erzielt hat. Die Bedeutung der Scope-3-Emissionen verdeutlicht auch, inwieweit das Unternehmen es selbst in der Hand hat, seine Bilanz zu verbessern, beziehungsweise wie stark externe Dienstleister zum Erfolg beitragen (müssen). Dies gilt analog für Verlader. Ziel muss es sein, seine eigenen wie auch die durch die Dienstleister verursachten THG-Emissionen zu senken – nur so kann nachhaltig ein Beitrag zu mehr Klimaschutz erzielt werden. Der Einbezug der Scope-3-Emissionen externer Logistikdienstleister ist hierbei ein wichtiger Schritt.

2 Berechnung der CO_2- und Treibhausgasemissionen (THG-Emissionen)

Das Kapitel 2 dient dazu, einen schnellen Überblick über das Grundprinzip der Berechnung von Kohlendioxid- und Treibhausgasemissionen zu erhalten. Es empfiehlt sich, dieses Kapitel vor den Folgekapiteln zu lesen. Das Kapitel 2 liefert die Grundformeln für sämtliche Emissionsberechnungen in diesem Buch. Vertiefende Daten und Formeln bieten die Kapitel 3 und 4.

2.1 Grundlagen für alle Berechnungen

2.1.1 Grundformel

Klimarelevantes Kohlendioxid (CO_2) entsteht im Bereich der Logistik vor allem bei der Verbrennung fossiler Kraftstoffe. Bei Verbrennungsmotoren reagieren die Kohlenstoffatome des Diesels oder anderer Kraftstoffe mit dem Sauerstoff der Luft. Ein Kohlenstoffatom (C) verbindet sich dabei mit zwei Sauerstoffatomen (O_2) zu Kohlendioxid. Wie viel CO_2 bei der Verbrennung einer bestimmten Menge Kraftstoff entsteht, hängt im Wesentlichen von der Menge der Kohlenstoffatome im Kraftstoff ab. Diese Menge ist bei jeder Kraftstoffart nahezu konstant. Bei handelsüblichen Dieselkraftstoffen liegt der Anteil in der Größenordnung von 86 – 87 Gewichts-Prozent. Die übrigen Bestandteile sind vor allem Wasserstoff und in geringen Mengen Stickstoff, Sauerstoff und andere Komponenten.

So entstehen beispielsweise bei der Verbrennung von einem Liter in Deutschland und Europa üblichen Pkw- beziehungsweise Lkw-Diesel 2,65 Kilogramm Kohlendioxid – unberücksichtigt sind hierbei Beimischungen von Biodiesel. Der CO_2-Umrechnungsfaktor für konventionellen Diesel lautet damit 2,65 Kilogramm CO_2 pro Liter Diesel – kurz 2,65 kg/l. Für nahezu jeden Energieträger liegt ein solcher CO_2-Umrechnungsfaktor vor *(siehe Kapitel 3)*. Dass aus einem Liter Kraftstoff mehr als zwei Kilogramm CO_2 entstehen können, erklärt sich übrigens dadurch, dass sich bei der Verbrennung jeweils ein Kohlenstoffatom aus dem Kraftstoff mit zwei Sauerstoffatomen aus der Luft verbindet.

Die Berechnung der Kohlendioxidemissionen durch die Verbrennung von Diesel in der Logistik ist durch die nahezu konstanten Umrechnungswerte (F_{CO2}) damit prinzipiell recht einfach. Mit einer simplen Basisformel lassen sich die Emissionen von Kohlendioxid (EM_{CO2}) durch den Energieverbrauch (EV) berechnen:

2 Berechnung der CO_2- und Treibhausgasemissionen

Formel 2-1

$$EMCO_2 = FCO_2 \times EV$$

$EMCO_2$ = Emission von Kohlendioxiden (CO_2) in kg
FCO_2 = CO_2-Umrechnungsfaktor in kg CO_2 je Liter Diesel
EV = Energieverbrauch in Liter Diesel

CO_2-Emissonen nach Grundformel

Verbraucht ein beladender Lkw für eine Fahrt von Hamburg nach München 240 Liter Diesel (reinen Diesel ohne Biodieselbeimischung), dann berechnet sich die CO_2-Emission gemäß [Formel 2-1] für diese Fahrt wie folgt:

$$EM_{CO2} = 240 \text{ l} \times 2{,}65 \, \frac{\text{kg } CO_2}{\text{l}} = 636{,}0 \text{ kg } CO_2$$

Der Lkw verursacht demnach einen Kohlendioxid-Ausstoß von 636 Kilogramm.

Die [Formel 2-1] ist die Basis für alle Emissionsberechnungen bei bekannten Energieverbräuchen. Sie gilt für Fahrzeuge ebenso wie für Immobilien. Sie findet Anwendung bei fossilen Kraftstoffen als auch bei elektrischem Strom oder anderen Energieformen. Was sich ändert, ist lediglich die Bezugseinheit des verwendeten Umrechnungsfaktors. Bei Strom ist beispielsweise der Umrechnungsfaktor (F_{CO2}) in Gramm CO_2 pro verbrauchte kWh angegeben. Der Erdgas-Umrechnungsfaktor wird in Gramm CO_2 pro kg verbrauchtem Gas angegeben.

Da die CO_2-Umrechnungsfaktoren in der Regel bekannt sind (*siehe Kapitel 3*), ist als zweite Komponente der Formel die Kenntnis des Energieverbrauchs notwendig. Der gesamte Energieverbrauch eines Fahrzeugs (Lkw, Schiff, Flugzeug, Lokomotive) lässt sich für eine zurückgelegte Strecke oftmals recht einfach bestimmen. Dazu bedarf es einer Messung des Kraftstoffvorrats vor und nach der Fahrt. Die Differenz ergibt den Verbrauch. Beim Einsatz von elektrischer Energie ist die Messung etwas komplizierter, im einfachsten Fall kann sie durch einen Stromzähler erfolgen. Bei Immobilien kann in der Regel ebenfalls der Energieverbrauch leicht gemessen werden, indem der Verbrauch an den Zählern abgelesen wird. Alternativ kann der Verbrauch auch den Jahresabrechnungen der Energieversorger entnommen werden.

2.1.2 CO_2-Formel für alle Verkehrsmittel

Bei der Betrachtung von Verkehrsmitteln ist oftmals die Kenntnis der CO_2-Emission je transportierter Menge Gut und je transportierter Entfernungseinheit gewünscht. Diese wird häufig in Gramm CO_2 je transportierter Tonne und Kilometer angegeben – also g CO_2 je Tonnenkilometer – kurz g CO_2/tkm. Auch hier lässt

Berechnung der CO_2- und Treibhausgasemissionen

sich die CO_2-Emission (EM_{CO2}) mit der [Formel 2-1] bestimmen, sofern auch der sogenannte spezifische Energieverbrauch (EV_{spez}) – oft angegeben in Energieverbrauch je transportierter Tonne und Kilometer – für den jeweiligen Verkehrsträger bekannt ist (*siehe Kapitel 4*).

CO_2-Emissionen nach Grundformel mit tkm-Wert
Ein voll beladener Lkw mit 26 Tonnen zulässigem Gesamtgwicht (26-Tonner) verbraucht durchschnittlich 0,0184 Liter Diesel (reinen Diesel ohne Biodieselbeimischung) je transportierter Tonne und gefahrenen Kilometer. Daher berechnet sich die spezifische CO_2-Emission analog zur [Formel 2-1] für diese Fahrt wie folgt:

$$EM_{CO2(spez)} = 2{,}65 \, \frac{kg \, CO_2}{l} \times 0{,}0184 \, \frac{l}{tkm} = 0{,}04876 \, \frac{kg \, CO_2}{tkm} = 48{,}8 \, \frac{g \, CO_2}{tkm}$$

Der Lkw verursacht demnach einen Kohlendioxidausstoß von 48,8 Gramm je transportierter Tonne Gut und gefahrenem Kilometer (Tonnenkilometer).

Oftmals interessieren aber nicht spezifische CO_2-Emissionenwerte in g/tkm, sondern man möchte wissen, wie viel CO_2 durch den Transport eines bestimmten Gutes mit dem Lkw, der Bahn, dem Schiff oder dem Flugzeug von einem Ausgangs- zu einem Zielort entsteht. In diesen Fällen können die CO_2-Emissionen ebenfalls mit Hilfe der spezifischen Energieverbräuche der Fahrzeuge bestimmt werden. Hierzu ist [Formel 2-1] um die Variablen Ladungsgewicht und Transportdistanz zu erweitern:

Formel 2-2
$$EM_{CO2} = F_{CO2} \times EV_{spez} \times m \times D$$

EM_{CO2} = CO_2-Emission
F_{CO2} = CO_2-Umrechnungsfaktor in Kilogramm (kg) CO_2 je Liter (l) Diesel
EV_{spez} = Spezifischer Energieverbrauch in Liter (l) Diesel je Tonnenkilometer (tkm)
m = Ladungsgewicht (Gewicht der betrachteten Sendung) in Tonnen (t)
D = Transportdistanz der betrachteten Sendung in Kilometer (km)

Mit der [Formel 2-2] lässt sich grundsätzlich für jedes Verkehrsmittel die Kohlendioxid-Emission eines bestimmten Gutes mit einem definierten Ladungsgewicht und einer definierten Transportentfernung bestimmen, sofern der spezifische Energieverbrauch des Verkehrsmittels bekannt ist.

CO_2-Emissionen nach Grundformel mit tkm-Wert und Distanz
Ein 26-Tonnen-Lkw verbraucht bei einer transportierten Nutzlast von 15 Tonnen durchschnittlich 0,0184 Liter Diesel (reinen Diesel ohne Biodieselbeimischung) je transportierter Tonne und gefahrenden Kilometer. Gesucht wird die

2 *Berechnung der CO_2- und Treibhausgasemissionen*

CO_2-Emission für einen Teil der Ladung mit einem Gewicht von 3,5 Tonnen und für die Transportentfernung von Bremerhaven nach München, die 819 Kilometer beträgt. Die CO_2-Emission berechnet sich gemäß [Formel 2-2] für diese Fahrt wie folgt:

$$EM_{CO2} = 2{,}65 \, \frac{kg \, CO_2}{l} \times 0{,}0184 \, \frac{l}{tkm} \times 3{,}5 \, t \times 819 \, km = 139{,}8 \, kg \, CO_2$$

Der Transport der Teilladung von 3,5 Tonnen von Bremerhaven nach München verursacht CO_2-Emissionen von 139,8 kg

2.1.3 Berücksichtigung der Energieproduktion

Die CO_2-Umrechnungsfaktoren für die einzelnen Energieträger sind in der Regel bekannt (*siehe Kapitel 3*). Grundsätzlich muss aber unterschieden werden: Soll die reine CO_2-Emission, die beim Verbrennen eines fossilen Kraftstoffes freisetzt wird, berechnet werden? Oder sollen auch die CO_2-Emissionen berücksichtigt werden, die bei Gewinnung des Rohöls, dem Transport des Rohöls zur Raffinerie, der Herstellung des Kraftstoffs in der Raffinerie und dem Transport des Kraftstoffes zur Tankstelle durchschnittlich entstehen?

Der Aufschlag für die gesamte Kraftstoffproduktion beträgt zum Beispiel beim Kfz-Diesel in Deutschland und Europa rund elf Prozent. So beträgt der Diesel-Umrechnungsfaktor statt 2,65 kg CO_2 je Liter unter Einbezug der Herstellung 2,95 kg CO_2 je Liter.

Warum sollen aber überhaupt die Emissionen bei der Herstellung der Kraftstoffe und Energieträger in CO_2-Berechnungen einbezogen werden? Notwendig ist dies zum einen deshalb, weil Energieträger wie Strom keine direkten Emissionen aufweisen – diese sind immer null. Ein Elektrofahrzeug oder ein Zug mit Elektro-Traktion wäre damit immer emissionslos – schließlich entstehen im Fahrzeug keine Emissionen durch Verbrennung. Diese entstehen aber bei der Herstellung des Stroms. Gerade bei Vergleichen dieser Verkehrsmittel mit Diesel-Lkw oder bei der Berechnung von Transportketten, bei denen auch elektrisch betriebene Verkehrsmittel zum Einsatz kommen, muss daher die Herstellung der verwendeten Kraftstoffe und Energieträger für alle betrachteten Verkehrsmittel mit betrachtet werden (beim Diesel somit der Wert 2,95 kg CO_2/l). Nur dann sind die beiden Werte miteinander vergleichbar. An dieser Stelle wird bei vielen CO_2-Berechnungen ein Fehler gemacht.

Zum anderen ist der Einbezug der Produktion der Kraftstoffe auch dann notwendig, wenn verschiedene alternative Kraftstoffarten miteinander verglichen werden sollen. Bei Biokraftstoffen werden oft keine direkten Emissionen berechnet, da der im Biokraftstoff enthaltene Kohlenstoff vorher von den Pflanzen beim

Berechnung der CO_2- und Treibhausgasemissionen

Wachsen aus der Luft aufgenommen wurde. CO_2-Emissionen entstehen aber bei der Herstellung der Biokraftstoffe, die nur durch den Einbezug der Produktion in die CO_2-Berechnung Berücksichtigung finden. Biokraftstoffe können mit konventionellen Kraftstoffen daher nur sinnvoll verglichen werden, wenn die Herstellung der Biokraftstoffe in der Bilanz einbezogen wird. Auch der Vergleich von konventionellen Kraftstoffen untereinander ist nur aussagekräftig, wenn die Emissionen der Kraftstoffvorkette berücksichtigt werden. Erdgas schneidet beispielsweise bei den direkten CO_2-Emissionen leicht günstiger ab als Diesel. Dafür entstehen aber mehr Emissionen bei der Herstellung.

Dies sind auch die Gründe, warum der neue CEN-Normentwurf prEN 16258:2011, der Standards zur Berechnung von Treibhausgasemissionen von Transporten festlegt (*siehe Kapitel 5.1*), grundsätzlich Berechnungen mit und ohne Kraftstoffherstellung beziehungsweise Produktion der Energieträger vorschreibt. Der Normentwurf spricht dann von so genannten Tank-to-Wheel-Emissionen (kurz: TTW; direkte CO_2-Emissionen; $EM_{CO2(TTW)}$) und Well-to-Wheel-Emissionen (kurz: WTW; CO_2-Emissionen mit Produktion der Energieträger; $EM_{CO2(WTW)}$). Für Anwender, die CO_2-Emissionen mit und ohne Produktion der Kraftstoffe berechnen müssen, ist die Berechnung dennoch einfach. Für beide Fälle liegen fest definierte CO_2-Umrechnungsfaktoren ($F_{CO2(TTW)}$ und $F_{CO2(WTW)}$) vor, die in Kapitel 3 für verschiedene Kraftstoffe und Energieträger vorgestellt werden. Der Aufwand für denjenigen, der die Berechnungen durchführen will, hält sich somit in Grenzen.

Tank-to-Wheel (TTW)
Tank-to-Wheel bedeutet, dass die Emissionen eines Fahrzeuges berücksichtigt werden, die vom Kraftfahrzeugtank (tank) ausgehend entstehen, um das Fahrzeug in Bewegung zu versetzen (wheel = Rad). Diese Emissionen werden auch als direkte Emissionen oder betriebsbedingte Emissionen bezeichnet.

Bei einem Lkw wären dies zum Beispiel die Emissionen, die bei der Verbrennung und Abgasnachbehandlung des Dieselkraftstoffes anfallen. Die Tank-to-wheel-Emissionen eines Elektroautos oder Zugs mit Elektrotraktion betragen hingegen null.

Well-to-Wheel (WTW)
Well-to-Wheel bedeutet, dass zusätzlich zu den Tank-to-Wheel-Emissionen die Emissionen berücksichtig werden, die zur Herstellung von Antriebsenergien für Fahrzeuge notwendig sind. Und das vom Ursprung der Energiequelle (= well) bis zum Antrieb der Räder des Fahrzeugs (= wheel). Diese Emissionen werden auch als Gesamtemissionen oder Emissionen einschließlich der indirekten beziehungsweise Vorkettenemissionen bezeichnet.

Beim Diesel bezeichnet Well-to-Wheel zum Beispiel jene Emissionen, die zur Herstellung und Bereitstellung von Dieselkraftstoff anfallen und zum Betrieb des Fahrzeugs notwendig sind. Beim Strom sind es die Emissionen, die bei der Gewinnung der Energieträger, deren Verbrennung im Kraftwerk und beim Transport des Stroms bis zur „Steckdose" des Verbrauchers entstehen.

2.1.4 Einbeziehung weiterer TGH-Emissionen (CO_2-Äquivalente)

Neben CO_2 entstehen durch die Verbrennung der Kraftstoffe auch andere Treibhausgase (THG) – insbesondere Methan (CH_4) und Distickstoffoxid (N_2O). Diese Abgaskomponenten entstehen bei der Verbrennung aber nur in sehr geringen Mengen. Da es sich aber durchweg um Gase handelt, die hohe Treibhausgaspotentiale (Global Warming Potential) besitzen (*siehe hierzu Kapitel 1.1*), können sie bei der Berechnung der Treibhausgasemissionen nicht ganz vernachlässigt werden. Beim Lkw erhöhen sich durch die Berücksichtigung von CH_4 und N_2O die direkten, verbrennungsbedingten Treibhaugasemissionen, gemessen in CO_2-Äquivalenten, um rund 1,1 Prozent. Oder anders ausgedrückt: Der THG-Umrechnungsfaktor ($F_{THG(TTW)}$) liegt mit 2,68 kg pro Liter Diesel genau 1,1 Prozent über dem CO_2-Umrechnungsfaktor ($F_{CO2(TTW)}$).

Weitere Treibhausgase entstehen aber auch bei der Herstellung der Kraftstoffe, des Stroms oder anderer Energieträger wie Erdgas oder Heizöl. Damit erhöhen sich auch die indirekten Treibhaugasemissionen. Beim Diesel beträgt der THG-Umrechnungsfaktor ($F_{THG(WTW)}$) einschließlich der Emissionen durch die Produktion 3,01 kg pro Liter und ist damit rund zwei Prozent höher als der CO_2-Wert ($F_{CO2(WTW)}$) mit 2,95 kg CO_2 je Liter Diesel.

Der Unterschied zwischen CO_2- und THG-Umrechnungsfaktor ist für viele Kraftstoffe und Energieträger wie beim Diesel gering, so lange man nur die direkten, verbrennungsbedingten Emissionen betrachtet. Bei Erdgas beträgt der Unterschied gerade mal 0,2 Prozent. Wesentlich größer ist der Unterschied aber, wenn die Emissionen der Gewinnung, Aufbereitung und Verteilung des Erdgases mit einbezogen werden. Dann beträgt der Unterschied zwölf Prozent. Dies resultiert im Wesentlichen aus den Erdgasverlusten in den Pipelines – bei Erdgas handelt es sich schließlich um Methan (*siehe Kapitel 3.4*). Ebenfalls deutliche Unterschiede treten beim Strom auf. Hier sind die THG-Umrechnungsfaktoren im Schnitt rund fünf Prozent höher als die CO_2-Umrechungswerte; in Einzelfällen können die Unterschiede aber auch zehn Prozent betragen (*siehe Kapitel 3.3*).

Da die Unterschiede gerade unter Einbezug der Emissionen der Energievorketten doch signifikant sind, schreiben fast alle Normen und Standards (prEN 16258:2011, ISO 14064-1, GHG Protocol) vor, dass zur Ermittlung der Klimafolgen der Transporte alle Treibhausgase in Form von CO_2-Äquivalenten berücksichtigt werden

Berechnung der CO₂- und Treibhausgasemissionen

müssen. In dem vorliegenden Buch werden zwar auch alle Umrechnungsfaktoren für CO_2 aufgeführt, Standard-konform müssen aber immer die THG-Emissionen für die Transporte oder für Immobilien wie Lager, Umschlagseinrichtungen oder Büros ermittelt werden. Sprich: Es muss immer die Summe aller Treibhausgase ermittelt und ausgewiesen werden.

 Um die Emissionen von CO_2- und THG-Emissionen und Berücksichtigung der Berechnungsgrenzen TTW und WTW errechnen zu können, ergeben sich auf Basis der [Formel 2-1] und [Formel 2-2] folgende Formeln:

Formel 2-1a

$$EM_{CO_2(TTW)} = F_{CO2(TTW)} \times EV$$

Formel 2-1b

$$EM_{CO_2(WTW)} = F_{CO2(WTW)} \times EV$$

Formel 2-1c

$$EM_{THG(TTW)} = F_{THG(TTW)} \times EV$$

Formel 2-1d

$$EM_{THG(WTW)} = F_{THG(WTW)} \times EV$$

Formel 2-2a

$$EM_{CO_2(TTW)} = F_{CO2(TTW)} \times EV_{spez} \times m \times D$$

Formel 2-2b

$$EM_{CO_2(WTW)} = F_{CO2(WTW)} \times EV_{spez} \times m \times D$$

Formel 2-2c

$$EM_{THG(TTW)} = F_{THG(TTW)} \times EV_{spez} \times m \times D$$

Formel 2-2d

$$EM_{THG(WTW)} = F_{THG(WTW)} \times EV_{spez} \times m \times D$$

EM = Emissionen TTW bzw. WTW für CO_2 bzw. THG gemessen in Kilogramm CO_2 bzw. CO_2e (kg)
F = Umrechnungsfaktor TTW bzw. WTW für CO_2 bzw. THG gemessen in Tonnenkilometer CO_2 bzw. CO_2e je Liter Kraftstoffe (tkm/l)
EV = Energieverbrauch in Liter Kraftstoff (l)
$EV_{spez.}$ = spezifischer Energieverbrauch in Liter Kraftstoff je Tonnenkilometer (tkm)
m = Ladungsgewicht(Gewicht der betrachteten Sendung) in Tonnen (t)
D = Transportdistanz der betrachteten Sendung in Kilometer (km)

2.1.5 Standardisierter Energieverbrauch und Ergebnisdarstellung

Der Energieverbrauch von Transporten (oder auch von stationären Anlagen wie Lager, Umschlagseinrichtungen und Büros) wird in der Regel in unterschiedlichen physikalischen Einheiten gemessen. So wird der Dieselverbrauch normalerweise in Liter erfasst, während zum Beispiel der Erdgasverbrauch von Fahrzeugen in Kilogramm gemessen wird. In Gebäuden wird der Erdgasverbrauch aber auch oft in Kubikmeter oder Kilowattstunden (kWh) ermittelt. Strom wird durchweg in kWh erfasst – dies gilt auch für den Energieverbrauch von Elektroloks und Elektrofahrzeugen.

Werden aber verschiedene Verkehrsmittel in einer Transportkette eingesetzt oder sollen verschiedene Verkehrsmittel verglichen werden, sollten idealerweise die Energieverbräuche in einer gemeinsamen physikalischen Einheit vorliegen. Dies ist die Einheit Joule beziehungsweise Megajoule (MJ). Aus diesem Grund schreibt beispielsweise der neue CEN-Normentwurf prEN 16258:2011 grundsätzlich für Transporte die Umrechnung aller Energieverbräuche in MJ vor. Diese Umrechnung kann (wie bei der Berechnung von CO_2- und THG-Emissionen) mit Hilfe fester Umrechnungsfaktoren (F_{MJ}) erfolgen, die in Kapitel 3 vorgestellt werden. Diese Umrechnung ist aber nicht nur für Transporte möglich, sondern auch für den Strom- und Wärmeverbrauch von Gebäuden. Werden diese Verbräuche ebenfalls in MJ ermittelt, können sie dann problemlos zu den Transporten hinzuaddiert werden.

Wie bei den Treibhausgasemissionen können auch die Energieverbräuche beziehungsweise Energieverluste bei der Herstellung der Kraftstoffe, des Stroms oder der anderen Energieträger wie Erdgas und Heizöl berücksichtigt werden. Werden nur die ermittelten Energiemengen ohne Berücksichtigung dieser produktionsbedingten Energieverbräuche verwendet, spricht man von Endenergieverbrauch beziehungsweise von Tank-to-Wheel-Energieverbrauch. Die Umrechnung der ermittelten Energieverbräuche in MJ erfolgt dann über den sogenannten unteren Heizwert der Energieträger. Bei Diesel lautet der Umrechnungsfaktor 35,9 MJ pro Liter.

Werden die Energieverbräuche und Verluste der Dieselherstellung berücksichtigt, spricht man von Primärenergieverbrauch oder von Well-to-Wheel-Energieverbräuchen. Auch hierfür gibt es feste Umrechnungsfaktoren. Bei Diesel beträgt dieser WTW-Umrechnungsfaktor 41,1 MJ pro Liter. Teilt man den TTW- durch den WTW-Umrechnungsfaktor 5, ergibt sich der Gesamtwirkungsgrad des Herstellungsprozesses. Bei Diesel liegt dieser bei 87 Prozent – das bedeutet, dass bei der Herstellung 13 Prozent der insgesamt in die Dieselherstellung hinein gesteckten Energie verloren gehen. Der Gesamtwirkungsgrad der Stromherstellung in Deutschland liegt zum Vergleich bei nur 36 Prozent. Der neue CEN-Normentwurf

Berechnung der CO_2- und Treibhausgasemissionen

prEN 16258:2011 schreibt grundsätzlich vor, dass für Transporte sowohl die TTW- wie auch die WTW-Energieverbräuche berechnet werden müssen.

 Analog zu [Formel 2-1] und [Formel 2-2] lassen sich die standardisierten End-Energieverbräuche (TTW) beziehungsweise Primärenergieverbräuche (WTW) nach [Formel 2-3a] und [Formel 2-3b] beziehungsweise [Formel 2-4a] und [Formel 2-4b] berechnen:

Formel 2-3a

$$EV_{MJ(TTW)} = F_{MJ(TTW)} \times EV$$

Formel 2-3b

$$EV_{MJ(WTW)} = F_{MJ(WTW)} \times EV$$

Formel 2-4a

$$EV_{MJ(TTW)} = F_{MJ(TTW)} \times EV_{spez} \times m \times D$$

Formel 2-4b

$$EV_{MJ(WTW)} = F_{MJ(WTW)} \times EV_{spez} \times m \times D$$

EV_{MJ} = Standardisierter Energieverbrauch in Megajoule für TTW bzw. WTW
F_{MJ} = Energie-Umrechnungsfaktor in MJ je Liter Diesel für TTW bzw. WTW
EV = Energieverbrauch des Fahrzeugs oder Gebäudes, z.B. in Liter Diesel
EV_{spez} = spezifischer Energieverbrauch z.B. in Liter Diesel je tkm
m = Ladungsgewicht(Gewicht der betrachteten Sendung) in Tonnen (t)
D = Transportdistanz der betrachteten Sendung in km

Um die Emissionen von CO_2, THG sowie den Energieverbrauch darzustellen, empfehlen wir eine Ergebnisdarstellung nach Tabelle 2.1-1 (angelehnt am Standard prEN 16258:2011), wobei die CEN-Norm nur die Ausweisung der Energieverbräuche und des THG-Werts vorschreibt. Die reinen CO_2-Emissionen müssen demnach nicht unbedingt separat erwähnt werden. In der Regel reicht es, die Ergebnisse mit einer Stelle nach dem Komma anzugeben. Eine Normfestlegung hierzu existiert aber nicht.

Energie (TTW) in MJ	Energie (WTW) in MJ	CO_2 (TTW) in kg CO_2	CO_2 (WTW) in kg CO_2	THG (TTW) in kg CO_2e	THG (WTW) in kg CO_2e
xx,x	xx,x	xx,x	xx,x	xx,x	xx,x

Tab. 2.1-1: Darstellung klimarelevante Emissionen und Energiebräuche

2 Berechnung der CO₂- und Treibhausgasemissionen

Standard-Emissionsberechnung

Ein 26-Tonnen-Lkw verbraucht bei einer Nutzlast von 15 Tonnen durchschnittlich 0,0184 Liter Diesel (reinen Diesel ohne Biodieselbeimischung) je transportierter Tonne und gefahrenem Kilometer. Gesucht werden die CO₂- und THG-Emissionen für eine Teilladung von 3,5 Tonnen für die Transportentfernung von Bremerhaven nach München, die 819 Kilometer beträgt. Gemäß [Formel 2-2] und [Formel 2-4] ergibt sich:

Formel 2-4a

$$EV_{MJ(TTW)} = F_{MJ(TTW)} \times EV_{spez} \times m \times D$$

$$EV_{MJ(TTW)} = 35{,}9\ \frac{MJ}{l} \times 0{,}0184\ \frac{l}{tkm} \times 3{,}5\ t \times 819\ km = 1.893{,}5\ MJ$$

Formel 2-4b

$$EV_{MJ(WTW)} = F_{MJ(WTW)} \times EV_{spez} \times m \times D$$

$$EV_{MJ(WTW)} = 41{,}1\ \frac{MJ}{l} \times 0{,}0184\ \frac{l}{tkm} \times 3{,}5\ t \times 819\ km = 2.167{,}8\ MJ$$

Formel 2-2a

$$EM_{CO_2(TTW)} = F_{CO_2(TTW)} \times EV_{spez} \times m \times D$$

$$EM_{CO_2(TTW)} = 2{,}65\ \frac{kg\ CO_2}{l} \times 0{,}0184\ \frac{l}{tkm} \times 3{,}5\ t \times 819\ km = 139{,}8\ kg\ CO_2$$

Formel 2-2b

$$EM_{CO_2(WTW)} = F_{CO2(WTW)} \times EV_{spez} \times m \times D$$

$$EM_{CO_2(WTW)} = 2{,}95\ \frac{kg\ CO_2}{l} \times 0{,}0184\ \frac{l}{tkm} \times 3{,}5\ t \times 819\ km = 155{,}6\ kg\ CO_2$$

Formel 2-2c

$$EM_{THG(TTW)} = F_{THG(TTW)} \times EV_{spez} \times m \times D$$

$$EM_{THG(TTW)} = 2{,}68\ \frac{kg\ CO_2e}{l} \times 0{,}0184\ \frac{l}{tkm} \times 3{,}5\ t \times 819\ km = 141{,}4\ kg\ CO_2e$$

Formel 2-2d

$$EM_{THG(WTW)} = F_{THG(WTW)} \times EV_{spez} \times m \times D$$

$$EM_{THG(WTW)} = 3{,}01\ \frac{kg\ CO_2e}{l} \times 0{,}0184\ \frac{l}{tkm} \times 3{,}5\ t \times 819\ km = 158{,}8\ kg\ CO_2e$$

Der Transport der Teilladung von 3,5 Tonnen von Bremerhaven nach München verursacht Emissionen und einen Energieverbrauch von:

Berechnung der CO₂- und Treibhausgasemissionen **2**

Energie (TTW) in MJ	Energie (WTW) in MJ	CO₂ (TTW) in kg CO₂	CO₂ (WTW) in kg CO₂	THG (TTW) in kg CO₂e	THG (WTW) in kg CO₂e
1.893,5	2.167,8	139,8	155,6	141,4	158,8

2.2 Praktische Hinweise für die Nutzung der Formeln

Obwohl die oben aufgeführten Formeln mathematisch sehr einfach sind, werden in der Praxis bei Berechnungen dennoch regelmäßig Fehler gemacht. Dies liegt meist an der Bestimmung der richtigen Werte für die Variablen. Deshalb ist zu beachten:

2.2.1 Einheiten der Umrechnungsfaktoren

Die CO_2- beziehungsweise THG-Umrechnungsfaktoren werden ebenso wie die Energie-Umrechnungsfaktoren bei fossilen Kraftstoffen (Diesel) häufig auf einen Liter Kraftstoff (kg/l Kraftstoff) bezogen. Als Bezugsgröße kann aber auch das Gewicht der Kraftstoffe gemessen in Kilogramm Kraftstoff oder Gramm Kraftstoff angegeben sein (zum Beispiel kg/kg Kraftstoff). An dieser Stelle muss bei den jeweiligen Einheiten der Formelbestandteile Acht gegeben werden. Durch die Kenntnis der jeweiligen spezifischen Dichte des Kraftstoffes lässt sich aber die Umrechnung zwischen den Einheiten durchführen.

Einheiten-Umrechnung beim Diesel

Der THG-WTW-Umrechnungsfaktor für Diesel von 3,01 kg pro Liter soll in die Einheit kg/kg umgerechnet werden. Die spezifische Dichte von Diesel beträgt 0,835 kg/Liter.

$$CO_2\text{-Umrechnungsfaktor für Diesel} = \frac{3,01 \frac{kg\, CO_2e}{l}}{0,835 \frac{kg}{l}} = 3,60 \frac{kg\, CO_2e}{kg}$$

Der Umrechnungsfaktor für Diesel inkl. Kraftstoffproduktion beträgt 3,60 Kilogramm CO_2e je Kilogramm Diesel oder 3.600 Gramm CO_2e je Kilogramm Diesel.

Neben diesen beschriebenen Einheitenumrechnungen existieren weitere, so zum Beispiel auch beim elektrischen Strom (*siehe hierzu Kapitel 3.3*).

2.2.2 Genauigkeit der Berechnungen

Die Genauigkeit der Berechnungen mittels der oben aufgeführten Formeln hängt in der Regel von der Genauigkeit des ermittelten Energieverbrauchs ab. Für ein Fahrzeug oder ein gesamtes Gebäude lässt sich dieser für definierte Entfernungen oder Zeiträume in der Regel sehr genau messen. Werden die Transporte von Subdienstleistern durchgeführt, liegen aber in der Regel keine Angaben zu deren Verbrauch und anderen Größen, die den Verbrauch beeinflussen (zum Beispiel Auslas-tung, Leerkilometeranteil), vor. Auf diese Problematik wurde bereits in Kapitel 1.4 eingegangen. Der spezifische Energieverbrauch, der für die Berechnungen benötigt wird, basiert in diesen Fällen auf einer Reihe von Durchschnittsannahmen. Deren Genauigkeit bestimmt maßgeblich die Güte der CO_2-Berechnung. Kapitel 4 liefert die derzeit qualitativ genauesten allgemeinen spezifischen Energieverbräuche für die einzelnen Verkehrsmittel.

Aufgrund der durch den Energieverbrauch erreichbaren Genauigkeit der Berechnungen reicht es in der Regel aus, die Endergebnisse (EV und EM) mit einer Stelle nach dem Komma anzugeben. Die Umrechnungsfaktoren (F) werden in diesem Buch in der Regel immer mit drei Ziffern (zum Beispiel 2,65 kg/l oder 527 g/kWh) angegeben. Um Abweichungen bei den Berechnungen zu vermeiden, empfehlen wir bei Zwischenergebnissen immer so viele Stellen nach dem Komma anzugeben, wie zur Weiterrechnung auch verwendet werden. Wird mit mehr Stellen weitergerechnet als angegeben, kann dies schnell zu Missverständnissen führen.

2.2.3 Ladungsgewichte

Für die Berechnung von Teilladungen nach den oben aufgeführten Formeln wird das Wiegegewicht benötigt, also das tatsächliche Gewicht einer Ladung. Denn das reale Gewicht bestimmt, wie hoch beispielsweise der Kraftstoffverbrauch eines Lkw ist. In den Frachtpapieren findet sich aber beim Lkw-Stückgutverkehr oder in der Luftfracht oftmals auch „frachtpflichtiges" Gewicht – eine Art Volumengewicht, das den benötigten Frachtraum von Gütern zu Grunde legt (*siehe Kapitel 1.4*). Dieses wird zur Berechnung der Frachtraten ermittelt, um großvolumige, aber leichte Güter mit einer höheren Frachtrate versehen zu können. Dieses Ladungsgewicht ist für die CO_2- beziehungsweise Treibhausgasberechnung unbrauchbar. Zum Ladungsgewicht gehören natürlich auch die Verpackungen und Ladungsträger wie z.B. Paletten. Bei Containertransporten muss auch das Eigengewicht des Containers mit berücksichtigt werden. Die Gewichte der Ladungshilfen und Transportverpackungen müssen schließlich auch vom Fahrzeug transportiert werden und tragen so zu einer Erhöhung des Kraftstoffverbrauchs und damit der Treibhausgasemissionen bei.

2.2.4 Transportentfernungen

Bei der Ermittlung der wirklich zurückgelegten Entfernungen ist es wichtig, anerkannte Datenquellen zu nutzen, sofern eine eigene Messung der zurückgelegten Transportdistanz nicht möglich ist. Für jeden Verkehrsträger gibt es hier in der Zwischenzeit verlässliche Datenquellen, auf die in Kapitel 4 eingegangen wird. Die Berechnung der Entfernung mit Hilfe dieser Quellen ist aber nur dann genau, wenn die prinzipielle Wegstrecke bekannt ist, die die Sendung auch wirklich genommen hat (zum Beispiel, wo die Sendung genau umgeschlagen wurde). Bei Subunternehmern sind die genauen Wege der Sendungen aber oftmals nicht bekannt – hier können größere Ungenauigkeiten in die Berechnung hinein getragen werden als beispielsweise durch die Ungenauigkeiten der verwendeten CO_2- beziehungsweise THG-Umrechnungsfaktoren.

3 Umrechnungsfaktoren für Energieträger und Betriebsstoffe

3.1 Grundprinzipien

Grundprinzip jeder Berechnung von Treibhausgasemissionen ist, dass der Energieverbrauch – ob gemessen oder berechnet – letztendlich mit Hilfe von Umrechnungsfaktoren in Kohlendioxid- oder in die Summe aller Treibhausgasemissionen umgerechnet wird. Dies wurde bereits in Kapitel 2 ausgeführt. Dort wurde auch schon darauf hingewiesen, dass der derzeit aktuell vorliegende CEN-Normentwurf „Methode zur Berechnung und Deklaration von Energieverbrauch und Treibhausgasemissionen in Transportdienstleistungen" (prEN 16258:2011) zusätzlich zur Emissionsberechnung die Ermittlung standardisierter Energieverbräuche in Megajoule (MJ) fordert, damit die Werte verschiedener Verkehrsmittel bei Transportketten addierbar und die Werte überhaupt vergleichbar sind.

Aus diesem Grund werden in diesem Kapitel alle hierfür notwendigen Umrechnungsfaktoren zur Berechnung der CO_2-Emissionen, der Treibhausgasemissionen in Form von CO_2-Äquivalenten (CO_2e – *siehe hierzu auch Kapitel 1.1*) sowie von standardisierten Energieverbräuchen (EV_{MJ} – *siehe auch Kapitel 2.1.5*) vorgestellt. Streng genommen fordern durchweg alle Standards zur Erstellung von Klimabilanzen die Berechnung sämtlicher Treibhausgasemissionen – die Berechnung reiner CO_2-Emissionen sehen diese Standards nicht vor. Der Vollständigkeit halber werden im Folgenden aber auch die entsprechenden CO_2-Umrechnungsfaktoren aufgeführt. Damit ist klar ersichtlich, welcher Anteil der Treibhausgasemissionen auf CO_2 und welche Anteile auf Treibhausgase wie Methan oder Lachgas zurückzuführen sind.

Emissionen und Energieverbrauch entstehen nicht nur durch die Verbrennung der eingesetzten Kraftstoffe beim Betrieb der Fahrzeuge. Emissionen und Energieverbrauch treten auch bei Bau, Wartung und Entsorgung beziehungsweise Recycling von Fahrzeugen sowie bei Bau, Unterhalt, Betrieb und Rückbau von Verkehrsinfrastrukturen auf (*siehe Abbildung 3.1-1*). Für diese Bereiche gibt es bisher keine verlässlichen Emissionsdaten, weshalb sie kaum in einer Treibhausgasbilanz von Transporten enthalten sind. Der aktuelle CEN-Normentwurf prEN 16258:2011 schließt diese Bereiche sogar explizit aus. Wer also nach CEN die Treibhausgasemissionen und den Energieverbrauch von Transporten bilanziert, darf fahrzeug- und infrastrukturbedingte Emissionen nicht einbeziehen. Bei allen in den folgenden Unterkapiteln vorgestellten Umrechnungsfaktoren sind daher diese Bereiche ausgenommen.

Anders sieht es bei der Gewinnung, Verteilung und Herstellung der Kraftstoffe und Energieträger (zum Beispiel Strom) aus, die in Fahrzeugen genutzt werden. Wie in Kapitel 2 vorgestellt, können die damit verbundenen Emissionen und der dabei anfallende Energieverbrauch in speziellen Umrechungsfaktoren berücksichtigt werden. Bei Umrechnungsfaktoren, die diese Emissionen und Energieverbräuche nicht berücksichtigen, wird im Folgenden von Tank-to-Wheel-Umrechnungsfaktoren (oder kurz: TTW-Umrechnungsfaktoren) gesprochen. Bei Berücksichtigung der Herstellung werden diese Faktoren im Folgenden als Well-to-Wheel-Umrechnungfaktoren bezeichnet (WTW-Faktoren).[2] Der neue CEN-Normentwurf prEN 16258:2011 fordert, dass beide Berechnungen – TTW und WTW – durchgeführt werden müssen.

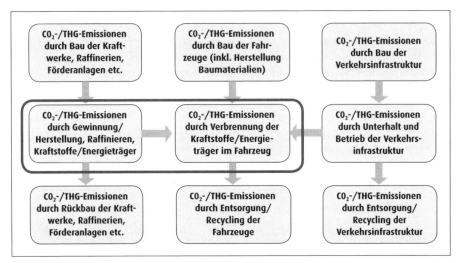

Abb. 3.1-1: Überblick über die bei den CO_2- und Treibhausgas (THG)-Umrechnungsfaktoren berücksichtigten Bereiche dieses Buches (umrandet)

Aber auch beim Einbezug der Herstellungsprozesse von Kraftstoffen und Energieträgern gibt es unterschiedliche Abgrenzungsmöglichkeiten (siehe Abbildung 3-1): Gehen in die Betrachtung ausschließlich die energie- und prozessbedingten Emissionen ein, die entlang des Herstellungsweges verursacht werden? Oder werden auch die mit den Materialverbräuchen verbundenen Emissionen berücksichtigt, die beim Bau der Kraftwerke, Raffinieren oder Förderanlagen entstehen? Prinzipiell könnten dabei ebenfalls durch den Rückbau in den Wertstoffkreislauf zurückgeführte Baumaterialien emissionsmindernd angerechnet werden. Würden beispielsweise die Emissionen durch die verbrauchten und recycelten Materialien bei der Stromerzeugung mit betrachtet, erhöhte sich beim Strom der CO_2-Äquivalent-Umrechnungsfaktor von 589 Gramm auf 599 Gramm pro Kilowattstunde. Der CEN-Normentwurf prEN 16258:2011 schreibt aber vor, dass Bau-

---

[2] Ausführliche Definitionen von TTW und WTW finden sich auch in Kapitel 2.

Umrechnungsfaktoren für Energieträger und Betriebsstoffe

vorleistungen nicht berücksichtigt werden dürfen. Alle in den folgenden Kapiteln aufgeführten Umrechnungsfaktoren enthalten daher nicht die materialbedingten Emissionen und Energieverbräuche durch den Bau der Anlagen zur Erzeugung der Kraftstoffe und Energieträger. Bei Vergleichen der in diesem Buch genannten Faktoren mit anderen Quellen ist dies zu berücksichtigen.

Die stationären Bereiche wie Gebäude, Büros, Lager und Umschlag sind explizit bei dem neuen CEN-Normentwurf prEN 16258:2011 ausgeschlossen. Methodische Vorgaben finden sich für diesen Bereich aber im Greenhouse Gas Protocol (GHG Protocol). Nach dem GHG Protocol müssen die Unternehmen streng genommen nur die direkten Treibhausgasemissionen verpflichtend berichten – also jene, die bei der Verbrennung von Heizöl, Erdgas oder Flüssiggas sowie durch die Herstellung von Strom und Fernwärme entstehen. Allerdings hat das GHG Protocol noch ein anderes Ziel – nämlich die Offenlegung aller firmeneigenen Treibhausgasemissionen (*siehe Kapitel 1.3.2*). Um ein Vorgehen analog zum CEN-Normentwurf zu gewährleisten, werden daher für den stationären Bereich – zusätzlich zu den direkten Emissionen – auch die indirekten Emissionen der Herstellung der Energieträger oder Produkte (z.B. Kältemittel) in den folgenden Unterkapiteln ausgewiesen. Für den stationären Bereich wird dann statt von TTW-Emissionen von direkten Emissionen, statt von WTW-Emissionen von Gesamtemissionen gesprochen. Beim Energieverbrauch werden inzwischen oft die Bezeichnungen Endenergie- (TTW) beziehungsweise Primärenergieverbrauch (WTW) verwendet. Wie bei den Fahrzeugen bleibt der Bau der Gebäude, Lager und Umschlagseinrichtungen in den Umrechnungsfaktoren unberücksichtigt – ebenso der Bau von Anlagen zur Herstellung der Energieträger wie Strom, Heizöl oder Erdgas.

Zukünftig soll die aktuell als Entwurf vorliegende CEN-Norm eine Vielzahl der für die Berechnung der Treibhausgasemissionen und standardisierten Energieverbräuche benötigten Umrechnungsfaktoren vorgegeben. Aktuell sind im CEN-Normentwurf nur für einen Teil der benötigten Umrechnungsfaktoren Werte enthalten. Zudem muss davon ausgegangen werden, dass diese Angaben bis zur endgültigen Verabschiedung der Norm nochmals verändert werden, da die bisher in der Norm enthaltenen Werte eher untypisch für Europa, aber auch für Deutschland sind. Weiterhin hängen Umrechnungsfaktoren für Strom vom jeweiligen Kraftwerkspark des betrachteten Landes beziehungsweise des Stromlieferanten ab. Hierfür werden auch in Zukunft in der Endfassung der CEN-Norm keine Umrechnungsfaktoren enthalten sein.

Aus diesem Grund werden in den folgenden Unterkapiteln entsprechende Umrechnungsfaktoren vorgestellt, die einerseits typisch für Deutschland und Europa sind, andererseits systematisch nach der gleichen Methode ermittelt wurden und die oben beschriebenen Abgrenzungen einhalten, die der derzeitige CEN-Normentwurf prEN 16258:2011 fordert. Datengrundlage für die Ermittlung sind – wo möglich – bestehende EU-Richtlinien und Verordnungen. Liegen diese Umrechnungsfaktoren dort vor (z.B. EU-Richtlinien 2009/28/EG und 2008/30/EG für Diesel, Benzin und Biokraftstoffe), werden diese genutzt. Liegen aber auf europäischer Ebene keine offiziellen Werte vor, werden national verfügbare Daten benutzt. Hier sind vor allem die Daten der „Arbeitsgemeinschaft Energiebilanzen" zu nennen, die von sieben Verbänden der deutschen Energiewirtschaft und drei auf dem Gebiet der energiewirtschaftlichen Forschung tätigen Instituten gegründet wurde. Die AG Energiebilanzen stellt beispielsweise CO_2-Umrechnungsfaktoren für alle Energieträger zur Verfügung. Zur Berechnung der indirekten Emissionen und Energieverbräuche durch die Herstellung der Kraftstoffe und Energieträger (gilt insbesondere auch für Strom und Fernwärme) werden zusätzlich europaweit anerkannte Umweltdatenbanken verwendet. Hier sind insbesondere zu nennen:

- Verkehrsemissionsmodell TREMOD (Transport Emission Model), das das IFEU-Institut im Auftrag des Umweltbundesamtes entwickelt hat;
- Emissionsmodell GEMIS (Globales Emissions-Modell Integrierter Systeme) zur Bilanzierung der Emissionen und Energieverbräuche von Energievorketten weltweit, das das Öko-Institut entwickelt und weiter aktualisiert hat;
- Ökobilanzdatenbank Ecoinvent, eine der weltweit führenden Quellen für Ökobilanzdaten.

In bestimmten Fällen werden zudem weitere Quellen verwendet (zum Beispiel EcoTransIT für Umrechnungsfaktoren für Bahnstrom) [IFEU et al. 2010]. Die verwendeten Quellen aber jeweils auch explizit benannt.

In den folgenden Kapiteln werden die Umrechnungsfaktoren für vier Bereiche getrennt vorgestellt: Kraft- und Betriebsstoffe für Motoren (*siehe Kapitel 3.2*), elektrischer Strom (*siehe Kapitel 3.3*), Energieträger zur Wärmeerzeugung im stationären Bereich (*siehe Kapitel 3.4*) sowie für Kältemittel (*siehe Kapitel 3.5*). Kapitel 3.6 fasst die Ergebnisse nochmals für Deutschland zusammen. In Kapitel 4, in dem konkret für die einzelnen Verkehrsmittel die Berechnungswege zur Ermittlung der Treibhausgasemissionen und standardisierten Energieverbräuche aufgeführt sind, kommen diese Umrechnungsfaktoren dann zur Anwendung.

Die Umrechnungsfaktoren werden dabei grundsätzlich mit drei Zifferstellen benannt. Konkret meint dies, dass die Umrechnungsfaktoren wie folgt angegeben werden: Energie-Umrechnungsfaktoren beispielsweise mit 35,9 MJ/Liter, CO_2- und THG-Umrechnungsfaktoren mit 2,65 kg/Liter oder 589 g/kWh. Die Angabe von mehr Stellen suggeriert eine Scheingenauigkeit. Beispielsweise entstehen pro Liter Diesel bei einer hundertprozentigen Oxidation des Kohlenstoffs 2,654 kg CO_2 pro Liter; wird lediglich ein Promille des Kohlenstoffs unvollständig verbrannt, reduziert sich der Umrechnungsfaktor um 3 g CO_2 pro Liter auf 2,651 kg CO_2. Lediglich für die Berechnung weiterer Größen (zum Beispiel THG-Emissionen über die

Umrechnungsfaktoren für Energieträger und Betriebsstoffe **3**

CO_2-Emissionen) können Werte mit mehr Stellenangaben sinnvoll sein (siehe unten). Der CEN-Normentwurf prEN 16258:2011 wählt für die Umrechnungsfaktoren zum Teil nur zwei Ziffern (z.B. 2,7 kg CO_2-Äquivalente pro Liter), was wiederum für die Berechnungen zu grob ist. Da die im CEN-Normentwurf gewählten Umrechnungsfaktoren allerdings bis zur Verabschiedung der endgültigen Norm noch überarbeitet werden, können sich hier noch Veränderungen in Bezug auf die Genauigkeit der Angaben ergeben. In dem vorliegenden Buch werden daher detaillierte Umrechnungsfaktoren verwendet.

3.2 Kraft- und Betriebsstoffe für Motoren

3.2.1 Allgemeine Vorbemerkungen

Diesel oder dieselähnliche Kraftstoffe wie Schiffsdiesel (z.B. Maritime Diesel Oil – MDO) oder Kerosin sind weit verbreitete Kraftstoffe für Verkehrsmittel im Güterverkehr. Es kommen aber auch leichtere Rohölfraktionen wie Benzin (zum Beispiel bei leichten Nutzfahrzeugen) oder schwerere Fraktionen wie Schweröl (zum Beispiel bei Seeschiffen) zum Einsatz. All diesen Kraftstoffen ist gemein, dass es sich um konventionelle Kraftstoffe handelt. Sie unterscheiden sich aber im Energiegehalt und somit im Heizwert, im Kohlenstoffgehalt und damit auch in den bei der Verbrennung entstehenden THG-Emissionen.

Streng genommen können sich die einzelnen Kraftstoffarten geringfügig von Land zu Land unterscheiden. Beispielsweise kann Dieselkraftstoff in Schweden leicht andere Kohlenstoffgehalte und Heizwerte aufweisen als Diesel in Deutschland. Auch innerhalb eines Landes können sich die Kraftstoffqualitäten je nach Jahreszeit leicht unterscheiden. Allerdings sind die Unterschiede in der Regel so klein, dass diese für die Emissionsberechnung oft vernachlässigt werden. Daher wird für eine Kraftstoffart wie Diesel üblicherweise mit einem einheitlichen Umrechnungsfaktor gearbeitet. In diesem Buch werden für Deutschland und Europa repräsentative Umrechnungsfaktoren vorgestellt. Bei Kerosin und Schweröl handelt es sich dabei um Umrechnungsfaktoren, die auch außerhalb Europas Verwendung finden (zum Beispiel bei der International Maritime Organization IMO). Diese Vorgehensweise entspricht auch des neuen CEN-Normentwurfs prEN 16258:2011, der auch pro Kraftstoff einheitliche Energie- und THG-Umrechnungsfaktoren aufführt.

Während die CO_2-Emissionen sich direkt aus dem Kraftstoff berechnen und somit unabhängig vom Verkehrsmittel oder Fahrzeug sind, stellt sich dies – wie bereits in Kapitel 2 ausgeführt – für die übrigen Treibhausgasemissionen wie Methan oder Lachgas anders dar. Sie hängen vom Verkehrsmittel, von der Fahrzeuggröße und vor allem von der Abgasminderungstechnik ab, da sie beim Verbrennungsprozess selbst entstehen. Methan (CH_4) ist ein Produkt unvollständiger Verbrennung des

Kohlenstoffs. Distickstoffoxid (N₂O) wird aus dem Stickstoff der Verbrennungsluft gebildet; dessen Entstehung wird wiederum durch Abgaskatalysatoren begünstigt. Beide Treibhausgase entstehen aber in sehr geringen Spuren, die bei der Treibhausgasberechnung lediglich deshalb berücksichtigt werden müssen, weil sie hohe Treibhausgaswirkungen besitzen. Die emittierten Mengen beider Treibhausgase werden mit Hilfe der GWP-Faktoren in CO_2-Äquivalente umgerechnet (siehe Kapitel 1.1) und zu den kraftstoffbedingten CO_2-Emissionen hinzuaddiert.

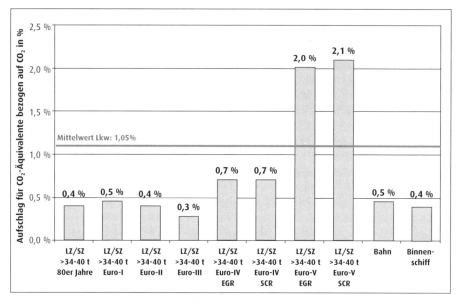

Abb. 3.2-1: Prozentualer Aufschlag auf die CO_2-Umrechnungsfaktoren zur Berechnung der THG-Umrechnungsfaktoren für Dieselkraftstoff [HBEFA 3.1; IFEU 2010; eigene Berechnungen]

Abbildung 3.2-1 zeigt für Last- und Sattelzüge (LZ/SZ), Bahn und Binnenschiff, um wie viel Prozent höher die gesamten THG-Emissionen (Summe aus CO_2, CH_4 und N_2O) über den reinen CO_2-Emissionen liegen. Die Aufschläge mit 0,3 bis 2,1 Prozent sind klein, aber nicht vernachlässigbar. Geht man von direkten CO_2-Emissionen von 2,654 kg pro Liter aus, ergeben sich somit THG-Umrechnungsfaktoren von 2,66 kg bis 2,71 kg pro Liter.[3] Sollen sehr genaue Berechnungen durchgeführt werden, müssten für jedes Verkehrsmittel und jedes Fahrzeugkonzept die passenden Umrechnungsfaktoren verwendet werden. Der neue CEN-Normentwurf prEN 16258:2011 wählt hier einen vereinfachenden Weg und schlägt einen

---

[3] Für die Ableitung des THG-Umrechnungsfaktors wurde der CO_2-Umrechnungsfaktor mit drei Nachkommastellen verwendet.

Umrechnungsfaktoren für Energieträger und Betriebsstoffe

mittleren Umrechnungsfaktor pro Kraftstoff vor, so dass weder Verkehrsmittel noch Abgasstandard berücksichtigt werden müssen.

Auch in diesem Buch wird für alle Verkehrsträger ein mittlerer Wert verwendet. Gemittelt über alle Lkw-Fahrzeugflotten in Deutschland ergibt sich für Diesel ein Aufschlag von 1,05 Prozent. Streng genommen liegen die Aufschläge für Diesel, der für Bahn und Binnenschiff verwendet wird, mit 0,4 beziehungsweise 0,5 Prozent unter diesem Durchschnittswert. Um aber möglichst kompatibel zum vorliegenden CEN-Normentwurf zu sein, wird auch für diese Verkehrsmittel der durchschnittliche Aufschlag verwendet, obwohl beim Diesel eine stärkere Differenzierung nach Verkehrsmitteln möglich wäre. Allerdings sind die Unterschiede zum Durchschnittswert so gering, dass ohne großen Fehler auf diese Differenzierung verzichtet werden kann.

Während die direkten verbrennungsbedingten Treibhausgasemissionen (Tank-to-Wheel) somit in bestimmten Grenzen vom Verkehrsmittel und Abgasstandard abhängen, ist dies bei den Emissionen der Kraftstoffherstellung nicht der Fall. Sowohl die CO_2- wie auch die THG-Emissionen für die Herstellung hängen ausschließlich von der Kraftstoffart ab. Somit ergeben sich beispielsweise immer feste Aufschläge pro Liter Diesel, egal ob dieser in Pkw, Lkw oder Loks eingesetzt wird.

Neben konventionellen Kraftstoffen kommen im Güterverkehr immer stärker alternative Kraftstoffe zum Einsatz. Neben anderen fossilen Kraftstoffen wie Erd- oder Flüssiggas sind dies auch Biokraftstoffe wie Biodiesel, Pflanzenöle oder Biogas. Die Kraftstoffe aus nachwachsenden Rohstoffen haben gemein, dass in den Pflanzen oder Bioabfällen Kohlenstoff gebunden ist, der vorher beim Wachsen aus der Luft entzogen wurde. Durch die Verbrennung der Biokraftstoffe gelangt somit kein zusätzliches CO_2 in die Luft – diese CO_2-Menge wurde vorher von den Pflanzen durch Photosynthese der Umgebungsluft entnommen. Bei der Bilanzierung der Biokraftstoffe werden daher die direkten CO_2- und THG-Emissionen mit null angesetzt. Allerdings ist auch für die Herstellung von Biokraftstoffen Energie notwendig, die zu Treibhausgasemissionen führt. Die Düngung kann zudem zu direkten N_2O-Emissionen (Lachgas) in die Umgebungsluft führen, so dass insbesondere die THG-Emissionen pro Liter Biokraftstoff hoch sein können. Bei Biokraftstoffen ist daher die Berücksichtigung der Kraftstoffherstellung essentiell für eine „ehrliche" Klimabilanz. Der neue CEN-Normentwurf prEN 16258:2011 schreibt daher auch die Berechnung der Treibhausgasemissionen einschließlich der Kraftstoffvorketten vor.

In den folgenden beiden Unterkapiteln werden getrennt für konventionelle Kraftstoffe sowie Biokraftstoffe die Energie-, CO_2- und THG-Umrechnungsfaktoren mit und ohne Kraftstoffherstellung (TTW und WTW) vorgestellt. Da Biokraftstoffe immer stärker in Form von Beimischungen in konventionelle Kraftstoffe

Verwendung finden, wird auf die dann notwendige Berechnungsmethodik im Kapitel der Biokraftstoffe vertieft eingegangen.

3.2.2 Kraftstoffe fossilen Ursprungs

Eine vollständige Verbrennung vorausgesetzt, entsteht aus jedem Kohlenstoffatom des Kraftstoffes CO_2 (siehe Beispiel unten). Somit kann mit Hilfe der Verbrennungsrechnung für jeden Kraftstoff die direkten Tank-to-Wheel-CO_2-Umrechnungsfaktoren berechnet werden. Diese sind in Tabelle 3.2-1 für alle Kraftstoffe fossilen Ursprungs, die in Fahrzeugen, Schiffen oder Flugzeugen genutzt werden, aufgeführt. In diesem Buch werden für diese Kraftstoffe spezifische Umrechnungsfaktoren bezogen auf ein Kilogramm oder einen Liter Kraftstoff verwendet, während in der Wissenschaft in der Regel die ebenfalls in der Tabelle 3.2-1 dargestellten energiebezogenen Umrechnungsfaktoren pro Megajoule (MJ) Heizwert zum Einsatz kommen. Die Umrechnungsfaktoren pro Liter oder Kilogramm sind aber leichter in der Praxis anwendbar und werden daher in diesem Buch verwendet.

 Berechnung der TTW-CO_2-Emissionen für einen Liter Diesel
Ein Liter Diesel wiegt durchschnittlich 0,835 kg. Im Mittel liegt der aktuelle Kohlenstoffgehalt des Diesels in Deutschland bei 86,7 Prozent. Somit ergibt sich eine Kohlenstoffmasse von 0,724 kg pro Liter Diesel (0,835 kg x 86,7 %).

Jedes Kohlenstoffatom wiegt zwölf Atomeinheiten, während jedes Sauerstoffatom 16 Atomeinheiten auf die Waage bringt. Wenn sich bei der Verbrennung ein Kohlenstoffatom nun mit zwei Sauerstoffatomen aus der Verbrennungsluft verbindet, entsteht CO_2 mit einem Atomgewicht von 44 Atomeinheiten. Eine vollständige Verbrennung unterstellt, entsteht somit aus ein Liter Diesel folgende Menge an CO_2:

$$0{,}724 \, \frac{\text{kg C}}{\text{l}} \times \frac{44 \, \text{u CO}_2}{12 \, \text{u C}} = 2{,}65 \, \frac{\text{kg CO}_2}{\text{l}}$$

Diese Verbrennungsrechnung erklärt auch, wie aus einem Liter mehr als 2 kg CO_2 werden können; das zusätzliche Gewicht kommt aus dem Luftsauerstoff, der bei der Verbrennung mit dem Kohlenstoff des Diesels reagiert.

Der Bezug auf diese physikalischen Einheiten hat allerdings auch Nachteile. Zum einen hängt die Dichte der Kraftstoffe von der Temperatur ab; somit verändern sich auch die CO_2-Emissionen pro Volumeneinheiten (Liter, Kubikmeter etc.) in Abhängigkeit von der Temperatur. Allerdings ist bei flüssigen Kraftstoffen diese Temperaturabhängigkeit gering und kann daher weitgehend vernachlässigt werden. Bei gasförmigen Energieträgern ist der Unterschied wesentlich größer. Da

Umrechnungsfaktoren für Energieträger und Betriebsstoffe 3

der Erdgasverbrauch von Fahrzeugen nicht in Litern oder Kubikmetern, sondern in Kilogramm gemessen wird, muss dies aber nicht extra berücksichtigt werden.

Zum anderen hat die Verwendung von auf Liter oder Kilogramm bezogenen Umrechnungsfaktoren auch den Nachteil, dass Biokraftstoffbeimischungen schwieriger zu berechnen sind. Die Beimischungsquoten (zum Beispiel 6,2 Prozent Beimischung von Biodiesel im konventionellen Diesel) sind immer auf die Energieinhalte der einzelnen Kraftstoffkomponenten bezogen. Die CO_2-Umrechnungsfaktoren für Kraftstoffe mit Biobeimischungen lassen sich daher viel leichter mit Hilfe der energiebezogenen Umrechnungsfaktoren berechnen, während bei Berechnungen mit Faktoren pro Liter oder Kilogramm immer noch der Heizwert der Kraftstoffe mit einbezogen werden muss. Die Vorgehensweise für die Berechnung von Umrechnungsfaktoren für Kraftstoffe mit Biokraftbeimischungen wird daher im nächsten Unterkapitel ausführlicher vorgestellt.

	Einheit	Benzin	Diesel/ MDO[1)]	Kerosin	Schweröl/ RFO[2)]	Flüssiggas (LPG)	Erdgas (CNG)
Heizwert pro Kilogramm	MJ/kg	43,54	42,96	42,80	40,43	45,99	45,27
Heizwert pro Liter	MJ/l	32,44	35,87	34,24	38,53	25,10	x
Dichte	kg/l	0,745	0,835	0,800	0,953	0,546	x
CO_2-Faktor							
– bezogen auf Heizwert	g/MJ	72,0	74,0	73,6	77,0	63,7	55,8
– bezogen auf Kilogramm	kg/kg	3,14	3,18	3,15	3,11	2,93	2,53
– bezogen auf Liter	kg/l	2,34	2,65	2,52	2,97	1,60	x
[1)] Maritime Diesel Oil [2)] Residual Fuel Oil							

Tab. 3.2-1: Heizwert, Dichte und CO2-Umrechnungsfaktoren für Kraftstoffe fossilen Ursprungs [AG Energiebilanzen 2011; IFEU 2010 (TREMOD); GEMIS 4.7; eigene Berechnungen]

Bei den in Tabelle 3.2-1 dargestellten Werten für Flüssiggas und Erdgas handelt es sich um Durchschnittswerte. Flüssiggas, das beim Einsatz in Fahrzeugen oder Gabelstaplern auch als Treibgas (LPG – Liquefied Petroleum Gas) bezeichnet wird, setzt sich im Sommer zu 40 Volumenprozent (Vol.-%) aus Propan und zu 60 Vol.-% aus Butan zusammen. Im Winter ist das genau umgekehrt. Das Mischungsverhältnis ist indirekt über die DIN EN 589 vorgegeben, die bei unterschiedlichen Temperaturen den gleichen Dampfdruck von mindestens 1,5 bar vorschreibt. Die in Tabelle 3.2-1 ausgewiesenen Werte für Flüssiggas gehen von einem Mischungsverhältnis von 50:50 zwischen Propan und Butan aus [Öko-Institut 2009].

Auch bei Erdgas (CNG – Compressed Natural Gas) gibt es verschiedene Kraftstoffqualitäten. An Tankstellen in Deutschland werden sogenanntes H-Gas (High

Caloric) und L-Gas (Low Caloric) verkauft. Bei H-Gas liegt der Methangehalt zwischen 87,0 und 98,9 Vol.-%, bei L-Gas zwischen 80,1 und 87,0 Vol.-%. Aufgrund des geringeren Methangehaltes ist der Heizwert des L-Gases geringer, dafür wird L-Gas aber auch günstiger an den Tankstellen angeboten. Beim Preis-Leistungs-Verhältnis unterscheiden sich die Gase nicht. H-Gas kommt überwiegend aus Russland, während L-Gas in der Nordsee oder in England gefördert wird. Die in Tabelle 3.2-1 ausgewiesenen Erdgaswerte gehen von einer Mischung von H-Gas und L-Gas aus; diese Erdgasmischung hat einen Methangehalt von 91,1 Prozent und berücksichtigt die durchschnittlichen Lieferländer Deutschlands [Öko-Institut 2009].

Unter Berücksichtigung der in Tabelle 3.2-1 ausgewiesenen Umrechnungsfaktoren, die sich direkt aus den Kraftstoffen (zum Beispiel mittels Verbrennungsberechnung) ableiten lassen, sind in Tabelle 3.2-2 alle Umrechnungsfaktoren für den Gesamtenergieverbrauch beziehungsweise die Gesamtemissionen einschließlich der Kraftstoffvorketten (Well-to-Wheel) aufgeführt. Darüber hinaus sind neben den CO_2- auch die THG-Umrechnungsfaktoren angegeben. Der Vergleich beispielsweise der WTW-CO_2- und der WTW-THG-Werte zeigt, dass bei der Herstellung des Erdgases – anders als bei der Herstellung anderer Kraftstoffe – ein Großteil der Treibhausgaswirkung nicht auf CO_2, sondern auf andere Klimagase zurückzuführen ist. Konkret wird dies durch die Erdgas- und damit Methanverluste beim Transport des Erdgases in Pipelines nach Deutschland verursacht. Das Klimagas Methan als Hauptbestandteil des Erdgases gelangt so in die Umwelt.

Für Kerosin berücksichtigen die aufgeführten Umrechnungsfaktoren in Tabelle 3.2-1 nicht die möglicherweise höhere Klimawirksamkeit des Luftverkehrs; diese muss – soll sie berücksichtigt werden – zusätzlich mit eingerechnet werden (*siehe hierzu Kapitel 4.6*). Die Bezugseinheiten sind zudem in Tabelle 3.2-2 so gewählt, wie sie typischerweise in der Praxis verwendet werden (zum Beispiel Liter bei Diesel, Kilogramm bei Erdgas oder Kerosin).

Umrechnungsfaktoren für Energieträger und Betriebsstoffe **3**

	Ein-heit	Energie-verbrauch		Ein-heit	CO$_2$-Emissionen		THG-Emissionen (CO$_2$e)	
		TTW[1]	WTW[2]		TTW[1]	WTW[2]	TTW[1]	WTW[2]
Benzin	MJ/l	32,4	39,0	kg/l	2,34	2,68	2,35	2,72
Diesel	MJ/l	35,9	41,1	kg/l	2,65	2,95	2,68	3,01
MDO[3]	MJ/kg	43,0	49,2	kg/kg	3,18	3,53	3,21	3,60
Kerosin	MJ/kg	42,8	49,0	kg/kg	3,15	3,52	3,18	3,59
Schweröl/RFO[4]	MJ/kg	40,4	45,5	kg/kg	3,11	3,33	3,15	3,39
Flüssiggas (LPG)	MJ/l	25,1	28,9	kg/l	1,60	1,88	1,61	1,90
Erdgas (CNG)	MJ/kg	45,3	51,8	kg/kg	2,53	2,83	2,53	3,13

[1] TTW = Tank-to-Wheel. [2] WTW = Well-to-Wheel. [3] Maritime Diesel Oil. [4] Residual Fuel Oil

Tab. 3.2-2: Energieverbrauch, CO$_2$- und THG-Umrechnungsfaktoren für Kraftstoffe fossilen Ursprungs (ohne Biokraftstoffbeimischung) [AG Energiebilanzen 2011, IFEU 2010 (TREMOD); GEMIS 4.7; EU-Richtlinie 2009/30/EG; eigene Berechnungen]

Die in der Tabelle 3.2-2 aufgeführten Faktoren sind für Europa und Deutschland repräsentativ. Sie bilden auch die aktuelle Situation des Jahres 2010 ab. Der neue CEN-Normentwurf prEN 16258:2011 enthält aber für einen Teil der in der Tabelle aufgeführten Kraftstoffe Umrechnungsfaktoren, die von den Werten der Tabelle 3.2-2 abweichen (*siehe Tabelle 3.2-3*). Dies ist darauf zurückzuführen, dass der Normentwurf derzeit noch keine europaweit abgestimmten Werte enthält. Die im Normentwurf enthaltenen Werte entstammen dem französischen Ökobilanztool Bilan Carbone®. Es muss davon ausgegangen werden, dass sich diese Werte bis zur endgültigen Verabschiedung der CEN-Norm nochmals verändern. Es wird daher empfohlen, die Werte der Tabelle 3.2-2 solange zu verwenden, bis die endgültige CEN-Norm mit überarbeiteten Umrechnungsfaktoren verabschiedet ist.

	Einheit	Daten verwendet im vorliegenden Buch		CEN-Entwurf prEN 16258:2011	
		Tank-to-Wheel	Well-to-Wheel	Tank-to-Wheel	Well-to-Wheel
Energieverbrauch					
Benzin konventionell	MJ/l	32,4	39,0	32	37
Diesel konventionell	MJ/l	35,9	41,1	36	43
Kerosin	MJ/kg	42,8	49,0	44	51
Schweröl RFO	MJ/kg	40,4	45,5	40	44
Flüssiggas/LPG	MJ/l	25,1	28,9	24	27
Erdgas/CNG	MJ/kg	45,3	51,8	48	65
Treibhausgase					
Benzin konventionell	kg CO_2e/l	2,35	2,72	2,4	2,8
Diesel konventionell	kg CO_2e/l	2,68	3,01	2,7	2,9
Kerosin[1]	kg CO_2e/kg	3,18	3,59	3,3	3,5
Schweröl/RFO	kg CO_2e/kg	3,15	3,39	3,1	3,5
Flüssiggas (LPG)	kg CO_2e/l	1,61	1,90	1,6	1,9
Erdgas (CNG)	kg CO_2e/kg	2,53	3,13	2,8	3,3

[1] TTW = Tank-to-Wheel. [2] WTW = Well-to-Wheel.

Tab. 3.2-3: Vergleich der spezifischen TTW- und WTW-Energieverbräuche und TTW- und WTW-CO_2-Äquivalent-Emissionen ausgewählter Kraftstoffe im Vergleich zu den Umrechnungsfaktoren prEN 16258:2011 [prEN 16258:2011; AG Energiebilanzen 2011, IFEU 2009 (TREMOD); GEMIS 4.7; EU-Richtlinie 2009/30/EG, eigene Berechnungen]

 AdBlue – Betriebsstoff für Lkw ab Euro 5
Um den EU-Abgasstandard Euro 5 und Euro 6 einzuhalten, setzen die Lkw-Hersteller (bei Euro 5 nicht alle) sogenannte SCR-Katalysatoren ein (SCR = Selective Catalytic Reduction). Damit Stickoxid durch den Katalysator effektiv beseitigt wird, muss zusätzlich der Betriebsstoff AdBlue verwendet werden. Bei AdBlue handelt es sich um eine 32,5-prozentige Lösung von hochreinem Harnstoff in demineralisiertem Wasser. Nach Auskunft von Herstellern (Daimler, Iveco) wird pro Liter AdBlue 238 g CO_2 emittiert – unberücksichtigt ist hierbei die Herstellung von AdBlue. Die CO_2-Äquivalent-Emissionen dürften wie beim Diesel rund ein Prozent höher liegen. Die Herstellung einer 32,5-prozentigen Harnstofflösung verursacht pro Liter 318 g CO_2 und 364 g CO_2-Äquivalente.

Umrechnungsfaktoren für Energieträger und Betriebsstoffe

Da derzeit der AdBlue-Verbrauch bei zwei bis sechs Prozent des Dieselverbrauchs liegt, kommen somit pro Liter Diesel WTW-Emissionen in Höhe von 0,01 bis 0,04 kg CO_2 beziehungsweise CO_2-Äquivalenten hinzu. Berücksichtigt man nur die verbrennungsbedingten TTW-Emissionen, liegen die zusätzlichen CO_2-beziehungsweise CO_2-Äquivalent-Emissionen bei maximal 0,01 kg pro Liter Diesel und sind damit vernachlässigbar. Der TTW- und WTW-Energieverbrauch fällt mit 0,08 bis 0,24 MJ/Liter beziehungsweise 0,11 bis 0,33 MJ/Liter Diesel ebenfalls sehr gering aus. In vielen THG-Bilanzen werden daher die zusätzlichen Energieverbräuche und THG-Emissionen durch AdBlue nicht berücksichtigt.

3.2.3 Biokraftstoffe

Wie hoch die THG-Emissionen von Biokraftstoffen sind, hängt in der Regel davon ab, welche Rohstoffe (z.B. Raps, Sojabohne, Palmöl, Weizen) genutzt werden, welcher Herstellungsprozess angewandt wird und wo die Rohstoffe angebaut werden. Abbildung 3.2-3 zeigt beispielsweise für Ethanol, Biodiesel und hydriertes Pflanzenöl die erzielbaren Emissionsminderungen gegenüber konventionellen Kraftstoffen (bezogen auf ein Megajoule Heizwert). Der schwarze Balken gibt dabei für den verwendeten Rohstoff die geringste, der weiße Balken die höchste Minderung an. Unberücksichtigt sind dabei mögliche zusätzliche Treibhausgasemissionen, die sich durch die Veränderung der Landnutzung durch den erstmaligen Anbau der Rohstoffe ergeben haben (zum Beispiel Waldrodung). Die Abbildung zeigt, dass die Minderungen je nach verwendetem Rohstoff deutlich unterschiedlich sein können.

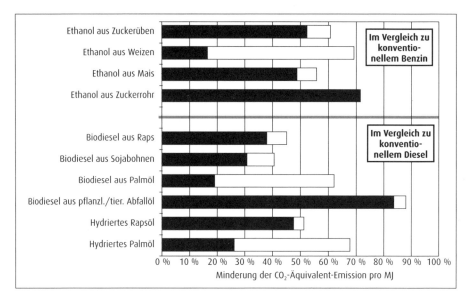

Abb. 3.2-3: Prozentuale Minderung der THG-Emissionen pro MJ Kraftstoff gegenüber konventionellem Benzin bzw. Diesel (schwarz: geringste Minderung; weiß: höchste Minderung) – ohne Landnutzungsänderungen [EU-Richtlinie 2009/30/EG; eigene Darstellung]

Biokraftstoffe werden in Deutschland seit dem Abbau von steuerlichen Vorteilen selten in Reinform getankt. Vielmehr werden sie konventionellen Kraftstoffen beigemischt. Die EU-Richtlinie 2009/30/EG schreibt vor, dass die beigemischten Biokraftstoffe die Well-to-Wheel-Treibhausgase reduzieren müssen. Diese Minderung muss auf den Energiegehalt der Kraftstoffe (und bezogen auf ihre gesamte Produktionskette) derzeit mindestens 35 Prozent betragen, 2017 dann 50 Prozent, ab 2018 60 Prozent. Diese Minderungen müssen erfüllt sein, unabhängig welche Rohstoffe und Herstellungsverfahren verwendet werden.

Da außerhalb der Mineralölkonzerne in der Regel nicht bekannt ist, welche Arten von Ethanol dem konventionellen Benzin oder welche Biodieselarten dem konventionellen Diesel beigemischt sind, kann derzeit die exakte Minderung der THG-Emissionen für die beigemischten Kraftstoffe nicht ohne weiteres ermittelt werden. Aufgrund der EU-Richtlinie 2009/30/EG ist aber sicher, dass die beigemischten Kraftstoffe mindestens eine Minderung der WTW-THG-Emissionen von 35 Prozent aufweisen müssen. Der neue CEN-Normentwurf prEN 16258:2011 sieht daher vereinfachend vor, dass derzeit von einer Minderung von 35 Prozent ausgegangen werden kann, wenn die Biokraftstoffarten nicht exakt bekannt sind. Allerdings ist im CEN-Normentwurf nicht ganz klar formuliert, worauf sich die prozentuale Minderung bezieht: Auf den CO_2-Äquivalent-Wert pro Liter, pro

Umrechnungsfaktoren für Energieträger und Betriebsstoffe

Kilogramm oder auf den Energiegehalt und damit auf den Heizwert? Letzteres sieht die EU-Richtlinie vor. Da aber alle Umrechnungsfaktoren des CEN-Normentwurfes prEN 16258:2011 auf Liter und Kilogramm angegeben sind, ist eine entsprechende energiebezogene Berechnung der Minderung gar nicht möglich. Im Leitfaden zum CEN-Normentwurf des Deutschen Speditions- und Logistikverbandes (DSLV) wurde daher beispielsweise von einer 35-prozentigen Minderung (bezogen auf den Umrechnungsfaktor kg) CO_2-Äquivalente pro kg Diesel ausgegangen [DSLV 2011].

Da die EU-Richtlinie 2009/30/EG klar von einer Minderung bezogen auf den Energiegehalt ausgeht und der CEN-Normentwurf auf die EU-Richtlinie Bezug nimmt, wird für dieses Buch die Minderung bezogen auf den Benzin- und Dieselwert in der Einheit Gramm CO_2-Äquivalente pro MJ Heizwert berechnet. Demnach dürfen sowohl für Bioethanol wie auch Biodiesel die Emissionen nicht höher als 54,5 g CO_2-Äquivalente/MJ sein. Legt man die Heizwerte sowie die Dichte von Ethanol und Biodiesel zugrunde, ergeben sich die in Tabelle 3.2-4 aufgeführten THG-Umrechnungsfaktoren pro Liter beziehungsweise Kilogramm Kraftstoff. In der Tabelle 3.2-4 zusätzlich aufgeführt sind die THG-Umrechnungsfaktoren für reines Pflanzenöl, das teilweise bei Lkw zum Einsatz kommt, sowie von Biogas, das in Erdgas-Lkw eingesetzt werden kann. Die spezifischen Emissionen pro MJ sind für beide alternativen Kraftstoffe der Emissionsdatenbank GEMIS entnommen [Öko-Institut 2009].

	Einheit	Ethanol	Biodiesel	Pflanzenöl	Biogas
Heizwert pro Kilogramm	MJ/kg	26,66	37,24	36,30	44,0
Heizwert pro Liter	MJ/l	21,06	32,74	33,40	x
Dichte	kg/l	0,790	0,879	0,920	x
THG-Faktor (CO_2e)					
- bezogen auf Heizwert	g/MJ	54,5	54,5	34,9	31,9
- bezogen auf Kilogramm	kg/kg	1,45	2,03	1,27	1,40
- bezogen auf Liter	kg/l	1,15	1,78	1,17	x

Tab. 3.2-4: Heizwerte, Dichten und THG-Umrechnungsfaktoren für Biokraftstoffe
[EU-Richtlinie 2009/30/EG; AG Energiebilanzen 2011, IFEU 2009; GEMIS 4.7; eigene Berechnungen]

Neben den THG-Umrechnungsfaktoren werden zusätzlich Umrechnungsfaktoren zur Berechnung der standardisierten Energieverbräuche und der CO_2-Emissionen benötigt. Während die TTW-Energie-Umrechnungsfaktoren mit den Heizwerten identisch sind, müssen die WTW-Energie-Umrechnungsfaktoren (Primärenergieverbrauch) die Produktionsprozesse mit einbeziehen. Die entsprechenden Umrechnungsfaktoren wurden ebenfalls der Datenbank GEMIS entnommen. Die Ergebnisse hierfür sind in Tabelle 3.2-5 aufgeführt.

Für die Berechnung der herstellungsbedingten CO_2-Emissionen enthält der neue CEN-Normentwurf keine Regelungen, da nach dieser Norm keine CO_2-Emissionen berechnet werden müssen. Es ist allerdings nicht möglich, die 35-prozentige Minderung der WTW-THG-Emissionen auch auf die WTW-CO_2-Emissionen zu übertragen. Gerade bei Biokraftstoffen entstehen durch den Anbau neben CO_2 auch andere Treibhausgase (vor allem Distickstoffoxid durch die Düngung), die wesentlich zum Treibhauseffekt der Biokraftstoffe beitragen. Im Vergleich zu konventionellem Benzin und Diesel sind die Minderungen beim CO_2 deutlich größer.

Für dieses Buch wurde daher wie folgt vorgegangen: Mit Hilfe von GEMIS wurde für verschiedene Biokraftstoffe ermittelt, wie viel Prozent geringer die energiebezogenen CO_2-Emissionen im Vergleich zu den THG-Emissionen sind. Beispielsweise liegen für Biodiesel die CO_2-Emissionen im Durchschnitt lediglich bei 46 Prozent des THG-Wertes. Dieser Anteil wurde auf den in Tabelle 3.2-4 ausgewiesenen THG-Wert für Biodiesel angewandt. Damit ergeben sich CO_2-Emissionen in Höhe von 0,82 kg pro Liter Biodiesel. Diese Vorgehensweise war notwendig, da kein Biokraftstoff exakt die 35-prozentige Minderung erbringt und der CO_2-Wert nicht direkt verwendet werden konnte. Allerdings stellt diese Vorgehensweise nur eine Abschätzung der CO_2-Emissionen dar, die ebenso pauschal ist wie die 35-prozentige Minderung bei den THG-Emissionen. Die Ergebnisse dieser Berechnung sind ebenfalls in Tabelle 3.2-5 aufgeführt. Somit liegen die CO_2-Emissionen pro Liter Biokraftstoff somit rund 70 Prozent unter dem CO_2-Wert des konventionellen Dieselkraftstoffs.

Weiterhin ist zu beachten, dass definitionsgemäß nach dem CEN-Normentwurf prEN 16258:2011 die direkten TTW-CO_2- und -THG-Umrechnungsemissionen bei Biokraftstoffen Null sind; die Emissionen entstehen lediglich bei der Herstellung der Biokraftstoffe. Diese Definition wurde für Tabelle 3.2-5 übernommen.

Umrechnungsfaktoren für Energieträger und Betriebsstoffe **3**

	Einheit	Energie-verbrauch		Einheit	CO_2-Emissionen		THG-Emissionen (in CO_2e)	
		TTW[1]	WTW[2]		TTW[1]	WTW[2]	TTW[1]	WTW[2]
Ethanol	MJ/l	21,1	29,7	kg/l	0,0	0,79	0,0	1,15
Biodiesel	MJ/l	32,7	46,2	kg/l	0,0	0,82	0,0	1,78
Pflanzenöl	MJ/l	33,4	38,8	kg/l	0,0	0,45	0,0	1,17
Biogas	MJ/kg	44,0	81,8	kg/kg	0,0	0,87	0,0	1,40

[1] TTW = Tank-to-Wheel [2] WTW = Well-to-Wheel.

Tab. 3.2-5: Energieverbrauch, CO_2- und THG-Umrechnungsfaktoren für Biokraftstoffe [Quellen: EU-Richtlinie 2009/30/EG; AG Energiebilanzen 2011, IFEU 2010 (TREMOD); GEMIS 4.7; eigene Berechnungen]

Werden Biokraftstoffe wie Ethanol oder Biodiesel konventionellen Kraftstoffen beigemischt, müssen für diese gemischten Kraftstoffe spezifische Umrechnungsfaktoren entsprechend der Beimischungsquote berechnet werden. In Deutschland schreibt das Biokraftstoffquotengesetz vor, dass im Zeitraum von 2010 bis 2014 die Mindestbeimischungsquote für Dieselkraftstoff – bezogen auf den Energieinhalt – 4,4 Prozent betragen muss. 2010 lag in Deutschland der Beimischungsanteil von Ethanol bei 4,3 Prozent und von Biodiesel bei 6,2 Prozent. Wie Tabelle 3.2-6 zeigt, sind die Beimischungsanteile mit wenigen Ausnahmen von Jahr zu Jahr leicht gestiegen.

	2006	2007	2008	2009	2010
Ethanolanteil	1,4 %	1,3 %	1,9 %	3,2 %	4,3 %
Biodieselanteil	2,8 %	4,3 %	4,7 %	6,4 %	6,2 %

Tab. 3.2-6: Ethanol und Biodieselanteil in Benzin beziehungsweise Diesel in Deutschland 2006 bis 2010 [IFEU 2010 (TREMOD); DSLV 2011]

Bei der Berücksichtigung der Beimischungsanteile muss beachtet werden, dass die Beimischungsquoten sich immer auf den Energieinhalt beziehen. Da die Heizwerte von Ethanol und Biodiesel immer unter denen der konventionellen Kraftstoffe liegen, bedeutet dies aber, dass der massen- und volumenbezogene Biokraftstoffanteil über dem energiebezogenen Anteil liegt. Gleichzeitig ergeben sich aufgrund der geringeren CO_2- und THG-Emissionen der Biokraftstoffe pro Liter günstigere Werte als bei konventionellen Kraftstoffen (siehe folgendes Beispiel).

Berechnung des WTW-CO$_2$-Äquivalent-Umrechnungsfaktors für Diesel mit Biodieselbeimischung

Wird konventioneller Diesel mit 6,2 Prozent Biodiesel verwendet, bedeutet dies, dass beim Verbrauch von 100 MJ Kraftstoff 93,8 MJ durch konventionellen Diesel und 6,2 MJ durch Biodiesel gedeckt werden. Damit berechnet sich der durchschnittliche Kraftstoffverbrauch für diesen Fall wie folgt:

$$\frac{93{,}8\ \text{MJ}}{35{,}87\ \frac{\text{MJ}}{\text{l}}} + \frac{6{,}2\ \text{MJ}}{32{,}74\ \frac{\text{MJ}}{\text{l}}} = 2{,}610\ \text{l} + 0{,}1894\ \text{l} = 2{,}8044\ \text{l}$$

Zum Vergleich: Würde nur konventioneller Diesel verbrannt, würde der Verbrauch bei 2,788 Liter liegen (100 MJ : 35,87 MJ/l). Damit steigt aufgrund des geringeren Heizwertes von Biodiesel der Verbrauch bei der betrachteten Beimischung leicht um 0,6 Prozent gegenüber dem reinen konventionellen Diesel an.

Das Rechenbeispiel zeigt auch, dass bezogen auf das Volumen (Liter) der Anteil des Biokraftstoffs über dem des energiebezogenen Anteils liegt, was ebenfalls auf die geringere Energiedichte zurückzuführen ist:

$$\frac{0{,}1894\ \text{l}}{2{,}8044\ \text{l}} = 6{,}75\ \%$$

Die THG-Emissionen von 100 MJ Diesel mit 6,2 Prozent Biodieselbeimischung berechnet sich somit wie folgt:

$$2{,}615\ \text{l} \times 3{,}006\ \frac{\text{kg CO}_2\text{e}}{\text{l}} + 0{,}189\ \text{l} \times 1{,}783\ \frac{\text{kg CO}_2\text{e}}{\text{l}} = 8{,}198\ \text{kg CO}_2\text{e}$$

Zum Vergleich: Würde nur konventioneller Diesel eingesetzt, ergäbe sich bezogen auf die 100 MJ eine THG-Emission in Höhe von 8,381 kg. Die THG-Einsparung beträgt somit −2,2 Prozent. Bezieht man die Emissionen auf den Kraftstoffverbrauch pro 100 MJ, ergibt sich für den Diesel mit 6,2 Prozent Biodieselbeimischung ein THG-Umrechnungsfaktor in Höhe von 2,92 kg/Liter (8,198 kg CO$_2$e / 2,804 l). Zum Vergleich: Konventioneller Diesel verursacht 3,01 kg CO$_2$e/Liter.

Wird übrigens direkt mit energiebezogenen Umrechnungsfaktoren gerechnet, können die THG-Emissionen ohne große Umwege ermittelt werden. In diesem Fall können die Umrechnungsfaktoren von konventionellem Diesel und Biodiesel entsprechend dem Biodieselanteil direkt gemischt werden:

$$93{,}8\ \% \times 83{,}8\ \frac{\text{g CO}_2\text{e}}{\text{MJ}} + 6{,}2\ \% \times 54{,}5\ \frac{\text{g CO}_2\text{e}}{\text{MJ}} = 81{,}98\ \frac{\text{g CO}_2\text{e}}{\text{MJ}}$$

Für den Fall, dass 100 MJ Diesel mit einem Anteil von 6,2 Prozent Biodiesel-Beimischung verbraucht werden, entstehen THG-Emissionen in Höhe von 8,198 kg (81,98 g CO$_2$e/MJ x 100 MJ). Damit ergibt sich exakt das mit den Um-

Umrechnungsfaktoren für Energieträger und Betriebsstoffe

rechnungsfaktoren pro Liter berechnete Ergebnis. In der Wissenschaft wird dieser direkte Berechnungsweg bevorzugt.

Da die detaillierten Berechnungen zeitaufwändig sind, sind in der Tabelle 3.2-7 für verschiedene Biodieselbeimischungsquoten die entsprechenden Umrechnungsfaktoren für Energieverbrauch, CO_2- und THG-Emissionen pro Liter Dieselkraftstoff aufgeführt. In der Tabelle sind auch die Biodieselbeimischungsquoten aufgeführt, die seit 2006 in Deutschland auftraten (*siehe auch Tabelle 3.2-5*). Müssen andere Biodieselquoten berechnet werden als in der Tabelle aufgeführt, kann zwischen den in Tabelle 3.2-7 angeführten Werten linear interpoliert werden. Bei den direkten TTW-CO_2- und THG-Umrechnungsfaktoren ist zu beachten, dass der Biodieselanteil mit Nullemissionen in die Berechnung eingeht.

Biodieselanteil bezogen auf Energieinhalt	Biodieselanteil bezogen auf Volumen (Liter)	TTW-Energie-Umrechnungsfaktor	WTW-Energie-Umrechnungsfaktor	TTW-CO_2-Umrechnungsfaktor	WTW-CO_2-Umrechnungsfaktor	TTW-THG-Umrechnungsfaktor	WTW-THG-Umrechnungsfaktor
in %	in %	MJ/Liter	MJ/Liter	kg CO_2/l	kg CO_2/l	kg CO_2e/l	kg CO_2e/l
1,0 %	1,09 %	35,8	41,1	2,62	2,92	2,65	2,99
2,0 %	2,19 %	35,8	41,2	2,60	2,90	2,62	2,98
2,8 %	3,06 %	35,8	41,2	2,57	2,88	2,60	2,97
3,0 %	3,28 %	35,8	41,3	2,57	2,88	2,59	2,97
4,0 %	4,37 %	35,7	41,3	2,54	2,85	2,56	2,95
4,3 %	4,69 %	35,7	41,3	2,53	2,85	2,56	2,95
4,7 %	5,13 %	35,7	41,4	2,52	2,84	2,54	2,94
5,0 %	5,45 %	35,7	41,4	2,51	2,83	2,54	2,94
6,0 %	6,54 %	35,7	41,4	2,48	2,81	2,51	2,93
6,2 %	6,75 %	35,7	41,4	2,47	2,80	2,50	2,92
6,4 %	6,97 %	35,7	41,4	2,47	2,80	2,50	2,92
7,0 %	7,62 %	35,6	41,5	2,45	2,78	2,48	2,91
8,0 %	8,70 %	35,6	41,5	2,42	2,76	2,45	2,90
9,0 %	9,78 %	35,6	41,6	2,39	2,74	2,42	2,89
10,0 %	10,85 %	35,5	41,6	2,37	2,72	2,39	2,87
20,0 %	21,50 %	35,2	42,2	2,08	2,49	2,11	2,74

Tab. 3.2-7: Beimischungsanteil von Biodiesel (energetisch und volumetrisch) sowie die sich daraus ergebenden Energie-, CO_2- und THG-Umrechnungsfaktoren (grau unterlegt: 2010) [EU-Richtlinie 2009/30/EG; AG Energiebilanzen 2011, IFEU 2010 (TREMOD); GEMIS 4.7; eigene Berechnungen]

3 Umrechnungsfaktoren für Energieträger und Betriebsstoffe

Analog zur Biodieselbeimischung können auch die Umrechnungsfaktoren für die Berechnung von Ethanolbeimischungen im Benzin ermittelt werden. Die entsprechenden Umrechnungsfaktoren sind in Tab. 3.2-8 aufgeführt. Andere als die in der Tab. dargestellten Beimischungsquoten können wiederum durch lineare Interpolation berechnet werden. Die Ethanolquoten der Jahre 2006 bis 2010 sind wie beim Diesel ebenfalls in der Tab. enthalten.

Ethanolanteil bezogen auf Energieinhalt	Ethanolanteil bezogen auf Volumen (Liter)	TTW-Energie-Umrechnungsfaktor	WTW-Energie-Umrechnungsfaktor	TTW-CO_2-Umrechnungsfaktor	WTW-CO_2-Umrechnungsfaktor	TTW-THG-Umrechnungsfaktor	WTW-THG-Umrechnungsfaktor
in %	in %	MJ/l	MJ/l	kg CO_2/l	kg CO_2/l	kg CO_2e/l	kg CO_2e/l
1,0 %	1,53 %	32,3	38,9	2,30	2,65	2,31	2,69
1,3 %	1,99 %	32,2	38,8	2,29	2,64	2,30	2,69
1,4 %	2,14 %	32,2	38,8	2,29	2,64	2,30	2,68
1,9 %	2,90 %	32,1	38,8	2,27	2,62	2,28	2,67
2,0 %	3,05 %	32,1	38,7	2,26	2,62	2,28	2,67
3,0 %	4,55 %	31,9	38,6	2,23	2,59	2,24	2,65
3,2 %	4,84 %	31,9	38,6	2,22	2,59	2,24	2,64
4,0 %	6,03 %	31,8	38,5	2,20	2,57	2,21	2,62
4,3 %	6,47 %	31,7	38,4	2,18	2,56	2,20	2,62
5,0 %	7,50 %	31,6	38,3	2,16	2,54	2,17	2,60
6,0 %	8,95 %	31,4	38,2	2,13	2,51	2,14	2,58
7,0 %	10,39 %	31,3	38,1	2,09	2,48	2,11	2,55
8,0 %	11,81 %	31,1	37,9	2,06	2,46	2,07	2,53
9,0 %	13,22 %	30,9	37,8	2,03	2,43	2,04	2,51
10,0 %	14,61 %	30,8	37,7	1,99	2,40	2,01	2,49
20,0 %	27,80 %	29,3	36,4	1,69	2,15	1,70	2,28

Tab. 3.2-8: Beimischungsanteil von Ethanol (energetisch und volumetrisch) sowie die sich daraus ergebenden Energie-, CO_2 und THG-Umrechnungsfaktoren (grau unterlegt: 2010) [EU-Richtlinie 2009/30/EG; AG Energiebilanzen 2011, IFEU 2010 (TREMOD); GEMIS 4.7; eigene Berechnungen]

3.3 Elektrischer Strom

3.3.1 Allgemeine Vorbemerkungen

Beim Einsatz von Strom (zum Beispiel in einer Elektro-Lok, in einem Elektrofahrzeug oder in einem Lager) kommen keine direkten CO_2- und Treibhausgasemissionen zustande. Diese entstehen aber bei der „Herstellung" des Stroms (zum Beispiel bei Verbrennung von Kohle, Erdgas und Heizöl in Kraftwerken). Bei dieser Umwandlung treten zudem Energieverluste auf, die bei der Ermittlung des Gesamt- beziehungsweise Primärenergieverbrauchs berücksichtigt werden müssen Da der Kraftwerksmix, das heißt der Anteil der Kraftwerkstypen an der Stromerzeugung, sich von Land zu Land unterscheidet, ergeben sich anders als bei den Kraftstoffen auch länderspezifische Umrechnungsfaktoren. Die Bahnunternehmen haben zudem oftmals eigene Kraftwerke oder eigene Kraftwerksmixe, die sich von der öffentlichen Stromerzeugung unterscheiden. Deshalb muss zudem zwischen der Bahnstromerzeugung und dem Strom aus dem öffentlichen Netz unterschieden werden.

Abbildung 3.3-1 stellt exemplarisch die Vielzahl verschiedener Anlagen zur Stromerzeugung vor, die zur Ermittlung der Treibhausgasemissionen und des Primärenergieverbrauchs für Deutschland berücksichtigt werden. Die Abbildung zeigt am Beispiel des Steinkohlekraftwerks, dass Emissionen nicht nur bei der Verbrennung der Energieträger in den Kraftwerken, sondern auch bei der Gewinnung der Energieträger, gegebenenfalls bei weiteren Verarbeitungsschritten (zum Beispiel Heizölherstellung in Raffinerien) sowie durch Transporte bis zum Kraftwerk entstehen können. Der neue CEN-Normentwurf prEN 16258:2011 schreibt explizit vor, dass diese der Stromerzeugung vorgelagerten Prozessschritte mitbilanziert werden müssen. In Deutschland entfallen für das Jahr 2010 rund 50 Gramm CO_2-Äquivalente pro Kilowattstunde (bei einem Gesamtwert von 589 Gramm CO_2-Äquivalente pro Kilowattstunde) auf diese vorgelagerten Prozessschritte.

Die CO_2-Emissionsfaktoren der Energieversorger im Rahmen der Stromkennzeichnung können somit nach dem CEN-Normentwurf nicht ohne Anpassung verwendet werden, da sie die indirekten Emissionen nur teilweise – nämlich lediglich ab der Verbrennung der Energieträger im Kraftwerk – berücksichtigen. Ein weiteres wichtiges Argument gegen die Verwendung der ausgewiesenen Kennwerte der Stromversorger ist die Tatsache, dass Strom, der von Dritten gekauft (zum Beispiel an der Leipziger Strombörse) oder importiert wird, mit dem durchschnittlichen europäischen Emissionsfaktor in die Gesamtrechnung mit einfließt – unabhängig vom realen Kraftwerksmix, mit dem der Strom erzeugt wurde. Die Verwendung eines europäischen Durchschnittswertes für Strom unbekannten Ursprungs führt dazu, dass die realen Umweltauswirkungen des gelieferten Stroms somit nicht adäquat abgebildet werden. Abgesehen davon werden über die Stromkennzeichnung nur CO_2-, aber nicht THG-Umrechnungsfaktoren zur Verfügung gestellt.

3 Umrechnungsfaktoren für Energieträger und Betriebsstoffe

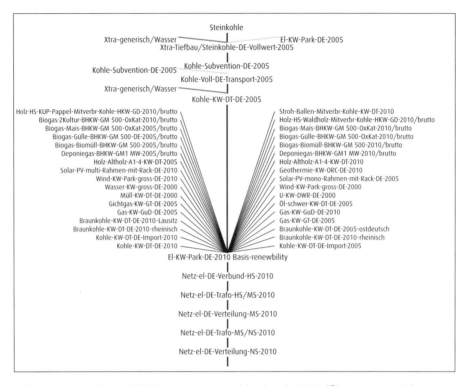

Abb. 3.3-1: Prozesskettenbild für Strom in Deutschland nach GEMIS [Öko-Institut 2009]

Für potenzielle Anwender der CEN-Norm ist der vorliegende Entwurf daher schwierig umzusetzen. Grundsätzlich sagt der Normentwurf, dass – wenn möglich – für den Energieversorger spezifische Werte und Durchschnittswerte für das jeweilige öffentliche Stromnetz des betrachteten Landes nur als letztes Mittel verwendet werden sollen. Da aber in der Praxis die Stromlieferanten die Emissionen und Energieverbräuche bis zum Kraftwerk nicht berücksichtigen, müssen in der Regel doch länderspezifische Umrechnungsfaktoren verwendet werden. Diese werden im Folgenden vorgestellt. Lediglich die Bahnunternehmen haben schon in der Vergangenheit für ihren Erzeugungsmix aus eigenen Kraftwerken beziehungsweise für den Bezug aus dem öffentlichen Netz spezifische Umrechnungsfaktoren ermittelt. Auch diese werden im Folgenden vorgestellt.

Neben den vorgelagerten Prozessschritten müssen für eine vollständige Ermittlung der Treibhausgasemissionen und Energieverbräuche der Stromerzeugung auch die Umwandlungsverluste bei der Verteilung des Stroms in Leitungen (zum Bespiel Hoch- oder Mittelspannungsleitungen) oder bei den Transformationsprozessen von Hoch- auf Mittelspannung (zum Beispiel von 110 Kilovolt (kV) auf

Umrechnungsfaktoren für Energieträger und Betriebsstoffe **3**

10, 20 oder 30 kV) beziehungsweise von Mittel- auf Niederspannung (auf 0,4 kV) berücksichtigt werden. Diese Umwandlungsschritte sind in Abbildung 3.3-1 dargestellt.

Die im Folgenden vorgestellten Umrechnungsfaktoren schließen die Verluste der Stromverteilung mit ein: Sie umfassen alle Prozessschritte von der Gewinnung der Energieträger, deren Umwandlung im Kraftwerk bis zum Transport zum Endkunden. Die vorgestellten Strom-Umrechnungsfaktoren entsprechen somit den Anforderungen, die vom CEN-Normentwurf für Transporte eingefordert werden. Die Umrechnungsfaktoren für CO_2, THG und Energieverbrauch werden getrennt für Bahnstrom, öffentliches Netz sowie für den Spezialfall von Ökostrom beziehungsweise Grünem Strom vorgestellt. Abschließend wird auf den Fall selbsterzeugten Stroms eingegangen.

3.3.2 Bahnstrom

Die Umrechnungsfaktoren für die Bahnstromerzeugung in ausgewählten europäischen und außereuropäischen Ländern sind in Tabelle 3.3-1 dargestellt und basieren auf Daten von EcoTransIT World [IFEU et al. 2010]. Die Werte beziehen sich mit wenigen Ausnahmen auf die Jahre 2006 beziehungsweise 2007 und sind die aktuellsten verfügbaren Daten für den Bahnstrombereich. Die Werte enthalten den Energieverbrauch sowie die Emissionen, die durch den Bau der Kraftwerke entstehen. Damit sind die Werte nicht direkt CEN-Normentwurf konform. Da allerdings keine anderen Werte öffentlich verfügbar sind, können nur diese zur Berechnung der Energieverbräuche und Emissionen von Bahntransporten mit Elektrotraktion verwendet werden. Wie in dem einleitenden Kapitel am Beispiel des öffentlichen Stromnetzes in Deutschland gezeigt, fallen durch den Einbezug der Bauvorleistungen die Treibhausgasemissionen lediglich rund zwei Prozent höher aus. Der Fehler ist daher vertretbar; zudem die Vorgehensweise die Emissionen der Bahn leicht überschätzt und daher nicht zum Nachteil der anderen Verkehrsträger wird.

3 Umrechnungsfaktoren für Energieträger und Betriebsstoffe

Land	Energie-verbrauch		CO_2-Emissionen		THG-Emissionen (in CO_2e)	
	TTW[1]	WTW[2]	TTW[1]	WTW[2]	TTW[1]	WTW[2]
	MJ/kWh	MJ/kWh	g/kWh	g/kWh	g/kWh	g/kWh
Deutschland	3,6	10,8	0	527	0	574
Belgien	3,6	13,5	0	381	0	393
Dänemark	3,6	6,2	0	390	0	433
Finnland	3,6	9,9	0	452	0	480
Frankreich[3]	3,6	13,2	0	73	0	77
Großbritannien	3,6	10,4	0	586	0	621
Italien	3,6	9,6	0	734	0	749
Niederlande[3]	3,6	8,8	0	483	0	497
Norwegen	3,6	5,0	0	6	0	6
Österreich	3,6	4,5	0	112	0	119
Polen[3]	3,6	12,5	0	1.018	0	1.085
Portugal	3,6	8,9	0	523	0	544
Rumänien	3,6	9,4	0	543	0	556
Russland	3,6	9,4	0	431	0	458
Schweden	3,6	3,8	0	4	0	4
Schweiz	3,6	6,4	0	5	0	5
Slovakei	3,6	12,1	0	196	0	199
Spanien	3,6	9,2	0	399	0	425
Tschechien	3,6	11,2	0	657	0	661
Ungarn	3,6	14,5	0	589	0	637
China	3,6	10,9	0	998	0	1.174
Japan	3,6	12,3	0	581	0	616
USA	3,6	12,8	0	732	0	774
Südafrika	3,6	13,2	0	1.016	0	1.106

[1] TTW = Tank-to-Wheel [2] WTW = Well-to-Wheel [3] Bezugsjahr: 2005

Tab. 3.3-1: Energieverbrauchs-, CO_2- und THG-Umrechnungsfaktoren für Bahnstrom ausgewählter Länder für die Jahre 2006/2007 [IFEU et al. 2010]

Streng genommen würden die Treibhausgasemissionen für die Schweiz, Schweden und Norwegen ohne Berücksichtigung der Bauvorleistungen bei Null liegen, da in diesen Ländern der Strom zu 100 Prozent aus erneuerbarer Wasserkraft erzeugt wird. Um allerdings einen einheitlichen Bilanzierungsrahmen für alle

Umrechnungsfaktoren für Energieträger und Betriebsstoffe **3**

Länder beim Bahnstrom einzuhalten, sind in der Tabelle 3.3-1 die durch den Bau bedingten Emissionen für diese drei Länder dennoch ausgewiesen.

Länder mit hohen CO_2- und Treibhausgas-Umrechnungsfaktoren setzen zur Bahnstromerzeugung in hohem Maße Stein- oder Braunkohlekraftwerke ein. Insbesondere Braunkohlekraftwerke können zu Umrechnungsfaktoren in Höhe von über 1.000 Gramm CO_2-Äquivalenten pro Kilowattstunde Strom führen. Länder mit hohem Anteil regenerativer Energiequellen oder aber auch mit Atomkraft (zum Beispiel Frankreich) haben hingegen Umrechnungsfaktoren, die deutlich unter 100 g CO_2-Äquivalenten pro Kilowattstunde Strom liegen.

3.3.3 Strom aus dem öffentlichen Netz

Analog zum Bahnstrom sind in Tabelle 3.3-2 für Strom aus dem öffentlichen Netz die Umrechnungsfaktoren für standardisierten Energieverbrauch, CO_2- und THG-Emissionen für ausgewählte europäische und außereuropäische Länder dargestellt. Im Gegensatz zum Bahnstrom wird – wie bereits ausgeführt – von direktem Gesamtenergieverbrauch und direkten Gesamtemissionen gesprochen. Die Werte beziehen sich auf das öffentliche Niederspannungsnetz (0,4 kV) – die Energieverluste bei der Verteilung des Stroms und der Transformation von Hochspannung auf Niederspannung sind bei den aufgeführten Umrechnungsfaktoren berücksichtigt. Die Energieverluste hängen von der Dichte der Hoch- und Mittelspannungsleitungen sowie dem technischen Zustand der Anlagen in den einzelnen Ländern ab. Die Energieverluste unterscheiden sich daher von Land zu Land (*siehe Tabelle 3.3-2*).

Land	Energieverluste durch Verteilung[1]	Energieverbrauch		CO_2-Emissionen		THG-Emissionen (CO_2e)	
		direkt[2]	gesamt[3]	direkt[4]	gesamt[5]	direkt[4]	gesamt[5]
		MJ/kWh	MJ/kWh	g/kWh	g/kWh	g/kWh	g/kWh
Deutschland	6,0 %	3,6	10,0	0	564	0	589
EU-27 + Türkei	8,0 %	3,6	10,1	0	403	0	424
Belgien	4,6 %	3,6	11,7	0	210	0	223
Bulgarien	16,2 %	3,6	11,4	0	635	0	664
Dänemark	5,1 %	3,6	9,5	0	409	0	433
Finnland	3,4 %	3,6	11,0	0	177	0	194
Frankreich	6,7 %	3,6	12,5	0	76	0	81
Griechenland	9,1 %	3,6	9,7	0	816	0	850
Großbritannien	8,4 %	3,6	8,8	0	373	0	392
Italien	6,4 %	3,6	8,3	0	425	0	450

Niederlande	3,8 %	3,6	8,1	0	396	0	412
Norwegen	7,4 %	3,6	4,4	0	24	0	25
Österreich	6,4 %	3,6	5,9	0	171	0	186
Polen	11,1 %	3,6	10,3	0	947	0	998
Portugal	8,3 %	3,6	9,6	0	470	0	497
Rumänien	11,8 %	3,6	9,1	0	527	0	551
Russland	11,0 %	3,6	12,4	0	782	0	839
Schweden	7,6 %	3,6	9,1	0	65	0	68
Schweiz	7,0 %	3,6	8,6	0	48	0	52
Slowakei	5,0 %	3,6	9,7	0	413	0	448
Spanien	9,2 %	3,6	9,9	0	327	0	346
Tschechien	8,3 %	3,6	11,1	0	580	0	596
Türkei	14,0 %	3,6	9,0	0	649	0	679
Ungarn	10,3 %	3,6	11,5	0	564	0	601
Australien	7,0 %	3,6	10,2	0	872	0	902
Brasilien	15,8 %	3,6	6,0	0	410	0	754
China[6]	8,1 %	3,6	9,4	0	749	0	884
Indien[6]	12,0 %	3,6	12,6	0	1.040	0	1.126
Japan[6]	5,2 %	3,6	10,2	0	494	0	520
Südafrika	12,0 %	3,6	11,1	0	1.001	0	1.116
USA	6,7 %	3,6	10,1	0	648	0	677

[1] Energieverluste wurden der Ökobilanzdatenbank Ecoinvent entnommen. [2] Direkter Energieverbrauch (auch als Endenergieverbrauch bezeichnet) entspricht dem TTW-Energieverbrauch beim Bahnstrom. [3] Gesamtenergieverbrauch (auch als Primärenergieverbrauch bezeichnet) entspricht dem WTW-Energieverbrauch beim Bahnstrom. [4] Direkte Emissionen entsprechen den TTW-Emissionen beim Bahnstrom. [5] Gesamtemissionen entsprechen den WTW-Emissionen beim Bahnstrom. [6] Bezugsjahr: 2005

Tab. 3.3-2: Energieverbrauchs-, CO_2- und THG-Umrechnungsfaktoren für Strom aus dem öffentlichen Netz ausgewählter Länder im Jahr 2010 [GEMIS 4.7; Ecoinvent 2010; eigene Berechnungen]

Neben den einzelnen Länderwerten sind in Tabelle 3.3-2 auch für die EU-27 (einschließlich Türkei) durchschnittliche Umrechnungsfaktoren aufgeführt. Diese Werte dienen ausschließlich dem Vergleich mit den einzelnen Länderwerten und sollten nicht zur Berechnung herangezogen werden. Liegen die Länderwerte über diesem EU-Durchschnittswert, deutet dies auf einen hohen Anteil an Stein- oder Braunkohlekraftwerken hin. Die hohen Werte für Polen resultieren aus dem Einsatz von Braunkohlekraftwerken, die im Vergleich zu Steinkohlekraftwerken nochmals höhere Treibhausgasemissionen aufweisen. Sehr niedrige Umrechnungsfaktoren wie in der Schweiz, Norwegen oder Schweden deuten auf einen hohen Anteil an regenerativ erzeugtem Strom hin – in diesen Ländern kommt in hohem Maße Wasserkraft zum Einsatz. Aber auch hohe Atomkraft-Anteile der Energieerzeugung senken die Treibhausgasemissionen, wie das Beispiel Frankreich zeigt.

Anders als bei Kraftstoffen haben sich die Kraftwerksmixe und damit die Umrechnungsfaktoren in den einzelnen Ländern in den vergangenen Jahren verändert. Die in der obigen Tabelle aufgeführten Umrechnungsfaktoren beziehen sich (mit wenigen Ausnahmen) auf die Situation im Jahr 2010. Tabelle 3.3-3 zeigt am Beispiel Deutschland die Werte für die Jahre 2005 und 2010 sowie die erwarteten Werte für das Jahr 2020. Dies zeigt, dass die CO_2- und Treibhausgasemissionen pro Kilowattstunde Strom immer geringer werden. Die Werte der Tabelle 3.3-2 können daher nicht auf frühere Jahre übertragen werden, da ansonsten die Emissionen unterschätzt würden. Gleichzeitig zeigt die Entwicklung der Strom-Umrechnungsfaktoren, dass in Zukunft ohne weiteres Zutun die strombedingten Emissionen sinken werden – und dies nicht nur in Deutschland. Zurückzuführen ist dies auf den Ausbau der erneuerbaren Energien, aber auch teilweise auf den Umstieg von Kohle- auf Gaskraftwerke. Daher ist bei Emissionsverbesserungen im Bereich Strom immer zu unterscheiden, wie viel davon Mitnahmeeffekte sind und wie viel durch zusätzliche Energieeffizienzmaßnahmen oder durch den Einsatz zusätzlichen Ökostroms (siehe nächstes Unterkapitel) vom Unternehmen selbst erreicht wurde.

Umrechnungsfaktor	Einheit	2005	2010	2020[1]
Gesamtenergieverbrauch	MJ/kWh	10,6	10,0	8,7
Gesamt-CO_2-Emissionen	g/kWh	630	564	509
Gesamt-CO_2-Äquivalent-Emissionen	g/kWh	658	589	532
[1] Berechnung auf Basis „Leitstudie 2008" des BMU auf Basis des rot-grünen Atomausstiegsplans					

Tab. 3.3-3: Gesamt-Energieverbrauch, Gesamt-CO_2- und THG-Umrechnungsfaktoren für Strom aus dem öffentlichen Netz 2005, 2010 und 2020 (Deutschland) [GEMIS 4.7]

3.3.4 Ökostrom

In Deutschland nutzen immer mehr Kunden Grün- oder Ökostromangebote der Stromanbieter. Der Ökostrom stammt hierbei aus regenerativen Quellen wie Wasser, Wind, Sonne oder Biomasse oder wird umweltfreundlich und effizient in Anlagen mit Kraft-Wärme-Kopplung (KWK-Anlagen) erzeugt. Strom aus Kernenergie, der zwar emissionsarm, aber mit anderen Gefahren verbunden ist, zählt hierbei nicht zum Ökostrom. In vielen Unternehmensklimabilanzen wird Ökostrom mit Nullemissionen angesetzt; einige wenige Unternehmen berücksichtigen die auch bei regenerativ erzeugtem Strom vorhandenen (geringen) Emissionen der Vorkette, die allerdings aus den verbauten Materialien stammen. Wählt man die gleichen Systemgrenzen im stationären Bereich, wie sie durch den CEN-Normentwurf prEN 16258:2011 für Transporte vorgegeben sind, müssen diese materialbedingten Emissionen nicht betrachtet werden. Grüner Strom hat damit Nullemissionen – zumindest auf den ersten Blick.

Emissionsminderungen durch den Einsatz von Ökostrom finden aber nur dann statt, wenn der Strom nachweislich aus explizit neuen Erzeugungsanlagen bezogen und somit ein direkter Einfluss auf die Veränderung des Kraftwerkparks ausgeübt wird. Konkret bedeutet dies, dass das Ökostromprodukt signifikant dazu beitragen muss, dass Neuanlagen zur regenerativen Stromproduktion oder KWK-Anlagen entstehen. Diese Neuanlagen führen aber auch nur dann zu einer Emissionsminderung, wenn der Neubau über das Maß der ohnehin stattfindenden staatlichen Förderung durch das Erneuerbare-Energien-Gesetz (EEG) hinausgeht [Öko-Institut et al. 2009].

Gängige zertifizierte Ökostromprodukte sichern deshalb zu, dass ein nennenswerter Teil des bezogenen regenerativen Stroms aus Neuanlagen beziehungsweise aus neueren Bestandsanlagen kommt. Neue Anlagen sind dabei in der Regel Anlagen, die jünger als sechs Jahre sind; neuere Bestandsanlagen sind Anlagen, die nicht älter als zwölf Jahre sind. Regenerativer Strom aus Altanlagen ist bereits im Strommix des Erzeugerlandes verrechnet, er darf daher nicht mehr als emissionsmindernd angerechnet werden. Verkauft ein Stromanbieter Strom aus alten regenerativen Erzeugungsanlagen, so werden real keine Emissionen vermieden, sondern lediglich die bestehenden Emissionen anders auf die Kunden verteilt. Der vermeintliche Ökostromkunde bekommt den emissionsarmen, regenerativ erzeugten Strom – andere Kunden hingegen ohne ihr Wissen beispielsweise Kohlestrom mit hohen Treibhausgasemissionen. In der Gesamtbilanz wird aber keine Tonne Treibhausgas vermieden, da keine zusätzlichen, neuen Stromerzeugungsanlagen, die regenerative Energiequellen nutzen, gebaut wurden. Da aber selbst zertifizierte Ökostromprodukte in der Regel nicht hundert Prozent regenerativ erzeugten Strom aus Neuanlagen beziehen, besitzen diese in der Regel auch keine Nullemissionen [Öko-Institut et al. 2009].

Zur Zeit gibt es allerdings kein normiertes oder standardisiertes Verfahren, wie die THG-Emissionen von Ökostrom berechnet werden müssen. Auch der ISO-Standard 14064-1 und das GHG Protocol enthalten keine Vorgaben zur Berechnung von Ökostrom. Deshalb ist es derzeit für Unternehmen durchaus legitim, Grünen Strom – unabhängig von dessen Qualität – mit Nullemissionen zu bewerten. Die aktuellen Diskussionen mit Ökobilanzierern zeigen jedoch, dass sich eine generelle Bewertung von Ökostrom mit null bei einer Standardisierung in den

Umrechnungsfaktoren für Energieträger und Betriebsstoffe

nächsten Jahren nicht durchsetzen wird. Ein Teil der Ökobilanzierer fordert gar, dass Ökostrom nicht speziell berücksichtigt wird, sondern mit den Emissionsfaktoren für normalen Strom des jeweiligen Landes bewertet werden soll. Unternehmen, die ihren Grünstrom aktuell mit null berechnen, müssen damit rechnen, dass es zukünftig mit Verabschiedung eines Standards zu einer Regelung kommt, die zu einem Sprung ihrer Emissionen nach oben in der Klimabilanz führen kann.

Nach Auffassung der Umweltforschungsinstitute Öko-Institut, IFEU-Institut, Wuppertal Institut für Klima, Umwelt, Energie und Büro Ö-Quadrat sollte Ökostrom in Klimabilanzen aber positiv bewertet werden. Aus diesem Grund haben die Umweltforschungsinstitute einen gemeinsamen Vorschlag erarbeitet, der einerseits die Emissionsminderung des Grünen Stroms berücksichtigt, andererseits aber auch die Qualität des Stromproduktes in die Bilanz einfließen lässt. Es wird empfohlen, für Klimabilanzen bereits heute diesen Vorschlag zu verwenden, statt Ökostrom mit null zu bewerten. Die Eckpunkte dieses Vorschlags sind (*siehe auch Abbildung 3.3-2*) [Öko-Institut et al. 2009]:

- Für Neuanlagen (bis maximal sechs Jahre alt) werden die spezifischen Emissionen der Anlagen zugrunde gelegt (da Bauvorleistungen nicht berücksichtigt werden, sind diese – mit Ausnahme von Biogasanlagen – in der Regel null).
- Für neuere Bestandsanlagen (sechs bis maximal zwölf Jahre alt) werden die spezifischen Emissionen der Anlage mit 50 Prozent gewertet; mit weiteren 50 Prozent wird der durchschnittliche Emissionsfaktor des jeweiligen Landes zugrunde gelegt.
- Für Altanlagen (älter als zwölf Jahre) erfolgt keine spezifische Bilanzierung. Das heißt, dass für diese Anlagen der länderspezifische Strommix verwendet wird.

Große deutsche Unternehmen (zum Beispiel Rewe Group, Tetrapak) haben diesen Bilanzierungsvorschlag bereits in ihren Unternehmens- und Produktklimabilanzen aufgegriffen. Auch das Bundesumweltministerium und das Umweltbundesamt empfehlen im Memorandum Product Carbon Footprint die Bilanzierung von Grünstrom nach diesem Vorschlag [BMU et al. 2009].

3 Umrechnungsfaktoren für Energieträger und Betriebsstoffe

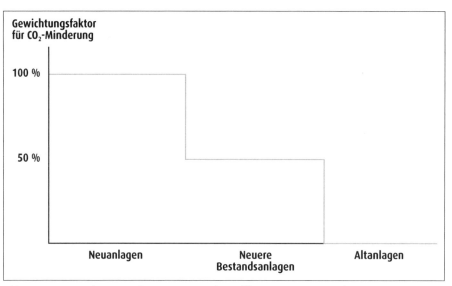

Abb. 3.3-2: CO_2- und THG-Minderungspotenzial von Ökostrom aus erneuerbaren Energien in Abhängigkeit vom Anlagenalter [Öko-Institut et al. 2009]

 Berechnung der Gesamt-THG-Emissionen bei Ökostrom

Wird beispielsweise ein mit dem ok-power-Gütesiegel zertifiziertes Ökostromprodukt genutzt, muss grundsätzlich ein Drittel des regenerativen Stroms aus Neuanlagen und ein Drittel des Stroms aus neueren Bestandsanlagen kommen. Das restliche Drittel wird ebenfalls aus regenerativen Energiequellen oder KWK-Anlagen bezogen; diese sind aber älter als zwölf Jahre. Unter der Annahme, dass es sich bei den Neuanlagen und neueren Bestandsanlagen um Wasserkraft- und Windkraftanlagen handelt, deren Strom ohne Berücksichtigung der Bauvorleistungen Nullemissionen aufweist, berechnen sich der Primärenergiebedarf, die Gesamt-CO2- sowie die Gesamt-THG-Emissionen entsprechend des oben formulierten Vorschlags für das Jahr 2010 folgendermaßen:

$$F_{EN} \frac{3{,}6 + (50\ \% \times 3{,}6 + 50\ \% \cdot 10{,}0) + 10{,}0}{3}\ \frac{MJ}{kWh} = 6{,}8\ \frac{MJ}{kWh}$$

$$F_{CO_2} \frac{0 + (50\ \% \times 0 + 50\ \% \cdot 564) + 564}{3}\ \frac{g\ CO_2}{kWh} = 282\ \frac{g\ CO_2}{kWh}$$

$$F_{CO_2e} = \frac{0 + (50\ \% \times 0 + 50\ \% \cdot 589) + 589}{3}\ \frac{g\ CO_2e}{kWh} = 295\ \frac{g\ CO_2e}{kWh}$$

Tabelle 3.3-4 fasst die Ergebnisse für das betrachtete Ökostromprodukt zusammen. In der Tabelle sind zur Vollständigkeit auch die Umrechnungsfaktoren zur Ermittlung des Endenergieverbrauchs (direkter Energieverbrauch) sowie der direkten CO_2- und THG-Emissionen aufgeführt. Welche zertifizierten Ökostromprodukte es grundsätzlich gibt und welche Neuanlagenanteile diese besitzen, findet sich auf der Internetseite EcoTopTen des Öko-Instituts.

	Einheit	Direkter Energieverbrauch/direkte Emissionen[1]	Gesamtenergieverbrauch/ -emissionen[1]
Energieverbrauch	MJ/kWh	3,6	6,8
CO_2-Emissionen	g CO_2/kWh	0	282
THG-Emissionen	g CO_2e/kWh	0	295
[1] Die Werte beziehen sich auf ein Ökostromprodukt, bei dem mindestens ein Drittel des erzeugten Stroms aus Neuanlagen (nicht älter als sechs Jahre) und ein Drittel aus neueren Bestandsanlagen (nicht älter als zwölf Jahre) stammt.			

Tab. 3.3-4: Energieverbrauchs-, CO_2- und THG-Emissionen eines zertifzierten Ökostromangebotes nach ok-Power-Gütesiegel in Deutschland 2010

3.3.5 Eigenstromerzeugung

In den letzten Jahren hat die Eigenerzeugung von Strom mit Photovoltaikanlagen oder Blockheizkraftwerken auch in der Logistik stark zugenommen. Ein Grund hierfür ist, dass Strom aus diesen Anlagen, der in das öffentliche Stromnetz eingespeist wird, über das Erneuerbare-Energien-Gesetz vergütet wird und sich so für viele Unternehmen ökonomisch rechnet. Insbesondere die Bereitstellung von Dachflächen für Photovoltaikanlagen kann zu zusätzlichen Einnahmen führen; gleichzeitig kann dies auch in Umwelt- und Nachhaltigkeitsberichten kommunikativ genutzt werden.

Wird Strom in Photovoltaikanlagen oder Blockheizkraftwerken selbst erzeugt, darf dieser Strom aber nur dann emissionsmindernd berücksichtigt werden, wenn er auch wirklich selbst genutzt wird. Werden hingegen lediglich die Flächen zur Verfügung gestellt, der Strom aber in das öffentliche Netz einspeist, um die Einspeisevergütung zu erhalten, dürfen die Photovoltaikanlagen nicht als eigene Minderungsmaßnahme angerechnet werden. Letztendlich wird der Strom ja dann in das öffentliche Netz eingespeist und trägt so zur Erhöhung des erneuerbaren Anteils der deutschen Stromversorgung bei. Das Unternehmen bezieht unabhängig von der Photovoltaikanlage oder dem Blockheizkraftwerk weiter seinen Strom – wie ohne diese Anlagen – aus dem öffentlichen Netz. Für die Emissionsberechnungen müssen daher auch die Umrechnungsfaktoren des öffentlichen Stromnetzes verwendet werden.

Nur wenn das Unternehmen wirklich den Strom selbst nutzt, kann die Emissionsminderung angerechnet werden. Im Falle der Photovoltaikanlage würden – ohne Berücksichtigung der Bauvorleistungen – keine CO_2- und THG-Emissionen anfallen. Diese wären daher bei der Emissionsberechnung mit null anzusetzen. Der Umrechnungsfaktor für den direkten wie auch für den Gesamtenergieverbrauch ist für regenerative Energiequellen definitionsgemäß gleich und beträgt in diesem Fall 3,6 MJ/kWh. Wird ein Blockheizkraftwerk eingesetzt, entstehen Emissionen in Abhängigkeit des eingesetzten Brennstoffs (Diesel, Erdgas, Biogas). Umrechnungsfaktoren müssen für den konkreten Fall mit Hilfe von entsprechenden Emissionsmodellen wie GEMIS berechnet werden [Öko-Institut et al. 2009]. Grundsätzlich liegen die Umrechnungsfaktoren unabhängig vom Energieträger deutlich unter denen für den bundesdeutschen Strommix. Selbstgenutzter Strom aus Blockheizkraftwerken senkt somit klar die CO_2- und THG-Emissionen.

3.4 Wärmeerzeugung

3.4.1 Allgemeine Vorbemerkungen

Zur Wärmeerzeugung kommen vor allem Heizöl, Erdgas, Flüssiggas und Fernwärme zum Einsatz. Aufgrund unterschiedlicher Lieferländer unterscheiden sich insbesondere die mit der Herstellung der Energieträger verbundenen Energieverbräuche und Emissionen von Land zu Land (und leicht von Jahr zu Jahr). Wie Tabelle 3.4-1 am Beispiel Erdgas zeigt, sind die Unterschiede der Betrachtungsjahre im Vergleich zum Strom aber sehr gering. Dies gilt auch für Heizöl und Flüssiggas. Bei der Fernwärme besteht hingegen ähnlich wie beim Strom eine größere Abhängigkeit vom Betrachtungsjahr. Analog zum Strom werden im Folgenden die Umrechnungsfaktoren lediglich für das aktuellste verfügbare Betrachtungsjahr (2010 beziehungsweise 2005) vorgestellt. Wo möglich werden aber die Umrechnungsfaktoren nach Ländern differenziert aufgeführt.

Umrechnungsfaktor	Einheit	2005	2010	2020
Gesamtenergieverbrauch	MJ/kWh	4,12	4,12	4,11
Gesamt-CO_2-Emissionen	g/kWh	224	223	223
Gesamt-THG-Emissionen	g/kWh	251	249	247

Tab. 3.4-1: Gesamt-Energieverbrauch, Gesamt-CO_2- und -THG-Umrechnungsfaktoren für Erdgas 2005, 2010 und 2020 [GEMIS 4.7]

Die Einheiten der Umrechnungsfaktoren beziehen sich bei Heizöl und Flüssiggas auf ein Kilogramm des jeweiligen Energieträgers. Die Umrechnungsfaktoren bei Erdgas werden pro kWh angegeben. Hierbei ist zu beachten, dass Erdgasverbräuche von den Gasversorgern auf der Jahresabrechnung in der Regel in Brennwert

Umrechnungsfaktoren für Energieträger und Betriebsstoffe **3**

angegeben werden. Die in diesem Buch ausgewiesenen Emissionsfaktoren beziehen sich jedoch durchweg auf Heizwerte. In der Regel liegen diese bei rund 90 Prozent des Brennwerts. Somit müssen die Erdgasverbräuche erst in Heizwerte umgewandelt werden, bevor sie mit den ausgewiesenen Umrechnungsfaktoren ausmultipliziert werden können.

Für Fernwärme werden die Umrechnungsfaktoren ebenfalls pro kWh angegeben. Hierbei handelt es sich allerdings um „Kilowattstunden thermisch" – in der Regel stellt der Energieversorger die Fernwärmeverbräuche so in Rechnung. Die Kilowattstundenangaben für Erdgas und Fernwärme sind damit aber nicht vergleichbar.

Die im Folgenden dargestellten Umrechnungsfaktoren beziehen sich ausschließlich auf die vier konventionellen Wärmeenergieträger Heizöl, Erdgas, Flüssiggas und Fernwärme. In den letzten Jahren kommen auch alternative Energieträger zur Wärmebereitstellung immer mehr zum Einsatz. Hierbei wird von Geothermie über nachwachsende Rohstoffe wie Holzhackschnitzel bis zu Blockheizkraftwerken mit Biogas eine große Palette von alternativen Energieträgern genutzt. Diese hier darzustellen würde den Rahmen des Buches sprengen. Entsprechende Emissionsfaktoren können aber kostenfrei aus dem Emissionsberechnungstool GEMIS herausgelesen werden. Dies setzt allerdings Erfahrungen mit der Treibhausgasbilanzierung voraus.

3.4.2 Umrechnungsfaktoren

Bevor länderspezifische Umrechnungsfaktoren vorgestellt werden, gibt die folgende Tabelle einen Überblick über die Umrechnungsfaktoren für die vier Wärmeenergieträger in Deutschland. Die Werte beziehen sich dabei auf das Bezugsjahr 2010. Für Erdgas sind in diesem Fall neben den heizwertbezogenen auch die brennwertbezogenen Umrechnungsfaktoren aufgeführt (*siehe Tabelle 3.4-2*).

	Einheit	Energie-verbrauch		Einheit	CO_2-Emissionen		THG-Emissionen (CO_2e)	
		direkt[1]	ge-samt[2]		direkt[1]	ge-samt[2]	direkt[1]	ge-samt[2]
Erdgas - Heizwert	MJ/kWh	3,60	4,12	g/kWh	201	223	202	249
Erdgas - Brennwert	MJ/kWh	3,25	3,72	g/kWh	181	202	182	225
Flüssiggas	MJ/l	25,1	28,9	kg/l	1,60	1,88	1,61	1,90
Heizöl	MJ/l	35,8	42,0	kg/l	2,66	3,12	2,67	3,15
Fernwärme	MJ/kWh$_{th}$	3,6	4,07	g/kWh$_{th}$	0	183	0	253

[1] Entspricht Tank-to-Wheel (TTW) bei Verkehrsmitteln. [2] Entspricht Well-to-Wheel (WTW) bei Verkehrsmitteln.

Tab. 3.4-2: Energieverbrauchs-, CO_2- und CO_2-Äquivalent-Umrechnungsfaktoren für den Wärmebereich 2010 in Deutschland [GEMIS 4.7; eigene Berechnungen]

Die länderspezifischen Umrechnungsfaktoren für Erdgas finden sich in Tabelle 3.4-3 Alle Umrechnungsfaktoren sind hierbei auf den Heizwert bezogen. In der Tabelle ist aber zusätzlich ein Faktor enthalten, mit dessen Hilfe die Brennwertangaben in Heizwert umgerechnet werden können. Ist der brennwertbezogene Erdgasverbrauch 1.000 kWh, kann beispielsweise mit Hilfe des Faktors 90,4 Prozent der heizwertbezogene Verbrauch durch einfache Multiplikation berechnet werden. In diesem Fall läge der heizwertbezogene Erdgasverbrauch bei 904 kWh.

Die Werte in Tabelle 3.4-3 zeigen auch, dass direkte Emissionen – unabhängig ob CO_2 oder CO_2-Äquivalente – sich nur geringfügig von Land zu Land unterscheiden. Die Unterschiede bei den Gesamtemissionen sind hingegen erheblich. So liegen die Gesamt-THG-Emissionen zwischen 218 und 330 g/kWh. Demgegenüber fällt die Varianz der länderspezifischen CO_2-Emissionen mit 212 bis 250 g/kWh eher gering aus. Ursache für die großen Unterschiede bei den THG-Emissionen sind die Erdgas- und damit Methanverluste beim Transport in Pipelines.

Umrechnungsfaktoren für Energieträger und Betriebsstoffe

Land	Umrechnungsfaktor von Brennwert in Heizwert[1]	Energieverbrauch		CO_2-Emissionen		THG-Emissionen (CO_2e)	
		di-rekt[1]	ge-samt[2]	di-rekt[1]	ge-samt[2]	di-rekt[1]	ge-samt[2]
		MJ/kWh	MJ/kWh	g/kWh	g/kWh	g/kWh	g/kWh
Deutschland	90,2 %	3,60	4,12	201	223	202	249
Belgien	90,4 %	3,60	3,92	206	218	206	235
Bulgarien	90,2 %	3,60	4,72	200	240	201	329
Dänemark	90,4 %	3,60	3,77	206	214	206	230
Finnland	90,4 %	3,60	4,51	206	240	206	272
Frankreich	90,4 %	3,60	4,15	206	225	206	250
Griechenland	90,4 %	3,60	4,53	206	247	206	288
Großbritannien	90,4 %	3,60	3,78	206	214	206	230
Italien	90,2 %	3,60	4,16	199	224	199	253
Niederlande	90,2 %	3,60	3,80	202	212	203	229
Norwegen	90,4 %	3,60	3,78	206	214	206	219
Österreich	90,2 %	3,60	4,32	199	226	199	264
Polen	90,1 %	3,60	4,29	199	225	199	292
Portugal	90,2 %	3,60	4,09	199	224	199	235
Rumänien	90,1 %	3,60	4,70	199	240	199	329
Russland	90,1 %	3,60	4,72	199	240	199	330
Schweden	90,4 %	3,60	3,91	206	216	206	232
Schweiz	90,2 %	3,60	4,08	199	216	199	230
Slowakei	90,1 %	3,60	4,67	199	235	199	316
Spanien	90,2 %	3,60	4,13	199	222	199	247
Tschechien	90,2 %	3,60	4,12	199	218	199	281
Türkei	90,1 %	3,60	4,65	199	240	199	321
Ungarn	90,1 %	3,60	4,39	199	227	199	260
Australien	90,4 %	3,60	3,81	206	217	206	222
China	90,2 %	3,60	4,45	199	243	199	285
Japan	90,2 %	3,60	4,49	199	250	199	270
USA	90,2 %	3,60	3,83	199	213	199	218

[1] Entspricht Tank-to-Wheel (TTW) bei Verkehrsmitteln. [2] Entspricht Well-to-Wheel (WTW) bei Verkehrsmitteln.

Tab. 3.4-3: Länderspezifische Energieverbrauchs-, CO_2- und THG-Umrechnungsfaktoren für Erdgas [GEMIS 4.7; eigene Berechnungen]

3 Umrechnungsfaktoren für Energieträger und Betriebsstoffe

Die länderspezifischen Umrechnungsfaktoren für Heizöl finden sich in Tab. 3.4-3. Wie bereits beim Erdgas variieren die TTW-Werte kaum. Die WTW-Werte weisen hingegen von Land zu Land deutliche Unterschiede auf. Die THG-Faktoren liegen beispielsweise zwischen 2,89 und 3,46 kg pro Liter. Ähnlich stark variieren auch die WTW-CO_2-Emissionen. Sie liegen zwischen 2,87 und 3,41 kg pro Liter. Im Gegensatz zum Erdgas sind hier die CO_2-Emissionen und nicht die anderen Treibhausgase hauptverantwortlich für die Unterschiede von Land zu Land. Dies wiederum ist zum Beispiel auf unterschiedliche Lieferländer zurückzuführen.

Land	Energieverbrauch		CO_2-Emissionen		THG-Emissionen (CO_2e)	
	direkt[1]	gesamt[2]	direkt[1]	gesamt[2]	direkt[1]	gesamt[2]
	MJ/l	MJ/l	kg/l	kg/l	kg/l	kg/l
Deutschland	35,8	42,0	2,66	3,12	2,67	3,15
Belgien	35,8	42,9	2,67	3,18	2,67	3,21
Bulgarien	35,8	47,2	2,66	3,31	2,67	3,38
Dänemark	35,8	41,1	2,67	3,02	2,67	3,05
Finnland	35,8	41,3	2,66	3,04	2,67	3,08
Frankreich	35,8	39,8	2,67	2,87	2,67	2,89
Griechenland	35,8	42,0	2,67	3,21	2,67	3,24
Großbritannien	35,8	40,9	2,66	3,01	2,67	3,03
Italien	35,8	41,8	2,67	3,14	2,67	3,17
Niederlande	35,8	41,9	2,67	3,13	2,67	3,16
Norwegen	35,8	39,8	2,67	2,89	2,67	2,91
Österreich	35,8	42,3	2,67	3,18	2,67	3,22
Polen	35,8	46,5	2,66	3,41	2,67	3,46
Rumänien	35,8	46,4	2,66	3,34	2,67	3,38
Russland	35,8	46,7	2,66	3,37	2,67	3,43
Schweden	35,8	40,1	2,67	2,92	2,67	2,95
Slowakei	35,8	49,4	2,66	3,35	2,67	3,42
Spanien	35,8	40,0	2,66	2,95	2,67	2,98
Tschechien	35,8	48,0	2,66	3,40	2,67	3,44
Türkei	35,8	45,3	2,66	3,22	2,67	3,25

Ungarn	35,8	47,6	2,66	3,33	2,67	3,39
Australien	35,8	40,7	2,66	3,06	2,67	3,07
USA	35,8	41,7	2,66	3,10	2,67	3,12
[1] Entspricht Tank-to-Wheel (TTW) bei Verkehrsmitteln. [2] Entspricht Well-to-Wheel (WTW) bei Verkehrsmitteln.						

Tab. 3.4-4: Länderspezifische Energieverbrauchs-, CO_2- und THG-Umrechnungsfaktoren für Heizöl [GEMIS 4.7; eigene Berechnungen]

Für Flüssiggas und Fernwärme können prinzipiell ebenfalls länderspezifische Umrechnungsfaktoren erstellt werden. Diese liegen aber für beide Wärmeenergieträger nicht vor, sondern müssten eigens aufwändig berechnet werden. Bei Flüssiggas können die Umrechnungsfaktoren für Deutschland problemlos auf andere Länder übertragen werden. Für Fernwärme müssten entsprechende Faktoren aufgrund des Kraftwerksmixes für jedes Land extra berechnet werden. Dies ist ebenfalls mit Hilfe von GEMIS grundsätzlich möglich, führt an dieser Stelle aber zu weit. Für entsprechende Faktoren müssten aktuelle Daten zum Fernwärme-Kraftwerksmix für jedes Land ermittelt werden.

3.5 Kältemittel

3.5.1 Allgemeine Vorbemerkungen

Viele Waren und Güter müssen beim Transport oder in den Lagern gekühlt werden. Das erfordert zusätzlich Energie wie Diesel oder Strom. Werden diese Energiemehrverbräuche erfasst, können auf dieser Datengrundlage der standardisierte Energieverbrauch und die Treibhausgasemissionen mit den in den vorangegangenen Unterkapiteln vorgestellten Umrechnungsfaktoren ermittelt werden.

Unabhängig davon werden für Kühlaggregate und Klimaanlagen – egal ob in Lkw, Lagern oder in Klimaanlagen in Bürogebäuden – Kältemittel benötigt. Diese sind – wie in Kapitel 1.1 bereits ausgeführt – meist hoch klimawirksam, wenn diese durch Leckagen, bei Reparaturarbeiten oder Havarien in die Atmosphäre gelangen. Wie viele Kältemittel in die Umwelt gelangt sind, kann beispielsweise über die jährlich nachgefüllten Mengen an Kältemitteln bestimmt werden. Die Treibhausgasemissionen durch die Kältemittelverluste berechnen sich dann über die in die Umwelt gelangte Menge und durch einen massenbezogenen Umrechnungsfaktor nach [Formel 3.5-1]:

Formel 3.5-1

$$EM_{THG} = F_{THG} \times KV$$

EM_{THG} = THG-Emission in kg CO_2e
F_{THG} = THG-Umrechnungsfaktor in kg CO_2e je kg
KV = Menge an Kältemittelverlusten in kg

Damit entspricht die Vorgehensweise prinzipiell der Verfahrensweise bei der Berechnung der Treibhausgasemissionen über den Energieverbrauch. Letztendlich werden für die Berechnung lediglich passende Umrechnungsfaktoren benötigt. Anders als beim Energieverbrauch entstehen die Treibhausgasemissionen allerdings im Wesentlichen nur durch die Kältemittelemissionen – sie selbst sind die Treibhausgase. Dies bedeutet, dass weder ein direkter Energieverbrauch noch direkte CO_2-Emissionen anfallen. Energieverbrauch und CO_2-Emissionen entstehen lediglich bei der Herstellung der Kältemittel. Diese Mengen sind aber für die Berechnung von Energieverbräuchen und Treibhausgasen eher von nachgeordneter Bedeutung. Sie liegen um den Faktor 200 bis 600 unter den Werten der direkten THG-Emissionen. Da in der Regel nur kleine Mengen an Kältemittel in die Umwelt gelangen, können die produktionsbedingten Energieverbräuche und Treibhausgasemissionen fast vernachlässig werden. Entscheidend sind die Kältemittelemissionen selbst, da nur sie hohe Treibhausgaswirkungen (ausgedrückt als GWP = Global Warming Potential) besitzen. In den folgenden Unterkapiteln werden aber der Vollständigkeit halber auch die Umrechnungsfaktoren einschließlich der produktionsbedingten Energieverbräuche und Emissionen vorgestellt, damit die Systematik analog zu den Kraftstoffen, zum Strom und zur Wärme ist.

3.5.2 Umrechnungsfaktoren

In Kühlaggregaten von Lkw wurde bis vor kurzem oft das Kältemittel R22 eingesetzt. Da R22 in Neufahrzeugen nicht mehr eingesetzt werden darf, wurde es durch die teilhalogenierten Fluorkohlenwasserstoffe R404A, R410A und R134a ersetzt. R404A und R 410A kommen dabei in Kühlaggregaten für größere Fahrzeuge im Tiefkühl- und Frischedienst zum Einsatz, R134a in Aggregaten für kleinere Fahrzeuge im Frischdienst. Bei Kühlcontainern auf Containerschiffen kommen vor allem R22, R134a und R404A zur Anwendung.

In Kühl- und Tiefkühllager wird hingegen überwiegend das Kältemittel R717 (Ammoniak, NH_3) eingesetzt, das weder ozonschädigend wirkt, noch einen Treibhauseffekt besitzt (GWP =0). Bezogen auf das gekühlte Volumen wird rund 80 Prozent der Kühl- und Tiefkühllager damit gekühlt [VDKL 2009]. Lediglich in kleineren Lagern bis 50.000 m² kommen die teilhalogenierten Fluorkohlenwasserstoffe R134a, R404A, R407A und R410A sowie das in Neuanlagen verbotene

Umrechnungsfaktoren für Energieträger und Betriebsstoffe 3

chlorhaltige Kältemittel R22 zum Einsatz. CO_2 spielt hier als Kältemittel (R744) so gut wie keine Rolle [VDKL 2009].

In Tabelle 3.5-1 sind für alle in Lkw und Lagern eingesetzte Kältemittel die GWP-Faktoren aufgeführt (*siehe Kapitel 1.1*). Die GWP-Faktoren zeigen die Wirkung des Austritts eins Kilogramms Kältemittel in CO_2-Äquivalent-Emissionen (ebenfalls in kg). Gelangt also beispielsweise ein Kilogramm des Kältemittels R22 in die Umwelt, entspricht dies der Emission von 1.810 Kilogramm CO_2-Äqivalenten. Diese Menge würde z.B. auch entstehen, wenn ein Lkw 600 Liter Diesel verbraucht – inklusive der Emissionen bei der Diesel-Herstellung!

Kältemittel	Chemische Formel beziehungsweise Zusammensetzung	GWP-Faktor (100 a[1])
R22	CHF2Cl	1.810,0
R134a	CH2FCF3	1.430,0
R404A	R143a (52 %) + R125 (44 %) + R134a (4 %)	3.921,6
R407A	R32 (20 %) + R125 (40 %) + R134a (40 %)	1.770,0
R410A	R32 (50 %) + R125 (50 %)	2.087,5
R422D	R600a (3,4 %) + R125 (65,1 %) + R134a (31,5 %)	2.729,1
R717	NH_3 (Ammoniak)	3,0

[1] Bezogen auf 100 Jahre

Tab. 3.5-1: GWP-Faktoren für ausgewählte Kältemittel [IPCC 2007; eigene Berechnungen]

Tabelle 3.5-2 berücksichtigt neben den direkten THG-Emissionen durch die Kältemittel auch die mit ihrer Produktion verbundenen CO_2- und THG-Emissionen sowie den Energieverbrauch. Die Umrechnungsfaktoren sind aber – wie bereits ausgeführt – im Verhältnis zu den direkten Kältemittelemissionen sehr gering und daher fast vernachlässigbar.

Kältemittel	Energie-verbrauch		CO_2-Emissionen		THG-Emissionen (CO_2e)	
	direkt[1]	gesamt[2]	direkt[1]	gesamt[2]	direkt[1]	gesamt[2]
	MJ/kg	MJ/kg	kg/kg	kg/kg	kg/kg	kg/kg
R22	0,0	116,0	0	5	1.810	1.886
R134a	0,0	160,6	0	7	1.430	1.533
R404A	0,0	160,6	0	7	3.922	4.025
R407A	0,0	151,7	0	6	1.770	1.873
R410A	0,0	138,3	0	6	2.088	2.177
R422D	0,0	155,1	0	6	2.729	2.829
R717	0,0	13,6	0	2	3	5

[1] Entspricht Tank-to-Wheel (TTW) bei Verkehrsmitteln. 2) Entspricht Well-to-Wheel (WTW) bei Verkehrsmitteln.

Tab. 3.5-2: Energieverbrauchs-, CO_2- und THG-Umrechnungsfaktoren für ausgewählte Kältemittel [Ecoinvent 2010; IPCC 2007; eigene Berechnungen]

3.6 Zusammenfassung

In den vorangegangenen Unterkapiteln wurden eine Vielzahl verschiedener Umrechnungsfaktoren für Kraftstoffe, Strom, Wärme und Kältemittel vorgestellt. Die Tabelle 3.6-1 fasst die wichtigsten Umrechnungsfaktoren zur Berechnung standardisierter Energieverbräuche, CO_2- und CO_2-Äquivalent-Emissionen nochmals im Überblick zusammen. Die Faktoren beziehen sich, wenn vermerkt, nur auf Deutschland. In allen anderen Fällen haben sie auch in anderen Ländern Gültigkeit.

	Einheit	Energie-verbrauch		Einheit	CO_2-Emissionen		THG-Emissionen (CO_2e)	
		direkt/ TTW[1]	gesamt/ WTW[2]		direkt/ TTW[1]	gesamt/ WTW[2]	direkt/ TTW[1]	gesamt/ WTW[2]
Benzin Deutschland[3]	MJ/l	31,7	38,4	kg/l	2,18	2,56	2,20	2,62
Diesel Deutschland[3]	MJ/l	35,7	41,4	kg/l	2,47	2,80	2,50	2,92
Kerosin	MJ/kg	42,8	49,0	kg/kg	3,15	3,52	3,18	3,59
Schweröl für Schiffe	MJ/kg	40,4	45,5	kg/kg	3,11	3,33	3,15	3,39
Bahnstrom Deutschland	MJ/kWh	3,6	10,8	g/kWh	0	527	0,000	574
Strom Deutschland	MJ/kWh	3,6	10,0	g/kWh	0	564	0,000	589
Erdgas Deutschland	MJ/kWh	3,60	4,12	g/kWh	201	223	202	249
Heizöl Deutschland	MJ/l	35,8	42,0	kg/l	2,66	3,12	2,67	3,15
Fernwärme Deutschland	MJ/kWh$_{th}$	3,6	4,07	g/kWh$_{th}$	0	183	0	253
Flüssiggas	MJ/l	25,1	28,9	kg/l	1,60	1,88	1,61	1,90
Kältemittel R22	MJ/kg	0,0	116,0	kg/kg	0,0	5,2	1.810	1.886
Kältemittel R134a	MJ/kg	0,0	160,6	kg/kg	0,0	6,6	1.430	1.533
Kältemittel R404A	MJ/kg	0,0	160,6	kg/kg	0,0	6,6	3.922	4.025
Kältemittel R410A	MJ/kg	0,0	138,3	kg/kg	0,0	5,9	2.088	2.177

[1] TTW = Tank-to-Wheel. [2] WTW = Well-to-Wheel. [3] Inkl. Biokraftstoffbeimischungen (Ethanol: 4,3 %; Biodiesel: 6,2 %).

Tab 3.6-1: Energieverbrauchs-, CO_2- und THG-Umrechnungsfaktoren für Kraftstoffe, Strom, Wärmeenergieträger und Kältemittel in Deutschland [EU-Richtlinie 2009/30/EG; prEN 16258:2011; AG Energiebilanzen 2011, IFEU 2009 (TREMOD); Öko-Institut 2009; GEMIS 4.7; IFEU et al. 2010; Ecoinvent 2010; IPCC 2007; eigene Berechnungen]

Internet-Tipp
Globales Emissions-Modell Integrierter Systeme (GEMIS)
http://www.gemis.de

4 Spezifischer Energieverbrauch in der Logistik

4.1 Grundsätzliche Überlegungen

Energie bewirkt auf unserem Planeten die verschiedensten Dinge: Mit ihr lassen sich beispielsweise mechanische Arbeiten verrichten, Wärme, Kälte und Licht erzeugen oder auch Informationen verarbeiten und versenden. Und nicht zuletzt benötigt jedes Lebewesen Energie, um bestehen zu können.

Energie ist auch für die Logistik die alles entscheidende Größe. Ohne Einsatz von Energie funktioniert kein logistischer Prozess. Keine Eisenbahn rollt, kein Lkw kann beladen werden, keine Sendungsinformation erreicht den Warenempfänger.

Gleichzeitig führt der Verbrauch von Energie – physikalisch besser formuliert: die Umwandlung von gespeicherter Energie in andere Energieformen – in vielen Fällen auch zur Freisetzung von Kohlendioxid und Treibhausgasen. Deshalb kommt der Bestimmung von Energieverbräuchen eine entscheidende Rolle zu, um die Auswirkungen logistischer Prozesse auf die Klimabilanz zu bestimmen.

4.1.1 Der schnelle und der exakte Weg

Das Kapitel 4 erläutert sehr detailliert, wie sich die Energieverbräuche (EV) der wichtigsten Verkehrsträger im Güterverkehr sowie bei Lager und Umschlag so exakt wie möglich ermitteln und einzelnen Sendungen zuordnen lassen. Die in Kapitel 4 vorgestellte Vorgehensweise wird immer dann benötigt, wenn keine konkret für den betrachteten Transport gemessenen Verbrauchswerte vorliegen. In diesen Fällen können Berechnungen mit so genannten Default-Werten durchgeführt werden, die ebenfalls auf Messungen basieren, aber für andere Transporte erhoben wurden. Sie können jedoch unter Berücksichtigung von wichtigen Einflussgrößen (z. B. Auslastung) auf den betrachteten Transport übertragen werden.

Eine Reihe von Basisdaten, Formeln und Beispielrechnungen findet sich dazu im jeweiligen Unterkapitel „Ermittlung des Energieeinsatzes mit Detailkenntnissen". Um diese Berechnungen so genau wie möglich durchführen zu können, ist aber die Kenntnis einer ganzen Reihe von Fakten zu den eingesetzten technischen und organisatorischen Rahmenbedingungen (Fahrzeugart, gewählter Transportweg, Auslastung etc.) unabdingbar. Liegen solche detaillierten Daten nicht vor, erlaubt das jeweilige Unterkapitel „Ermittlung des Energieeinsatzes ohne Detailkenntnisse" eine etwas ungenauere, aber dennoch gültige und vor allem schnelle Ermittlung von Energieverbrauchsdaten.

Wir empfehlen – sofern praktikabel – die Energieverbräuche so exakt wie möglich zu bestimmen. Dies wird auch im Entwurf der CEN-Norm prEN 16258:2011

4 Spezifischer Energieverbrauch in der Logistik

„Methode zur Berechnung und Deklaration des Energieverbrauchs und der Treibhausgasemissionen bei Transportdienstleistungen" (*siehe Kapitel 5.1*) gefordert. Das heißt, es sind die Energieverbräuche am besten am eingesetzten Fahrzeug selbst zu messen. Nur wenn dies aus wirtschaftlichen oder praktischen Gründen nicht möglich ist, sollte auf Default-Werte und damit externe Datenquellen zurückgegriffen werden. Es gilt: Je mehr Daten zum Logistikprozess ermittelt werden, desto genauer die Berechnungen des Energieverbrauchs und der Treibhausgasemissionen. Vor diesem Hintergrund sind auch allgemeine Vergleiche zum Energieverbrauch und zu Treibhausgasemissionen zu bewerten, wie sie in Tabelle 4.1-1 aufgeführt sind.

Transportmittel	Energieverbrauch (WTW) in MJ je tkm	THG-Emissionen (WTW) in g CO_2e je tkm
Lkw	0,95	67,2
E-Güterzug	0,35	18,5
Binnenschiff	0,24	16,6
Seeschiff	0,20	14,8
Flugzeug	7,35	538,5
Lkw (24–40 t zGG), Durchschnittsgut, Topografie hügelig, Deutschland [DSLV-Leitfaden 2011]		
Mittlerer Zug (1.000 t, 500 m), Durchschnittsgut, Topografie hügelig, Deutschland		
Großmotorschiff (Kapazität 2.300 t, 208 TEU), Rhein, Berg- und Talfahrt, Container-Durchschnittsgut		
Containerschiff, Asienroute, vier Prozent Geschwindigkeitsreduzierung, Frachtgewicht je TEU 10,5 t		
Frachtflugzeug, Langstrecke (8.000 km)		
tkm = Frachtgewicht in Tonnen (t) mal Transportentfernung in Kilometern (km)		

Tab. 4.1-1: WTW-Vergleich durchschnittlicher Energieverbräuche und THG-Emissionen je km

Die Werte aus Tabelle 4.1-1 geben einen Überblick über den durchschnittlichen Energieverbrauch beziehungsweise die THG-Emissionen je Tonnenkilometer unterschiedlicher Verkehrsträger. Diese Werte können als erste Anhaltspunkte zu den THG-Emissionen eines Logistikprozesses verwendet werden Einen generellen Umweltvergleich zwischen Verkehrsträgern beziehungsweise Transportketten erlauben sie in der Regel aber nicht. Hier sollte unbedingt mit den konkreteren Werten und Berechnungswegen der Kapitel 4.2 bis 4.7 gearbeitet werden.

Eine Veränderung einzelner Einflussgrößen kann sich extrem auf die Höhe des Energieverbrauchs und der THG-Emissionen auswirken. So können andere Aus-

Spezifischer Energieverbrauch in der Logistik 4

lastungen als jene, die den Werten der Tabelle 4.1-1 zugrunde liegen, zu ganz anderen spezifischen Energieverbräuchen und Emissionen pro Tonnenkilometer führen.

4.1.2 Darstellung von THG-Emissionen und Energieverbräuchen

Der Energieverbrauch wird in der Praxis je nach eingesetzter Energieform in verschiedenen Größen angegeben – zum Beispiel in Liter Diesel oder Kilowattstunden (kWh). Um Logistikketten berechnen zu können, bei denen unterschiedliche Energieträger zum Einsatz kommen (Strom, Wärme, Kraftstoff), ist es ratsam, als gemeinsame Größe die physikalische Energieeinheit Joule (J) zu verwenden. Bei THG-Berechnungen in der Logistik wird in der Regel die Einheit Megajoule (1 MJ= 10^6 Joule = eine Million Joule) verwendet. Dies wird auch vom CEN-Normentwurf vorgeschrieben.

Beim CO_2- und THG-Vergleich von Logistikketten ist zu beachten, dass bei diesen Gegenüberstellungen nicht die direkten (auch als Tank-to-Wheel, (TTW), bezeichneten) Emissionen zu verwenden sind, sondern immer die Gesamtemissionen (Well-to-Wheel, (WTW)) gegenübergestellt werden müssen – also auch jene Energieverbräuche und Emissionen, die bei der Bereitstellung des Kraftstoffes anfallen (*siehe Kapitel 3*). Ansonsten sind Vergleiche beispielsweise zwischen einem dieselbetriebenen Lkw und einer Elektrolokomotive nicht möglich, da die direkten Emissionen (TTW) beim Stromantrieb gleich null sind. Ebenso kommt es auch zu falschen Aussagen, wenn Kraftstoffe mit Bioanteil eingesetzt werden.

Des Weiteren sind bei Vergleichen von Transportketten alle Treibhausgasemissionen (THG-Emissionen) zu berücksichtigen. Die ausschließliche Verwendung von reinen CO_2-Werten kann zu falschen Aussagen führen, insbesondere wenn Kühlverkehre oder Biokraftstoffe betrachtet werden. Hier kommt es durch Kühlmittelverluste beziehungsweise Düngemitteleinsatz zu Effekten, die sich nur mit der Wiedergabe der THG-Werte darstellen lassen. Der CEN-Normentwurf prEN 16258:2011 schreibt daher vor, bei Transporten immer den TTW- und WTW-Energieverbrauch sowie die TTW- und WTW-THG-Emissionen anzugeben. Die THG-Emissionen müssen dabei als sogenannte CO_2-Äquivalente ausgewiesen werden – hierzu werden die jeweiligen Emissionsmengen mit der Klimawirksamkeit des Treibhausgases (z.B. bei Methan mit dem Faktor 25) multipliziert (*siehe Kapitel 1.1*).

Die Berücksichtigung aller Treibhausgasemissionen und die Berechnung der THG-Emissionen sind wie oben beschrieben sinnvoll und notwendig. Trotzdem weist dieses Buch zusätzlich auch die TTW- und WTW-CO_2-Emissionen aus, da in vielen staatlichen Vorschriften und politischen Diskussionen derzeit vor allem noch die reinen CO_2-Emissionen im Vordergrund stehen. Die Standarddarstellung von Energieverbrauch und Emissionen ist auch in Kapitel 2.1.5 beschrieben.

4.1.3 Allgemeine Einflussgrößen

Das Kapitel 4 befasst sich in erster Linie mit der Berechnung von Energieverbräuchen, die beim Transport von Gütern zu Lande, zu Wasser und in der Luft auftreten. Allen hierbei eingesetzten Fahrzeugen ist gemein, dass sie zum Zurücklegen der Transportentfernung unterschiedlichste Kräfte überwinden müssen. Dazu zählen vor allem der Roll-, Luft- und Wasserwiderstand. Hinzu kommt die Schwerkraft, die sich beim Flugzeug direkt und bei den anderen Verkehrsträgern in Form von Steigungen und Gefällen bemerkbar macht. Letztere wird beim Eisenbahn- und Straßenverkehr auch als Längsneigungsprofil bezeichnet. Zur Vereinfachung unterscheidet dieses Buch zwischen den Topographien „flach", „hügelig" und „bergig", in die sich die Landschaften in der Regel einteilen lassen (*siehe Tabelle 4.1-2*).

flach	hügelig	bergig
null Prozent durchschnittliche Steigung[1]	ein Prozent durchschnittliche Steigung[1]	zwei Prozent durchschnittliche Steigung[1]
Zum Beispiel Niederlande, Dänemark, Norddeutschland	Zum Beispiel Mittel- und Süddeutschland sowie die meisten anderen Länder Europas	Zum Beispiel Österreich und die Schweiz

[1] Steigungswerte für Lkw-Verkehre

Tab. 4.1-2: Topografieklassen in Europa

Auch die Fahrtgeschwindigkeit beeinflusst die oben benannten Kräfte bei jedem Fahrzeug. Insbesondere bei Schiffen, aber auch bei Landverkehrsfahrzeugen steigt der Energieverbrauch exponentiell mit der Geschwindigkeitserhöhung an. Dieser Aspekt ist dann von Bedeutung, wenn bei dem gewählten Verkehrssystem die Möglichkeit besteht, die Transporte mit reduzierter Fahrgeschwindigkeit durchzuführen.

Ein weiterer wichtiger Faktor bei der Bestimmung des Energieverbrauchs und damit auch der THG-Emissionen von Fahrzeugen im Güterverkehr ist die Auslastung (AL) der Fahrzeuge. Diese wird bei CO_2- und THG-Berechnungen in der Regel immer auf die gewichtsmäßig maximale Auslastung bezogen – also die maximale Nutzlast (NL), die ein Fahrzeug aufnehmen kann.

Die maximale Nutzlast ist gerade beim Lkw-Verkehr nicht zu verwechseln mit dem zulässigen Gesamtgewicht (zGG) eines Fahrzeugs. Dieses bezeichnet die Summe aus dem fahrbereiten nicht beladenen Lastwagen sowie der maximal möglichen Zuladung. So verfügt ein 40-Tonnen-Sattelzug (Zugmaschine plus

Spezifischer Energieverbrauch in der Logistik

Sattelauflieger) in der Regel über ein Leergewicht von rund 14 Tonnen und eine Nutzlast von rund 26 Tonnen.

Bei allen Verkehrsträgern ist es häufig der Fall, dass der Laderaum mit der zu transportierenden Fracht prall gefüllt und damit die volumenbezogene Auslastung hoch ist, die maximale gewichtsmäßige Nutzlast jedoch noch nicht erreicht wurde. Das Verhältnis von erreichter Nutzlast zu maximaler Nutzlast wird dann als gewichtsmäßige Auslastung in Prozent angegeben. Je nach Transportgut kommt es dabei zu unterschiedlichen Auslastungsgraden bei den einzelnen Verkehrsträgern. Zur Vereinfachung unterscheidet dieses Buch zwischen Volumen-, Massen- und Durchschnittsgütern.

	Volumengut	Durchschnittsgut	Massengut
Beispiel-Güter	Autos, Möbel, Hängende Kleidung	Konsumgüter	Kohle, Öl, Erze, Abfall, Bananen
Gewichtsmäßige Auslastung[1]	10 bis 50 %	51 bis 80 %	81 bis 100 %
[1] Richtwerte, jeweils abhängig von Gutart und Fahrzeug (ohne Leerkilometeranteile)			

Tab. 4.1-3: Definition von Volumen-, Massen- und Durchschnittsgütern [IFEU et al. 2010; eigene Berechnungen]

Ein Sonderfall bildet der Containerverkehr. Obwohl ein 20-Fuß-Seecontainer 21,75 Tonnen und ein 40-Fuß-Container bis zu 26,7 Tonnen Fracht aufnehmen kann, werden diese maximal möglichen Nutzlasten zumindest bei Volumen- und Durchschnittsgütern in der Praxis nicht erreicht. Umgerechnet auf eine Twenty Foot Equivalent Unit (TEU), in die anteilsmäßig 20- und 40-Fuß-Container eingehen, ergeben sich je TEU und Gutart durchschnittliche Frachtgewichte und Gesamtgewichte nach Tabelle 4.1-4.

Gutart	Containergewicht	Frachtgewicht	Gesamtgewicht
	Tonnen/TEU	Tonnen/TEU	Tonnen/TEU
Volumengut	1,9	6,0	7,90
Durchschnittsgut	1,95	10,5	12,45
Massengut	2,0	14,5	16,50

Tab. 4.1-4: Frachtgewichte im Containerverkehr [IFEU et al. 2010]

Eine weitere wichtige Rolle spielen bei der Ermittlung von Energieverbräuchen bei Fahrzeugen auch die sogenannten Leerfahrtenanteile. Daher schreibt der CEN-Normentwurf prEN 16258:2011 vor, dass der Energieeinsatz der Bereitstellung von Fahrzeugen (Fahrt ohne Ladung) bei der THG-Ermittlung mit zu berücksichtigen ist. Zudem heißt dies, dass die Energieverbräuche der Fahrten mit schlechter Auslastung mit den Transporten mit guter Auslastung verrechnet werden müssen. Hohe Leerfahrtenanteile ergeben sich in der Praxis immer dann, wenn unpaarige Verkehre auftreten (Waren werden nur in einer Handelsrichtung transportiert). Verstärkt wird dieser Effekt, wenn zum Transport einzelner Güter spezielle Transportfahrzeuge beziehungsweise Behälter notwendig sind, die sich nur für dieses eine Gut eignen. Das ist oftmals bei Massengütern der Fall, die beispielsweise per Bahn in Spezialwaggons transportiert werden. Wie die Ermittlung von Leerkilometeranteilen im Einzelnen durchzuführen ist, wird in den jeweiligen Kapiteln zu den Verkehrsträgern erläutert.

Ein weiterer Aspekt, der jeweils in den Kapiteln erläutert wird, ist die Aufteilung des Energieverbrauchs eines Fahrzeuggrundlaufs auf einzelne Sendungen mit unterschiedlichem Be- oder Entladeort. Dieser Aspekt wird auch als „Allokation" bezeichnet.

4.1.4 Gemessene Werte versus Default-Werte

In den folgenden Unterkapiteln werden ausschließlich Berechnungsmethoden vorgestellt, die – wie bereits eingangs ausgeführt – auf Default- beziehungsweise Vorgabewerten beruhen. Gleichzeitig schreibt der neue CEN-Standard prEN 16258:2011 vor, dass (wo immer möglich!) gemessene Werte verwendet werden sollen. Dabei wird für die Messungen folgende Rangfolge vorgegeben: „Messungen für den konkreten Transport" vor „Durchschnittsmessungen für die betrachtete Relation" vor „Durchschnittsmessungen für eine ganze Flotte beziehungsweise Netz". Diese Rangfolge impliziert indirekt, dass gemessene Werte immer genauer und präziser sind als berechnete Werte auf Basis von Default-Werten.

Dass dies nicht notwendigerweise der Fall ist, kann an einem einfachen Beispiel gezeigt werden: Wird der Kraftstoffverbrauch der Lkw-Flotte für eine Periode mit besonderen Wetterextremen (harte, lange Wintermonate) oder langwierigen Baustellen gemessen, so fallen auch die Verbrauchswerte entsprechend hoch aus. Wird auf Basis dieser gemessenen Kraftstoffwerte ein relations- oder flottenspezifischer Durchschnittswert ermittelt, der dann zur Ermittlung der Kraftstoffverbräuche anderer Sendungen herangezogen wird, schlägt dies auf das Gesamtergebnis durch. Der „reale" Kraftstoffverbrauch für diese Sendungen wird dann überschätzt. Messungen können natürlich aber auch dazu führen, dass die realen Verbräuche unterschätzt werden. Die Einflüsse von wetter- und infrastrukturbedingten Sondereffekten treten hingegen nicht auf, wenn über einen längeren

Zeitraum (zum Beispiel ein Jahr) gemessen wird oder wenn der Kraftstoffverbrauch auf Basis von Default-Werten berechnet wird. In dem betrachteten Beispiel könnten die auf diese Weise ermittelten Werte durchaus realer sein als die oben beschriebenen Werte, die möglicherweise innerhalb einer unrepräsentativen Zeitperiode gemessen wurden.

Damit aber bei der Verwendung von Default-Werten jeder Nutzer auch die gleichen Ergebnisse erzielt, sollten klare Vorgaben gemacht werden, welche Default-Werte genutzt werden sollen. Werden nämlich von allen Logistikern die gleichen Grunddaten verwendet, führt dies auch zu vergleichbaren Ergebnissen. Beispiel: Wenn jeder Umweltbilanzersteller für einen 40-Tonnen-Lkw mit leerer und voller Beladung bei gleicher Topografie und gleichem Straßentyp denselben Default-Wert verwendet, können Unterschiede nur durch unterschiedliche Einsatzbedingungen (z.B. Beladung, Transportentfernung, Topografie) herrühren. Die Ergebnisse sind dann vergleichbarer als gemessene Kraftstoffverbräuche, in die eine Reihe – nicht mehr rückverfolgbarer – Zufallsvariablen eingeflossen ist.

Allerdings setzt dies voraus, dass verlässliche, möglichst international anerkannte Default-Werte für die Berechnungen zur Verfügung stehen und diese auch verwendet werden. Aus Sicht der Logistikbranche wäre es daher wünschenswert gewesen, dass der neue CEN-Normentwurf nicht nur vorschreibt, wie bei der Ermittlung von Energieverbrauch und Treibhausgasemissionen von Transporten methodisch vorgegangen werden soll, sondern auch, welche Daten – wenn keine Messwerte vorliegen – verwendet werden müssen. In diesem Punkt wurde die Logistikbranche enttäuscht, weil die zukünftige CEN-Norm nur verlässliche Quellen nennt, aber nicht deren Verwendung explizit vorschreibt. Zudem werden für die einzelnen Verkehrsmittel oftmals nicht eine, sondern mehrere mögliche Quellen genannt, was dem Anwender nicht nur Spielraum bei der Verwendung von Default-Werten lässt, sondern auch – zumindest bei kleineren und mittleren Unternehmen – zur Verwirrung beitragen kann. Denn welche der verlässlichen Quellen soll er nun verwenden? Die nächsten Unterkapitel sollen dem Logistiker daher zeigen, welche Daten für die einzelnen Verkehrsträger verlässlich sind. Dabei sind die Daten schon so aufbereitet, dass sie direkt genutzt werden können. Damit kann dieses Buch auch die Arbeit mit der neuen CEN-Norm erleichtern.

Aber selbst die Default-Werte für spezifische Kraftstoff- und Energieverbräuche garantieren nicht, dass damit die „richtigen" Werte berechnet werden. Dies setzt zum einen voraus, dass die Daten richtig verwendet werden. Wird für eine Fahrt mit einem halb vollen Lkw der spezifische Verbrauch für einen leeren Lkw verwendet, kann das Rechenergebnis nicht stimmen. Dieses Beispiel dürfte für jeden leicht verständlich sein. Schwieriger ist es bei der Verwendung von spezifischen Verbrauchswerten pro Tonnenkilometer, wie sie in den folgenden Kapiteln auch vorgestellt werden. Diese Werte beziehen sich immer auf eine vorgegebene Auslastung. Da sich diese – wie im vorangegangenem Unterkapitel gezeigt – von Gutart zu Gutart unterscheidet, sind die Verbrauchswerte pro Tonnenkilometer für Volumen-, Durchschnitts- und Massengüter angegeben. Wird für ein Volumengut der spezifische Wert für ein Massengut verwendet, wird der Energieverbrauch des Transports falsch berechnet. In diesem Fall sind nicht die Default-Werte falsch, sondern sie wurden falsch verwendet.

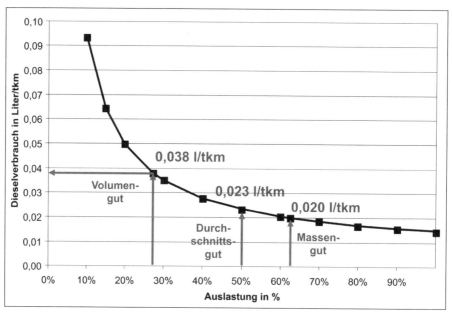

Abb. 4.1-1: Spezifischer Dieselverbrauch pro Tonnenkilometer für einen durchschnittlichen 40-Tonnen-Sattelzug für unterschiedliche Auslastungen, basierend auf Daten des Handbuchs für Emissionsfaktoren des Straßenverkehrs (Auslastung inkl. Leerkilometeranteil) [DSLV 2011; eigene Darstellung]

Weniger offensichtlich ist eine andere falsche Verwendung der spezifischen Verbrauchswerte pro Tonnenkilometer. Für jeden Verkehrsträger und für jede Gutart ist eine bestimmte Auslastung unterstellt. Weicht der reale Transport von diesen Auslastungswerten stark ab, können die spezifischen Verbrauchswerte pro Tonnenkilometer nicht verwendet werden. Dies gilt insbesondere für Volumengüter, deren Auslastungen deutlich unter den in den folgenden Kapiteln ausgewiesenen Werten liegen. Das Beispiel eines 40-Tonnen-Lkw verdeutlicht das. Liegt die durchschnittliche Auslastung einschließlich Leerfahrten für Volumengüter bei 27 Prozent, dann ergibt sich ein Durchschnittsverbrauch von 0,038 Liter Diesel pro Tonnenkilometer (*siehe Abbildung 4.1-1*). Liegt die reale Auslastung aber bei-

Spezifischer Energieverbrauch in der Logistik

spielsweise für die betrachtete Fahrt bei 20 Prozent, ergibt sich ein spezifischer Wert von 0,049 Liter Diesel pro Tonnenkilometer. Wird also der in diesem Buch für Volumengüter ausgewiesene Wert eines 40-Tonner für den Fall einer Auslastung von 20 Prozent verwendet, wird der reale Kraftstoffverbrauch um 24 Prozent unterschätzt. In diesem Fall müssten die ebenfalls in diesem Buch vorgestellten genaueren Berechnungen auf Basis von modellierten Default-Verbrauchswerten pro Fahrzeugkilometer in Abhängigkeit von der realen Auslastung verwendet werden.

Das letzte Beispiel zeigt zudem, dass (unabhängig von der Verwendung von Default-Werten für die Kraftstoffverbräuche) die operativen Rahmenbedingungen wie Auslastung oder Entfernung für die Berechnung so genau wie möglich vorliegen sollten – wenn möglich, gemessen. Aus diesem Grund sagt der CEN-Normentwurf, dass das Gebot, die Daten möglichst zu messen, auch für die Größen wie Auslastung und Entfernung gilt – unabhängig davon, ob für den Verbrauch gemessene Werte oder Default-Werte verwendet werden. Werden Grundparameter wie Fahrzeuggröße, -alter und -beladung berücksichtigt und ggf. weitere Parameter wie durchschnittliche Topographie, Straßenkategorie, gängige Sitzanordnung in Passagierflugzeugen etc. beachtet, ist es dem Logistiker nicht nur möglich, die Werte genau zu berechnen, er kann zudem seine Unternehmensspezifika auch bei Default-Daten berücksichtigen. Er sollte daher gerade bei der Verwendung von Default-Verbrauchswerten immer prüfen:

- Inwiefern weichen die Fahrzeuggrößenklassen ab?

- Inwiefern gibt es systematische Abweichungen im Cargo-Mix (Volumen-Gewichtsverhältnis)?

- Inwiefern lässt sich eine firmenspezifische Beladung bestimmen, für die modellierte Daten vorliegen?

- Ist die Topographie ungewöhnlich flach oder bergig?

- Wird nur oder hauptsächlich innerstädtischer Verkehr abgewickelt?

Auch wenn das bilanzerstellende Unternehmen also keine genauen Kenntnisse über seine Kraftstoffverbräuche hat, müssen diese Fragen für die firmeninterne Effizienzbetrachtung berücksichtigt werden.

Fazit: Gemessene Werte sind also nicht immer besser als berechnete Werte auf Basis von Default-Verbrauchswerten. Werden aber Default-Verbrauchswerte verwendet, sollten wo immer möglich die realen, möglichst gemessenen Rahmendaten wie z.B. Auslastungen berücksichtigt werden. Wird dies gemacht, können auch mit Hilfe von Default-Werten realitätsnahe Berechnungen durchgeführt werden. Hilfreich für das Verständnis ist, dass der Logistiker, der Verbrauch und Treibhausgasemissionen berechnet, möglichst transparent darstellt, welche Größen bei den Berechnungen eingeflossen sind. Der CEN-Normentwurf schreibt dies gerade bei der Verwendung von Default-Werten vor.

Da Logistiker in der Regel für ihre eigenen Transporte die besten Daten haben, bei Subdienstleistern für die Berechnung aber auch viele Annahmen getroffen werden müssen, wäre es sinnvoll – auch im Sinne der Transparenz und zur Beurteilung der Datenqualität – auszuweisen, welcher Anteil des Gesamtverbrauchs auf eigene Transporte entfällt und welcher auf Dienstleister. Hier wäre beispielsweise folgende Unterscheidung wünschenswert:

- Verbrauch und Emissionen aus eigenen (direkt kontrollierten) Operationen

- Verbrauch und Emissionen aus direkt beauftragten Unternehmen

- Verbrauch und Emissionen aus von Unternehmen unterbeauftragten Dritten, die sich den Operationen des Bilanzerstellers – vermittelt über das direkt beauftragte Unternehmen – zuordnen lassen (also z.B. durch beauftragte Carrier, gecharterte Schiffe oder Flugzeuge).

Die Transparenz der Bilanz würde dadurch erheblich erhöht, da der Grad der Beeinflussung je nach Stellung in der Lieferkette entsprechend schwindet (beziehungsweise sich erhöht). Der CEN-Normentwurf sieht aber eine derartige Unterscheidung nicht vor.

4.2 Lkw-Verkehre

Der Lastkraftwagen (Lkw) ist und bleibt in naher Zukunft das wichtigste Verkehrsmittel im deutschen und europäischen Güterlandverkehr. Nach Angaben von Eurostat entfielen im Jahr 2009 in Deutschland 67 Prozent der Güterverkehrsleistung im Landverkehr (Straßen, Schiene, Binnenwasserstraße) auf den Straßengüterverkehr. Innerhalb der EU-27 betrug der Anteil sogar 78 Prozent. Verschiedene Prognosen (Progtrans 2010, ITP 2007) gehen davon aus, dass dieser Anteil in Deutschland bis zum Jahr 2025 (ausgehend von 2008) nahezu unverändert bleiben wird – und das bei einer gleichzeitig erwarteten Steigerung der Güterverkehrsleistung im Landverkehr um 30 bis 70 Prozent (je nach Prognose). Entsprechend hoch ist damit auch der derzeitige und künftige Anteil des Lkw am Energieverbrauch und an den CO_2- und THG-Emissionen im Güterverkehr.

Lastkraftwagen werden weltweit zum größten Teil mit einem Dieselmotor betrieben. In Deutschland waren zum Stichtag 1. Januar 2011 rund 2,46 Millionen Diesel-Lastkraftwagen und -Sattelzugmaschinen beim Kraftfahrt-Bundesamt zu-

Spezifischer Energieverbrauch in der Logistik **4**

gelassen. Der Anteil des Dieselmotors an allen Lkw- und Sattelzugmaschinen beträgt damit rund 94 Prozent. Der Diesel ist damit derzeit und auch wohl in naher Zukunft die meistgenutzte Antriebsform für Lastkraftwagen aller Gewichtsklassen.

Zu einem geringen Teil von rund fünf Prozent des Lkw-Fahrzeugbestands sind in Deutschland auch Lastkraftwagen mit Ottomotor zugelassen. Diese finden sich aber zu rund 99 Prozent im Transporter- und Van-Segment mit einer maximalen Nutzlast von bis zu zwei Tonnen. Der Anteil der Benziner nimmt im Lkw-Bestand aber jedes Jahr weiter ab.

Auch alternative Antriebsformen werden derzeit intensiv erforscht und getestet. Seit Jahren sind im Kommunal- und Verteilerverkehr unter anderem mit Erdgas und Flüssiggas angetriebene Fahrzeuge im Einsatz. Ihr Anteil am Fahrzeugbestand beträgt derzeit 0,9 Prozent (davon 69 Prozent Erdgas, 31 Prozent Flüssiggas). Auch hier finden sich die Fahrzeuge zu 98 Prozent in der Transporter- und Van-Klasse bis zwei Tonnen Nutzlast. Der Anteil der Erdgasfahrzeuge nimmt im Vergleich zu den Vorjahren leicht zu.

Durch die E-Mobilitätsoffensive der Bundesregierung haben die Anstrengungen zugenommen, elektrisch angetriebene Lastkraftwagen auf die Straßen zu bringen. Die Nfz-Hersteller bieten hier seit kurzem insbesondere Hybridfahrzeuge (Kombination aus Diesel- und Elektroantrieb), vor allem in der Klasse bis 7,5 Tonnen zulässiges Gesamtgewicht, für Verteilerverkehre an. Insgesamt waren laut Kraftfahrt-Bundesamt zum Stichtag 1. Januar 2011 genau 1.313 vollelektrische und 181 hybride Lkw und Zugmaschinen in Deutschland zugelassen. Das ist ein Anteil von etwa 3,5 Prozent an allen E-Fahrzeugen – also inklusive Pkw und Bussen – in Deutschland. Der Anteil der Elektro-Lkw am Gesamt-Lastkraftwagenbestand ist mit 0,06 Prozent jedoch noch sehr gering.

4.2.1 Allgemeine Einflussfaktoren

Der Energieverbrauch eines Lkw wird in der Regel von drei Hauptfaktoren beeinflusst: dem Luftwiderstand, dem Rollwiderstand und der Straßenlängsneigung. Diesen drei Kräften wirkt die Antriebskraft des Motors entgegen. Den größten Einfluss auf diese Kräfte und damit auf den Energieverbrauch hat die gewählte Fahrgeschwindigkeit.

Während sich der Rollwiderstand mit der steigenden Geschwindigkeit linear erhöht, steigt der Luftwiderstand sogar exponentiell mit dem Fahrtempo an (*siehe Tabelle 4.2-1*). Der Einfluss der Topografie nimmt mit den Steigungen und Gefällen zu. Je hügeliger und damit je größer die zu überwindenden Steigungen, desto höher der Energieverbrauch. Vereinfacht lässt sich bei der Topographie zwischen drei Varianten unterscheiden – flach, hügelig und bergig (*siehe Kapitel 4.1.3*).

Während die Topografie in der Regel unabänderbar ist, bestehen bei den beiden anderen Hauptfaktoren Einflussmöglichkeiten. So lässt sich der Rollwiderstand durch die Wahl der richtigen Reifen verändern. Fahrzeugtests der VerkehrsRundschau zeigen, dass der Einsatz von Energiesparreifen bei einem 40-Tonnen-Sattelzug den Verbrauch um bis zu 1,7 Liter Diesel je 100 km senkt. Wichtig ist auch der korrekte Luftdruck. Ein Minderdruck am gesamten Zug von 10 bis 20 Prozent erhöht den Kraftstoffverbrauch um rund drei Prozent.

Der Luftwiderstand wird durch die Aerodynamik von Zugmaschine sowie Anhänger und Aufbauten bestimmt. Durch einen falsch eingestellten Spoiler kann der Verbrauch aber schnell um fünf bis sieben Prozent steigen. Und bei Kipperfahrzeugen (25 l/100 km, leer) kann das Weglassen der Plane über der offenen Ladefläche schnell zu einem Mehrverbrauch zwischen 1,25 und (im Extremfall) 3,75 l/100 km führen [VerkehrsRundschau/Grünig 2011].

Einen entscheidenden Einfluss hat auch die Witterung. Temperatur und Nässe beeinflussen massiv den Luft- und Rollwiderstand. So ist der Kraftstoffverbrauch im Winter um bis zu 15 Prozent höher als im Sommer.

Einfluss auf den Verbrauch hat auch das Fahrverhalten des Kraftfahrers. Ständiges Beschleunigen verbraucht viel Energie. So verursacht beispielsweise jede einzelne Geschwindigkeitserhöhung von 80 auf 90 km/h beim voll beladenen 40-Tonner einen Mehrverbrauch von rund einem Viertel Liter Diesel. Zu energieintensiven Beschleunigungen kommt es auch bei stockendem Verkehrsfluss (Stau) oder auch Stadtverkehr. Durch das Stoppen und wieder Anfahren sind die Verbräuche im innerstädtischen Verkehr je Kilometer besonders hoch. Da die Kilometerleistung insbesondere von Fernverkehrs-Lkw in diesen Bereichen jedoch gering ist, spielen diese Verbräuche insgesamt wieder eine geringere Rolle als der Energieeinsatz auf Autobahnen und Landstraßen.

Einen weiteren Einfluss haben auch Motor- und Abgastechnik: So verbraucht ein vollbeladener Sattelzug mit einer 400-PS-Maschine bis zu vier Liter je 100 km weniger als ein vergleichbares Fahrzeug mit einer 600-PS-Maschine. Einfluss auf den Energieverbrauch hat auch die eingesetzte Abgastechnik. Ein Euro-5-Lkw mit EGR-Abgastechnik (EGR = exhaust gas recirculation oder Abgasrückführung) etwa benötigt rund fünf Prozent mehr Kraftstoff als Fahrzeuge mit SCR-Katalysator (SCR = selective catalytic reduction beziehungsweise selektive katalytische Reduktion).

Der Unterschied beim Kraftstoffverbrauch zwischen Fahrzeugen der Schadstoffklasse Euro 3 und Euro 5 mit SCR liegt laut dem Handbuch der Emissionsfaktoren bei etwa sieben Prozent. Insgesamt ist der Kraftstoffverbrauch über die letzten Jahrzehnte trotz umweltfreundlicherer Schadstoffklassen aber nur geringfügig gefallen. Durch die komplexer werdende Abgasreinigungstechnik wurden die Ef-

Spezifischer Energieverbrauch in der Logistik

fizienzgewinne durch bessere Motoren und Aerodynamik wieder kompensiert. Für Lkw der neuen Euro-6-Generation wurde bisher sogar mit einem Mehrverbrauch gegenüber Euro 5 von bis zu vier Prozent gerechnet; erste Tests zeigen jedoch, dass die Hersteller Euro 6 vielleicht auch verbrauchsneutral auf den Markt bringen werden.

Einfluss auf den Kraftstoffverbrauch hat außerdem auch der Anteil von Biokraftstoffen. Seit einigen Jahren sind die Mineralölkonzerne verpflichtet, Dieselkraftstoffe mit Biodiesel aus Pflanzen zu mischen (*siehe Kapitel 3.2*). Dies hat auch Auswirkungen auf den Verbrauch. Tests der VerkehrsRundschau aus dem Jahr 2008 zeigen, dass Diesel mit Biobeimischung bei schweren Lkw im Autobahnbetrieb durchschnittlich zu rund drei bis fünf Prozent Mehrverbrauch gegenüber reinem Diesel führen kann. Hundertprozentiger Biodiesel lag beim Verbrauch sogar bis zu zehn Prozent über den Werten mit reinem Diesel.

Bezogen auf den Energieverbrauch je Sendung sind auch das Gesamtgewicht des Fahrzeugs und vor allem die maximale Nutzlast entscheidend. So verbraucht ein voll beladener 7,5-Tonner (7,5 t zGG) etwa so viel wie ein leerer 12-Tonner auf gleicher Strecke (Straßenkategorie und Topografie). Die Bedeutung dieser Einflussgröße wird besonders deutlich, wenn Lang-Lkw mit 60 Tonnen zulässigem Gesamtgewicht (derzeit in Skandinavien im Einsatz) betrachtet werden. So verbraucht ein vollbeladender 60-Tonner nur 1,2 Liter Diesel je Tonne Nutzlast, während ein 40-Tonner 13 Prozent mehr Energie je Tonne Nutzlast verbraucht. Entscheidend ist hier aber auch, wie hoch die tatsächliche Gewichtsauslastung eines Lkw ist. Denn gerade bei Volumengütern ist die Ladefläche zwar voll, gewichtsmäßig ist das Fahrzeug aber oftmals nur zu 30 bis 40 Prozent ausgelastet.

Außerdem muss bei der Ermittlung der Energieverbräuche der Anteil jener Kilometer beachtet werden, die das Fahrzeug ohne Ladung zurücklegt, um den Ladeort zu erreichen. Dieser Anteil an Leerkilometern ist laut CEN-Normentwurf prEN 16258:2011 bei der Ermittlung des CO_2- und THG-Emissionen bei Transporten zu berücksichtigen.

Die wichtigsten Einflussfaktoren beim Lkw-Verkehr sind:
- Roll- und Luftwiderstand
- Fahrgeschwindigkeit
- Topografie und Verkehrssituation
- Fahrverhalten des Fahrers
- Gewichtsauslastung und Leerkilometeranteil

Fahrzeug	Radformel	Gewicht (t)	Höhe (m)	Stirnfläche (m²)	c_w-Wert	Widerstandszahl	Geschwindigkeit (km/h)	Rollwiderstand (kW)	Luftwiderstand (kW)	kW je % Steigung
Solo-Lkw	4×2	18	3,8	9,40	0,49	0,06	50	14	7	25
							60	18	12	30
							80	23	30	40
							90	26	42	46
Verteiler-Lkw	6×2	25	3,9	9,65	0,49	0,08	50	27	7	35
							60	33	13	42
							80	43	30	56
							90	49	43	63
Fernverkehrs-Lkw	4×2 + 3-Achs-Sattel	40	4,0	9,90	0,49	0,06	50	33	8	56
							60	39	13	67
							80	52	32	89
							90	59	45	100

Tab. 4.2-1: Fahrwiderstand von Lastkraftwagen [VerkehrsRundschau/Grünig 2011]

4.2.2 Ermittlung des Energieeinsatzes ohne Detailkenntnisse

Liegen keine Kenntnisse über den genauen Fahrzeugtyp, Kraftstoffverbauch sowie die Auslastung und den Leerkilometeranteil vor, so lässt sich der Energieverbrauch im Lkw-Verkehr nur sehr grob bestimmen. Denn der wahre Energieverbrauch hängt entscheidend von den oben beschriebenen Parametern ab, die in der Praxis je nach Einsatzart ganz unterschiedlich ausfallen können.

Es existieren unterschiedlichste Durchschnittswerte, die den Energieeinsatz eines Lastkraftwagens beschreiben. Wir empfehlen bei fehlenden Grunddaten die Verwendung von Dieselverbrauchswerten je Tonnenkilometer (l/tkm) auf Basis des Leitfadens des Deutschen Speditions- und Logistikverbandes (DSLV), wie sie in Tabelle 4.2-2 aufgeführt sind. Die Werte basieren auf den Verbrauchsdaten des Handbuchs der Emissionsfaktoren (HBEFA) sowie durchschnittlichen Auslastungs- und Leerfahrtenanteilen nach dem TREMOD-Modell. Berechnet wurden diese spezifischen Energieverbräuche (EV_{spez}) vom IFEU und Öko-Institut. Die tkm-Werte gehen von einer durchschnittlichen Auslastung (inklusive Berücksichtigung des Leerkilometeranteils) von 27,3 Prozent (Volumengut), 50,0 Prozent (Durchschnittsgut) und 62,5 Prozent (Massengut) aus. Wie sich die tkm-Werte berechnen, zeigt das später noch zu betrachtende Beispiel zur Berechnung der tkm-Werte. Weichen die Auslastungen von diesen Werten stark ab – das gilt insbesondere bei Volumengütern –, sollte der Dieselverbrauch der Lkw nach der detaillierten Vorgehensweise, wie sie im nächsten Unterkapitel beschrieben wird, ermittelt werden (*siehe Kapitel 4.1.4*).

Spezifischer Energieverbrauch in der Logistik

Die tkm-Werte liegen für vier Fahrzeugtypen (nach zulässigem Gesamtgewicht) und drei Sendungsarten (Volumengut, Durchschnittsgut und Massengut) vor. Unterschieden wird außerdem zwischen den zwei Topografien Ebene (flach) und Mittlere Längsneigung (hügelig). Außerdem differenzieren die DSLV-Werte zwischen normalem Frachtverkehr und Containerverkehren. Bei Containertransporten wird statt des Frachtgewichts mit der Containermaßeinheit TEU gerechnet (*siehe auch Kapitel 4.1.3*). Der Kraftstoffverbrauch für einen Lkw-Transport mit bekanntem Gewicht der Ladung und bekannter Transportentfernung lässt sich dann mit [Formel 4.2-1] bestimmen.

Formel 4.2-1

$$EV_{Lkw(m)} = m \times D \times EV_{spez} \quad [\text{Liter Diesel}]$$

$EV_{Lkw(m)}$ = Dieselverbrauch des Lkw für Sendung m [in Liter Diesel]
m = Gewicht der Sendung [in Tonnen]
D = Transportdistanz [in km]
EV_{spez} = spezifischer Energieverbrauch [in Liter Diesel pro Tonnenkilometer]

Verbrauch berechnet auf Basis von tkm-Werten
Ein beauftragter Spediteur lässt regelmäßig durch Subunternehmer Sendungen von Bremerhaven nach München (D = 850 Kilometer, Topografie überwiegend hügelig) transportieren. Bekannt ist nur, dass Sattelzüge mit einem zulässigen Gesamtgewicht von 40 Tonnen eingesetzt werden. Gesucht ist der Energieverbrauch für eine Sendung von m = 10 Tonnen (Durchschnittsgut).

Gemäß [Formel 4.2-1] ergibt sich:

$$EV_{Lkw(15t)} = 10\ t \times 850\ km \times 0{,}023\ \frac{l}{tkm} = 195{,}5\ l$$

Der Transport der 15 Tonnen Fracht mit einem Subunternehmen verbraucht rund 195,5 Liter Diesel.

	Mittleres Längs-neigungsprofil			Ebene		
	Volumengut	Durchschnittsgut	Massengut	Volumengut	Durchschnittsgut	Massengut
Frachtverkehr	Dieselverbrauch in Liter/tkm					
Lkw < 7,5 t zGG	0,140	0,078	0,063	0,139	0,077	0,062
Lkw < 7,5-12 t zGG	0,108	0,061	0,050	0,105	0,059	0,048
Lkw 12-24 t zGG	0,063	0,036	0,029	0,060	0,034	0,027
Last-/Sattelzug 24-40 t zGG	0,038	0,023	0,020	0,033	0,020	0,016
Containerverkehr	Dieselverbrauch in Liter/TEU-km					
Lkw < 7,5 t zGG	x	x	x	x	x	x
Lkw < 7,5-12 t zGG	x	x	x	x	x	x
Lkw 12-24 t zGG	0,24	0,26	x	0,22	0,24	x
Last-/Sattelzug 24-40 t zGG	0,17	0,19	0,34	0,14	0,16	0,29
X = Container-Transport für diese Lkw-Größe bzw. bei diesem Containergewicht nicht möglich.						

Tab. 4.2-2: Spezifischer Energieverbrauch Lkw-Transporte in Liter Diesel je Tonnenkilometer (tkm) [DSLV 2011]

4.2.3 Ermittlung des Energieeinsatzes mit Detailkenntnissen

Der CEN-Normentwurf prEN 16258:2011 empfiehlt, die Ermittlung von Treibhausgasemissionen vorrangig auf Basis von eigenen Energieverbrauchsmessungen durchzuführen. Dies ist für Logistikdienstleister und Werkverkehrsbetreiber oftmals auch möglich, da sie eigene Fahrzeuge im Einsatz haben, bei denen sie Verbrauchsmessungen durchführen können. Im Gegensatz zu den anderen Verkehrsträgern besteht damit die Möglichkeit, detaillierte Werte zum Energieverbrauch zu ermitteln.

Energieeinsatz bei eigener Messung des Kraftstoffverbrauchs
Mittels [Formel 4.2-2] lässt sich der Energieverbrauch eines Transports per Lkw für eine zurückgelegte Strecke und einen festgelegten gewichtsmäßigen Beladezustand (zum Beispiel „voll" (Nutzlast = max.) oder „leer" (Nutzlast = 0 t) bestimmen.

Spezifischer Energieverbrauch in der Logistik

Formel 4.2-2

$$EV_{Lkw(NL)} = \frac{EV_{Lkw}}{D} \left[\frac{Kraftsoff}{100\ km} \right]$$

$EV_{Lkw(NL)}$ = Energieverbrauch des Lkw pro 100 Kilometer bezogen auf festgelegte Nutzlast [z.B. in Liter Diesel je 100 km oder kg Erdgas je 100 km]

EV_{Lkw} = Energieverbrauch des Lkw-Transports [z.B. in Liter Diesel oder kg Erdgas]

D = Transportdistanz [in km]

Verbrauch je 100 km

Die Auswertung der Tankbelege hat ergeben, dass ein gewichtsmäßig voll ausgelasteter 40-Tonnen-Sattelzug (Nutzlast = max.) bei einem Transport von Bremerhaven nach München 280,5 Liter Diesel verbraucht. Der Kilometerzähler zeigt eine gefahrene Strecke von 850 Kilometern. Nach [Formel 4.2-2] ergibt sich ein Durchschnittsverbrauch von:

$$EV_{Lkw(voll)} = \frac{280,5\ l}{850\ km} = 0,33\ \frac{l}{km} = 33,0\ \frac{l}{100\ km}$$

Auf der Rückfahrt wird auf der selben Strecke ein Leerverbrauch (NL = 0 t) von 187 Litern gemessen. Nach [Formel 4.2-2] ergibt sich ein Durchschnittsverbrauch von:

$$EV_{Lkw(leer)} = \frac{187\ l}{850\ km} = 0,22\ \frac{l}{km} = 22,0\ \frac{l}{100\ km}$$

Der Energieverbrauch eines Lkw wird in der Regel in Liter Diesel pro 100 Kilometer angegeben. Der Kraftstoffverbrauch lässt sich zum Beispiel durch Messung der Entfernung und der Bestimmung der Nachfüllmenge eines zuvor vollen Tanks ermitteln.

Lkw-Flottenbetreiber haben diese Daten oftmals auch in Form von Tankabrechnungen und Fahrtenbüchern gesammelt. Mit Satellitenortung (GPS) ausgestattete Fahrzeuge können auch über Tanksensoren Echtzeitverbräuche (innerhalb bestimmter Toleranzabweichungen) erfassen.

Typische Messfehler

Bei der Bestimmung des Kraftstoffverbrauchs eines Lastkraftwagens kann es schnell zu Messfehlern kommen: Vor allem die elektronischen Verbrauchsanzeigen im Fahrzeug können zu Fehlern führen. Denn die Systeme liefern in der Regel nur sehr ungenaue Daten, da die Bordcomputer keinen Kraftstoffdurchfluss messen, sondern nur theoretische Einspritzmengen berechnen. Fehler können sich außerdem durch falsch gemessene Entfernungen aufgrund von Tachoabweichungen ergeben.

Beispiel: Fahrzeug 1 zeigt 1.000 km Fahrstrecke an bei einer ermittelten Kraftstoffmenge von 325 Litern. Das ergibt einen Durchschnittsverbrauch von 32,5 l/100 km. Fahrzeug 2 zeigt 900 km Fahrstrecke an, bei einer ermittelten Kraftstoffmenge von 288 Litern. Das ergibt einen Durchschnittsverbrauch von 32,0 l/100 km.

Liegt die Tachoabweichung von Fahrzeug 1 im Bereich von ein Prozent, könnte die tatsächliche Fahrstrecke auch lediglich 990 km betragen – das entspricht dann einem Realverbrauch von 32,8 l/100 km. Liegt die Tachoabweichung von Fahrzeug 2 im Bereich von drei Prozent, könnte die tatsächliche Fahrstrecke auch nur 873 km betragen – das entspricht einem Realverbrauch von 33,0 l/100.

Dadurch kann es schnell zu falschen Verbrauchswerten für ein Fahrzeug kommen. Am besten ist es, Durchschnittsverbräuche auf Basis an Tankprotokollen und bekannten Streckenentfernungen zu ermitteln [VerkehrsRundschau / Grünig 2011].

Ist es aus praktischen Erwägungen nicht möglich, den durchschnittlichen Verbrauch eines jeden einzelnen Fahrzeugs zu ermitteln, erlaubt der CEN-Normentwurf zur Festlegung des Energieverbrauches auch die Verwendung fahrzeug- oder routentypischer Kennwerte der Transportdienstleister. Sind diese Werte nicht vorhanden, ist es auch erlaubt, flottenspezifische Durchschnittswerte zu verwenden. Diese Werte können aber je nach Flottenzusammensetzung schon sehr vom Realwert abweichen. Aus diesem Grund schreibt der CEN-Normentwurf auch vor, dass mit dem Ergebnis angegeben werden muss, auf welche Art der Kraftstoffverbrauch gemessen wurde.

Ermittlung des Energieeinsatzes bei variabler Zuladung
Da der Energieverbrauch eines Lkw nahezu linear mit Erhöhung des Gesamtgewichts des Fahrzeugs steigt, lässt sich mittels [Formel 4.2-3] der Energieverbrauch für jeden Ladezustand ermitteln, sofern Messwerte für die Beladezustände „leer" (Nutzlast = 0 t) und „voll" (Nutzlast = max.) vorhanden sind.

Formel 4.2-3

$$EV_{Lkw(m)} = EV_{leer} + (EV_{voll} - EV_{leer}) \times \frac{m}{NL_{max}} \quad \left[\frac{Kraftstoff}{100\ km} \right]$$

$EV_{Lkw\,(m)}$ = Energieverbrauch des Lkw bei Zuladung m [z.B. in Liter je 100 km]
EV_{leer} = Energieverbrauch [z.B. in Liter Diesel pro 100 km] des Lkw bei Nutzlast = 0 t
EV_{voll} = Energieverbrauch [z.B. in Liter Diesel pro 100 km] des Lkw bei Nutzlast = max.
m = Gewicht der Zuladung [in Tonnen]
NL_{max} = maximale Nutzlast des Lkw [in Tonnen]

Spezifischer Energieverbrauch in der Logistik 4

Das Verhältnis von tatsächlicher Zuladung und maximal möglicher Zuladung wird auch als gewichtsmäßige Auslastung (AL) des Fahrzeugs bezeichnet und in Prozent angegeben. In der Praxis sind die Fahrzeuge oftmals von der Stellfläche bzw. vom Volumen her voll beladen, obwohl die maximale Nutzlast noch nicht erreicht wurde. Dies tritt bei einer ganzen Reihe von Güterarten auf. Nur bei sogenannten Massengütern (Kies, Sand, Kohle, Erze etc.) wird eher die Nutzlast- als die Volumengrenze erreicht. Hier beträgt die Auslastung dann 100 Prozent. Bei Volumengütern liegt die Auslastung durchaus auch weit unter 40 Prozent.

Verbrauch bezogen auf Zuladung

Ein 40-Tonnen-Sattelzug mit einer maximalen Zuladungsmöglichkeit von NL_{max} = 25 Tonnen soll eine Ladung mit m = 15 Tonnen von Bremerhaven nach München transportieren. Gesucht ist der voraussichtliche durchschnittliche Energieverbrauch auf Basis der zuvor ermittelten Durchschnittsverbräuche EV_{leer} = 22,0 Liter Diesel je 100 km und EV_{voll} = 33,0 Liter je 100 km. Gemäß [Formel 4.2-2] ergibt sich:

$$EV_{Lkw(15t)} = 22{,}0 \, \frac{l}{100 \, km} + (33{,}0 \, \frac{l}{100 \, km} - 22{,}0 \, \frac{l}{100 \, km}) \times \frac{15 \, t}{25 \, t} = 28{,}6 \, \frac{l}{100 \, km}$$

Nicht immer ist es in der Praxis möglich, den Leerverbrauch beziehungsweise den Verbrauch bei maximaler Zuladung zu ermitteln, da die Fahrzeuge gewichtsmäßig oftmals nicht voll ausgelastet sind beziehungsweise weil aus Kostengründen die Strecke nicht leer gefahren wird. Mit Hilfe von [Formel 4.2-4] und [Formel 4.2-5] können der Leerverbrauch beziehungsweise der Verbrauch bei maximaler Zuladung ermittelt werden, sofern der Verbrauch beim Transport einer Teilladung bekannt ist. Auch für diese Formeln wird ein linearer Verbrauchsverlauf je Tonne Zuladung angenommen, auch wenn dieser in der Praxis nicht zu hundert Prozent gegeben ist.

✓ **Formel 4.2-4**

$$EV_{leer} = EV_{voll} - \frac{EV_{voll} - EV_{Lkw(m)}}{(NL_{max} - m)} \times NL_{max} \quad \left[\frac{Kraftstoff}{100 \, km}\right]$$

Formel 4.2-5

$$EV_{voll} = EV_{leer} + (EV_{Lkw(m)} - EV_{leer}) \times \frac{NL_{max}}{m} \quad \left[\frac{Kraftstoff}{100 \, km}\right]$$

Verbrauch ohne Zuladung

Bekannt ist bei einem 40-Tonnen-Sattelzug (NL_{max} = 25 Tonnen) der Verbrauch bei 15 Tonnen und bei maximaler Zuladung ($EV_{Lkw(15t)}$ = 28,6 Liter je 100 km, EV_{max} = 33,0 Liter je 100 km). Gesucht ist gemäß [Formel 4.2-4] der durchschnittliche Verbrauch, wenn der Laderaum leer ist (Nutzlast = 0).

$$EV_{leer} = 33{,}0 \, \frac{l}{100 \, km} - \frac{33{,}0 \, \frac{l}{100 \, km} - 28{,}6 \, \frac{l}{100 \, km}}{25 \, t - 15 \, t} \times 25 \, t = 22{,}0 \, \frac{l}{100 \, km}$$

Verbrauch bei maximaler Beladung

Bekannt ist bei einem 40-Tonnen-Sattelzug (NL_{max} = 25 Tonnen) der Leerverbrauch und der Verbrauch bei 15 Tonnen Zuladung (EV_{leer} = 22,0 Liter Diesel je 100 km, $EV_{Lkw\,(15t)}$ = 28,6 Liter je 100 km). Gesucht ist gemäß [Formel 4.2-5] der durchschnittliche Verbrauch bei maximaler Zuladung (Nutzlast = max).

$$EV_{voll} = 22{,}0\,\frac{l}{100\,km} + (28{,}6\,\frac{l}{100\,km} - 22{,}0\,\frac{l}{100\,km}) \times \frac{25\,t}{15\,t} = 33{,}0 \text{ Liter Diesel je 100 km}$$

Energieeinsatz in Abhängigkeit der Transportentfernung und Zuladung

[Formel 4.2.-6] erlaubt die Ermittlung des absoluten Energieverbrauchs für eine definierte Transportentfernung bezogen auf einen beliebigen Beladezustand.

Formel 4.2-6

$$EV_{Lkw(m)} = (EV_{leer} + (EV_{voll} - EV_{leer}) \times \frac{m}{NL_{max}}) \times D \quad [\text{Kraftstoff}]$$

$EV_{Lkw\,(m)}$ = Gesamtenergieverbrauch des Lkw bei Zuladung m [z.B. in Liter]
EV_{leer} = Energieverbrauch [z.B. in Liter Diesel pro 100 km] des Lkw bei Nutzlast = 0 t
EV_{voll} = Energieverbrauch [z.B. in Liter Diesel pro 100 km] des Lkw bei Nutzlast = max.
m = Gewicht der Zuladung [in Tonnen]
NL_{max} = maximale Nutzlast der Lkw-Zuges [in Tonnen]
D = Transportdistanz [in km]

Absoluter Verbrauch

Ein 40-Tonnen-Sattelzug mit einer maximalen Zuladungsmöglichkeit von NL_{max} = 25 Tonnen soll eine Ladung mit m = 15 Tonnen von Bremerhaven nach München (D = 850 Kilometer) transportieren. Gesucht ist der absolute Energieverbrauch auf Basis der zuvor ermittelten Durchschnittsverbräuche EV_{leer} = 22,0 Liter Diesel je 100 km und EV_{voll} = 33,0 Liter je 100 km. Gemäß [Formel 4.2-6] ergibt sich:

$$EV_{Lkw(15)} = (22{,}0\,\frac{l}{100\,km} + (33{,}0\,\frac{l}{100\,km} - 22{,}0\,\frac{l}{100\,km} \times \frac{15\,t}{25\,t}) \times 850\,km$$

= 243,1 l

Ermittlung des spezifischen Energieverbrauchs je tkm

Mittels [Formel 4.2-7] lässt sich der spezifische Energieverbrauch eines Lkw-Transports in der Einheit Kraftstoffverbrauch je Tonnenkilometer (tkm) ermitteln. Dieser Wert gibt an, wie viel Energie für den Transport von einer Tonne Ladung je Kilometer notwendig ist. Zum Gewicht einer Ladung beziehungsweise Sendung zählt auch immer das Verpackungsgewicht inklusive Ladehilfsmittel (Paletten, Gitterboxen). Der tkm-Wert ist auch Basis für die THG- und CO_2-Berechnung in Kapitel 2.

Spezifischer Energieverbrauch in der Logistik

Formel 4.2-7

$$EV_{spez(Lkw)} = \frac{EV_{Lkw(m)}}{m} \quad \left[\frac{Kraftstoff}{tkm}\right]$$

Verbrauch je Tonnenkilometer

Ein 40-Tonnen-Sattelzug verbraucht bei einer Zuladung von m = 15 t durchschnittlich 28,6 Liter auf 100 Kilometer. Gesucht ist der durchschnittliche Kraftstoffverbrauch je transportierter Tonne Ladung und gefahrenen Kilometer. Nach [Formel 4.2-7] ergibt sich:

$$EV_{spez(Lkw)} = \frac{28,6 \frac{l}{100\ km}}{15\ t} = 0,0191 \text{ Liter je Tonnenkilometer (l pro tkm)}$$

Ermittlung der Leerfahrtenanteile

Bei Lkw-Transporten kommt es auch zu sogenannten Leerfahrten. Das heißt: Bevor das Fahrzeug das Transportgut im Hauptlauf vom Ort B nach C transportieren kann, fährt es ohne Ladung (leer) vom Standort A nach B. Nach Beendigung des Transportes von B nach C erfolgt dann – falls keine weitere Ladung aufgenommen wird – eine weitere Leerfahrt von C zurück zum Ausgangspunkt A. Diese Leerfahrten müssen laut CEN-Normentwurf prEN 16258:2011 bei der Ermittlung des Energieverbrauchs für THG- und CO_2-Berechnungen eines Transportes mit berücksichtigt werden. Es ist also nicht nur der Energieverbrauch von B nach C zu ermitteln, sondern auch die Verbräuche der Fahrzeugläufe von A nach B und von C nach A. Die Summe aller drei Fahrten ergibt dann den Gesamtenergieverbrauch einschließlich Leerfahrtenanteil.

Komplexer wird die Berechnung des Leerfahrtenanteils, wenn die Tour nach Abladen am Ort C nicht zurück zum Ausgangspunkt A läuft, sondern ein neuer Ladepunkt D angesteuert wird. In diesem Fall schreibt die CEN-Norm vor, dass die Leerfahrten anteilig über alle Ladungsfahrten aufgeteilt werden müssen, das heißt diesen zuzuschlagen sind. Dies entspricht auch der Praxis, da sich einzelne Leerfahrten-Energieverbräuche nicht für jeden einzelnen Transport exakt bestimmen lassen. Diese können für das einzelne Fahrzeug oder eine Lkw-Flotte zum Beispiel auf Jahresbasis nach [Formel 4.2-8] ermittelt werden.

Formel 4.2-8

$$\text{Leerfahrtenanteil (LF)} = \frac{\sum Leerfahrten[in\ km]}{\sum Lastfahrten[in\ km]} \times 100 \quad [\text{in Prozent}]$$

Der absolute Energieverbrauch eines Transportes inklusive Leerkilometerpauschale lässt sich dann berechnen nach [Formel 4.2-9]. Und mit [Formel 4.2-10] lässt sich der spezifische Energieverbrauch je Tonnenkilometer inklusive Leerfahrtenanteil ermitteln.

Formel 4.2-9
$$EV_{Lkw(inkl.\ Leerfahrten)} = \left(EV_{leer} + (EV_{voll} - EV_{leer}) \times \frac{m}{NL_{max}} + LF \times EV_{leer}\right) \times D \quad [\text{Kraftstoff}]$$

Formel 4.2-10
$$EV_{spez(Lkw,\ inkl.\ Leerfahrten)} = \frac{EV_{leer}}{m} + \frac{EV_{voll} - EV_{leer}}{NL_{max}} + \frac{LF \times EV_{leer}}{m} \quad \left[\frac{\text{Kraftsoff}}{\text{tkm}}\right]$$

Ist der Leerfahrtenanteil gänzlich unbekannt, so kann für Volumengüter und alle Arten von Containerverkehren in Deutschland ein Wert von zehn Prozent angesetzt werden. Bei diesen Gütern finden deutsche Lkw-Spediteure oftmals eine Rückladung. Bei Massenguttransporten (Kohle, Getreide, Stahl) ist der Leerfahrtenanteil mit durchschnittlich 60 Prozent deutlich höher, weil hier oftmals eine Rückladung fehlt. Bei Durchschnittsgütern wird in der Regel mit einem Leerfahrtenanteil von 20 Prozent gerechnet [DSLV 2011]. Da Durchschnittswerte von Fall zu Fall ganz anders ausfallen können, ist idealerweise ein realer Leerfahrtenanteil zu ermitteln. Denn der Leerfahrtenanteil beeinflusst die Höhe des Energieverbrauchs extrem.

Verbrauch inklusive Leerfahrtenanteil

Ein 40-Tonnen – Sattelzug mit einer maximalen Zuladungsmöglichkeit von NL_{max} = 25 Tonnen soll eine Ladung mit m = 15 Tonnen von Bremerhaven nach München (D = 850 km) transportieren. Die Durchschnittsverbräuche betragen EV_{leer} = 22,0 Liter Diesel je 100 km und EV_{voll} = 33,0 Liter je 100 km. Der Leerkilometeranteil beträgt bei Tourvariante A 0 Prozent, bei Tourvariante B 10 Prozent und bei Tourvariante C 30 Prozent. Gesucht sind der absolute sowie der spezifische Energieverbrauch für die Tour A-B inkl. Leerfahrt. Wie sehr steigt bei Berücksichtigung der Leerfahrten der Energieverbrauch prozentual an?

Gemäß [Formel 4.2-9] ergibt sich **der absolute Energieverbrauch:**

Tour A:
$$EV_{Lkw(inkl.\ Leerfahrten)} = \left(22{,}0\ \frac{l}{100\ km} + (33{,}0\ \frac{l}{100\ km} - 22{,}0\ \frac{l}{100\ km})\right.$$
$$\left. \times \frac{15\ t}{25\ t} + 0{,}0 \times 22{,}0\ \frac{l}{100\ km}\right) \times 850\ km = 243{,}1\ \text{Liter Diesel}$$

Tour B:
$$EV_{Lkw(inkl.\ Leerfahrten)} = \left(22{,}0\ \frac{l}{100\ km} + (33{,}0\ \frac{l}{100\ km} - 22{,}0\ \frac{l}{100\ km})\right.$$
$$\left. \times \frac{15\ t}{25\ t} + 0{,}1 \times 22{,}0\ \frac{l}{100\ km}\right) \times 850\ km = 261{,}8\ l$$

Tour C:
$$EV_{Lkw(inkl.\ Leerfahrten)} = \left(22{,}0\ \frac{l}{100\ km} + (33{,}0\ \frac{l}{100\ km} - 22{,}0\ \frac{l}{100\ km})\right.$$
$$\left. \times \frac{15\ t}{25\ t} + 0{,}3 \times 22{,}0\ \frac{l}{100\ km}\right) \times 850\ km = 299{,}2\ l$$

Spezifischer Energieverbrauch in der Logistik

Gemäß [Formel 4.2-10] ergibt sich **der spezifische Energieverbrauch**:

Tour A:

$$EV_{spez\,(Lkw,\,inkl.\,Leerfahrten)} = \frac{22{,}0\,\frac{l}{100\,km}}{15\,t} + \frac{33{,}0\,\frac{l}{100\,km} - 22{,}0\,\frac{l}{100\,km}}{25\,t}$$

$$+ \frac{0{,}0 \times 22{,}0\,\frac{l}{100\,km}}{15\,t} = 0{,}0191\,\frac{l}{tkm}$$

Tour B:

$$EV_{spez\,(Lkw,\,inkl.\,Leerfahrten)} = \frac{22{,}0\,\frac{l}{100\,km}}{15\,t} + \frac{33{,}0\,\frac{l}{100\,km} - 22{,}0\,\frac{l}{100\,km}}{25\,t}$$

$$+ \frac{0{,}1 \times 22{,}0\,\frac{l}{100\,km}}{15\,t} = 0{,}0205\,\frac{l}{tkm}$$

Tour C:

$$EV_{spez\,(Lkw,\,inkl.\,Leerfahrten)} = \frac{22{,}0\,\frac{l}{100\,km}}{15\,t} + \frac{33{,}0\,\frac{l}{100\,km} - 22{,}0\,\frac{l}{100\,km}}{25\,t}$$

$$+ \frac{0{,}3 \times 22{,}0\,\frac{l}{100\,km}}{15\,t} = 0{,}0235\text{ Liter je tkm}$$

Durch die Einberechnung eines Leerfahrtenanteils von zehn Prozent (Tour B) ergibt sich ein Kraftstoffmehrverbrauch von 7,7 Prozent gegenüber Tour A mit einem Leerfahrtenanteil von null Prozent. Bei einem Leerfahrtenanteil von 30 Prozent (Tour C) steigt der Kraftstoffverbrauch gegenüber Tour A um 23,1 Prozent.

In manchen Berechnungsverfahren zu Energieverbräuchen bei Lkw-Transporten wird der Leerfahrtenanteil (LF) mit der gewichtsmäßigen Auslastung des Fahrzeugs (AL) zu einem Gesamtauslastungsfaktor kombiniert, der in diesem Buch als $AL_{(inkl.\,LF)}$ bezeichnet wird. [Formel 4.2-11] zeigt, wie sich dieser kombinierte Faktor berechnen lässt. Mit [Formel 4.2-12] ist es dann zusammen mit diesem Faktor möglich, einen spezifischen Energieverbrauch auf Basis des Kraftstoffverbrauchs je Tonnenkilometer zu ermitteln, wie dies zum Beispiel in Tabelle 4.2-2 durchgeführt wurde.

 Formel 4.2-11

$$AL_{(inkl.\,LF)} = \frac{100\,\% \times AL}{100\,\% + LF}\quad [\%]$$

Formel 4.2-12

$$EV_{spez\,(Lkw,\,inkl.\,AL\,+\,LF)} = \frac{EV_{leer} + (EV_{voll} - EV_{leer}) \times AL_{(inkl.\,LF)}}{AL_{(inkl.\,LF)} \times NL_{max}}\quad \left[\frac{Kraftstoff}{tkm}\right]$$

$AL_{(inkl. LF)}$ = Gesamtauslastungsfaktor inkl. Leerfahretenanteil [in Prozent]

AL = Gewichtsmäßige Auslastung der max. Nutzlast [in Prozent]

LF = Leefahrtenanteil [in Prozent]

$EV_{spez. (Lkw, inkl. AL + LF)}$ = spezifischer Energieverbrauch unter Berücksichtigung von gewichtsmäßiger Auslastung und Leerfahrtenanteil [in Liter Diesel je Tonnenkilometer]

Berechnung der tkm-Werte aus Tabelle 4.2-2
Bei den tkm-Werten in Tabelle 4.2-2 wurde auf Basis von für Deutschland typische durchschnittliche Auslastungen inklusive Leerfahrtenanteile $AF_{(inkl. LF)}$ und den Verbrauchswerten des HBEFA (*siehe Tabelle 4.2-4*) ein spezifischer Energieverbrauch (Liter Diesel je Tonnenkilometer) ermittelt.

Die Auslastungen inklusive Leerfahrtenanteile ergeben sich nach [Formel 4.2-11]. Dabei belaufen sich laut DSLV-Leitfaden die durchschnittlichen Auslastungen (AL) für Volumengüter 30 Prozent, für Durchschnittsgüter 60 Prozent und für Massengüter 100 Prozent. Der Leerfahrtenanteil beträgt für Volumengüter 10 Prozent, für Durchschnittsgüter 20 Prozent und für Massengüter 60 Prozent. Daraus ergeben sich gemäß [Formel 4.2-11] Auslastungen inklusive Leerfahrtenanteile von:

$$AL_{(inkl. LF, Volumengüter)} = \frac{100\% \times 30\%}{100\% + 10\%} = 27{,}3\%$$

$$AL_{(inkl. LF, Durchschnitsgüter)} = \frac{100\% \times 60\%}{100\% + 20\%} = 50\%$$

$$AL_{(inkl. LF, Massengüter)} = \frac{100\% \times 100\%}{100\% + 60\%} = 62{,}5\%$$

Die Verbrauchswerte in Tabelle 4.2-2 lassen sich mittels [Formel 4.2-12] ermitteln. So berechnet sich der spezifische Energieverbrauch von 0,023 Liter Diesel je Tonnenkilometer (l/tkm) aus Tabelle 4.2-2 für einen Sattelzug 24 bis 40 Tonnen zGG, (Durchschnittsgut, Topografie hügelig; maximale Nutzlast 26 t) wie folgt (EV-Werte aus Tabelle 4.2-5)

$$EV_{spez. (Lkw, inkl. AL + LF)} = \frac{22{,}7\,\frac{l}{100\,km} + (37{,}1\,\frac{l}{100\,km} - 22{,}7\,\frac{l}{100\,km}) \times 0{,}5}{0{,}5 \times 26\,t}$$

$$= 0{,}023\,\frac{l}{tkm}$$

Allokation – Zuordnung auf Sendungseinheiten
Im Teilladungs- und Sammelgutverkehr befinden sich in einem Lastkraftwagen mehrere Sendungen mit unterschiedlichen Abladeorten während der Gesamttour

Spezifischer Energieverbrauch in der Logistik

4

des Fahrzeugs. Im Rahmen von THG-Berechnungen stellt sich die Frage, wie der Energieverbrauch des gesamten Fahrzeugumlaufes auf die einzelnen Sendungen aufzuteilen ist. Diese Zuordnung wird auch als Allokation bezeichnet.

Wir empfehlen eine Allokation, wie sie vom CEN-Normentwurf prEN 16258:2011 präferiert wird. Diese basiert auf dem Produkt aus Sendungsgewicht und tatsächlich zurückgelegter Entfernung, das auch oftmals als Verkehrs- oder Transportleistung bezeichnet wird. Mittels [Formel 4.2-13] lässt sich der prozentuale Anteil einer Sendung am Energieverbrauch beziehungsweise an den THG-Emissionen berechnen.

Formel 4.2-13

$$A_n = \frac{D_n \times m_n}{\sum_{1}^{n} D_n \times m_n} \times 100 \text{ [in Prozent]}$$

A_n = Allokationsanteil der Sendung n in Prozent
D_n = Tatsächlich zurückgelegte Entfernung der Sendung n
m_n = Gewicht der Sendung n

Allokation über Sendungsgewicht

Ein 40-Tonnen-Sattelzug transportiert eine Ladung von insgesamt 14 Tonnen von Bremerhaven via Augsburg nach München (D = 850 km). Zehn Paletten à 0,8 t (Sendung 1) werden nach 770 km in Augsburg ausgeladen. Weitere 20 Paletten à 0,3 Tonnen (Sendung 2) werden in München entladen. Welcher Anteil vom Energieverbrauch entfällt auf die beiden Sendungen, wenn die Allokation nach dem Sendungsgewicht erfolgt?

Gemäß [Formel 4.2-13] berechnet sich der Allokationsanteil der Sendungen wie folgt:

(Allokationsanteil Sendung 1): $A_1 = \dfrac{770 \text{ km} \times 8 \text{ t}}{770 \text{ km} \times 8 \text{ t} + 850 \text{ km} \times 6 \text{ t}} \times 100 = 54{,}7\,\%$

(Allokationsanteil Sendung 2): $A_2 = \dfrac{850 \text{ km} \times 6 \text{ t}}{770 \text{ km} \times 8 \text{ t} + 850 \text{ km} \times 6 \text{ t}} \times 100 = 45{,}3\,\%$

Letztendlich wurde bei den in den voran gegangenen Unterkapiteln aufgeführten Werten pro Tonnenkilometer indirekt auch eine Allokation durchgeführt – und zwar ebenfalls über das Produkt aus Gewicht und Entfernung. Da in diesen betrachteten Fällen die Transportentfernung für alle Güter identisch war, erfolgt die Aufteilung auf einzelne Güter beziehungsweise auf eine Tonne Fracht über das Gewicht. Bei den Werten pro Tonnenkilometer wurde also immer die Allokation über das Gewicht beziehungsweise das Produkt aus Gewicht und Entfernung durchgeführt.

Wenn andere Größen als das Ladungsgewicht maßgeblich die zu transportierende Menge im Lkw begrenzen, dann kann eine andere Allokationsbasis sinnvoll sein. Dies könnte zum Beispiel die Anzahl von Stellplätzen (Paletten- oder Container) sein. Statt über das Ladungsgewicht erfolgt die Allokation in [Formel 4.2-14] dann über die Stellplätze.

 Formel 4.2-14

$$A_n = \frac{D_n \times SP_n}{\sum_1^n D_n \times SP_n} \text{ [Prozent]}$$

A_n = Allokationsanteil der Sendung n in Prozent
D_n = Tatsächlich zurückgelegte Entfernung der Sendung n
SP_n = Anzahl genutzter Stellplätze für Sendung n

Die Allokation über Stellplätze kann zu komplett anderen Anteilen am Energieverbrauch führen, wie der Vergleich des gerade betrachteten mit dem folgenden Beispiel zeigt. Der CEN-Normentwurf prEN 16258:2011 lässt auch diese Art der Allokation ebenso wie beispielsweise über das Produkt Entfernung und Anzahl der Sendungen oder über das Produkt Entfernung und Anzahl der Standardcontainer (TEU) zu. Wird aber nicht das Produkt aus Gewicht und Entfernung verwendet, muss nach dem CEN-Normentwurf zusätzlich zum Ergebnis angegeben werden, auf welche Art und Weise die Allokation durchgeführt wurde (z.B. mittels Produkt aus Anzahl der Stellplätze und Entfernung).

 Allokation über Anzahl Palettenstellplätze

Gleiches Transportbeispiel wie oben: Ein 40-Tonnen-Sattelzug transportiert eine Ladung von insgesamt 14 Tonnen von Bremerhaven via Augsburg nach München (D = 850 km). Zehn Paletten à 0,8 t (Sendung 1) werden nach 770 km in Augsburg ausgeladen (Gewichte inklusive Palettengewichte). Weitere 20 Paletten à 0,3 Tonnen (Sendung 2) werden in München entladen. Welcher Anteil vom Energieverbrauch entfällt auf die beiden Sendungen, wenn nun aber die Allokation nach der Anzahl der Paletten erfolgt?

Gemäß [Formel 4.2-14]:

(Allokationsanteil Sendung 1): $A_1 = \dfrac{770 \text{ km} \times 10}{770 \text{ km} \times 10 + 850 \text{ km} \times 20} \times 100 = 31{,}2\ \%$

(Allokationsanteil Sendung 2): $A_2 = \dfrac{850 \text{ km} \times 20}{770 \text{ km} \times 10 + 850 \text{ km} \times 20} \times 100 = 68{,}8\ \%$

Bei bestimmten Logistikprozessen kann die Allokation statt über das Produkt aus Entfernung und Ladungsgewicht beziehungsweise Anzahl der Stellplätze auch ausschließlich über die Zahl der Sendungen oder das Gewicht sinnvoll sein. Die-

Spezifischer Energieverbrauch in der Logistik

ser Weg kann dann gewählt werden, wenn es nicht praktikabel ist, die tatsächlich zurückgelegte Entfernung jeder einzelnen Sendung im Fahrzeug zu ermitteln. Dies ist zum Beispiel im Paket- und Briefverkehr oftmals der Fall. Auch diese Vorgehensweise ist nach dem CEN-Normentwurf zulässig, muss aber ebenfalls speziell zusätzlich zum Ergebnis angegeben werden.

Einen Sonderfall bei der Allokation im Lkw-Verkehr bilden auch Rundtouren oder Sammel- und Verteilerverkehre. Um zu vermeiden, dass es einen Unterschied macht, wann eine Sendung während der Rundtour (am Anfang oder Ende) (aus-)geladen wird, bietet die CEN-Normentwurf prEN 16258:2011 hierfür ein spezielles Allokationsverfahren.

Danach werden nicht die tatsächlich zurückgelegten Entfernungen einer Sendung berücksichtigt, sondern es wird die direkte Entfernung zwischen Quelle (z.B. Depot, Zentrallager) und Senke (Ab- oder Aufladepunkte) für die Allokation genutzt. Die direkte Entfernung kann dabei entweder die Luftlinie sein oder die kürzeste realisierbare Entfernung zwischen Quelle und Senke. Die Ermittlung des Anteils am Kraftstoffverbrauch für eine einzelne Sendung erfolgt dann nach [Formel 4.2-15].

Formel 4.2-15

$$A_n = \frac{D_{n(f)} \times m_n}{\sum_{1}^{n} D_{n(f)} \times m_n} \; [\text{Prozent}]$$

A_n = Allokationsanteil der Sendung n in Prozent
$D_{n(f)}$ = Fiktiv zurückgelegte Entfernung der Sendung n
m_n = Gewicht der Sendung n

Dabei ist die fiktive Entfernung nur für die Allokationsrechnung zu verwenden. Der Kraftstoffverbrauch ist nach der real zurückgelegten Entfernung für die gesamte Rundtour zu berechnen. Die CEN-Norm empfiehlt auch hier vorzugsweise die Allokation nach dem Ladungsgewicht. Alternativ kann aber zum Beispiel auch die Stellplatzzahl als Basis verwendet werden.

Allokation bei Sammel- und Verteilerverkehren

Ein 12-Tonner verbraucht bei einer Verteilertour von 95 Kilometern 25 Liter Diesel. Auf der Tour vom Zentrallager werden fünf Abladepunkte angefahren. Die Luftlinie vom Zentrallager zur Abladestelle sowie das jeweilige Sendungsgewicht betragen:

- Sendung 1: 1,5 t, 10 km;
- Sendung 2: 1,4 t, 15 km;
- Sendung 3: 2 t, 20 km;
- Sendung 4: 1,0 t, 18 km;
- Sendung 5: 0,6 t, 12 km.

Gesucht ist der Allokations-Anteil am Kraftstoffverbrauch für die Sendung 2 (1,4 t, 15 km).

Gemäß [Formel 4.2.-15] ergibt sich der Allokationsanteil Sendung 2:

$$A_2 = \frac{15 \text{ km} \times 1,4 \text{ t}}{10 \text{ km} \times 1,5 \text{ t} + 15 \text{ km} \times 1,4 \text{ t} + 20 \text{ km} \times 2 \text{ t} + 18 \text{ km} \times 1 \text{ t} + 12 \text{ km} \times 0,6 \text{ t}}$$
$$= 20,8\%$$

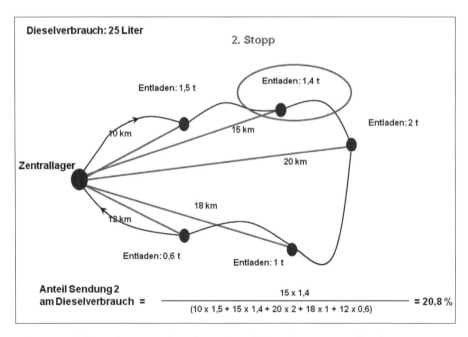

Abb. 4.2-1: Allokation bei Sammel- und Verteilerverkehren [eigene Darstellung]

4.2.4 Datenquellen für Kraftstoffverbräuche

Liegen keine eigenen Messergebnisse zum Kraftstoffverbrauch eines Fahrzeugs vor (zum Beispiel beim Einsatz von Subunternehmen), dann sind möglichst anerkannte Datenquellen zum Kraftstoffverbrauch von Lastkraftwagen zu verwenden. Diese werden in der CEN-Norm auch als Default-Werte bezeichnet. Für den Bereich der Lkw-Verkehre existieren in Deutschland zwei verlässliche Datenquellen für solche Default-Werte: Die VerkehrsRunschau-Fahrzeugtest und das Handbuch für Emissionsfaktoren des Straßenverkehrs (HBEFA). Diese Werte beziehen sich auf in Europa typisch eingesetzte Lastkraftwagen und lassen sich deshalb auch für Lkw-Verkehre innerhalb Europas verwenden. Bei Lkw-Verkehren auf anderen Kontinenten kommen oftmals auch amerikanische oder asiatische Trucks zum Einsatz, die zum Teil andere, in der Regel etwas höhere Verbrauchswerte aufweisen.

VerkehrsRundschau-Fahrzeugtests
Reale Verbrauchsdaten vom Van/Transporter bis zum schweren Lastkraftwagen liefern die Fahrzeugtests der VerkehrsRundschau-Redaktion, die seit über zehn Jahren nach einem anerkannten, vergleichbaren Verfahren unter Realbedingungen stattfinden. Die VerkehrsRundschau-Redaktion praktiziert dabei das einzige unabhängige Lkw-Testverfahren in Deutschland, das mit einem Referenz-Lkw die Verbrauchsdaten kontrolliert. Das heißt, dass bei jedem Fahrtest zusätzlich ein geeichter Lkw mitfährt, um vor allem Verbrauchsabweichungen durch Wind, Temperatur und Witterung berücksichtigen zu können.

In der Testdatenbank der VerkehrsRundschau (www.verkehrsrundschau.de) finden sich über 300 Fahrzeugtests mit Verbrauchsdaten zu den einzelnen Fahrzeugmodellen. Jedes Jahr werden aus diesen Tests Durchschnittswerte für einzelne Fahrzeugklassen gebildet und veröffentlicht (*siehe Tabelle 4.2-3*). Die Verkehrs-Rundschau-Verbrauchsdaten liegen derzeit für Euro 3 sowie Euro-4/-5-Fahrzeuge vor. Sie beziehen sich auf eine normierte Teststrecke im Großraum München, die typische, reale Fahrzeugeinsätze simuliert. Bei Tests von Fernverkehrsfahrzeugen besteht die Stecke hauptsächlich aus Autobahnanteilen mit einigen Steigungen in hügliger Topografie.

Bei Vans und Transportern verfügt die Teststrecke über einen hohen Anteil im innerstädtischen Bereich. Die Fahrgeschwindigkeiten betragen bei den Lkw 85 km/h auf der Autobahn und 65 km/h auf der Landstraße (+5 km/h Schwungspitzen bergab). Bei Vans und Transportern beträgt die Fahrgeschwindigkeit 130 km/h auf der Autobahn, 100 km/h auf Landstraßen und 50 km/h in der Stadt. Die Lkw-Aufbauten und -Auflieger bestehen aus Planen oder Koffern.

Die meisten getesteten Fahrzeuge werden von einem Dieselmotor angetrieben. Die Verbrauchsergebnisse beziehen sich auf herkömmliche Dieselkraftstoffe an deutschen Tankstellen (derzeit mit Biodieselanteil 6,2 Prozent). Bei Euro-5-Fahrzeugen mit SCR-Abgastechnik kommt zum Diesel noch der Verbrauch von Harnstoff (AdBlue) hinzu. Diesen beziffert die VerkehrsRundschau derzeit je nach Fahrzeugtyp mit zwei bis sechs Prozent vom Dieselverbrauch. Da die THG-Wirksamkeit des Harnstoffverbrauchs aber recht gering ist (*siehe Kapitel 3.2-2*), spielt der Verbrauch dieses Betriebsstoffes nur eine untergeordnete Rolle.

In der VerkehrsRundschau-Tabelle finden sich auch Ergebnisse von Tests mit Erdgasfahrzeugen (CNG). Der Energieverbrauch dieser Fahrzeuge wird in Kilogramm je 100 km angegeben. Aufgrund der saubereren Verbrennung verursachen vergleichbare schwere Lkw knapp 30 Prozent weniger Treibhausgase (Well-to-Wheel), wenn sie mit Erdgas (CNG) statt Diesel (mit Biodieselanteil von 6,2 Prozent) fahren. Bei Transportern und Vans fällt der Vorteil von Erdgas hingegen nur gering aus.

In der Datentabelle finden sich außerdem erste Verbrauchswerte von vollelektrischen Transportern. Diese Daten basieren jedoch noch nicht auf einem umfangreichen VerkehrsRundschau-Fahrzeugtest, sondern auf Erfahrungswerten aus Pilotprojekten sowie Herstellerangaben. Der Verbrauch wird in Kilowattstunden Strom pro 100 km angegeben.

Hybrid-Lkw – also dieselbetriebene Fahrzeuge mit zusätzlichem Elektromotor – wurden von der VerkehrsRundschau-Redaktion bisher noch nicht getestet. Diese Fahrzeuge werden derzeit vor allem in Verteilerverkehren eingesetzt, da die häufigen Stopps zu einer günstigen Umwandlung von Bremsenergie in Batteriestrom führen. Die Hersteller sprechen von möglichen Kraftstoffersparnissen von bis zu 30 Prozent. Dem gegenüber stehen aber höhere Anschaffungskosten und eine geringere Nutzlast.

In der VerkehrsRundschau-Datentabelle enthalten sind Verbrauchswerte zu Lang-Lkw mit 25,25 Meter Länge und unterschiedlich zulässigen Gesamtgewichten. Die Kraftstoffbräuche basieren auf Testfahrten der VerkehrsRundschau in Schweden, sind aber nicht direkt vergleichbar mit den Daten, die auf Basis der Standard-Teststrecke in den anderen Fahrzeugklassen gewonnen wurden.

Verbrauchswerte von Euro-6-Fahrzeugen sind noch nicht vorhanden: Die ersten Fahrzeuge will Mercedes-Benz Ende 2011 auf den Markt bringen, andere Hersteller wie MAN wollen erst Ende 2012 Fahrzeuge anbieten. Nach einer ersten öffentlichen Testfahrt von Mercedes-Benz, die von der VerkehrsRundschau begleitet wurde, verbraucht eine moderne Euro-6-Zugmaschine vom Typ Actros 1845 4,5 Prozent weniger Diesel als eine ältere SCR-Euro-5-Maschine vom Typ Actros

Spezifischer Energieverbrauch in der Logistik

1844. Ein moderner Actros 1845 mit SCR-Euro-5-Abgastechnologie ist aber noch sparsamer. Dieses Fahrzeug verbrauchte auf einer Testfahrt zwischen Rotterdam und Stettin gegenüber seinem Vorgänger 7,6 Prozent weniger Kraftstoff. Damit verbrennt ein 40-Tonnen-Euro-6-Sattelzug 3,4 Prozent mehr Kraftstoff als ein vergleichbarer moderner Euro-5-Zug. Der AdBlue-Verbrauch bezogen auf den Dieselverbrauch betrug bei diesem Test: 3,3 Prozent bei Euro 6, 4,3 Prozent bei Euro 5 modern (Actros 1845) und 5,7 Prozent bei Euro 5 alt (Actros 1844).

Diese von Mercedes präsentierten Daten können derzeit als erste Anhaltspunkte für Euro-6-Lkw genutzt werden. Welche Diesel- und AdBlue-Verbrauchswerte die anderen Hersteller erreichen werden, ist noch völlig offen, da die Fahrzeuge noch nicht auf dem Markt sind. Die VerkehrsRundschau wird die ersten Euro-6-Fahrzeuge im Laufe des Jahres 2012 dem Standardtest unterziehen.

Gebrauch der VerkehrsRundschau-Verbrauchstabelle

Gemäß Tabelle 4.2-3 verbraucht ein voll beladener Solo-Lkw (Euro 4) mit 12 Tonnen zulässigem Gesamtgewicht bei einer maximalen Zuladung von 6,5 Tonnen 15,7 Liter auf 100 km. Bei einer Zuladung von null Tonnen beträgt der Dieselverbrauch 19,6 Liter auf 100 km. Ein Unterschied im Verbrauch von Fahrzeugen der Fahrzeugklassen Euro 3 und Euro 4 konnte nicht festgestellt werden. Die Kraftstoffverbrauchswerte für leer und voll können somit in die Formeln eingesetzt werden, die in den vorangegangenen Kapiteln vorgestellt wurden.

ENERGIEVERBRAUCH (EV) BEI LKW-TRANSPORTEN

Lkw-Typ (nach zGG in Tonnen)	maximale Nutzlast (t)	Energieverbrauch (EV) in Liter Diesel je 100 km			
		EV_{voll} (Nutzlast = max)[1]		EV_{leer} (Nutzlast = 0)[2]	
		Euro 3	Euro 5[9]	Euro 3	Euro 5[9]
Transporter/Vans					
2,1-Tonner (Van[4])	0,5	6,9	6,5	5,5	5,4
2,1-Tonner (Van CNG)	0,5	–	5,6[3]	–	4,6[3]
2,8-Tonner[6]	0,8	8,9	8,5	7,1	7,5
3,5-Tonner[6]	1,2	11,6	10,5	9,0	9,0
3,5-Tonner CNG[6]	1,1	–	9,2[3]	–	7,2[3]
5,0-Tonner[6]	2,5	12,3	12,0	9,5	9,5
Lkw/Transporter + Anhänger					
2,8-Tonner (Lkw)	2,5	12,1	11,8	9,7	9,5
3,5-Tonner (Lkw)	3,2	13,9	12,8	10,8	10,0
5,0-Tonner (Transporter)	4,5	15,7	15,9	12,2	12,3
7,5-Tonner (Lkw)	7,0	19,4	20,0	15,5	15,7
7,5-Tonner (Sattelkombi)	7,0	15,4	15,4[5]	12,0	12,0[5]
Solo-Lkw					
3,5-Tonner	1,3	12,4	12,4[5]	9,7	9,7[5]
5,0-Tonner	2,4	12,3	12,3[5]	10,1	10,1[5]
7,5-Tonner	3,5	16,2	16,2[5]	13,0	13,0[5]
7,5-Tonner (vollelektrisch)	3,5	–	60,0[7]	–	40,0[7]
12-Tonner	6,5	19,6	19,6[5]	15,7	15,7[5]
18-Tonner (180-250 PS)	9,0	23,8	24,0	17,6	17,8
18-Tonner (bis 310 PS)	8,9	28,9	29,2	18,9	19,1
26-Tonner (Dreiachser)	17,0	30,3	30,3	19,7	19,7
Sattelzug-Kombination					
26-Tonner	15,0	27,1	27,1	19,0	19,0
32-Tonner	20,0	31,8	31,8	21,6	21,6
32-Tonner CNG (270 PS)	20,0	–	21,4[3]	–	14,8[3]
40-Tonner (bis 400 PS)	25,0	31,4	31,7	21,3	21,5
40-Tonner (410-460 PS)	25,0	32,5	32,6	22,0	22,0
40-Tonner (460-480 PS)	25,0	32,8	31,5	22,2	21,3
40-Tonner (500-600 PS)	24,0	34,5	32,8	23,4	22,2
40-Tonner (über 601 PS)	24,0	34,9	35,2	23,7	23,9
Lang-Lkw (25,25 m, 40 t)[8]	20,0	–	36,0	–	24,5
Lang-Lkw (25,25 m, 50 t)[8]	30,0	–	46,8	–	24,7
Lang-Lkw (25,25 m, 60 t)[8]	40,0	–	49,1	–	26,4

[1] Ergebnisse Lkw-Tests der VerkehrsRundschau 1999 bis 2010; In allen Fahrzeugkategorien wird versucht, die Teststrecke auf den realen Einsatz der Fahrzeuge abzustimmen (Fernverkehr mit überwiegendem BAB-Anteil, Vans mit entsprechend hohem Stadtanteil, etc.). Die Fahrgeschwindigkeiten betragen bei den Lkw 85 km/h auf der Autobahn und 65 km/h auf der Landstraße (+ 5 km/h Schwungspitzen bergab). Bei Transportern beträgt die Fahrgeschwindigkeit 130 km/h auf der Autobahn, 100 km/h Landstraße, 50 km/h Stadt. Die Lkw-Aufbauten und -Auflieger haben Planen oder Koffer
[2] Schätzungen basierend auf Lkw-Tests der VerkehrsRundschau 1999 bis 2010 [3] Verbrauch in kg CNG [4] z.B. Caddy Maxi [5] Euro 4 [6] z.B. Mercedes Sprinter
[7] Kilowattstunden Strom pro 100 km, vollelektrisches UPS-Auslieferfahrzeug (P80-E), Daten laut UPS, kein Test durch VerkehrsRundschau [8] Verbrauchswerte auf Basis von VR-Testfahrten, jedoch nicht im normierten Testzyklus der VerkehrsRundschau [9] Adblue-Verbrauch bei Euro-5-Fahrzeugen beträgt im Durchschnitt 2-5 Prozent vom Dieselverbrauch; CO_2-Emission je Liter Adblue: 238 g CO_2 Abkürzungen: zGG = zulässiges Gesamtgewicht; t = Tonnen; m = Meter; km = Kilometer

Quelle: VerkehrsRundschau

Tab. 4.2-3: Energieverbrauch von Lastkraftwagen [VerkehrsRundschau 2011]

Spezifischer Energieverbrauch in der Logistik 4

Handbuch der Emissionsfaktoren (HBEFA)
Eine ebenfalls anerkannte und noch detailliertere Basis bieten die Verbrauchsdaten des Handbuchs für Emissionsfaktoren des Straßenverkehrs (HBEFA) (*siehe auch Kapitel 5.3*). Diese Datenbank, die von den meisten Umweltinstituten anerkannt und auch bei deren Emissionsberechnungen verwendet wird, bietet eine Vielzahl von Verbrauchswerten, abhängig von unterschiedlichen Parametern wie Fahrzeugtyp, Topografie, Geschwindigkeit etc. Der Datenbestand ist so groß, dass die Verbrauchswerte in Gänze nur in elektronischer Form vorliegen. Für dieses Buch wurden ausgewählte Verbrauchsdaten errechnet (*siehe Tabellen 4.2-4 bis 4.2-7*).

In den Tabellen finden sich Diesel-Verbrauchsdaten für Fahrzeuge ohne Euro-Schadstoffklasse bis hin zu Euro 6. Berücksichtigt wurden außerdem die Veränderungen im Kraftstoffverbrauch bei unterschiedlichen Verkehrssituationen. Hier unterscheidet HBEFA zwischen Verkehren auf Autobahnen, Landstraßen und innerhalb von Städten. Durch Simulationen wurden im HBEFA dadurch zum Beispiel die Mehrverbräuche berücksichtigt, die sich durch häufiges Anfahren infolge Staus und Ampeln im innerstädtischen Bereich ergeben. Der Durchschnittswert ergibt sich durch Gewichtung der Verbrauchswerte in den drei Fahrbereichen mit der in Deutschland im Jahr 2010 erzielten Fahrleistung.

Die HBEFA-Datenbank erlaubt außerdem eine genaue Bestimmung des Kraftstoffverbrauchs je Grad Gefälle oder Steigung einer Straße. Diese Daten erlauben vor allem in Kombination mit einem Geoinformationssystem eine sehr exakte Einberechnung der Topografie. Dies wird in Deutschland unter anderem von Map&Guide sehr detailliert praktiziert (*siehe Kapitel 6.4*). In der Gesamtbilanz sind die Ergebnisse einer solchen Berechnungsmethode in der Regel aber nur geringfügig genauer als die einer allgemeineren Berücksichtigung der Topografie. Dieses Buch liefert deshalb Verbrauchswerte für die drei Topografien „flach", „hügelig" und „bergig". Für Deutschland sollten ohne Kenntnis der genauen Topographie die Werte für „hügelig" verwendet werden (*siehe Tabelle 4.2-5*).

HBEFA (Version 3.1) bietet derzeit keine Daten zu Verbräuchen für Lkw mit Hybrid- sowie vollelektrischen Antrieben. Diese Daten sollen aber im Rahmen der regelmäßigen Aktualisierungen in den kommenden Jahren schrittweise ergänzt werden.

Gebrauch der HBEFA-Verbrauchstabelle
Gemäß Tabelle 4.2-5 verbraucht ein Sattelzug mit 40 Tonnen zulässigem Gesamtgewicht leer (ohne Zuladung) mit einer Euro-5-Maschine mit SCR-Abgastechnik auf der Autobahn in hügliger Topografie 22,3 Liter Diesel je 100 km. Innerorts sind es für denselben Lastzug 28,6 Liter Diesel je 100 km. Wie bei den Daten der VerkehrsRundschau sind die Kraftstoffverbräuche für Fahrten mit

leerer und voller Beladung angegeben – die Werte können in die Formeln, die in den vorangegangene Kapiteln vorgestellt wurden, statt gemessener Werte eingesetzt werden.

Dieselverbrauch: Schwere Nfz (flach)

Fahrzeug-klasse (zGG in Tonnen) Schadstoffklasse	Autobahn		außerorts (o. Autobahn)		innerorts		Durchschnitt	
	0 % Auslastung	100 % Auslastung	0 % Auslastung	100 % Auslastung	0 % Auslastung	100 % Auslastung	0 % Auslastung	100 % Auslastung
	l/100 km	l/100 km	l/100 km	l/100 km	l/100 km	l/100 km	l/100 km	l/100 km
Lkw bis 7,5 t zulässiges Gesamtgewicht (maximale Nutzlast: 3,5 Tonnen)								
80er-Jahre	14,6	15,7	13,0	14,7	14,6	16,1	14,2	15,5
Euro 1	12,8	14,0	11,4	12,9	11,3	13,3	12,3	13,7
Euro 2	12,3	13,5	11,0	12,4	10,5	12,6	11,9	13,2
Euro 3	13,2	14,2	11,6	13,0	11,4	13,5	12,7	13,9
Euro 4 AGR	13,2	14,5	11,6	13,1	10,7	12,9	12,7	14,1
Euro 4 SCR	12,8	14,0	11,1	12,6	10,4	12,5	12,2	13,6
Euro 5 AGR	13,3	14,6	11,6	13,2	10,8	13,0	12,7	14,1
Euro 5 SCR	12,7	13,9	11,1	12,5	10,4	12,5	12,2	13,5
Euro 6	12,8	14,1	11,3	12,7	10,7	12,9	12,3	13,7
Euro-Klasse unbekannt	12,9	14,1	11,2	12,7	10,5	12,6	12,3	13,7
Lkw 7,501 bis 12 t zulässiges Gesamtgewicht (maximale Nutzlast: 6 Tonnen)								
80er-Jahre	18,7	20,8	17,0	19,7	21,4	24,8	18,5	20,8
Euro 1	16,5	18,7	15,2	18,1	17,4	21,6	16,3	18,8
Euro 2	16,1	18,2	14,8	17,6	16,3	20,7	15,8	18,2
Euro 3	17,3	19,4	15,5	18,2	17,6	21,9	16,9	19,3
Euro 4 AGR	17,1	19,5	15,2	18,2	16,5	21,0	16,6	19,3
Euro 4 SCR	16,4	18,8	14,5	17,4	15,9	20,3	15,9	18,6
Euro 5 AGR	17,2	19,6	15,2	18,3	16,7	21,3	16,7	19,4
Euro 5 SCR	16,3	18,7	14,5	17,4	16,0	20,3	15,8	18,5
Euro 6	16,6	19,0	14,8	17,7	16,6	21,0	16,2	18,9
Euro-Klasse unbekannt	16,6	19,0	14,7	17,6	16,2	20,6	16,1	18,8

Spezifischer Energieverbrauch in der Logistik

Fahrzeug-klasse (zGG in Tonnen) Schadstoffklasse	Autobahn		außerorts (o. Autobahn)		innerorts		Durchschnitt	
	0 % Auslastung	100 % Auslastung	0 % Auslastung	100 % Auslastung	0 % Auslastung	100 % Auslastung	0 % Auslastung	100 % Auslastung
	l/100 km	l/100 km	l/100 km	l/100 km	l/100 km	l/100 km	l/100 km	l/100 km
Lkw 12,001 bis 14 t zulässiges Gesamtgewicht (maximale Nutzlast: 8 Tonnen)								
80er-Jahre	19,4	21,9	17,9	21,1	22,3	27,0	19,2	22,1
Euro 1	17,0	19,4	15,8	19,2	18,3	23,8	16,8	19,7
Euro 2	16,5	18,9	15,3	18,6	17,3	22,9	16,3	19,1
Euro 3	17,5	20,1	15,9	19,3	18,6	24,1	17,2	20,2
Euro 4 AGR	17,2	20,0	15,5	19,0	16,9	22,7	16,8	20,0
Euro 4 SCR	16,4	19,2	14,9	18,3	16,6	22,0	16,0	19,2
Euro 5 AGR	17,3	20,1	15,6	19,1	17,2	23,0	16,9	20,1
Euro 5 SCR	16,3	19,1	14,8	18,2	16,7	22,1	16,0	19,1
Euro 6	16,8	19,5	15,2	18,5	17,0	22,6	16,5	19,5
Euro-Klasse unbekannt	16,5	19,4	15,0	18,4	16,8	22,3	16,2	19,4
Lkw 14,001 bis 20 t zulässiges Gesamtgewicht (maximale Nutzlast: 9 Tonnen)								
80er-Jahre	23,8	26,0	22,3	25,5	29,9	35,4	23,9	26,6
Euro 1	19,3	22,2	18,2	22,2	23,1	29,8	19,3	22,8
Euro 2	18,7	21,7	17,6	21,6	21,8	28,7	18,7	22,2
Euro 3	19,8	22,8	18,3	22,3	23,4	30,2	19,7	23,2
Euro 4 AGR	19,4	22,4	17,7	21,7	21,1	28,1	19,1	22,6
Euro 4 SCR	18,3	21,2	17,0	20,9	20,7	27,3	18,2	21,6
Euro 5 AGR	19,6	22,5	17,8	21,9	21,4	28,4	19,3	22,8
Euro 5 SCR	18,3	21,2	17,0	20,8	20,9	27,3	18,2	21,5
Euro 6	19,1	21,9	17,4	21,3	21,2	28,0	18,8	22,2
Euro-Klasse unbekannt	18,6	21,5	17,2	21,1	21,0	27,6	18,5	21,9

Fahrzeug-klasse (zGG in Tonnen) Schadstoffklasse	Autobahn		außerorts (o. Autobahn)		innerorts		Durchschnitt	
	0 % Auslastung l/100 km	100 % Auslastung l/100 km	0 % Auslastung l/100 km	100 % Auslastung l/100 km	0 % Auslastung l/100 km	100 % Auslastung l/100 km	0 % Auslastung l/100 km	100 % Auslastung l/100 km
Lkw 20,001 bis 26 t zulässiges Gesamtgewicht (maximale Nutzlast: 17 Tonnen; Dreiachser)								
80er-Jahre	25,5	30,2	24,2	30,8	33,6	44,6	25,8	31,4
Euro 1	21,3	26,5	20,6	27,7	27,3	39,1	21,6	27,7
Euro 2	20,8	26,0	20,0	27,1	26,1	38,0	21,0	27,1
Euro 3	21,9	27,1	20,5	27,7	27,8	39,5	22,0	28,1
Euro 4 AGR	21,1	26,3	20,0	27,2	24,9	37,3	21,1	27,3
Euro 4 SCR	20,1	25,2	19,3	26,2	24,6	36,3	20,3	26,2
Euro 5 AGR	21,3	26,4	20,1	27,4	25,3	37,7	21,3	27,4
Euro 5 SCR	20,1	25,0	19,3	26,1	24,7	36,3	20,2	26,1
Euro 6	20,8	25,6	19,6	26,6	25,0	36,9	20,8	26,6
Euro-Klasse unbekannt	20,4	25,4	19,5	26,4	24,8	36,7	20,5	26,4
Last-/Sattelzug 20,001 bis 28 t zulässiges Gesamtgewicht (maximale Nutzlast: 15 Tonnen)								
80er-Jahre	24,4	29,5	23,4	30,8	32,5	45,3	24,8	30,9
Euro 1	20,8	26,4	20,4	28,2	27,8	41,0	21,2	27,9
Euro 2	20,0	25,5	19,6	27,4	25,9	39,2	20,3	26,9
Euro 3	21,2	26,7	20,2	28,0	27,5	40,6	21,4	28,0
Euro 4 AGR	20,8	26,5	19,6	27,5	24,9	38,8	20,8	27,6
Euro 4 SCR	19,7	25,2	18,9	26,5	24,4	37,7	19,8	26,4
Euro 5 AGR	21,0	26,7	19,8	27,7	25,3	39,2	21,0	27,8
Euro 5 SCR	19,7	25,1	18,8	26,4	24,6	37,7	19,8	26,3
Euro 6	20,5	26,0	19,3	26,9	24,9	38,4	20,5	27,1
Euro-Klasse unbekannt	20,0	25,5	19,1	26,7	24,7	38,1	20,1	26,7

Spezifischer Energieverbrauch in der Logistik

Fahrzeug-klasse (zGG in Tonnen) Schad-stoffklasse	Autobahn		außerorts (o. Autobahn)		innerorts		Durchschnitt	
	0 % Auslas-tung	100 % Auslas-tung	0 % Auslas-tung	100 % Auslas-tung	0 % Auslas-tung	100 % Auslas-tung	0 % Auslas-tung	100 % Auslas-tung
	l/100 km	l/100 km	l/100 km	l/100 km	l/100 km	l/100 km	l/100 km	l/100 km
Last-/Sattelzug 28,001 bis 34 t zulässiges Gesamtgewicht (maximale Nutzlast: 20 Tonnen)								
80er-Jahre	24,7	30,7	23,7	32,6	33,1	48,9	25,1	32,5
Euro 1	21,1	27,5	20,8	30,0	28,5	44,3	21,6	29,3
Euro 2	20,3	26,7	20,0	29,2	26,5	42,7	20,7	28,4
Euro 3	21,5	27,8	20,6	29,8	28,2	44,1	21,7	29,5
Euro 4 AGR	21,0	27,6	20,0	29,3	25,6	42,4	21,1	29,1
Euro 4 SCR	19,9	26,3	19,2	28,4	25,1	41,2	20,1	27,9
Euro 5 AGR	21,2	27,8	20,1	29,5	25,9	42,9	21,3	29,3
Euro 5 SCR	19,9	26,2	19,2	28,3	25,2	41,2	20,1	27,8
Euro 6	20,7	27,0	19,6	28,6	25,6	42,0	20,8	28,5
Euro-Klasse unbekannt	20,2	26,6	19,4	28,6	25,4	41,6	20,4	28,2
Last-/Sattelzug 34,001 bis 40 t zulässiges Gesamtgewicht (maximale Nutzlast: 26 Tonnen)								
80er-Jahre	27,0	34,7	25,8	37,5	36,8	57,9	27,4	37,0
Euro 1	22,3	30,7	22,1	34,0	30,8	51,7	22,9	33,0
Euro 2	21,8	30,2	21,5	33,6	29,5	50,8	22,3	32,5
Euro 3	22,9	31,3	22,0	34,1	31,2	52,2	23,3	33,5
Euro 4 AGR	22,2	30,7	21,3	33,6	28,1	50,1	22,4	32,8
Euro 4 SCR	21,1	29,4	20,6	32,5	27,6	48,8	21,5	31,5
Euro 5 AGR	22,4	30,8	21,5	33,9	28,5	50,6	22,6	33,0
Euro 5 SCR	21,1	29,2	20,6	32,5	27,7	48,8	21,5	31,4
Euro 6	21,8	29,9	21,0	32,9	28,1	49,5	22,1	32,0
Euro-Klasse unbekannt	21,5	29,7	20,8	32,8	27,9	49,2	21,8	31,8

Fahrzeug-klasse (zGG in Tonnen) Schadstoffklasse	Autobahn		außerorts (o. Autobahn)		innerorts		Durchschnitt	
	0 % Auslastung l/100 km	100 % Auslastung l/100 km	0 % Auslastung l/100 km	100 % Auslastung l/100 km	0 % Auslastung l/100 km	100 % Auslastung l/100 km	0 % Auslastung l/100 km	100 % Auslastung l/100 km
Last-/Sattelzug 40,001 bis 50 t zulässiges Gesamtgewicht (maximale Nutzlast: 31 Tonnen)								
80er-Jahre	28,3	39,4	27,1	42,8	38,6	66,0	28,8	42,1
Euro 1	23,4	34,9	23,2	38,8	32,3	59,1	24,0	37,5
Euro 2	22,9	34,4	22,7	38,5	31,0	58,5	23,4	37,1
Euro 3	24,0	35,6	23,1	39,1	32,8	59,8	24,4	38,1
Euro 4 AGR	23,2	35,2	22,4	38,8	29,6	58,1	23,5	37,7
Euro 4 SCR	22,1	33,9	21,7	37,6	29,1	56,6	22,5	36,4
Euro 5 AGR	23,5	35,4	22,6	39,1	30,0	58,7	23,7	37,9
Euro 5 SCR	22,1	33,7	21,6	37,5	29,2	56,5	22,5	36,2
Euro 6	22,9	34,2	22,0	37,9	29,6	57,3	23,2	36,8
Euro-Klasse unbekannt	22,4	34,1	21,9	37,9	29,4	57,1	22,8	36,7
Last-/Sattelzug 50,001 bis 60 t zulässiges Gesamtgewicht (maximale Nutzlast: 41 Tonnen)								
80erJahre	32,1	46,3	31,0	52,0	44,6	81,8	32,8	50,2
Euro 1	26,5	41,2	26,5	46,7	37,3	72,8	27,3	44,7
Euro 2	25,8	40,9	25,9	46,3	35,8	71,6	26,6	44,3
Euro 3	27,0	42,2	26,3	46,9	37,7	72,8	27,6	45,5
Euro 4 AGR	26,3	42,0	25,6	46,9	34,3	71,6	26,7	45,3
Euro 4 SCR	25,0	40,6	24,7	45,5	33,7	69,8	25,6	43,8
Euro 5 AGR	26,6	42,4	25,9	47,4	34,9	72,5	27,0	45,7
Euro 5 SCR	25,1	40,5	24,8	45,5	33,9	69,9	25,6	43,8
Euro 6	26,1	41,3	25,4	46,3	34,5	71,2	26,5	44,6
Euro-Klasse unbekannt	25,4	41,0	25,1	46,0	34,1	70,6	26,0	44,3

Tab. 4.2-4: Schwere Nutzfahrzeuge, Topografie: flach (keine Steigung) – Dieselverbrauch in l/100 km in Deutschland [HBEFA 3.1; eigene Berechnungen]

Spezifischer Energieverbrauch in der Logistik

Dieselverbrauch: Schwere Nfz (hügelig)

Fahrzeug-klasse (zGG in Tonnen) Schadstoffklasse	Autobahn		außerorts (o. Autobahn)		innerorts		Durchschnitt	
	0 % Auslastung l/100 km	100 % Auslastung l/100 km	0 % Auslastung l/100 km	100 % Auslastung l/100 km	0 % Auslastung l/100 km	100 % Auslastung l/100 km	0 % Auslastung l/100 km	100 % Auslastung l/100 km
Lkw bis 7,5 t zulässiges Gesamtgewicht (maximale Nutzlast: 3,5 Tonnen)								
80er-Jahre	14,8	16,3	13,3	15,2	14,6	16,3	14,5	16,0
Euro 1	12,9	14,1	11,6	13,2	11,4	13,6	12,4	13,9
Euro 2	12,4	13,7	11,2	12,9	10,7	13,0	12,0	13,4
Euro 3	13,2	14,3	11,7	13,4	11,5	13,8	12,7	14,1
Euro 4 AGR	13,4	14,7	11,8	13,5	10,9	13,3	12,8	14,3
Euro 4 SCR	12,9	14,3	11,3	13,1	10,6	12,9	12,4	13,9
Euro 5 AGR	13,4	14,8	11,8	13,6	11,0	13,4	12,9	14,4
Euro 5 SCR	12,8	14,2	11,3	13,1	10,6	12,9	12,3	13,9
Euro 6	13,0	14,4	11,4	13,2	10,9	13,2	12,5	14,0
Euro-Klasse unbekannt	13,0	14,4	11,4	13,2	10,7	13,0	12,4	14,0
Lkw 7,501 bis 12 t zulässiges Gesamtgewicht (maximale Nutzlast: 6 Tonnen)								
80er-Jahre	19,0	22,0	17,3	20,8	21,4	25,4	18,8	21,9
Euro 1	16,7	19,7	15,5	19,0	17,5	22,3	16,5	19,7
Euro 2	16,3	19,0	15,1	18,5	16,5	21,4	16,0	19,1
Euro 3	17,3	19,9	15,8	19,2	17,8	22,7	17,0	19,9
Euro 4 AGR	17,3	20,4	15,6	19,3	16,8	21,8	16,9	20,2
Euro 4 SCR	16,7	19,8	15,0	18,7	16,2	21,1	16,2	19,6
Euro 5 AGR	17,4	20,5	15,7	19,4	17,0	22,1	17,0	20,4
Euro 5 SCR	16,6	19,8	15,0	18,6	16,3	21,2	16,2	19,6
Euro 6	16,9	19,9	15,3	18,9	16,9	21,8	16,5	19,8
Euro-Klasse unbekannt	16,9	20,1	15,1	18,8	16,5	21,4	16,5	19,9

Fahrzeugklasse (zGG in Tonnen) Schadstoffklasse	Autobahn		außerorts (o. Autobahn)		innerorts		Durchschnitt	
	0 % Auslastung l/100 km	100 % Auslastung l/100 km	0 % Auslastung l/100 km	100 % Auslastung l/100 km	0 % Auslastung l/100 km	100 % Auslastung l/100 km	0 % Auslastung l/100 km	100 % Auslastung l/100 km
Lkw 12,001 bis 14 t zulässiges Gesamtgewicht (maximale Nutzlast: 8 Tonnen)								
80er-Jahre	19,8	22,9	18,4	22,4	22,5	27,9	19,7	23,2
Euro 1	17,4	20,5	16,2	20,4	18,6	24,7	17,2	20,8
Euro 2	16,8	20,1	15,7	19,9	17,7	23,9	16,6	20,3
Euro 3	17,7	21,0	16,4	20,6	19,0	25,2	17,5	21,2
Euro 4 AGR	17,7	21,3	16,1	20,6	17,3	23,9	17,3	21,3
Euro 4 SCR	17,0	20,6	15,5	20,0	16,9	23,2	16,6	20,7
Euro 5 AGR	17,8	21,4	16,3	20,8	17,6	24,2	17,4	21,4
Euro 5 SCR	16,9	20,5	15,5	19,9	17,0	23,2	16,6	20,6
Euro 6	17,3	20,7	15,8	20,1	17,4	23,7	17,0	20,8
Euro-Klasse unbekannt	17,1	20,8	15,7	20,1	17,2	23,5	16,8	20,8
Lkw 14,001 bis 20 t zulässiges Gesamtgewicht (maximale Nutzlast: 9 Tonnen)								
80er-Jahre	24,2	27,4	22,5	27,2	29,9	36,5	24,2	28,0
Euro 1	19,9	23,8	18,7	23,9	23,4	31,0	19,8	24,3
Euro 2	19,1	23,3	18,1	23,5	22,2	30,0	19,1	23,8
Euro 3	20,3	24,3	18,9	24,2	23,9	31,5	20,2	24,8
Euro 4 AGR	20,0	24,2	18,4	24,0	21,5	29,5	19,7	24,5
Euro 4 SCR	19,0	23,3	17,7	23,1	21,1	28,7	18,9	23,6
Euro 5 AGR	20,1	24,4	18,6	24,1	21,8	29,9	19,9	24,7
Euro 5 SCR	19,0	23,2	17,7	23,1	21,2	28,7	18,8	23,5
Euro 6	19,6	23,7	18,1	23,5	21,6	29,4	19,4	24,0
Euro-Klasse unbekannt	19,3	23,5	17,9	23,4	21,3	29,0	19,1	23,8

Spezifischer Energieverbrauch in der Logistik

Fahrzeug-klasse (zGG in Tonnen) Schadstoffklasse	Autobahn		außerorts (o. Autobahn)		innerorts		Durchschnitt	
	0 % Auslastung l/100 km	100 % Auslastung l/100 km	0 % Auslastung l/100 km	100 % Auslastung l/100 km	0 % Auslastung l/100 km	100 % Auslastung l/100 km	0 % Auslastung l/100 km	100 % Auslastung l/100 km
Lkw 20,001 bis 26 t zulässiges Gesamtgewicht (maximale Nutzlast: 17 Tonnen; Dreiachser)								
80er-Jahre	26,1	33,7	24,7	34,5	33,9	46,7	26,3	34,8
Euro 1	22,1	29,7	21,4	30,8	27,9	41,2	22,3	30,8
Euro 2	21,5	29,3	20,9	30,3	26,7	40,1	21,7	30,3
Euro 3	22,7	30,3	21,5	30,9	28,4	41,7	22,8	31,3
Euro 4 AGR	22,1	30,1	21,0	30,9	25,6	39,7	22,1	31,0
Euro 4 SCR	21,2	29,2	20,3	30,0	25,2	38,6	21,3	30,0
Euro 5 AGR	22,3	30,2	21,2	31,1	25,9	40,1	22,3	31,1
Euro 5 SCR	21,2	29,1	20,3	29,9	25,3	38,6	21,3	30,0
Euro 6	21,7	29,3	20,6	30,3	25,6	39,3	21,7	30,3
Euro-Klasse unbekannt	21,5	29,4	20,5	30,2	25,5	39,0	21,5	30,3
Last-/Sattelzug 20,001 bis 28 t zulässiges Gesamtgewicht (maximale Nutzlast: 15 Tonnen)								
80er-Jahre	24,9	33,7	24,1	35,0	33,0	47,8	25,3	35,0
Euro 1	21,6	30,2	21,4	31,8	28,5	43,3	22,0	31,5
Euro 2	20,8	29,8	20,6	31,2	26,6	41,7	21,2	31,0
Euro 3	22,1	30,6	21,4	31,8	28,3	43,1	22,4	31,8
Euro 4 AGR	21,9	31,0	20,9	31,8	25,7	41,5	21,9	31,9
Euro 4 SCR	20,9	30,0	20,1	31,0	25,2	40,3	21,0	31,0
Euro 5 AGR	22,1	31,2	21,0	32,0	26,1	42,0	22,1	32,2
Euro 5 SCR	20,9	30,0	20,1	30,9	25,3	40,3	21,0	30,9
Euro 6	21,5	30,3	20,5	31,1	25,7	41,1	21,6	31,3
Euro-Klasse unbekannt	21,2	30,3	20,3	31,2	25,5	40,7	21,3	31,2

4 Spezifischer Energieverbrauch in der Logistik

Fahrzeug-klasse (zGG in Tonnen) Schadstoffklasse	Autobahn		außerorts (o. Autobahn)		innerorts		Durchschnitt	
	0 % Auslastung l/100 km	100 % Auslastung l/100 km	0 % Auslastung l/100 km	100 % Auslastung l/100 km	0 % Auslastung l/100 km	100 % Auslastung l/100 km	0 % Auslastung l/100 km	100 % Auslastung l/100 km
Last-/Sattelzug 28,001 bis 34 t zulässiges Gesamtgewicht (maximale Nutzlast: 20 Tonnen)								
80er-Jahre	25,3	35,7	24,6	37,6	33,6	51,9	25,7	37,3
Euro 1	22,0	32,1	21,9	34,2	29,2	47,1	22,5	33,6
Euro 2	21,2	31,7	21,1	33,7	27,4	45,5	21,6	33,1
Euro 3	22,5	32,7	21,9	34,4	29,0	47,0	22,9	34,1
Euro 4 AGR	22,2	32,9	21,3	34,4	26,5	45,6	22,3	34,2
Euro 4 SCR	21,2	32,2	20,6	33,7	25,9	44,3	21,4	33,4
Euro 5 AGR	22,3	33,2	21,5	34,7	26,9	46,1	22,5	34,5
Euro 5 SCR	21,1	32,1	20,5	33,6	26,0	44,3	21,3	33,3
Euro 6	21,7	32,3	20,9	33,7	26,5	45,1	21,9	33,6
Euro-Klasse unbekannt	21,4	32,4	20,8	33,9	26,2	44,8	21,6	33,6
Last-/Sattelzug 34,001 bis 40 t zulässiges Gesamtgewicht (maximale Nutzlast: 26 Tonnen)								
80er-Jahre	27,3	42,0	26,6	44,1	37,4	61,8	27,9	43,9
Euro 1	23,3	37,1	23,3	39,6	31,6	55,2	23,9	39,0
Euro 2	22,8	36,7	22,8	39,6	30,4	54,4	23,3	38,7
Euro 3	24,1	37,3	23,4	39,7	32,1	55,8	24,5	39,2
Euro 4 AGR	23,4	37,9	22,8	40,2	29,1	54,1	23,7	39,6
Euro 4 SCR	22,4	36,8	22,1	39,2	28,5	52,7	22,8	38,5
Euro 5 AGR	23,5	38,1	23,0	40,5	29,5	54,6	23,8	39,9
Euro 5 SCR	22,3	36,6	22,0	39,1	28,6	52,6	22,7	38,3
Euro 6	22,9	37,0	22,4	39,3	29,0	53,4	23,2	38,7
Euro-Klasse unbekannt	22,7	37,1	22,3	39,4	28,9	53,1	23,0	38,8

Spezifischer Energieverbrauch in der Logistik

Fahrzeug-klasse (zGG in Tonnen) Schadstoffklasse	Autobahn		außerorts (o. Autobahn)		innerorts		Durchschnitt	
	0 % Auslastung l/100 km	100 % Auslastung l/100 km	0 % Auslastung l/100 km	100 % Auslastung l/100 km	0 % Auslastung l/100 km	100 % Auslastung l/100 km	0 % Auslastung l/100 km	100 % Auslastung l/100 km
Last-/Sattelzug 40,001 bis 50 t zulässiges Gesamtgewicht (maximale Nutzlast: 31 Tonnen)								
Euro 1	24,4	42,2	24,5	45,2	33,1	63,3	25,1	44,4
Euro 2	23,9	42,3	24,0	45,5	32,0	62,7	24,5	44,5
Euro 3	25,3	43,2	24,7	45,9	33,7	64,0	25,7	45,3
Euro 4 AGR	24,6	43,6	24,0	46,3	30,6	62,8	24,9	45,6
Euro 4 SCR	23,5	42,7	23,2	45,4	30,0	61,2	23,9	44,6
Euro 5 AGR	24,7	44,0	24,2	46,7	31,1	63,4	25,1	46,0
Euro 5 SCR	23,4	42,6	23,2	45,3	30,2	61,1	23,9	44,5
Euro 6	24,0	42,7	23,6	45,4	30,6	61,8	24,4	44,7
Euro-Klasse unbekannt	23,8	42,9	23,4	45,7	30,4	61,7	24,2	44,9
Last-/Sattelzug 50,001 bis 60 t zulässiges Gesamtgewicht (maximale Nutzlast: 41 Tonnen)								
80er Jahre	32,9	58,7	32,4	62,7	45,4	88,0	33,7	61,7
Euro 1	27,9	51,6	28,2	55,6	38,4	78,1	28,7	54,4
Euro 2	27,3	50,7	27,6	54,9	37,0	77,0	28,1	53,6
Euro 3	28,7	51,9	28,2	55,5	38,9	78,3	29,3	54,6
Euro 4 AGR	27,9	52,8	27,7	56,6	35,6	77,6	28,4	55,5
Euro 4 SCR	26,7	51,7	26,8	55,3	34,9	75,6	27,3	54,2
Euro 5 AGR	28,1	53,3	28,0	57,2	36,2	78,5	28,7	56,0
Euro 5 SCR	26,7	51,7	26,8	55,4	35,1	75,8	27,3	54,3
Euro 6	27,5	52,0	27,3	55,9	35,8	77,0	28,1	54,7
Euro-Klasse unbekannt	27,1	52,1	27,1	55,9	35,4	76,5	27,7	54,8

Tab. 4.2-5: Schwere Nutzfahrzeuge, Topografie: hügelig (durchschnittl. ein Prozent Steigung) – Dieselverbrauch in l/100 km in Deutschland [HBEFA 3.1; eigene Berechnungen]

4 Spezifischer Energieverbrauch in der Logistik

Dieselverbrauch: Schwere Nfz (bergig)

Fahrzeug-klasse (zGG in Tonnen) Schadstoffklasse	Autobahn		außerorts (o. Autobahn)		innerorts		Durchschnitt	
	0 % Auslastung l/100 km	100 % Auslastung l/100 km	0 % Auslastung l/100 km	100 % Auslastung l/100 km	0 % Auslastung l/100 km	100 % Auslastung l/100 km	0 % Auslastung l/100 km	100 % Auslastung l/100 km
Lkw bis 7,5 t zulässiges Gesamtgewicht (maximale Nutzlast: 3,5 Tonnen)								
80er-Jahre	15,1	16,8	13,7	15,7	14,6	16,6	14,8	16,6
Euro 1	12,9	14,2	11,8	13,6	11,4	13,9	12,6	14,0
Euro 2	12,5	13,8	11,3	13,3	10,8	13,3	12,1	13,7
Euro 3	13,1	14,4	11,8	13,7	11,6	14,1	12,7	14,2
Euro 4 AGR	13,5	14,9	11,9	13,9	11,0	13,6	13,0	14,6
Euro 4 SCR	13,0	14,6	11,5	13,6	10,7	13,2	12,5	14,2
Euro 5 AGR	13,6	15,0	12,0	14,0	11,2	13,8	13,1	14,7
Euro 5 SCR	12,9	14,5	11,5	13,6	10,7	13,2	12,4	14,2
Euro 6	13,2	14,6	11,6	13,6	11,0	13,6	12,6	14,3
Euro-Klasse unbekannt	13,1	14,6	11,6	13,7	10,8	13,4	12,6	14,3
Lkw 7,501 bis 12 t zulässiges Gesamtgewicht (maximale Nutzlast: 6 Tonnen)								
80er-Jahre	19,4	23,2	17,7	21,7	21,4	25,9	19,1	23,0
Euro 1	16,9	20,6	15,8	19,8	17,7	23,0	16,7	20,6
Euro 2	16,4	19,9	15,3	19,4	16,8	22,2	16,2	20,0
Euro 3	17,4	20,4	16,0	20,1	18,1	23,4	17,1	20,6
Euro 4 AGR	17,6	21,3	16,0	20,3	17,1	22,7	17,2	21,2
Euro 4 SCR	16,9	20,8	15,4	19,8	16,5	21,9	16,6	20,7
Euro 5 AGR	17,7	21,5	16,1	20,5	17,3	23,0	17,3	21,3
Euro 5 SCR	16,9	20,8	15,4	19,8	16,6	22,0	16,5	20,7
Euro 6	17,2	20,9	15,7	19,9	17,2	22,6	16,9	20,8
Euro-Klasse unbekannt	17,1	21,0	15,6	20,0	16,8	22,2	16,7	20,8

Spezifischer Energieverbrauch in der Logistik 4

Fahrzeug-klasse (zGG in Tonnen) Schadstoffklasse	Autobahn		außerorts (o. Autobahn)		innerorts		Durchschnitt	
	0 % Auslastung l/100 km	100 % Auslastung l/100 km	0 % Auslastung l/100 km	100 % Auslastung l/100 km	0 % Auslastung l/100 km	100 % Auslastung l/100 km	0 % Auslastung l/100 km	100 % Auslastung l/100 km
Lkw 12,001 bis 14 t zulässiges Gesamtgewicht (maximale Nutzlast: 8 Tonnen)								
80er-Jahre	20,2	24,0	18,8	23,6	22,6	28,8	20,1	24,2
Euro 1	17,7	21,6	16,6	21,5	18,9	25,7	17,6	21,9
Euro 2	17,1	21,3	16,1	21,2	18,1	24,9	17,0	21,5
Euro 3	18,0	21,9	16,8	21,8	19,4	26,3	17,8	22,2
Euro 4 AGR	18,2	22,5	16,8	22,1	17,8	25,1	17,8	22,6
Euro 4 SCR	17,5	22,0	16,2	21,5	17,3	24,3	17,2	22,1
Euro 5 AGR	18,3	22,6	16,9	22,3	18,0	25,4	18,0	22,8
Euro 5 SCR	17,4	21,9	16,1	21,4	17,4	24,4	17,1	22,0
Euro 6	17,8	21,9	16,4	21,6	17,8	24,9	17,5	22,1
Euro-Klasse unbekannt	17,7	22,1	16,3	21,6	17,5	24,6	17,3	22,2
Lkw 14,001 bis 20 t zulässiges Gesamtgewicht (maximale Nutzlast: 9 Tonnen)								
80er-Jahre	24,5	28,8	22,6	28,7	29,9	37,6	24,5	29,4
Euro 1	20,4	25,4	19,2	25,6	23,7	32,2	20,4	25,9
Euro 2	19,5	25,0	18,6	25,2	22,6	31,2	19,5	25,5
Euro 3	20,7	25,8	19,5	26,0	24,3	32,8	20,7	26,3
Euro 4 AGR	20,5	26,0	19,1	26,0	21,9	31,0	20,3	26,4
Euro 4 SCR	19,7	25,3	18,4	25,2	21,4	30,1	19,5	25,6
Euro 5 AGR	20,7	26,2	19,2	26,2	22,2	31,4	20,4	26,6
Euro 5 SCR	19,7	25,2	18,3	25,2	21,5	30,1	19,5	25,5
Euro 6	20,1	25,4	18,7	25,5	21,9	30,8	19,9	25,8
Euro-Klasse unbekannt	19,9	25,4	18,6	25,4	21,7	30,4	19,7	25,8

4 Spezifischer Energieverbrauch in der Logistik

Fahrzeug-klasse (zGG in Tonnen) Schadstoffklasse	Autobahn		außerorts (o. Autobahn)		innerorts		Durchschnitt	
	0 % Auslastung	100 % Auslastung	0 % Auslastung	100 % Auslastung	0 % Auslastung	100 % Auslastung	0 % Auslastung	100 % Auslastung
	l/100 km	l/100 km	l/100 km	l/100 km	l/100 km	l/100 km	l/100 km	l/100 km
Lkw 20,001 bis 26 t zulässiges Gesamtgewicht (maximale Nutzlast: 17 Tonnen; Dreiachser)								
80er-Jahre	26,7	37,3	25,3	37,8	34,2	48,9	26,9	38,2
Euro 1	22,8	32,9	22,1	33,7	28,4	43,2	23,0	33,8
Euro 2	22,2	32,6	21,6	33,2	27,3	42,2	22,4	33,4
Euro 3	23,5	33,6	22,5	33,9	29,0	43,8	23,7	34,4
Euro 4 AGR	23,2	33,8	22,0	34,4	26,3	42,1	23,1	34,6
Euro 4 SCR	22,4	33,2	21,3	33,4	25,8	40,9	22,4	33,8
Euro 5 AGR	23,3	34,0	22,2	34,6	26,6	42,5	23,3	34,8
Euro 5 SCR	22,3	33,1	21,2	33,4	25,9	40,9	22,3	33,8
Euro 6	22,6	33,0	21,5	33,6	26,2	41,6	22,6	33,8
Euro-Klasse unbekannt	22,5	33,4	21,5	33,7	26,1	41,3	22,5	34,0
Last-/Sattelzug 20,001 bis 28 t zulässiges Gesamtgewicht (maximale Nutzlast: 15 Tonnen)								
80er-Jahre	25,4	37,9	24,8	38,8	33,4	50,3	25,8	39,0
Euro 1	22,3	34,0	22,3	35,1	29,1	45,7	22,8	35,1
Euro 2	21,6	34,0	21,5	34,7	27,3	44,1	22,0	34,9
Euro 3	23,1	34,6	22,5	35,3	29,1	45,7	23,4	35,6
Euro 4 AGR	23,0	35,4	22,0	35,8	26,6	44,3	23,0	36,1
Euro 4 SCR	22,2	34,8	21,2	35,1	25,9	43,0	22,2	35,4
Euro 5 AGR	23,2	35,7	22,2	36,1	26,9	44,7	23,2	36,4
Euro 5 SCR	22,1	34,8	21,2	35,0	26,0	43,0	22,2	35,4
Euro 6	22,5	34,7	21,5	35,1	26,5	43,7	22,6	35,4
Euro-Klasse unbekannt	22,4	35,0	21,4	35,3	26,2	43,4	22,4	35,7

Spezifischer Energieverbrauch in der Logistik

Fahrzeug-klasse (zGG in Tonnen) Schad-stoffklasse	Autobahn		außerorts (o. Autobahn)		innerorts		Durchschnitt	
	0 % Auslas-tung	100 % Auslas-tung	0 % Auslas-tung	100 % Auslas-tung	0 % Auslas-tung	100 % Auslas-tung	0 % Auslas-tung	100 % Auslas-tung
	l/100 km	l/100 km	l/100 km	l/100 km	l/100 km	l/100 km	l/100 km	l/100 km
Last-/Sattelzug 28,001 bis 34 t zulässiges Gesamtgewicht (maximale Nutzlast: 20 Tonnen)								
80er-Jahre	25,9	40,7	25,5	42,2	34,2	54,8	26,4	42,0
Euro 1	22,9	36,6	22,9	38,1	30,0	49,8	23,4	37,9
Euro 2	22,1	36,6	22,2	37,9	28,2	48,4	22,6	37,8
Euro 3	23,6	37,5	23,1	38,6	29,9	49,9	23,9	38,7
Euro 4 AGR	23,3	38,2	22,6	39,2	27,4	48,8	23,5	39,2
Euro 4 SCR	22,5	38,0	21,8	38,6	26,7	47,4	22,6	38,8
Euro 5 AGR	23,4	38,6	22,8	39,5	27,8	49,3	23,6	39,5
Euro 5 SCR	22,4	38,0	21,8	38,5	26,8	47,4	22,6	38,8
Euro 6	22,7	37,6	22,1	38,5	27,3	48,2	22,9	38,6
Euro-Klasse unbekannt	22,7	38,2	22,0	38,8	27,1	47,9	22,8	39,0
Last-/Sattelzug 34,001 bis 40 t zulässiges Gesamtgewicht (maximale Nutzlast: 26 Tonnen)								
80er-Jahre	27,6	49,3	27,4	50,3	37,9	65,6	28,3	50,7
Euro 1	24,2	43,6	24,3	44,8	32,4	58,7	24,8	44,9
Euro 2	23,7	43,2	23,9	45,1	31,2	58,0	24,3	44,7
Euro 3	25,3	43,3	24,8	44,9	33,0	59,3	25,8	44,8
Euro 4 AGR	24,6	45,1	24,2	46,2	30,1	58,0	24,9	46,3
Euro 4 SCR	23,7	44,3	23,4	45,3	29,4	56,6	24,0	45,4
Euro 5 AGR	24,7	45,5	24,4	46,6	30,5	58,6	25,1	46,7
Euro 5 SCR	23,6	44,0	23,3	45,2	29,5	56,5	23,9	45,2
Euro 6	23,9	44,2	23,7	45,3	30,0	57,2	24,3	45,4
Euro-Klasse unbekannt	23,9	44,4	23,6	45,5	29,8	57,0	24,2	45,6

4 Spezifischer Energieverbrauch in der Logistik

Fahrzeugklasse (zGG in Tonnen) Schadstoffklasse	Autobahn		außerorts (o. Autobahn)		innerorts		Durchschnitt	
	0 % Auslastung	100 % Auslastung	0 % Auslastung	100 % Auslastung	0 % Auslastung	100 % Auslastung	0 % Auslastung	100 % Auslastung
	l/100 km	l/100 km	l/100 km	l/100 km	l/100 km	l/100 km	l/100 km	l/100 km
Last-/Sattelzug 40,001 bis 50 t zulässiges Gesamtgewicht (maximale Nutzlast: 31 Tonnen)								
80er-Jahre	29,1	55,9	29,0	57,6	39,8	75,6	29,9	57,7
Euro 1	25,4	49,5	25,6	51,2	33,9	67,4	26,1	51,2
Euro 2	25,0	50,2	25,2	51,9	32,9	66,9	25,6	51,8
Euro 3	26,6	50,9	26,1	52,2	34,7	68,3	27,0	52,4
Euro 4 AGR	25,9	52,0	25,5	53,3	31,7	67,4	26,2	53,4
Euro 4 SCR	24,9	51,5	24,6	52,6	31,0	65,8	25,3	52,8
Euro 5 AGR	26,0	52,5	25,7	53,8	32,1	68,1	26,4	53,9
Euro 5 SCR	24,8	51,4	24,6	52,6	31,1	65,7	25,2	52,7
Euro 6	25,1	51,1	24,9	52,3	31,6	66,4	25,6	52,5
Euro-Klasse unbekannt	25,1	51,7	24,8	52,9	31,4	66,3	25,5	53,0
Last-/Sattelzug 50,001 bis 60 t zulässiges Gesamtgewicht (maximale Nutzlast: 41 Tonnen)								
80er-Jahre	33,7	71,1	33,7	72,6	46,3	94,3	34,6	73,1
Euro 1	29,2	62,0	29,7	63,8	39,4	83,3	30,1	64,0
Euro 2	28,8	60,6	29,2	62,8	38,1	82,5	29,6	62,7
Euro 3	30,4	61,5	30,0	63,4	40,1	83,8	31,0	63,5
Euro 4 AGR	29,5	63,6	29,6	65,5	37,0	83,5	30,0	65,5
Euro 4 SCR	28,4	62,8	28,6	64,4	36,1	81,5	29,0	64,5
Euro 5 AGR	29,7	64,3	29,9	66,3	37,5	84,5	30,3	66,2
Euro 5 SCR	28,3	63,0	28,6	64,6	36,3	81,6	28,9	64,7
Euro 6	29,0	62,7	29,2	64,8	37,1	82,8	29,6	64,7
Euro-Klasse unbekannt	28,7	63,3	28,9	65,0	36,6	82,4	29,3	65,1

Tab. 4.2-6: Schwere Nutzfahrzeuge, Topografie: bergig (durchschnittl. zwei Prozent Steigung) – Dieselverbrauch in l/100 km in Deutschland [HBEFA 3.1; eigene Berechnungen]

Spezifischer Energieverbrauch in der Logistik

Kraftstoffverbrauch: leichte Nfz

Schad-stoffklasse	Otto-Motor				Diesel-Motor			
	Auto-bahn	außer-orts (o. Auto-bahn)	inner-orts	Durch-schnitt	Auto-bahn	außer-orts (o. Auto-bahn)	inner-orts	Durch-schnitt
	l/100 km	l/100 km	l/100 km	l/100 km	l/100 km	l/100 km	l/100 km	l/100 km
Topografie: flach (keine Steigung)								
vor Euro 1	10,1	8,4	12,6	10,8	14,7	10,9	11,7	12,4
Euro 1	9,8	7,6	10,1	9,3	13,6	10,0	10,9	11,4
Euro 2	8,8	6,9	9,2	8,5	11,9	8,8	9,7	10,1
Euro 3	8,9	7,1	9,6	8,7	9,0	7,1	8,6	8,3
Euro 4	7,5	6,1	9,1	7,9	8,7	6,9	8,3	8,0
Euro 5	6,1	5,0	8,1	6,8	7,8	6,2	7,4	7,2
Euro-Klasse unbekannt	8,2	6,6	9,3	8,3	8,8	7,0	8,4	8,2
Topografie: hügelig (durchschnittlich ein Prozent Steigung)								
vor Euro 1	10,3	8,6	12,7	11,0	14,6	11,1	11,8	12,4
Euro 1	9,8	7,9	10,2	9,5	13,4	10,2	11,0	11,5
Euro 2	8,9	7,1	9,3	8,6	11,8	9,0	9,8	10,2
Euro 3	9,0	7,3	9,7	8,9	9,0	7,1	8,7	8,4
Euro 4	7,6	6,3	9,2	8,0	8,6	7,0	8,3	8,1
Euro 5	6,7	5,6	8,2	7,1	7,8	6,2	7,4	7,2
Euro-Klasse unbekannt	8,3	6,8	9,4	8,4	8,8	7,0	8,5	8,2
Topografie: bergig (durchschnittlich zwei Prozent Steigung)								
vor Euro 1	10,5	8,8	12,9	11,2	14,5	11,3	12,0	12,5
Euro 1	9,9	8,0	10,3	9,6	13,3	10,4	11,2	11,6
Euro 2	8,9	7,3	9,4	8,7	11,8	9,1	9,9	10,3
Euro 3	9,1	7,5	9,8	9,0	8,9	7,2	8,8	8,4
Euro 4	7,7	6,5	9,3	8,1	8,6	7,0	8,4	8,1
Euro 5	6,7	5,7	8,3	7,2	7,8	6,3	7,5	7,3
Euro-Klasse unbekannt	8,4	7,0	9,6	8,6	8,8	7,1	8,6	8,3

Tab. 4.2-7: Leichte Nutzfahrzeuge (bis 3,5 t zGG, Maximale Nutzlast: durchschnittlich 1,2 t) Benzin/Dieselverbrauch in l/100 km in Deutschland [HBEFA 3.1; eigene Berechnungen]

Diskussion um Verbrauchswerte von Lkw

Seit Jahren kommt es immer wieder zwischen Forschungsinstituten und der Automobilindustrie zu Diskussionen über die Höhe des Kraftstoffverbrauchs von Lastkraftwagen. Oftmals wird der Streit am Beispiel eines modernen, gewichtsmäßig voll ausgelasteten Sattelzugs mit 40 Tonnen zulässigem Gesamtgewicht geführt.

Während die Automobilindustrie Verbrauchswerte von 25 bis 30 Liter je 100 km ins Feld führt, werden von den Umweltinstituten die HBEFA-Werte von rund 37 Litern dagegen gestellt. Die Werte aus den VerkehrsRundschau-Tests liegen mit 32 bis 35 Liter Diesel je 100 km ungefähr zwischen den beiden anderen Datenquellen.

Festzustellen ist bei dieser Diskussion, dass nahezu alle diese Verbrauchswerte korrekt sind – jeweils bezogen auf ihren Messrahmen und die Rahmenbedingungen. Die berücksichtigten Basisannahmen sind jedoch sehr unterschiedlich. Für den Einsatz von THG- und CO_2-Berechnungen eignen sich die Daten deshalb jeweils auch nur für bestimmte Betrachtungen.

Die Werte der Automobilindustrie mit 25 bis 30 Litern Diesel je 100 km sind geeignet, um zu demonstrieren, welche Energieverbräuche und folglich Emissionen möglich sind, wenn die Fahrzeuge unter optimalen Gegebenheiten zum Einsatz kommen. Dazu zählen flache Topografie, Geschwindigkeitsreduzierung durch Tempomat und Einsatz von optimalen Reifen, Spoilern etc. Werden beispielsweise die HBEFA-Werte für einen voll beladenen Lkw bei flacher Topografie verwendet, liegt der Verbrauch mit knapp unter 30 l/100 km fast in dem Bereich der Werte der Automobilindustrie.

Die VerkehrsRundschau-Fahrzeugtests liefern unabhängige Verbrauchsdaten für aktuelle Neufahrzeuge aller führenden Hersteller. Alle Daten werden dabei im Praxiseinsatz nach einem standardisierten Verfahren gemessen. Basis ist eine Standardteststrecke (hügelige Topografie, 85 km/h Fahrgeschwindigkeit etc). Die Fahrzeugtests der VerkehrsRundschau genießen in Deutschland einen hohen Bekanntheitsgrad, in Europa spielen sie jedoch nur eine untergeordnete Rolle.

Das Handbuch der Emissionsfaktoren (HBEFA) bietet die umfangreichste Datenbasis. Hier lassen sich für alle Schadstoffklassen einheitlich ermittelte Verbrauchsdaten abrufen, die außerdem mit Einflussfaktoren wie Topografie oder Verkehrssituationen kombiniert werden können. HBEFA genießt einen guten Ruf bei allen Umweltinstitutionen im deutschsprachigen Raum und innerhalb der EU. Zudem wird das HBEFA von den staatlichen Umweltämtern von Deutschland, Österreich, Schweiz, Norwegen und Schweden herausgegeben. Nachteilig an den HBEFA-Daten ist, dass sie hauptsächlich auf Motorstandsmessungen und Simulationen beruhen. Gerade diesen Nachteil sehen einige Umweltexperten aber als Vorteil: Bei Verbrauchsdaten auf Simulationsbasis entfielen nämlich alle externen Zufallsvariablen wie Stau, Fahrbahnqualitätsunterschiede, Wetterbedingungen etc., auf die der Fahrer sowie das frachtführende Unternehmen keinen Einfluss haben. THG-Vergleiche zwischen Logistikunternehmen würden dadurch genauer, weil nur unternehmensspezifische Abweichungen wie Auslastungen, Leerfahrtenanteile etc. eine Rolle beim Kraftstoffverbrauch und damit bei der THG-Ermittlung spielen würden (*siehe auch Kapitel 4.1.4*). Allerdings sind die Aktualisierungszyklen des HBEFA in der Regel recht lang, so dass Neufahrzeug-Verbräuche immer erst später in die Daten einfließen.

Welche Daten zur Ermittlung von THG-Emissionen herangezogen werden, muss jeder Anwender immer für sich entscheiden. Wichtig ist aber, die Quellen und Rahmenbedingungen der Default-Werte bei der Präsentation von THG-Emissionen mit auszuweisen.

4.2.5 Berechnung von standardisierten Energieverbrauchswerten und Treibhausgasemissionen

Mit Hilfe des nach Kapitel 4.2.2 und 4.2.3 berechneten Kraftstoffverbrauches für Lkw-Verkehre können mittels der in Kapitel 3.2 vorgestellten Faktoren und der Basisformeln aus Kapitel 2 standardisierte Tank-to-Wheel-Energieverbräuche und Treibhausgasemissionen (also ohne Energievorkette) sowie Well-to-Wheel-Energieverbräuche und -Treibhausgasemissionen (mit Energievorkette) berechnet werden.

Standardisierter Energieverbrauch und THG-Emissionen
Transportiert werden drei Paletten mit einem gemeinsamen Gewicht von 2,625 Tonnen (jeweils Gewicht der Ware plus Gewicht der Palette) von Bremen nach Bremerhaven. Die Transportentfernung enthält 60 km Lastfahrt sowie 60 km Leerfahrt. Eingesetzt wird ein Diesel-Lkw (7,5-Tonner, Euro 4) mit 3,5 Tonnen Nutzlast (Biodiesel-Anteil 6,2 %). Der Verbrauch beträgt gemäß Verkehrs-Rundschau-Tabelle EV_{voll} = 16,2 Liter/100 km; EV_{leer} = 13,0 Liter/100 km.

1. Schritt: Berechnung der Energieverbrauchs für die Ladung [Formel 4.2-9]:

$$EV_{Lkw(absolut, inkl. Leerfahrten)} = (13,0 \frac{l}{100\ km} + (16,2 \frac{l}{100\ km} - 13,0 \frac{l}{100\ km})$$
$$\times \frac{2,625\ t}{3,5\ t} + 1 \times 13 \frac{l}{100\ km}) \times 60\ km = 17,04\ \text{Liter Diesel}$$

2. Schritt: Ermittlung des standardisierten Energieverbrauchs und der Treibhausgasemissionen gemäß [Formel 2-1] und [Formel 2-3]:

Die Umrechnungsfaktoren können der Tabelle 3.6-1 entnommen werden.

- **TTW-Energieverbrauch (Endenergieverbrauch):**

$$EV_{MJ(TTW)} = 17{,}04 \text{ l} \times 35{,}7 \frac{MJ}{l} = 608{,}3 \text{ MJ}$$

- **WTW-Energieverbrauch (Primärenergieverbrauch):**

$$EV_{MJ(WTW)} = 17{,}04 \text{ l} \times 41{,}4 \frac{MJ}{l} = 705{,}5 \text{ MJ}$$

- **TTW-CO_2-Emissionen:**

$$EM_{CO_2(TTW)} = 17{,}04 \text{ l} \times 2{,}47 \frac{\text{kg } CO_2}{l} = 42{,}1 \text{ kg } CO_2$$

- **WTW-CO_2-Emissionen:**

$$EM_{CO_2(WTW)} = 17{,}04 \text{ l} \times 2{,}80 \frac{\text{kg } CO_2}{l} = 47{,}7 \text{ kg } CO_2$$

- **TTW-Treibhausgasemissionen (berechnet als CO_2-Äquivalente):**

$$EM_{THG(TTW)} = 17{,}04 \text{ l} \times 2{,}50 \frac{\text{kg } CO_2 e}{l} = 42{,}6 \text{ kg } CO_2 e$$

- **WTW-Treibhausgasemissionen (berechnet als CO_2-Äquivalente):**

$$EM_{THG(WTW)} = 17{,}04 \text{ l} \times 2{,}92 \frac{\text{kg } CO_2 e}{l} = 49{,}8 \text{ kg } CO_2 e$$

Ergebnisse im Überblick:

Energie (TTW) in MJ	Energie (WTW) in MJ	CO_2 (TTW) in kg CO_2	CO_2 (WTW) in kg CO_2	THG (TTW) in kg CO_2e	THG (WTW) in kg CO_2e
608,3	705,5	42,1	47,7	42,6	49,8

4.2.6 Entfernungsberechnung

Die Entfernungen im Lkw-Verkehr werden in Europa in der Regel in Kilometer (km) angegeben. Zur Ermittlung der Entfernungen eigenen sich am besten Tourenplanungs- und Routenplanungssysteme. Im Internet existiert eine Reihe von kostenlosen Berechnungswerkzeugen. Idealerweise sollten aber auch die zurückgelegten Entfernungen – wo immer möglich – gemessen werden. Dies schreibt auch der neue CEN-Normentwurf vor.

Internet-Tipp
EcoTransIT
http:// www.ecotransit.org

Falk
http://www.falk.de/routenplaner

Google Maps
http://www.maps.google.de

Luftlinie.de
http:// www.luftlinie.org

Michelin
http://www.viamichelin.de/web/Routenplaner

NAVTEQ Map24
http://www.de.map24.com

4.2.7 Besonderheiten bei Lkw-Kühltransporten

Bei temperaturgeführten Lkw-Transporten muss neben der Energie für die Fortbewegung des Fahrzeugs auch Energie für die Kühlung des Laderaums aufgebracht werden. Dieser zusätzliche Energieverbrauch entsteht bei aktiver Kühlung über die gesamte Einsatzzeit. Dazu zählt die Fahrzeit ebenso wie Standzeiten (Stau, Pausen, Be- und Endladezeiten, Vorkühlung des Laderaums).

Die Kühlung des Laderaums erfolgt in den meisten Fällen durch eine Kältemaschine mit Hilfe eines Kältemittels (in der Regel R404A, R410A). Um die Kältemaschine mit Energie zu versorgen, kommen in der Praxis häufig drei unterschiedliche Techniken zum Einsatz (*siehe auch Tabelle 4.2-8*):

Motorwagen mit Generator-Antrieb für Kältemaschine: Weit verbreitet ist bei Solo-Lkw (Motorwagen) im Verteilerverkehr die Lösung, dass der Fahrzeugmotor mechanisch einen zusätzlich eingebauten Generator antreibt, der wiederum die Kältemaschine mit Strom versorgt. Hier kommt es dann für die Kühlung zu einem Mehrverbrauch an Dieselkraftstoff des Lkw-Antriebsmotors. Bei Standzeiten muss der Fahrzeugmotor laufen, um die Kühlung zu gewährleisten. Alternativ kann an Lagerrampen oder auf speziellen Parkplätzen die Kältemaschine über eine externe Stromquelle mit Energie versorgt werden.

Motorwagen mit Diesel-Antrieb für Kältemaschine: Sowohl im Verteiler- als auch im Fernverkehr sind Solo-Lkw mit Kältemaschinen weit verbreitet, die von einem zusätzlich zum Antriebsmotor installierten Diesel-Motor angetrieben werden. Dieser Motor bezieht seinen Kraftstoff aus dem Haupttank des Lkw. Dadurch kommt es durch die Kühlung zu einem Mehrverbrauch an Diesel, gemessen am Lkw-Tank. Solche Systeme verfügen manchmal auch über zusätzlich installierte Elektromotoren zum Antrieb der Kältemaschine, um mittels externer Stromquelle eine Kühlung ohne Dieselmotorbetrieb zu ermöglichen.

Sattelauflieger mit Dieseltank für Kältemaschine: Bei Sattelaufliegern finden sich in der Regel Kältemaschinen, die mittels eines separaten Dieselmotors angetrieben werden. Der Sattelauflieger verfügt über einen eigenen Dieseltank. Ein zusätzlich installierter Elektromotor erlaubt den Betrieb der Kältemaschine über eine externe Stromversorgung. Bei seit kurzem auf dem Markt befindlichen Hybridanlagen wird die Kältemaschine ausschließlich elektrisch betrieben. Die Stromversorgung erfolgt durch Netzanschluss (bei Standzeiten) oder durch einen Stromgenerator, der wiederum durch einen zusätzlichen Dieselmotor angetrieben wird.

Laderaum-Typ	Antrieb ziehende Einheit	Kältemaschine bei Transport	Kältemaschine bei Standzeiten
Motorwagen mit Diesel-Antrieb für Kältemaschine	Liter Diesel pro 100 km	Liter Diesel je Betriebsstunde aus Haupttank	Liter Diesel je Betriebsstunde aus Haupttank **oder** Stromverbrauch in kWh je Stunde
Motorwagen mit Generator-Antrieb für Kältemaschine	Liter Diesel pro 100 km	Antrieb des Generators durch Lkw-Antriebsmotor	Liter Diesel je Betriebsstunde bei laufendem Lkw-Antriebsmotor aus Haupttank **oder** Stromverbrauch in kWh je Stunde
Sattelauflieger mit Dieseltank für Kältemaschine	Liter Diesel pro 100 km (für Sattelzugmaschine)	Liter Diesel je Betriebsstunde aus Zusatztank	Liter Diesel je Betriebsstunde aus Zusatztank **oder** Stromverbrauch in kWh je Stunde

Tab. 4.2-8: Energieverbrauchsmessung bei unterschiedlichen Systemen zur Transportkühlung

Kryogen-Kühltechnik bei Lkw-Transporten

Neu auf dem Markt von Kühlsystemen für Lkw-Transporte sind sogenannte Kryogensysteme. Hier kühlt flüssiges Kohlendioxid (R744) über eine Verdampferschlange den Lkw-Laderaum. Ist die Kühlwirkung des in den Verdampfer eingeleiteten CO_2 verbraucht, wird dieses in die Außenluft abgelassen. Die für das Defrosten der Verdampferschlange sowie für die Temperaturregelung erforderliche Wärme wird beim Einsatz in Solo-Lkw aus dem Kühlkreislauf des

Spezifischer Energieverbrauch in der Logistik

Fahrzeugs abgeführt oder mithilfe einer Elektroheizung (bei Netzbetrieb) erzeugt. Bei dieser Kühltechnik ist der direkte (= Tank-to-Wheel-) Energieverbrauch gering, jedoch sind Energieeinsatz und Emissionen zu berücksichtigen, die bei Herstellung und Bereitstellung des flüssigen Kohlendioxids entstehen.

Eine wichtige Rolle für die Höhe des Energieverbrauchs bei temperaturgeführten Transporten spielt der Unterschied zwischen eingestellter Soll-Temperatur für den Laderaum und vorherrschender Außentemperatur. Abhängig von der Isolierung des Laderaums und der Anzahl der Türöffnungen findet ein ständiger Temperaturaustausch zwischen Laderaum und Außenwelt statt. Diesem entgegen wirkt die Kältemaschine. Je stärker die Außentemperatur auf den Laderaum wirkt, desto öfter muss die Kältemaschine regulierend eingreifen.

Die eigene Messung von Dieselverbräuchen ist gemäß CEN-Normentwurf prEN 16258:2011 die beste Möglichkeit, den Energieeinsatz zu bestimmen. Dazu müssen zum einen die Verbräuche an Dieselkraftstoff am Zusatztank ermittelt werden. Dies kann beispielsweise durch Nachtankprotokolle erfolgen. Etwas schwieriger ist die Bestimmung des Dieselmehrverbrauchs für die Kühlung, wenn der dazu verwendete Diesel aus dem Haupttank des Fahrzeugs stammt. Hier lassen sich die Werte zum Beispiel durch Vergleichsfahrten mit und ohne aktiver Kühlung, durch Verbrauchsmessungen bei längeren Standzeiten mit Kühlung oder Durchflussmengenzähler bestimmen.

Erfolgt die Energieversorgung der Kältemaschine an der Laderampe über Netzstrom, lässt sich der Verbrauch am besten durch gesonderte Stromzähler an der Steckdose ermitteln. Diese Energieverbräuche sind ebenfalls bei Kühltransporten zu berücksichtigen, sie sind aber entweder dem Lagerbetrieb oder dem Transport zuzurechnen – Doppelzählungen sind hier zu vermeiden.

Die so ermittelten durchschnittlichen Diesel- und Stromverbrauchswerte werden dann in der Einheit Energieverbrauch je Einsatzstunde des Kühlladeraums angegeben. Der Verbrauch je Einsatzstunde ist nicht zu verwechseln mit dem Verbrauch je Betriebsstunde einer Kältemaschine (auch „Einschaltzeit" genannt) beziehungsweise des dazugehörigen Dieselantriebs. Um einen Laderaum kühl zu halten, muss die Kältemaschine nicht ständig in Betrieb sein. So kann ein Kühlladeraum zum Beispiel zehn Stunden im Einsatz gewesen sein (das heißt in ihm herrschte die eingestellte Soll-Temperatur); das dazugehörige Kälteaggregat musste aber mit Unterbrechungen insgesamt nur sechs Stunden in Betrieb sein, um die Kühlung zu gewährleisten.

Um die ermittelten Durchschnittsverbräuche je Einsatzstunde später bei Berechnungen verwenden zu können, muss neben der Fahrzeit auch die Dauer von Standzeiten bekannt sein. Bei Berechnungen von Kraftstoffverbräuchen für eine spezielle Fahrzeugflotte oder eine feste Transportrelation können die ermittelten Verbräuche je Stunde mit Hilfe der Durchschnittsgeschwindigkeit einschließlich Pausen alternativ auch in Kilometerwerte umgerechnet werden, so dass dann die Kenntnis der tatsächlichen Einsatzzeit je Transport nicht mehr notwendig ist.

Erfolgt die Berechnung des Energieverbrauchs für einen Transport über die Betriebsstunden der Kühlmaschine, dann müssen die genaue Einschaltzeiten des Aggregats bekannt sein. Bei manchen Kühlmaschinen lassen sich diese Daten aus einem Speicher abrufen.

Allgemeingültige Daten zum Energieverbrauch von temperaturgeführten Lkw-Transporten liegen in Deutschland bisher öffentlich nicht vor. Die Tabelle 4.2-9 liefert hier erstmals aktuelle Basiswerte. Mittels [Formel 4.2-16] kann dann auf Basis der durchschnittlichen Mehrverbräuche je Einsatzstunde bzw. Betriebsstunde des Kühlaggregats der Energieverbrauch bei Kühltransporten ermittelt werden. Nicht zu vergessen ist bei den Berechnungen der „normale Energieverbrauch" für den Antrieb der ziehenden Einheit. Liegen nur Energieverbräuche für ziehende Einheiten inklusive Kühlung in Liter Diesel je einhundert Kilometer vor, so ist hier unter Berücksichtigung der Zuladung der Gesamtverbrauch zu ermitteln.

 Formel 4.2-16

$$EV_{Kühlung} = EV_{Zeit} \times ZE \quad [\text{Liter Diesel oder kWh Strom}]$$

$EV_{Kühlung}$ = Zusätzlicher Energieverbrauch durch Kühlung [in Liter Diesel oder kWh Strom]

EV_{Zeit} = spezifischer Energieverbrauch pro Stunde für Kühlung [in Liter oder kWh pro Stunde]

ZE = Einsatzzeit des Kühlladeraums (Fahrzeiten + Standzeiten) bzw. Betriebzeiten des Kühlaggregats [in Stunden]

Neben dem Energieverbrauch für den Transport und für die Kühlung ist bei der Berechnung von Treibhausgasemissionen außerdem der Verlust von Kühlmitteln und deren Klimawirksamkeit zu betrachten. Diese treten insbesondere bei Undichtigkeiten im Kältesystem (Leckagen) auf. Ursachen hierfür können Verschleiß oder Beschädigungen sein. Bei Kühlfahrzeugflotten ist es am praktikabelsten, aufs Jahr bezogenen Durchschnittsverluste zu berechnen und diese pauschal auf die Fahrzeugflotte umzulegen. Die Kältemittelverluste werden dabei am Leichtesten über die jährlichen Nachfüllmengen bei Wartungsarbeiten ermittelt (*siehe auch Kapitel 3.5 und Kapitel 4.7.4*).

4
Spezifischer Energieverbrauch in der Logistik

Energieverbrauch und THG-Emissionen durch Kühltransporte

Ein 40-Tonnen-Sattelzug mit Kühlauflieger soll 15 Tonnen Kühlware (+2 Grad Celsius eingestellte Laderaumtemperatur) von Bremerhaven nach München transportieren (D = 850 km). Die Transportzeit beträgt inklusive Ruhepause 21 Stunden. Der Kraftstoffverbrauch (ohne Kühlung) beträgt EV_{spez} = 0,02 Liter Diesel je Tonnenkilometer. Für die Kühlung kann ein Dieselmehrverbrauch von 1,0 Liter pro Einsatzstunde angesetzt werden. Während einer längeren Ruhepause wird das Kühlaggregat mit Strom vom Parkplatzbetreiber betrieben. Der Stromverbrauch für das Kühlaggregat beträgt für eine für dieses Beispiel angenommene Standzeit von zehn Stunden Ruhepause 20 kWh. Gesucht sind der gesamte Energieverbrauch sowie die CO_2- und THG-Emissionen (ohne Berücksichtigung von Kältemittelverlusten) für diese Fahrt.

Erster Schritt: Berechnung des Dieselverbrauchs für die Fahrt ohne Kühlung nach Formel [Formel 4.2-1]:

$$EV_{Lkw(ohne\ Kühlung)} = 0{,}02\ \frac{l}{tkm} \times 850\ km \times 15\ t = 255\ Liter\ Diesel$$

Zweiter Schritt: Berechnung des Energieverbrauchs für die Kühlung während der Fahrt mittels [Formel 4.2-16]:

$$EV_{Kühlung\ (Diesel)} = 1{,}0\ \frac{l}{h} \times (21\ h - 10\ h) = 11\ Liter\ Diesel$$

$$EV_{Lkw(Diesel,\ gesamt)} = 255\ l + 11\ l = 266{,}0\ Liter\ Diesel$$

Dritter Schritt: Umrechnung in Standardenergieverbrauch:

Die Umrechnungsfaktoren können der Tabelle 3.6-1 entnommen werden.

- **TTW-Energieverbrauch (Endenergieverbrauch):**

$$EV_{MJ(TTW)} = 266{,}0\ l \times 35{,}7\ \frac{MJ}{l} + 20\ kWh \times 3{,}6\ \frac{MJ}{kWh} = 9.568{,}2\ MJ$$

- **WTW-Energieverbrauch (Primärenergieverbrauch):**

$$EV_{MJ(WTW)} = 266{,}0\ l \times 41{,}4\ \frac{MJ}{l} + 20\ kWh \times 10{,}3\ \frac{MJ}{kWh} = 11.218{,}4\ MJ$$

- **TTW-CO_2-Emissionen:**

$$EM_{CO_2(TTW)} = 266{,}0\ l \times 2{,}47\ \frac{kg\ CO_2}{l} + 20\ kWh \times 0{,}0\ \frac{kg\ CO_2}{kWh} = 657{,}0\ kg\ CO_2$$

- **WTW-CO$_2$-Emissionen:**

$$EM_{CO_2(WTW)} = 266{,}0 \text{ l} \times 2{,}80 \frac{\text{kg CO}_2}{\text{l}} + 20 \text{ kWh} \times 0{,}564 \frac{\text{kg CO}_2}{\text{kWh}} = 756{,}1 \text{ kg CO}_2$$

- **TTW-Treibhausgasemissionen (berechnet als CO$_2$-Äquivalente):**

$$EM_{THG(TTW)} = 266{,}0 \text{ l} \times 2{,}50 \frac{\text{kg CO}_2\text{e}}{\text{l}} + 20 \text{ kWh} \times 0{,}0 \frac{\text{kg CO}_2\text{e}}{\text{kWh}} = 665{,}0 \text{ kg CO}_2\text{e}$$

- **WTW-Treibhausgasemissionen (berechnet als CO$_2$-Äquivalente):**

$$EM_{THG(WTW)} = 266{,}0 \text{ l} \times 2{,}92 \frac{\text{kg CO}_2\text{e}}{\text{l}} + 20 \text{ kWh} \times 0{,}589 \frac{\text{kg CO}_2\text{e}}{\text{kWh}} = 788{,}5 \text{ kg CO}_2\text{e}$$

Ergebnis:

Energie (TTW) in MJ	Energie (WTW) in MJ	CO$_2$ (TTW) in kg CO$_2$	CO$_2$ (WTW) in kg CO$_2$	THG (TTW) in kg CO$_2$e	THG (WTW) in kg CO$_2$e
9.568,2	11.218,4	657,0	756,1	665,0	788,5

Spezifischer Energieverbrauch in der Logistik

Kühlfahrzeug (Maximale Nutzlast)	Soll-Temperatur Laderaum[3]	Mehrverbrauch für Kühlung[4]			
		Einsatzstunde[5]		Betriebsstunde[6]	
		Diesel (l/h)	Strom (kWh)	Diesel (l/h)	Strom (kWh)
12-Tonner[1] (NL_{max}= 5 t)	+2° C	0,6 – 2,1	k.A	2,3	k.A
	-25° C	0,4 – 1,4	k.A	2,0	k.A
Sattelauflieger[2] (NL_{max} = 23,5 t)	+2° C	0,5 – 2,5	1 – 7	3,5	10,0
	-25° C	0,4 – 2,1	0,9 – 6	3,0	8,5

[1] Motorwagen mit Diesel-Antrieb für Kältemaschine, Einkammer-Laderaum mit Kältemittel R404A [2] Sattelauflieger mit Dieseltank für Kältemaschine, bei Tiefkühl-Mehrkammerfahrzeug [3] Eingestellte Solltemperatur im Laderaum [4] Durchschnittsverbräuche [5] Einsatzstunde = Zeitraum, in dem die Kühlmaschine die Soll-Temperatur des Laderaums hält (ohne Vorkühlung) [6] Betriebsstunde = Zeitraum, in dem die Kühlmaschine sich einschaltet und unter Volllast läuft k.A. = Derzeit keine belastbaren Angaben verfügbar

Ungewöhnlich erscheint bei der Betrachtung des Energieverbrauchs, dass der Energieeinsatz je Betriebsstunde bei höheren Laderaumtemperaturen in der Regel größer ist als bei tieferen Temperaturbereichen. Dies hängt unter anderem mit dem Druck und der Siedetemperatur des verwendeten Kühlmittels zusammen. Das Kältemittel R404A wird beispielsweise häufig für größere Fahrzeuge im Tiefkühl- und Frischdienst verwendet. R404A besitzt eine Siedetemperatur von -47 Grad Celsius. Der Druck des Kältemittels ist bei +2 Grad Celsius höher als bei -25 Grad Celsius. Folglich verrichtet der Kompressor bei -25 Grad Celsius weniger Arbeit für die Verdichtung, um das Kältemittel vom flüssigen in den gasförmigen Zustand zu bringen. Dadurch ist der Energieverbrauch der Kühlmaschine beispielsweise bei -25 Grad Celsius niedriger als bei +2 Grad Celsius. Die Verbrauchsdifferenz zwischen Frische und Tiefkühl hängt bezogen auf die Einsatzstunde unter anderem auch stark von der Außentemperatur und damit der Einschaltzeit des Kühlaggregats ab, sowie den vorgegebenen Temperaturbandbreiten.

Tab. 4.2-9: Energieverbrauch bei Frische- und Tiefkühltransporten per Lkw [VerkehrsRundschau 2011]

4.2.8 Besonderheiten bei der Berechnung von Sammel- und Verteilerverkehren

Im Vorfeld wurde bereits ausgeführt, wie der neue CEN-Normentwurf die Allokation des Kraftstoffverbrauchs und der Treibhausgasemissionen bei Sammel- und Verteilerverkehren – auch als „Milkruns" bezeichnet – vorsieht. Dies setzt allerdings voraus, dass der Kraftstoffverbrauch für die Sammel- und Verteilerfahrt bekannt ist. Wird dieser gemessen, steht er natürlich direkt zur Verfügung. Ist dies nicht der Fall, muss er mit Hilfe von Default-Werten berechnet werden.

Bei Sammel- und Verteilerfahrten stellen die stark schwankende Auslastung und unterschiedliche Transportweiten eine Herausforderung dar. Es werden dabei oftmals auf einer bestimmten Transporttour Sendungen sowohl auf- als auch abgeladen. Für die Berechnung des Kraftstoffverbrauchs des eingesetzten Lkw muss daher in einem ersten Schritt eine durchschnittliche Auslastung der Tour berechnet werden. Der Einfachheit halber könnte nun eine durchschnittliche Auslastung auf Basis der Eingangsbeladung minus der beim Zielpunkt bestehenden Beladung errechnet werden. Beispielsweise hätte ein 40-Tonner, der mit 24 Tonnen voll beladen seine Tour antritt und mit sechs Tonnen Rückladung am Zielpunkt ankommt, damit eine durchschnittliche Auslastung von 18 Tonnen (24 t – 6t). Dieses einfache Verfahren kann aber nur angewandt werden, wenn Auf- und Zuladung in regelmäßigen Abständen kilometrisch und gewichtsmäßig vergleichbar abgewickelt werden.

In der Praxis werden hingegen oft die größten Sendungsgewichte zuerst ab- beziehungsweise zugeladen und dafür durchaus auch eine längere Strecke in Kauf genommen. In der Praxis muss daher die durchschnittliche Auslastung nach [Formel 4.2-13] unter Berücksichtigung der Sendungsgewichte und Transportentfernungen für jeden einzelnen Transportabschnitt der Verteiler- und Sammeltour berechnet werden. Wird der Kraftstoffverbrauch mit Hilfe dieser durchschnittlichen Auslastung ermittelt, ergibt sich der gleiche Gesamtkraftstoffverbrauch wie wenn für jeden Teilabschnitt der Kraftstoffverbrauch auf Basis der jeweiligen Auslastung berechnet wird. Die Tabelle 4.2-10 zeigt dies beispielhaft für einen 40-Tonnen-Sattelzug, wobei der spezifische Kraftstoffverbrauch in l/100 km nach [Formel 4.2-3] sowohl für die jeweiligen Auslastungen auf dem Streckenabschnitt als auch auf Basis der Durchschnittsauslastung berechnet wurde. Als Default-Werte wurden die HBEFA-Daten verwendet (*siehe Tabelle 4.2-5*; Durchschnitt über alle Straßenkategorien).

CO2-Berechnung mit map&guide

Gut vorbereitet auf neue Anforderungen!

Europas führender Transportroutenplaner mit TÜV-zertifizierter Berechnung von Emissionen und Energieverbräuchen.

Berechnung auf Basis von über 2,5 Mio. Werten des Handbuchs für Emissionsfaktoren (HBEFA 3.1) zum Beispiel für die Kalkulation von Subunternehmern oder auf Basis unternehmensspezifischer Flottenwerte für das eigene Unternehmen. Für einzelne Routen und die komplette Flotte.

Vorbereitet auf die europaweite CEN/DIN Norm zur Berechnung von Energieverbrauch und Treibhausgasemissionen in Transportdienstleistungen (prDIN EN 16258).

Kompensation für CO2-neutrale Transporte direkt aus der Software heraus möglich (im Sinne des im Kyoto Protokoll definierten Clean Development Mechanism CDM).

eigen Sie ein in Grüne Logistik und
sten Sie die CO2-Berechnung:
ww.mapandguide.de

Spezifischer Energieverbrauch in der Logistik **4**

Strecke	Einheit	Berechnung auf Basis der Einzelstrecken				Ergebnis auf Basis der Durchschnittsauslastung
		Zentrallager nach Ort 1	Ort 1 nach Ort 2	Ort 2 nach Zentrallager	Gesamt Sammel- und Verteilertour (Summe der Einzelstrecken)	
Auf- und Zuladung	t	+ 24	− 14 + 2	− 10 + 4		
Beladung	t	24	12	6	(24 × 20 + 12 × 50 + 6 × 30)/100 = 12,6	12,6
Strecke	km	20	50	30	20 + 50 + 30 = 100	100
Verkehrsleistung	tkm	480	600	180	480 + 600 + 180 = 1.260	1260
Durchschnittlicher Dieselverbrauch	l/100 km	37,6	30,3	26,7	(20 × 37,6 + 50 × 30,3 + 30 × 26,7)/100 = 30,7	30,7[1]
Dieselverbrauch insgesamt	l	7,5	15,2	8,0	7,5 + 15,2 + 8,0 = 30,7	30,7[1]
[1] Werte sind (zufällig) identisch, weil die gesamte Tourlänge 100 km beträgt.						

Tab. 4.2-10: Fiktives Rechenbeispiel für eine Sammel- und Verteilertour mit einem 40-Tonnen-Sattelzug [eigene Berechnungen]

Diese Berechnung setzt aber voraus, dass für jedes Teilstück der Sammel- und Verteilertour die Streckenlängen und Beladungen bekannt sind. Dies ist aber in der Praxis selten der Fall. In den Daten zur Sendungsverfolgung haben die Spediteure und Logistiker zwar den Ort vermerkt, wo Sendungen auf- und abgeladen wurden. Wie viele Kilometer der Lkw während der Tour zurückgelegt hat und in welcher Reihenfolge die Kunden angefahren wurden, ist hingegen in Sendungsdatenbanken meist nicht hinterlegt (es sei denn, es handelt sich um eine fahrplanmäßige, also festgelegte Tour). Bekannt sind ansonsten zwar die direkten Entfernungen vom Kunden zum Zentrallager oder Terminal, nicht aber die genaue Tourabfolge. Wird allerdings der Kraftstoffverbrauch für die einzelnen Sendungen auf Basis dieser Direktverbindungen berechnet, wird der Kraftstoffverbrauch überschätzt.

Dies wird im Folgenden an einem fiktiven Beispiel gezeigt. Tabelle 4.2-11 zeigt für eine weitere Verteilerfahrt mit einem Solo-Lkw mit 26 t zGG die Ermittlung des Kraftstoffverbrauchs. Die Berechnung erfolgt dabei mit den gleichen Formeln und ebenfalls unter Verwendung der HBEFA-Daten wie in dem obigen Beispiel.

Der Kraftstoffverbrauch liegt für diese fiktive Verteilerfahrt bei 48,7 Liter Diesel. Wird statt der realen Tour der Kraftstoffverbrauch auf Basis der direkten Strecken zwischen Zentrallager (ZL) und Kunden berechnet (Sternfahrten), ergibt sich für einen 26-Tonnen-Lkw ein Dieselverbrauch in Höhe von 90,3 Liter einschließlich Leerfahrten (*siehe Tabelle 4.2-12*). Der Verbrauch, ermittelt über die Sternfahrten, liegt somit 85 Prozent über dem konkret für die Verteilerfahrt ermittelten Kraftstoffverbrauch. Zudem würde die Belieferung über die Sternfahrten eine Lkw-Strecke von 400 km verursachen, die doppelt so lang wie die real zurückgelegte Entfernung der Tour ist. Würde für die Direktbelieferungen ein Lkw mit lediglich 14 t zGG eingesetzt, der ausreichende Nutzlastkapazität für alle betrachteten Sendungen bieten würde, ergäbe sich immer noch ein Verbrauch von 71,2 Liter Diesel. Dieser läge 46 Prozent über dem realen Kraftstoffverbrauch (berechnet auf Basis der Verteilerfahrt).

Sendung	Verteilertour	Ladung Lkw	Einzelstrecken	Spezifischer Dieselverbrauch	Gesamt-Dieselverbrauch
		t	km	l/100 km	l
Sendung 1: 7 t	ZL – Ort 1	17,0	20	30,3	6,1
Sendung 2: 3 t	Ort 1 – Ort 2	10,0	50	26,7	13,4
Sendung 3: 5 t	Ort 2 – Ort 3	7,0	30	25,1	7,5
Sendung 4: 2 t	Ort 3 – Ort 4	2,0	20	22,6	4,5
Rückfahrt zum ZL	Ort 4 – ZL	0,0	80	21,5	17,2
Insgesamt			**200**		**48,7**

Tab. 4.2-11: Fiktives Rechenbeispiel für eine Sammel- und Verteilertour mit einem 26-Tonnen-Lkw [eigene Berechnungen]

Spezifischer Energieverbrauch in der Logistik 4

Sendung	Stern-verkehr	Ladung Lkw	Einzel-strecken	Solo-Lkw 26 t zGG		Solo-Lkw 14 t zGG	
				Spe-zifischer Diesel ver-brauch	Gesamt-Diesel-ver-brauch	Spe-zifischer Diesel ver-brauch	Gesamt-Diesel-ver-brauch
		t	km	l/100km	l	l/100km	l
Sendung 1: 7 t	ZL – Ort 1	7,0	20	25,1	5,0	20,3	4,1
Sendung 2: 3 t	ZL – Ort 2	3,0	70	23,1	16,2	18,3	12,8
Sendung 3: 5 t	ZL – Ort 3	5,0	80	24,1	19,3	19,3	15,4
Sendung 4: 2 t	ZL – Ort 4	2,0	30	22,6	6,8	17,8	5,3
Rückfahrt zum ZL	alle Strecken	0,0	200	21,5	43,0	16,8	33,6
Insgesamt			**400**		**90,3**		**71,2**

Tab. 4.2-12: Berechnung des Kraftstoffverbrauchs für eine Sammel- und Verteilertour auf Basis von Direktstrecken für 26-Tonnen- und 14-Tonnen-Lkw [eigene Berechnungen]

Dieses Beispiel zeigt, dass der Dieselverbrauch einer Sammel- und Verteilerfahrt nicht direkt über die Sternfahrten berechnet werden kann. Allerdings kann ein Umrechungsfaktor abgeleitet werden, wie die über die Sternfahrten ermittelte Verkehrsleistung (gemessen in Tonnenkilometer) in den Kraftstoffverbrauch für die konkrete Sammel- und Verteilertour umgerechnet werden kann. Hierzu muss über einen längeren, repräsentativen Zeitraum (z.B. eine Woche) der Kraftstoffverbrauch konkret für die Sammel- und Verteilerverkehre ermittelt werden (im obigen Beispiel 48,7 Liter) und gleichzeitig die Verkehrsleistung für die Sternfahrten (im obigen Beispiel 810 tkm, siehe Tabelle 4.2-13). Der spezifische Verbrauch für das betrachtete Beispiel liegt demnach bei 0,0601 Liter Diesel pro Tonnenkilometer (berechnet auf Basis der Sternfahrten; 48,7 l / 810 tkm). Der Verbrauch pro Sendung ergibt sich durch die Multiplikation dieses spezifischen Verbrauchswertes mit den jeweiligen sendungsspezifischen Verkehrsleistungen, ermittelt über die Sternfahrten. Tabelle 4.2-13 zeigt, dass der so berechnete Verbrauch pro Sendung exakt dem Wert entspricht, der sich ergibt, wenn der Kraftstoffverbrauch exakt für die Verteilerfahrt ermittelt wird (*siehe Tabelle 4.2-11*). Zudem ermöglicht diese Vorgehensweise eine Aufteilung des Energieverbrauchs auf die einzelne Sendung, entsprechend dem CEN-Normentwurf perEN16258:2011.

Für Fahrten außerhalb dieses Vergleichszeitraums kann dann der so ermittelte spezifische Verbrauchswert pro Tonnenkilometer mit der Verkehrsleistung (berechnet über die direkte Entfernung zwischen Kunden und Zentrallager und dem

Sendungsgewicht) multipliziert werden, um den sendungsspezifischen Verbrauch zu ermitteln. Dieses Vorgehen ist somit ein Rechenmodell, das um so bessere Ergebnisse liefert, je repräsentativer der gewählte Zeitraum ist, in dem der Kraftstoffverbrauch konkret für die Sammel- und Verteilerverkehre erhoben wird. Die vorgestellte Vorgehensweise ermöglicht somit durchaus verlässlich, aus Sendungsverfolgungsdaten, die lediglich die Ab- und Aufladepunkte enthalten, Kraftstoffverbrauchsrechnungen für Sammel- und Verteilerverkehre durchzuführen.

	Ladung Lkw	Direkte Strecke ZL-Ort (Sternfahrt)	Verkehrsleistung[2]	Berechnung über Verbrauch pro tkm		Allokation nach CEN-Normentwurf prEN 16258:2011	
				Spezifischer Verbrauch	Gesamtverbrauch[1]	Anteil Verkehrsleistung[2]	Gesamtverbrauch[1]
	t	Km	tkm	l/tkm	l	%	l
Sendung 1: 7 t	7,0	20	140	0,0601	8,4	17,3%	8,4
Sendung 2: 3 t	3,0	70	210	0,0601	12,6	25,9%	12,6
Sendung 3: 5 t	5,0	80	400	0,0601	24,0	49,4%	24,0
Sendung 4: 2 t	2,0	30	60	0,0601	3,6	7,4%	3,6
Insgesamt[1]			810	0,0601	48,7	100,0%	48,7
[1] Abweichungen durch Rundungen							
[2] berechnet über fiktive direkte Entfernung zwischen Abladeort und Zentrallager (Sternfahrt)							

Tab. 4.2-13: Berechnung des Kraftstoffverbrauchs für einzelne Sendungen einer Sammel- und Verteilertour mit einem 26-Tonnen-Lkw [eigene Berechnungen]

Dieses Verfahren eignet sich vor allem für eine realitätsgerechtere Verbrauchsberechnung, sofern sich in der Sendungsdatenbank lediglich Einzelsendungsdaten befinden und die Zusammenfassung zu Touren nicht bekannt ist. Man kann über den Sternfahrten-Rundtour-Vergleich einen „Bündelungsfaktor" ermitteln (d.h. jene durchschnittliche Verkürzung der Wegstrecke bzw. Verkehrsleistung pro Sendung). Besonders empfehlenswert ist das Verfahren, wenn man für einen Kunden Direktverkehre zu gebündelten Touren zusammenfasst, um die Transporteffizienz zu erhöhen und dabei auch die Kraftstoffverbrauchseinsparung beziehungsweise THG-Reduktion transparent zu machen.

4.3 Bahnverkehre

4.3.1 Allgemeine Einflussfaktoren

Der Transport von Gütern auf der Schiene spielt vor allem bei Massengütern wie festen mineralischen Brennstoffen, Metallen, flüssigen Chemikalien und Mineralölerzeugnissen eine wichtige Rolle. In den letzten Jahren hat auch der Schienentransport von Containern gerade im Seehafen-Hinterland-Verkehr stark zugenommen. In Europa werden dabei insbesondere bei langen Strecken die Güterzüge von Elektro-Lokomotiven gezogen – 80 Prozent der Verkehrsleistung entfällt auf die sogenannte E-Traktion. Allerdings setzen viele Wettbewerber der ehemals staatlichen Eisenbahngesellschaften Diesel-Lokomotiven auch für lange Strecken ein. Bei der Berechnung des Energieverbrauchs und der CO_2-Emissionen sind daher beide Antriebsvarianten zu berücksichtigen.

Der Energieverbrauch eines Güterzuges hängt – unabhängig vom Antrieb – im Wesentlichen von dessen Gesamtgewicht ab. Dabei wird sowohl das Gewicht der Ladung (Nettogewicht) als auch das der Waggons berücksichtigt. Die Lokomotiven hingegen werden bei der Energieverbrauchsermittlung ausgeklammert, da diese sich im Gewicht bis auf wenige Ausnahmen nur geringfügig unterscheiden. Das Gewicht der Ladung und der Waggons zusammen wird als Bruttogewicht bezeichnet. Ein Güterzug mit 20 Waggons, die voll beladen sind, kann leicht ein Bruttogewicht von mehr als 1.500 Tonnen (t) erreichen. Die Waggons allein wiegen hierbei schon fast 500 Tonnen. Die Güterzüge der Deutschen Bahn AG haben im Durchschnitt ein Bruttogewicht von rund 1.000 Tonnen. Auch wenn die Zuglängen in Deutschland auf 750 Meter begrenzt ist, können voll beladene Güterzüge beim Transport von Massengütern ein Gewicht von bis zu 3.500 Tonnen erreichen.

Neben dem Gesamtgewicht hat auch die transportierte Gutart Einfluss auf den Energieverbrauch und damit auf die Treibhausgasemissionen. Ein durchschnittlicher Waggon wiegt beispielsweise rund 23 Tonnen. Ist dieser mit Massengütern beladen, erreicht das Bruttogewicht des Waggons im Mittel einen Wert von rund 84 Tonnen. Vom Gesamtgewicht eines Waggons entfallen somit rund 73 Prozent auf das zu transportierende Gut ((84 t - 23 t) / 84 t = 73 Prozent). Bei Volumengütern liegt das Bruttogewicht der Waggons und der Ladung bei 41 Tonnen. Damit entfallen nur noch 44 Prozent des Gesamtgewichtes des Waggons auf die Ladung. Je voluminöser die Ladung, desto mehr Leergewicht wird transportiert und desto ungünstiger schneidet der Transport energetisch ab. Allerdings ist dies auch bei einem Lkw nicht anders. So verfügt ein 40-t-Last- beziehungsweise Sattelzug über eine maximale Nutzlast und damit Zuladekapazität von rund 25 Tonnen. Wird diese Kapazität, wie bei Volumengütern üblich, zu rund 30 Prozent genutzt, entfallen nur rund 33 Prozent des Gesamtgewichtes des Lkw auf das geladene Gut.

Eng mit der Gutart verknüpft ist der Anteil der Leerfahrten. Gerade bei Massengütern werden Ganzzüge mit Spezialwaggons eingesetzt, die in der Regel nur wieder mit Massengütern beladen werden können. Bei Massengütern ist der durchschnittliche Leerfahrtenanteil nach Expertenschätzungen rund 80 Prozent. Das bedeutet, dass auf jede 100 km Ladungsfahrt nochmals 80 km Leerfahrten hinzukommen. Bei Volumengütern werden die Züge meist aus verschiedenen Waggons zusammengestellt. Dieser Einzelladungsverkehr führt dazu, dass der Leerfahrtanteil lediglich bei rund 20 Prozent liegt. Auf 100 Ladungskilometer kommen also nur 20 Leerkilometer.

Der letzte wichtige Einflussfaktor zur Berechnung des Energieverbrauchs und damit der Treibhausgasemissionen des Schienenverkehrs ist die Topographie der Strecke. Der Energieverbrauch nimmt von flachen Strecken über hügelige Strecken, wie sie in Deutschland überwiegend üblich sind, zu bergigen Strecken zu. Im Vergleich zum Flachland ist der Energieverbrauch bei bergigen Strecken rund 20 Prozent höher.

Neben diesen Faktoren gibt es eine Reihe weiterer Einflüsse, die den Energieverbrauch zum Teil erheblich beeinflussen können. Dies sind zum Beispiel die Anzahl der Stopps eines Güterzuges. So müssen in Deutschland durch die Vorrangregelung des Personenverkehrs tagsüber oftmals Güterzüge auf Überholgleisen anhalten, um Personenzüge passieren zu lassen. Insbesondere bei Diesel-Loks, die Bremsenergie nicht rückspeisen können, führt das anschließende Neuanfahren zu höheren Kraftstoffverbräuchen. Die Dieselverbräuche einer Lok mit vielen Stopps können leicht doppelt so hoch sein wie bei wenigen Unterwegshalten. Im Durchschnitt aller Fahrten mitteln sich diese Extremwerte aber aus. Wie beim Lkw kann daher die konkrete Messung des Energieverbrauchs einer einzelnen Fahrt durchaus stark von berechneten Werten, denen Durchschnittswerte zugrunde liegen, abweichen.

Im folgenden Kapitel wird die Vorgehensweise bei der Berechnung des Energieverbrauchs mit Hilfe dieser standardisierten Durchschnittswerte vorgestellt. Liegen konkret gemessene Energieverbrauchswerte vor (Dieselverbrauch, Stromverbrauch), können mit Hilfe der in Kapitel 2 vorgestellten Formeln die CO_2- und Treibhausgasemissionen direkt berechnet werden. Die hierfür notwendigen Umrechnungsfaktoren finden sich in Kapitel 3. Es empfiehlt sich aber auch dann, diese gemessenen Werte anhand der im Folgenden vorgestellten Berechnungsmethoden zu überprüfen – nur so kann festgestellt werden, ob die gemessenen Werte auch realistisch sind und ob die betrachtete Zugfahrt besser, gleich oder schlechter als der Durchschnitt abschneidet.

Spezifischer Energieverbrauch in der Logistik **4**

Die wichtigen Einflussfaktoren beim Schienengüterverkehr:
- Traktionsart (Elektro oder Diesel)
- Bruttogewicht (Waggons + Ladung)
- Gutart und damit Auslastung der Waggons
- Leerfahrtenanteil
- Topographie der Strecke

4.3.2 Ermittlung des Energieeinsatzes ohne Detailkenntnisse

Eisenbahnverkehrsunternehmen können natürlich selbst durch eine detaillierte Erfassung der Tankvorgänge den Dieselkraftstoffverbrauch oder mittels Stromzähler in den Loks den Stromverbrauch von Güterzügen erheben. Andere Unternehmen, die selbst keine Güterzüge betreiben, haben nur zwei Möglichkeiten, den Energieverbrauch und darauf aufbauend die Treibhausgasemissionen für ihre Transporte zu ermitteln: Sie können sich entweder die Energieverbräuche von den Eisenbahnverkehrsunternehmen berichten lassen oder die Energieverbräuche selbst berechnen.

Der einfachste Weg für Unternehmen, den Energieverbrauch für Bahntransporte zu berechnen, ist die Multiplikation des Ladungsgewichtes und der zurückgelegten Transportentfernung mit einem spezifischen Energieverbrauchsfaktor:

Formel 4.3-1

$$EV_{Zug} = m_{Ladung} \times D \times EV_{spez(Zug)}$$

EV_{Zug} = Energieverbrauch des Bahntransportes [in kWh bzw. Liter]
m_{Ladung} = Ladungsgewicht [in Tonnen]
D = Transportentfernung [in km]
$EV_{spez(Zug)}$ = spezifischer Energieverbrauch des Bahntransportes
 [in kWh/1000 tkm bzw. Liter/1000 tkm]

Der spezifische Energieverbrauch $EV_{spez(Zug)}$ hängt dabei ab von
- der Traktionsart (Elektro/Diesel),
- der Zuglänge (kurz, mittel, lang),
- der Ladungsart (Massengut, Durchschnitt, Volumengut) und
- der Topographie (flach, hügelig, bergig).

Die für die Berechnung benötigten spezifischen Verbrauchswerte $EV_{spez(Zug)}$ für Europa können der Tabelle 4.3-1 entnommen werden. Diese Werte wurden vom Institut für Energie- und Umweltforschung Heidelberg (IFEU) für das Internet-Emissionsrechentool EcoTransIT (*siehe Kapitel 6.1*) ermittelt und basieren auf Energieverbrauchsmessungen europäischer Bahnunternehmen [IFEU et al. 2010].

Der Stromverbrauch für Elektro-Güterzüge wird dabei in kWh pro 1.000 Tonnenkilometer, der Kraftstoffverbrauch für Diesel-Güterzüge in Liter Diesel pro 1.000 Tonnenkilometer angegeben.

Topographie	flach[3]		hügelig[4]		bergig[5]	
Güterzugarten (Gesamtgewicht, Länge[1], Ladungsarten[2])	Elektro [kWh/ 1.000 tkm]	Diesel [Liter/ 1.000 tkm]	Elektro [kWh/ 1.000 tkm]	Diesel [Liter/ 1.000 tkm]	Elektro [kWh/ 1.000 tkm]	Diesel [Liter/ 1.000 tkm]
Kurzzug (500 t, 300 m)						
Massengut	38,4	10,4	42,7	11,6	47,0	12,8
Durchschnittsgut	44,6	12,1	49,5	13,4	54,5	14,8
Volumengut	57,5	15,6	63,9	17,3	70,3	19,1
Mittlerer Zug (1.000 t, 500 m)						
Massengut	25,0	6,8	27,8	7,5	30,6	8,3
Durchschnittsgut	29,0	7,9	32,2	8,7	35,4	9,6
Volumengut	37,4	10,1	41,5	11,3	45,7	12,4
Langzug (1.500 t, 700 m)						
Massengut	19,4	5,3	21,6	5,9	23,8	6,4
Durchschnittsgut	22,5	6,1	25,0	6,8	27,5	7,5
Volumengut	29,1	7,9	32,3	8,7	35,5	9,6

[1] Zuglängen sind Zirka-Angaben [2] Massengut (Bulk) = Schüttgüter wie Erze, Kies (Auslastung der Brutto-Zuggesamtgewichtes einschließlich Berücksichtigung von Leerfahrtenanteile: 56 Prozent); Durchschnittsgut = Konsumgüter wie weiße Ware oder durchschnittliche Container (Gesamtauslastung: 40 Prozent); Volumengut = volumige Güter, die vergleichsweise leicht sind wie Karosserieteile, Möbel (Gesamtauslastung: 25 Prozent) [3] zum Beispiel: Dänemark, Niederlande, Schweden [4] zum Beispiel: Deutschland, Norwegen [5] zum Beispiel: Österreich, Schweiz

Tab. 4.3-1: Spezifischer Energieverbrauch $EV_{spez(Zug)}$ von Güterzügen in Europa
[IFEU et al. 2010; eigene Berechnungen]

Die Auslastung der Waggons und der Leerfahrtenanteil werden für diese einfache Berechnung nicht direkt benötigt; diese Größen werden durch die Auswahl der Gutart automatisch vorgegeben [IFEU et al. 2010]. Für Massengüter wird eine Auslastung einschließlich Leerfahrten von 56 Prozent unterstellt. Die Ladungsfahrten sind dabei zu 100 Prozent ausgelastet; der Leerfahrtenanteil beträgt 80 Prozent. Die Durchschnittsauslastung berechnet sich dann wie folgt: (100 % × 100 % + 80 % × 0 %) / (100 % + 80 %) = 56 %. Für das Durchschnittsgut wird eine Auslastung einschließlich Leerfahrten von 40 Prozent (Lastfahrt: 60 Prozent, Leerfahrtenanteil: 50 Prozent) und bei Volumengütern von 25 Prozent (Lastfahrt: 30 Prozent, Leerfahrten: 20 Prozent) angenommen. Die Gewichte für Waggons werden dabei mit 23 Tonnen angesetzt, die maximale Zuladekapazität der Waggons beträgt 61 Tonnen [IFEU et al. 2010].

Hat man keine genaueren Kenntnisse, ob der Zug lang oder kurz ist, kann man für Deutschland in der Regel von einer mittleren Zuglänge ausgehen (1.000 t, 500 m). Liegen zudem keine Angaben zur Topographie der verwendeten Strecke vor, kann für Länder wie Dänemark, Niederlande oder Schweden eine flache Topographie, für die Schweiz und Österreich eine bergige Topographie unterstellt werden. Eine hügelige Topographie findet man in Deutschland, Norwegen und vielen anderen europäischen Ländern vor. Wer aber die konkreten Topographien der Strecke kennt, sollte diese selbstverständlich benutzen. Finden die Güterverkehre z.B. ausschließlich in Norddeutschland statt, kann natürlich als Topographie „flach" ausgewählt werden.

Ermittlung des spezifischen Energieverbrauchs nach dem vereinfachten Verfahren
Es soll der Energieverbrauch für den Transport von 3,5 Tonnen mit einem Güterzug mit Elektro-Traktion von Bremerhaven Containerterminal nach München Messegelände/Feldmoching (Transportentfernung: 802 km) berechnet werden. Es liegen keine detaillierten Angaben zu Zuglängen und zur Topographie der Strecke vor. Bei den Transportgütern handelt es sich um Durchschnittsgüter.

1. Schritt: Ermittlung des spezifischen Energieverbrauchswertes:

Da keine Zuglängen und Topographieangaben vorhanden sind, wird von einem mittleren Zug (1.000 t, 500 m) und einer für Deutschland typischen, hügeligen Topographie ausgegangen. Der spezifische Energieverbrauchswert für Elektrobetrieb kann aus der Tabelle 4.3-1 abgelesen werden:

$$EV_{Spez(Zug)} = 32{,}2 \ \frac{kWh}{1.000 \ tkm}$$

2. Schritt: Berechnung des Energieverbrauchs für den Gesamttransport nach Formel 4.3-1:

$$EV_{Zug} = 3{,}5 \ t \times 802 \ km \times 32{,}2 \ \frac{kWh}{1.000 \ tkm} = 90{,}4 \ kWh$$

Zum Vergleich: Würde der Transport mit einer Diesel-Lokomotive durchgeführt, ergäbe sich folgender Gesamtdieselverbrauch:

$$EV_{Zug} = 3{,}5 \ t \times 802 \ km \times 8{,}7 \ l \ \frac{Liter}{1.000 \ tkm} = 24{,}4 \ kWh$$

4.3.3 Ermittlung des Energieeinsatzes mit Detailkenntnissen

Weichen Zuglängen, Gewicht der Waggons, Zuladekapazitäten und Auslastungen von diesen Standardfällen ab, kann für Ganzzüge mit Waggons gleicher Bauart nach Formel 4.3-2 der Energieverbrauch für die Lastfahrten berechnet werden:

Formel 4.3-2

$$EV_{Zug} = \frac{m_{Ladung}}{m_{ZugNetto}} \times D_{Ladung} \times EV_{spez(Zug)}$$

EV_{Zug} = Energieverbrauch des Bahntransportes [in kWh bzw. Liter]
m_{Ladung} = Ladungsgewicht [in Tonnen]
$m_{ZugNetto}$ = Nettoladungsgewicht des gesamten Zuges (nur Ladung) [in Tonnen]
D_{Ladung} = Transportentfernung und damit Wegstrecke des Zuges [in Zug-km]
$EV_{spez(Zug)}$ = spezifischer Energieverbrauch pro Zug-Kilometer in Abhängigkeit vom Bruttogewicht des Zuges [in kWh/Zug-km bzw. in Liter/Zug-km]

Die Größe „spezifischer Energieverbrauch pro Zug-Kilometer" ($EV_{spez(Zug)}$) ist allerdings keine konstante Größe, sondern hängt zum einen vom Bruttogewicht des Güterzuges, zum anderen von der Antriebsart und der Topographie ab. Nach Analysen des IFEU-Institutes, die ebenfalls für das Internet-Emissionstools Eco-TransIT durchgeführt wurden, berechnet sich der spezifische Energieverbrauch pro Zug-Kilometer für die Elektro-Traktion in hügeliger Topographie nach Formel 4.3-3, wobei für das Bruttogewicht des Zuges nur der Zahlenwert in Tonnen ohne Einheit eingesetzt werden muss [IFEU et al. 2010]:

Formel 4.3-3

$$EV_{Spez(Zug)} = 1{,}20 \, \frac{kWh}{Zug\text{-}km} \times m_{ZugBrutto}^{0{,}38}$$

$EV_{spez(Zug)}$ = spezifischer Energieverbrauch pro Zug-Kilometer in Abhängigkeit vom Bruttogewicht des Zuges [in kWh/Zug-km für Elektro-Traktion und in Liter/Zug-km für Diesel-Traktion]
$m_{ZugBrutto}$ = Bruttogewicht des Zuges, d.h. das Gewicht der Waggons und der Ladung [in Tonnen], wobei der Zahlenwert ohne Einheit in die Formel einzusetzen ist

Während beim Lkw der Kraftstoffverbrauch mehr oder weniger linear mit dem Gesamtgewicht des Fahrzeuges zunimmt (*siehe Kapitel 4.2*), bedeutet diese Formel, dass der spezifische Stromverbrauch pro Zug-Kilometer mit zunehmendem Bruttogewicht des Güterzuges immer geringer anwächst (*siehe Abbildung 4.3-1*). Dieser Zusammenhang ist vom IFEU-Institut bis zu einem Gesamtgewicht von 2.200 Brutto-Tonnen für Europa belegt. Allerdings zeigen verschiedene Auswer-

Spezifischer Energieverbrauch in der Logistik

tungen des Öko-Institutes, dass dieser funktionelle Zusammenhang auch für höhere Brutto-Zuggewichte angewendet werden kann [Öko-Institut 2010]. Soll der Stromverbrauch für überwiegend flache Topographie berechnet werden, muss der nach obiger Formel ermittelte Wert mit 0,9 multipliziert werden. Für bergige Länder wird der Wert hingegen mit 1,1 multipliziert [IFEU et al. 2010].

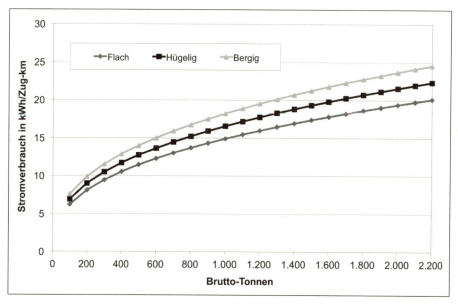

Abb. 4.3-1: Spezifischer Energieverbrauch $EV_{spez(Zug)}$ von Güterzügen mit Elektrotraktion in Abhängigkeit der Brutto-Tonnen (Gewicht der Waggons und der Ladung) [IFEU et al. 2010; eigene Darstellung]

Für die Diesel-Traktion berechnet sich der spezifische Energieverbrauch $EV_{spez(Zug)}$ nach dem gleichen Prinzip. Die Formel für Europa lautet (für Bruttogewicht des Zuges nur den Zahlenwert in Tonnen einsetzen):

Formel 4.3-4

$$EV_{spez(Zug)} = 0{,}326 \frac{\text{Liter}}{\text{Zug-km}} \times m_{ZugBrutto}^{0{,}38}$$

Auch hier hat die Formel das IFEU-Institut bis 2.200 km bestätigt; darüber hinaus zeigen Auswertungen des Öko-Institutes, dass dieser funktionelle Zusammenhang auch für höhere Bruttozuggewichte ebenfalls Gültigkeit hat [Öko-Institut 2010]. Für Flachland werden die nach dieser Formel berechneten Werte wiederum mal 0,9, für bergiges Land mal 1,1 genommen [IFEU et al. 2010].

4 Spezifischer Energieverbrauch in der Logistik

Ermittlung des spezifischen Energieverbrauchs nach dem detailliertem Verfahren

Betrachtet wird wiederum der Transport von 3,5 Tonnen mit einem Güterzug mit Elektrolokomotive von Bremerhaven Containerterminal nach München Messegelände/Feldmoching (Transportentfernung: 802 km). Der Zug hat 20 Waggons, die leer 23 Tonnen wiegen. Die maximale Zuladung ist 61 Tonnen. Die Waggons sind zu 50 Prozent massenbezogen beladen. Es wird nur die Lastfahrt berechnet; mögliche Leerfahrten zur Bereitstellung des Zuges bleiben bei dieser Berechnung unberücksichtigt. Die Strecke ist hügelig.

1. Schritt: Berechnung des Netto- und Bruttogewichtes des Zuges:

$m_{ZugNetto} = 20 \times 61\,t \times 50\,\% = 610\,t$

$m_{ZugBrutto} = m_{ZugNetto} + m_{ZugLeer} = 610\,t + 20 \times 23\,t = 1.070\,t$

2. Schritt: Berechnung des spezifischen Energieverbrauchs pro Zug-Kilometer für hügelige Topographie nach Formel 4.3-3:

$EV_{spez(Zug)} = 1,20\,\dfrac{kWh}{Zug\text{-}km} \times 1.078^{0,38} = 17,0\,\dfrac{kWh}{Zug\text{-}km}$

3. Schritt: Berechnung des Energieverbrauchs für den Transport der Ladung nach Formel 4.3-2:

$EV_{Zug} = \dfrac{3,5\,t}{610\,t} \times 802\,Zug\text{-}km \times 17,0\,\dfrac{kWh}{Zug\text{-}km} = 78,23\,kWh$

Ermittlung des spezifischen Energieverbrauchs für Containertransporte

Es wird nun der Transport eines 20-Fuß-Containers (ein TEU) von Bremerhaven Containerterminal nach München Messegelände/Feldmoching (Transportentfernung: 802 km) betrachtet. Der Zug wird von einer Elektro-Lokomotive gezogen und hat 20 Waggons. Auf jeden Waggon können drei TEU geladen werden; die Waggons wiegen leer 23 Tonnen. Die Container sind durchschnittlich mit zehn Tonnen beladen und wiegen unbeladen zwei Tonnen. Es wird in diesem Schritt nur die Fahrt der Container von Bremerhaven nach München berücksichtigt.

1. Schritt: Berechnung des Netto- und Bruttogewichtes des Zuges:

$m_{ZugNetto} = 20 \times 10\,t \times 3 = 600\,t$

$m_{ZugBrutto} = m_{ZugNetto} + m_{ZugLeer} = 600\,t + 20 \times (23\,t + 3 \times 2\,t) = 1.180\,t$

Spezifischer Energieverbrauch in der Logistik

2. Schritt: Berechnung des spezifischen Energieverbrauchs pro Zug-Kilometer für hügelige Topographie nach Formel 4.3-3:

$$EV_{spez(Zug)} = 1{,}20\ \frac{kWh}{Zug\text{-}km} \times 1.180^{0{,}38} = 17{,}64\ \frac{kWh}{Zug\text{-}km}$$

3. Schritt: Berechnung des Energieverbrauchs für den Transport der Ladung nach Formel 4.3-2:

$$EV_{Zug} = \frac{10\ t}{600\ t} \times 802\ Zug\text{-}km \times 17{,}64\ \frac{kWh}{Zug\text{-}km} = 235{,}79\ kWh$$

Die bisherigen Energieverbrauchsberechnungen berücksichtigen ausschließlich die Lastfahrten – also die Fahrten mit beladenen Waggons. Für eine vollständige Bilanz des gesamten Energieverbrauchs eines Bahntransports müssen aber auch die Leerfahrten mitbilanziert werden. Die Bestimmung des Energieverbrauches für die Bereitstellungsfahrten der leeren Waggons erfolgt dabei nach dem gleichen Prinzip, wie auch die Berechnungen für den vollen Zug. Der spezifische Energieverbrauch für die Leerfahrt lässt sich nach den oben für den beladenen Zug angegebenen Formeln 4.3-3 und 4.3-4 ermitteln; es wird lediglich als Bruttogewicht das Leergewicht des Zuges eingesetzt. Der so ermittelte Energieverbrauch wird dann für den Fall eines Ganzzuges auf die bei der Lastfahrt transportierten Güter aufgeteilt. Die Berechnung erfolgt somit nach folgender Formel:

Formel 4.3-5

$$EV_{ZugLeer} = \frac{m_{Ladung}}{m_{ZugNetto}} \times D_{Leer} \times EV_{spez(ZugLeer)}$$

$EV_{ZugLeer}$ = Energieverbrauch der zur Ladung zuordenbaren Zug-Leerfahrten [kWh bzw. Liter]

m_{Ladung} = Ladungsgewicht [in Tonnen]

$m_{ZugNetto}$ = Nettoladungsgewicht des gesamten Zuges (nur Ladung) [in Tonnen]

D_{Ladung} = Gesamtentfernung des leeren Zuges [in Zug-km]

$EV_{spez(ZugLeer)}$ = spezifischer Energieverbrauch pro Zug-Kilometer in Abhängigkeit vom Leergewicht des Zuges [in kWh/Zug-km für Elektro-Traktion und in Liter/Zug-km für Diesel-Traktion]

Berechnung des Energieverbrauchs für Containertransporte unter Berücksichtigung von Leerfahrten

Die 20 Waggons, die mit je drei TEU beladen waren, werden wieder von München Messegelände/Feldmoching zum Containerterminal nach Bremerhaven zurücktransportiert (Transportentfernung: 802 km). Der Zug mit den leeren Containern wird wiederum von einer Elektro-Lokomotive gezogen. Auf jeden Waggon stehen drei leere TEU (Leergewicht: zwei Tonnen). Es soll der Energieverbrauch für den Transport eines leeren TEU ermittelt werden. Die Daten für die Lastfahrt sind dem vorigen Beispiel zu entnehmen.

1. Schritt: Berechnung des Leergewichtes (Bruttoleergewichtes) des Zuges:

$$m_{ZugBrutto} = 20 \times (23\ t + 3 \times 2\ t) = 580\ t$$

2. Schritt: Berechnung des spezifischen Energieverbrauchs pro Zug-Kilometer für hügelige Topographie nach Formel 4.3-3:

$$EV_{spez(ZugLeer)} = 1{,}20\ \frac{kWh}{Zug\text{-}km} \times 580^{0{,}38} = 13{,}47\ \frac{kWh}{Zug\text{-}km}$$

3. Schritt: Berechnung des Energieverbrauchs für den Transport eines leeren TEU nach Formel 4.3-5 (Daten der Ladungsfahrt: Ladung des Containers: 10 t; Gesamtnettogewicht des gesamten Zuges: 600 t):

$$EV_{ZugLeer} = \frac{10\ t}{600\ t} \times 802\ Zug\text{-}km \times 13{,}47\ \frac{kWh}{Zug\text{-}km} = 180{,}05\ kWh$$

4. Schritt: Gesamtenergieverbrauchs für den Transport eines TEU von Bremerhaven nach München einschließlich der Leerfahrt zurück nach Bremerhaven:

$$EV_{ZugGesamt} = 235{,}79\ kWh + 180{,}05\ kWh = 415{,}84\ kWh$$

Bei Massengütern wird oftmals die gleiche Anzahl an Waggons leer von der Lok zum Ausgangsort zurücktransportiert. Bei allen anderen Güterarten werden die leeren Waggons meist wieder zu neuen Verbänden zusammengestellt, so dass eine Lokomotive dann mehr leere Waggons zurückzieht, als sie ursprünglich volle Waggons gefahren hat. Limitierender Faktor hierbei ist die maximal zulässige Zuglänge. Hat beispielsweise ein Waggon eine Länge „über Puffer" von 21 Metern, bleiben 35 Waggons gerade unter der zulässigen Gesamtlänge von 750 Meter.

Auch für den Rücktransport der neu zusammengestellten Züge mit leeren Waggons berechnet sich der Energieverbrauch mit Hilfe der für Leerfahrten vorgestellten Formel 4.3-5; es muss lediglich der ermittelte Energieverbrauch auf mehr transportierte Güter aufgeteilt werden; es wurden ja auch in den beispielsweise 35 Waggons ursprünglich mehr Güter transportiert. Energetisch schneidet diese Variante der Berechnung der Leerfahrten günstiger ab als die Variante, bei der direkt die Waggons, die zum Transport einer Ladung benötigt wurden, von einer Lok zurückgefahren werden. Zwar ist der Energieverbrauch des Zuges aufgrund der größeren Anzahl an Waggons etwas höher (höheres Bruttogewicht); die Zunahme des Energieverbrauchs wächst aber unterproportional zum Gewicht der leeren Waggons.

 Berücksichtigung des Energieverbrauchs von Containertransporten unter Beachtung von unpaarigen Leerfahrten

Es wird weiterhin der Transport der Container von Bremerhaven nach München betrachtet (Transportentfernung: 802 km). Es wird angenommen, dass statt 20 Waggons nun 35 Waggons mit je drei leeren Containern zurücktransportiert werden. Es wird weiterhin angenommen, dass alle Container auf der Lastfahrt mit zehn Tonnen beladen waren.

1. Schritt: Berechnung des Leergewichtes (Bruttoleergewichtes) des Zuges:

$$m_{ZugBrutto} = 35 \times (23\ t + 3 \times 2\ t) = 1.015\ t$$

2. Schritt: Berechnung des spezifischen Energieverbrauchs pro Zug-Kilometer für hügelige Topographie nach [Formel 4.3-3]:

$$EV_{spez(ZugLeer)} = 1{,}20\ \frac{kWh}{Zug\text{-}km} \times 1.015^{0{,}38} = 16{,}66\ \frac{kWh}{Zug\text{-}km}$$

3. Schritt: Berechnung des Nettogewichtes von 35 Waggons mit je drei Containern, die jeweils mit zehn Tonnen beladen sind:

$$m_{ZugNetto} = 35 \times 3 \times 10\ t = 1.050\ t$$

4. Schritt: Berechnung des Energieverbrauchs für den Transport eines leeren TEU nach [Formel 4.3-5]:

$$EV_{ZugLeer} = \frac{10\ t}{1.050\ t} \times 802\ Zug\text{-}km \times 16{,}66\ \frac{kWh}{Zug\text{-}km} = 127{,}25\ kWh$$

5. Schritt: Gesamtenergieverbrauch für den Transport eines TEU von Bremerhaven nach München einschließlich der Leerfahrt:

$$EV_{ZugGesamt} = 235{,}79\ kWh + 127{,}25\ kWh = 363{,}04\ kWh$$

Alle bisher vorgestellten Berechnungen gehen davon aus, dass die Leergewichte aller Waggons gleich und alle Waggons gleich voll beladen sind. Gerade im Teilladungsverkehr, wo Waggons verschiedener Kunden zu einem Güterzug zusammengestellt werden, ist dies aber oftmals nicht der Fall. Zwar berechnet sich für diesen Teilladungsverkehr der spezifische Energieverbrauch pro Zug-Kilometer wie bei Ganzzügen mit Hilfe des Gesamtbruttogewichtes des Zuges (*siehe wiederum Formel 4.3-3 und Formel 4.3-4*). Allerdings erfolgt die Aufteilung des berechneten Energieverbrauchs im ersten Schritt über das Bruttogewicht auf den einzelnen Waggon, erst anschließend in einem zweiten Schritt auf die in dem Waggon transportierte Ladung. Die dazugehörige Formel lautet daher wie folgt:

Formel 4.3-6

$$EV_{Zug} = \frac{m_{LadungWaggon}}{m_{NettoWaggon}} \times \frac{m_{BruttoWaggon}}{m_{BruttoZug}} \times D_{Ladung} \times EV_{spez(Zug)}$$

EV_{Zug} = Energieverbrauch des Bahntransports [kWh bzw. Liter]
$m_{LadungWaggon}$ = Gewicht der Ladung in dem betrachteten Waggon [in Tonnen]
$m_{NettoWaggon}$ = Nettoladungsgewicht des gesamten Waggons (nur Ladung) [in Tonnen]
$m_{BruttoWaggon}$ = Bruttogewicht des betrachteten Waggons (Ladung und Waggon) [in Tonnen]
$m_{BruttoZug}$ = Bruttogewicht des gesamten Zuges (Ladung und Waggons) [in Tonnen]
D_{Ladung} = Transportentfernung und damit Wegstrecke des Zuges [in Zug-km]
$EV_{spez(Zug)}$ = spezifischer Energieverbrauch pro Zug-Kilometer in Abhängigkeit vom Bruttogewicht des Zuges [in kWh/Zug-km bzw. in Liter/Zug-km]

Letztendlich stellt die [Formel 4.3-2] für Ganzzüge lediglich eine Vereinfachung der [Formel 4.3-6] dar. Das Bruttogewicht des Zuges ergibt sich bei Ganzzügen als Multiplikation der Wagenanzahl mit dem Bruttogewicht der Waggons ($m_{BruttoZug}$ = n × $m_{BruttoWaggon}$). Alle Waggons sind in diesem Fall mit der gleichen Ladungsmenge beladen. Damit ergibt sich die vereinfachte Formel durch folgende Überleitung:

$$EV_{Zug} = \frac{m_{LadungWaggon}}{m_{NettoWaggon}} \times \frac{m_{BruttoWaggon}}{n \times m_{BruttoWaggon}} \times D_{Ladung} \times EV_{spez(Zug)}$$

$$= \frac{m_{Ladung}}{n \times m_{NettoWaggon}} \times D_{Ladung} \times EV_{spez(Zug)}$$

$$= \frac{m_{Ladung}}{m_{ZugNetto}} \times D_{Ladung} \times EV_{spez(Zug)}$$

Berechnung des Energieverbrauchs im Einzelwagenverkehr
Betrachtet wird der Transport von 3,5 Tonnen mit einem Güterzug mit Elektro-Lokomotive von Bremerhaven Containerterminal nach München Messegelände/Feldmoching (Transportentfernung: 802 km). Der Zug hat 20 Waggons. Davon wiegen zehn Waggons leer 23 Tonnen, fünf Waggons 25 Tonnen und fünf

Waggons 28 Tonnen. Die 3,5 Tonnen werden in einem Waggon mit einem Leergewicht von 28 Tonnen transportiert. Der Waggon ist mit 31 Tonnen beladen. Das Nettoladungsgewicht des gesamten Zuges ist 760 Tonnen. Berücksichtigt wird nur die Lastfahrt.

1. Schritt: Berechnung des Bruttogewichtes des Zuges:

$$m_{ZugBrutto} = m_{ZugNetto} + m_{ZugLeer} = 760\ t + 10 \times 23\ t + 5 \times 25\ t + 5 \times 28\ t = 1.255\ t$$

2. Schritt: Berechnung des spezifischen Energieverbrauchs pro Zug-Kilometer für hügelige Topographie nach [Formel 4.3-3]:

$$EV_{spez(Zug)} = 1{,}20\ \frac{kWh}{Zug\text{-}km} \times 1.255^{0{,}38} = 18{,}06\ \frac{kWh}{Zug\text{-}km}$$

3. Schritt: Berechnung des Energieverbrauchs für den Transport der Ladung nach [Formel 4.3-6]:

$$EV_{Zug} = \frac{3{,}5\ t}{31\ t} \times \frac{(28\ t + 31\ t)}{1.255\ t} \times 802\ Zug\text{-}km \times 18{,}06\ \frac{kWh}{Zug\text{-}km} = 76{,}88\ kWh$$

Die Ermittlung des Energieverbrauchs für den Transport der leeren Waggons kann ebenfalls mit [Formel 4.3-6] erfolgen. Im ersten Schritt wird der Energieverbrauch für den leeren Waggon ermittelt. Im zweiten Schritt wird – analog zum Ganzzug – der Energieverbrauch des leeren Waggons der zuvor transportierten Ladung über die jeweiligen Gewichtsanteile zugerechnet.

4.3.4 Berechnungsweg für Bahnen außerhalb Europas

In vielen Ländern außerhalb Europas kommen für den Gütertransport in der Regel Diesel-Lokomotiven zum Einsatz. Allerdings unterscheiden sich die Zugverbände deutlich von denen in Europa. In den USA und Kanada sind beispielsweise Doppelstockcontainer-Beladungen die Regel. In Europa reicht der Abstand zur Oberleitung selbst bei Niederflurwaggons hierfür nicht aus. Zudem sind die Züge außerhalb Europas oftmals viel länger und damit auch die Netto- und Bruttogewichte der Züge höher. In Kanada ist für normale Fracht (General Cargo) die Zuglänge auf 3.700 Meter, für Massengüter auf 3.000 Meter und 20.700 Tonnen beschränkt. Nach der Association of American Railroad können Züge bis fast 3.700 Meter lang sein (rund 180 Waggons). Diese Züge werden dann auch von mindestens zwei, wenn nicht gar mehreren Lokomotiven gezogen.

Für außereuropäische Länder liegen allerdings kaum belastbare Verbrauchswerte vor. Eine Auswertung im Rahmen von EcoTransIT [IFEU et al. 2010] zeigt, dass die Werte aber in der Größenordnung von europäischen Zügen mit einem Bruttogewicht von 1.500 bis 2.000 Tonnen liegen (*siehe Tabelle 4.3-2*). Die oben vorgestellten Berechnungsformeln für Europa können daher verwendet werden, wenn keine spezifischen Verbrauchsdaten für das betrachtete Land außerhalb Europas vorliegen. Allerdings sollten die großen Zuglängen beziehungsweise hohen Bruttogewichte bei der Berechnung berücksichtigt werden. Liegen für die Zugkonfigurationen keine genauen Angaben vor, sollten die in Tabelle 4.3-2 für ein Bruttogewicht von 2.000 Tonnen ausgewiesenen Werte in [Formel 4.3-1] eingesetzt werden. Ist die Strecke eher flach, sollte der Wert wie oben beschrieben mit dem Faktor 0,9, für eine bergige Strecke mit dem Faktor 1,1 multipliziert werden.

	Zug insgesamt	Massengut	Durchschnitt	Volumengut
	l/1.000 Brutto-tkm	l/1.000 Netto-tkm	l/1.000 Netto-tkm	l/1.000 Netto-tkm
Default-Werte für Berechnung				
Langer Zug (1.500 t)	3,49	5,9	6,8	8,7
Extra langer Zug (2.000 t)	2,92	4,9	5,7	7,3
Schwerer Zug (> 2.000 t)	2,71	4,6	5,3	6,8
Durchschnittswerte Länder				
China 2008	2,71			
Kanada 2003	3,31		6,1	
USA Class I 2009			5,4	

Tab. 4.3-2: Spezifischer Energieverbrauch $EV_{spez(Zug)}$ von Güterzügen mit Diesel-Traktion außerhalb Europas für hügelige Strecken allgemein und nach ausgewählten Quellen [IFEU et al. 2010; IFEU 2008; EPS 2004; USDOT 2011; eigene Berechnungen]

4.3.5 Berechnung von standardisierten Energieverbrauchswerten und Treibhausgasemissionen

Die standardisierten Energieverbräuche und die CO_2- und Treibhausgasemissionen für Bahntransporte ergeben sich (wie auch bei den anderen Verkehrsträgern) direkt aus dem gemessenen oder berechneten Energieverbrauch. Bei der Diesel-Traktion wird der ermittelte Energieverbrauch – soweit kein Biodiesel dem Kraftstoff beigemischt ist – mit 2,95 kg CO_2 beziehungsweise 3,01 kg CO_2-Äquivalente pro Liter Diesel multipliziert. Hierbei sind die Emissionen aus der Herstellung des Dieselkraftstoffs bereits berücksichtigt (sogenannte Well-to-Tank-Emissionen, *siehe Kapitel 3.2*). Der standardisierte Energieverbrauch einschließlich Kraftstoffherstellung (WTW-Energieverbrauch) ergibt sich durch die Multiplikation mit dem Faktor 41,1 MJ pro Liter. In Deutschland wird dem Diesel aktuell 6,2 Prozent Biodiesel beigemischt. Wird diese Beimischung berücksichtigt, reduzieren sich die Umrechnungsfaktoren auf 2,80 kg CO_2 beziehungsweise 2,92 kg

Spezifischer Energieverbrauch in der Logistik

CO_2-Äquivalente pro Liter Diesel. Der WTW-Energieumrechnungsfaktor liegt dann bei 41,4 MJ pro Liter Diesel (*siehe Kapitel 3.2*).

In diesen Umrechnungsfaktoren sind – wie bereits erwähnt – die Energieverbräuche und die Treibhausgasemissionen enthalten, die bei der Förderung des Rohöls, beim Transport des Rohöls zur Raffinerie, bei der Herstellung von Diesel in der Raffinerie wie auch beim Transport des Diesels zur Bahn-Tankstelle entstehen. Diese herstellungsbedingten Emissionen sollten beim Bahnverkehr grundsätzlich berücksichtigt werden, da sonst Vergleiche zur Elektro-Traktion nicht möglich sind. Die direkten Tank-to-Wheel-Treibhausgasemissionen von E-Loks sind null, da die CO_2- beziehungsweise THG-Emissionen ausschließlich bei der Gewinnung und Distribution der Energieträger und deren Umwandlung zu Strom entstehen.

Die Strom-WTW-Umrechnungsfaktoren betragen für Deutschland 527 g CO_2 beziehungsweise 574 g CO_2-Äquivalente pro kWh Strom. In Schweden betragen die entsprechenden Faktoren lediglich 4 g CO_2 beziehungsweise 4 g CO_2-Äquivalente pro kWh Strom. Die höchsten Emissionen pro kWh Strom treten mit 1.174 g CO_2-Äquivalenten in China auf. In Kapitel 3.3 finden sich für alle wichtigen europäischen Länder die entsprechenden WTW-Umrechnungsfaktoren. Dort sind auch die Umrechnungsfaktoren zur Ermittlung der standardisierten Energieverbräuche aufgeführt. Unter Klimagesichtspunkten schneidet die Elektro-Traktion meist besser ab als der Transport mit der Diesel-Lokomotive. So emittiert ein durchschnittlicher Dieselgüterzug (1.000 Brutto-Tonnen, Durchschnittsgüter) in Europa rund 26,3 g CO_2e pro Netto-Tonnenkilometer (8,7 Liter / 1.000 tkm × 3,01 kg CO_2e / Liter). Entstehen bei der Stromproduktion weniger als 817 g CO_2 pro kWh Strom, schneidet der Güterzug mit Elektro-Lok unter Klimagesichtspunkten besser ab als der Diesel-Güterzug. In Deutschland entstehen beispielsweise für einen durchschnittlichen Güterzug mit Elektrotraktion nur 18,5 g CO_2e pro Netto-Tonnenkilometer.

Berechnung von standardisiertem Energieverbrauch, CO_2- und THG-Emissionen für Güterschienentransport mit E-Traktion
Im letzten Beispiel wurde für den Transport von 3,5 Tonnen mit einem Güterzug mit Elektro-Lokomotive von Bremerhaven Containerterminal nach München Messegelände/Feldmoching ein Energieverbrauch von 76,88 kWh ermittelt. Wie hoch sind der standardisierte Energieverbrauch, die CO_2- und THG-Emissionen für diesen Transport – sowohl ohne (Tank-to-Wheel) als auch mit (Well-to-Wheel) Berücksichtigung der Energievorketten? Die Umrechnungsfaktoren können der Tabelle 3.3-1 entnommen werden.

- TTW-Energieverbrauch (Endenergieverbrauch):

$$EV_{MJ(TTW)} = 76{,}88 \text{ kWh} \times 3{,}6 \frac{MJ}{kWh} = 276{,}8 \text{ MJ}$$

- **WTW-Energieverbrauch (Primärenergieverbrauch):**

$$EV_{MJ(WTW)} = 76{,}88 \text{ kWh} \times 10{,}8 \frac{\text{MJ}}{\text{kWh}} = 830{,}3 \text{ MJ}$$

- **TTW-CO_2-Emissionen:**

$$EM_{CO_2(TTW)} = 76{,}88 \text{ kWh} \times 0 \frac{\text{g } CO_2}{\text{kWh}} = 0{,}0 \text{ kg } CO_2$$

- **WTW-CO_2-Emissionen:**

$$EM_{CO_2(WTW)} = 76{,}88 \text{ kWh} \times 527 \frac{\text{g } CO_2}{\text{kWh}} = 40{,}5 \text{ kg } CO_2$$

- **TTW-Treibhausgasemissionen (berechnet als CO_2-Äquivalente):**

$$EM_{THG(TTW)} = 76{,}88 \text{ kWh} \times 0 \frac{\text{g } CO_2 e}{\text{kWh}} = 0{,}0 \text{ kg } CO_2 e$$

- **WTW-Treibhausgasemissionen (berechnet als CO_2-Äquivalente):**

$$EM_{THG(WTW)} = 76{,}88 \text{ kWh} \times 574 \frac{\text{g } CO_2 e}{\text{kWh}} = 44{,}1 \text{ kg } CO_2 e$$

Ergebnisse im Überblick:

Energie (TTW) in MJ	Energie (WTW) in MJ	CO_2 (TTW) in kg CO_2	CO_2 (WTW) in kg CO_2	THG (TTW) in kg $CO_2 e$	THG (WTW) in kg $CO_2 e$
276,8	830,3	0,0	40,5	0,0	44,1

Berechnung von WTW-THG-Emissionen für Güterschienentransporte mit E-Traktion in verschiedenen Ländern

Wie hoch wären die WTW-THG-Emissionen, wenn der identische Stromverbrauch wie im gerade betrachteten Beispiel für den Transport von 3,5 Tonnen mit der Bahn in Schweden beziehungsweise in Polen benötigt würde?

1. Schritt: Berechnung der THG-Emissionen für den Transport in Schweden:

$$EM_{Zug(Schweden)} = EV_{Zug} \times F_{Bahnstrom(Schweden)} = 76{,}88 \text{ kWh} \times 4 \frac{\text{g } CO_2 e}{\text{kWh}} = 0{,}3 \text{ kg } CO_2 e$$

2. Schritt: Berechnung der THG-Emissionen für den Transport in Polen:

$$EM_{Zug(Polen)} = EV_{Zug} \times F_{Bahnstrom(Polen)} = 76{,}88 \text{ kWh} \times 1.085 \frac{\text{g } CO_2 e}{\text{kWh}} = 83{,}4 \text{ kg } CO_2 e$$

Würde also der entsprechende Transport in Schweden durchgeführt, würden gegenüber dem Transport in Deutschland 99 Prozent der THG-Emissionen eingespart. Würde der Transport hingegen in Polen stattfinden, würden im Vergleich zu Deutschland nahezu 1,9-mal so viel THG-Emissionen emittiert. Diese Unterschiede sind allein auf die bei der Bahnstromproduktion eingesetzten Energieträger zurückzuführen. Während in Schweden der Strom ausschließlich durch Wasserkraft erzeugt wird, wird in Polen in starkem Maße Strom aus Braunkohlekraftwerken eingesetzt. In allen drei Fällen verbrauchen die Güterzüge aber exakt die gleiche Endenergiemenge und sind somit gleich energieeffizient.

4.3.6 Entfernungsberechnung

Anders als beim Lkw-Verkehr gibt es beim Bahnverkehr keine weithin bekannten PC- oder Internetprogramme zur Berechnung der Transportentfernungen. Unternehmen, die keine eigenen Eisenbahnen betreiben, haben derzeit im Wesentlichen zwei Möglichkeiten, um Entfernungsangaben zu erhalten. Entweder können sie sich die Transportentfernungen von den Eisenbahnunternehmen geben lassen. Bei privaten Eisenbahnunternehmen entstammen diese Angaben meist den Trassenpreisabrechnungen. Alternativ können sie die Angaben über das frei zugängliche Internet-Emissionsberechnungstool EcoTransIT bestimmen. Vorteil dieses Tools ist, dass die Entfernungen auch länderscharf ermittelt und so die unterschiedlichen Strom-Umrechnungsfaktoren berücksichtigt werden können. Zudem sind die Anteile der elektrifizierten Strecken ausgewiesen. Wie bei Routenprogrammen im Straßenverkehr sucht das Programm die kürzeste Route zwischen dem Ausgangs- und dem Zielpunkt. Sind Umwege bekannt, müssen diese mit berücksichtigt werden. Hierzu können bei EcoTransIT Viapunkte eingegeben werden. Da die Bahnstrecken meist anders verlaufen als Straßen, dürfen aber auf keinen Fall die für den Straßengüterverkehr ermittelten Transportentfernungen auf die Bahntransporte übertragen werden. Dies kann zu erheblichen Unter- und Überschätzungen der realen Strecken führen.

Die folgende Tabelle 4.3-3 gibt einen Überblick über Transportentfernungen von typischen Bahntransporten im Seehafenhinterlandverkehr. Berechnet sind diese Entfernungen mit Hilfe von EcoTransIT. Werden die Güterzüge von Elektro-Loks gezogen, müssen zur Berücksichtigung der länderspezifischen Stromemissionsfaktoren für Auslandsstrecken mit EcoTransIT die exakten Streckenlängen nach Ländern differenziert ermittelt werden.

	Hafen Hamburg	Hafen Bremerhaven	Jade-Weser-Port/ Wilhelmshaven	Hafen Rotterdam	Hafen Antwerpen
	km	km	km	km	km
Frankfurt/M.-Ost	514	520	554	432	434
Stuttgart-Kornwestheim	679	686	720	596	599
München-Nord	774	780	815	831	834
Basel-SBB	839	845	879	720	639
Wien-Nordwest	1.013	1.093	1.127	1.184	1.187

Tab. 4.3-3: Ausgewählte Transportentfernungen im Seehafenhinterlandverkehr mit der Bahn in km berechnet mit EcoTransIT [IFEU et al. 2010; eigene Berechnungen]

4.4 Binnenschifffahrt

4.4.1 Allgemeine Einflussfaktoren

Das Binnenschiff hat vor allem dann Vorteile, wenn der Transport großer Massen von Gütern im Vordergrund steht. Ein Verband mit sechs Schubleichtern kann beispielsweise bis zu 17.000 Tonnen Güter transportieren. So verwundert kaum, dass rund 70 Prozent der gesamten Transportmenge der Binnenschifffahrt auf Massengüter entfällt. Dabei dominieren vor allem Schütt- und greiferfähige Massengüter wie zum Beispiel Baustoffe, Erze, Kohle und Stahl. In den letzten Jahren hat aber gerade im Seehafenhinterlandverkehr auch der Containerverkehr via Binnenschifffahrt stark an Bedeutung gewonnen. In den letzten Jahren waren die Zuwachsraten zweistellig. Der größte Anteil der Containertransporte findet dabei auf dem Rhein zwischen den Häfen in Antwerpen, Rotterdam sowie Amsterdam und den deutschen Binnenhäfen statt. Der Container-Seehafenhinterlandverkehr von deutschen Häfen spielt hingegen eine geringere Rolle [BDB 2011].

Spezifischer Energieverbrauch in der Logistik 4

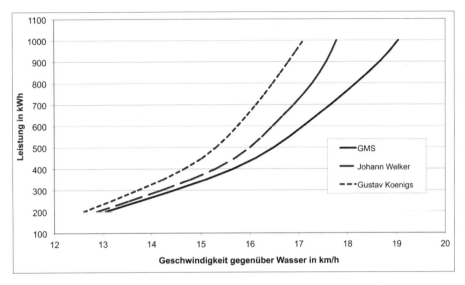

Abb. 4.4-1: Leistungsaufnahme verschiedener Schiffstypen bei einer Abladetiefe von 2,50 Metern und einer Wassertiefe von 7,50 Metern in Abhängigkeit von der Geschwindigkeit [PLANCO 2007]

Im Vergleich zu anderen Verkehrsträgern verbrauchen Transporte mit dem Binnenschiff pro Tonnenkilometer – ähnlich wie die Bahn – wenig Energie. Der Energieverbrauch einzelner Binnenschiffe kann sich jedoch erheblich unterscheiden. Einen großen Einfluss hat hierbei die Schiffsgröße. Große Binnenschiffe verbrauchen im Vergleich zu kleineren Schiffen pro Tonnenkilometer deutlich weniger Energie. Bei großen Wassertiefen und gleicher Geschwindigkeit ist sogar die Leistungsaufnahme des Motors und damit der absolute Verbrauch großer Schiffe geringer als bei kleinen *(siehe Abbildung 4.4-1)*. Bei geringen Wassertiefen kehrt sich dieses Verhältnis jedoch um; dennoch führt die größere Nutzlast dazu, dass die großen Binnenschiffe pro transportierte Tonne energieeffizienter sind. Der Energievorteil eines Großmotorschiffes (110 m, max. Tragfähigkeit ca. 3.000 t) gegenüber dem eines Schiffes der Klasse Johann Welker/Europaschiff (85 m, max. Tragfähigkeit ca. 1.500 t) liegt auf dem Rhein bei rund 43 Prozent. Auf einer Kanalrelation mit begrenzter Tiefe liegt der Verbrauchsvorteil immer noch bei 14 Prozent [PLANCO 2007].

Neben der Schiffsgröße wirkt sich auch die Fahrgeschwindigkeit auf den Energieverbrauch aus. Je höher diese ist, desto höher ist auch der Energieverbrauch eines Schiffes *(siehe Abbildung 4.4-1)*. Allerdings steigen der Fahrwiderstand und damit der Energieverbrauch eines Schiffes an, wenn der Abstand vom Schiff zum Boden der Wasserstraße abnimmt. Abbildung 4.4-2 zeigt beispielsweise die Widerstandskurve eines Schiffes im flachen und im tiefen Wasser. Bis zu einer kritischen Geschwindigkeit (V_{Krit}) ist der Fahrwiderstand im flachen Wasser höher als im tiefen. Traditionelle Motorgüterschiffe sind Verdrängerschiffe, deren in der Praxis realisierbare Geschwindigkeit immer unter der kritischen Geschwindigkeit liegt.

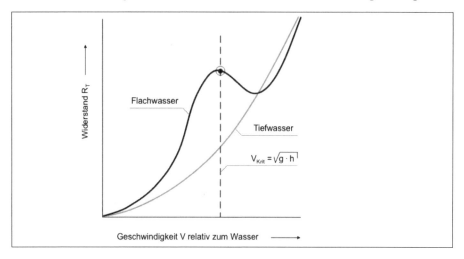

Abb. 4.4-2: Fahrwiderstand als Funktion der Geschwindigkeit [eigene Darstellung nach Ilgmann 1998]

Welche Auswirkung die Tiefe der Wasserstraße hat, verdeutlicht folgendes Beispiel: Erhöht sich beispielsweise die Wassertiefe von vier auf fünf Meter, reduziert sich bei 16 Stundenkilometern Fahrgeschwindigkeit des Schiffes der Energieeinsatz um etwa die Hälfte. Und Abstandsänderungen von einem Meter und mehr sind bei unterschiedlichen Beladungszuständen sowie je nach Wasserstraße bei den regelmäßigen Niedrig- und Hochwasserzeiten keine Seltenheit. Aber nicht nur eine begrenzte Tiefe, sondern auch eine seitliche Begrenzung, wie sie vor allem in Kanälen üblich ist, treibt den Fahrwiderstand und damit den Dieselverbrauch nach oben. Damit ist der Querschnitt der Wasserstraße eine der wichtigen Einflussgrößen für den Energieverbrauch von Binnenschiffen.

Der Abstand zwischen Schiff und Boden der Wasserstraße hängt neben der Tiefe der Wasserstraße vom Schiffstyp, aber auch von dessen Beladung ab. Ein Großmotorschiff hat zum Beispiel einen maximalen Tiefgang von 3,40 Metern, wenn es die maximale Ladung von zum Beispiel 2.900 Tonnen aufnimmt. Bei einer Beladung von 2.400 Tonnen liegt die so genannte Abladetiefe nur bei drei Metern. Bei einer Abladetiefe von 2,50 Metern liegt der Beladungsgrad nur noch bei 1.800 Tonnen [PLANCO 2007]. Dieses Beispiel zeigt, dass bei geringer Wassertiefe Schiffe

Spezifischer Energieverbrauch in der Logistik

bei weitem nicht ihre maximale Nutzlast ausnutzen können. Der Energieverbrauch pro transportierte Tonne im flachen Wasser wird also auch dadurch beeinflusst, dass die Nutzlast reduziert ist.

Gleichzeitig hängen aber die benötigte Antriebsleistung eines Binnenschiffsmotors und damit der Energieverbrauch des Schiffes vom Beladungszustand ab. Die verfügbare Motorleistung eines Großmotorschiffes wird beispielsweise bei einem frei fließenden Fluss im leeren Zustand zu 70 Prozent, im voll beladenen zu 80 Prozent beansprucht. In diesem liegt somit der Energieverbrauch pro Betriebsstunde eines vollen Schiffes 10 Prozent höher als der eines leeren Schiffes. Berücksichtigt man, dass die Geschwindigkeit des Schiffes im leeren Zustand rund zwei km/h höher ist, ergibt sich bei einer Bergfahrt (stromaufwärts) ein Mehrverbrauch pro Schiffskilometer eines vollen Großmotorschiffes von rund 35 Prozent, bei einer Talfahrt (stromabwärts) von 25 Prozent. Bei staugeregelten Flüssen und Kanälen liegt der Mehrverbrauch pro Schiffskilometer eines voll beladenen Schiffes doppelt so hoch wie bei einem leeren Schiff, wobei die Fahrtrichtung keinen Einfluss hat [VBD 2004]. Handelt es sich also um einen frei fließenden Fluss, beeinflusst dieser ebenfalls den Energieverbrauch eines Binnenschiffes.

Die Gutart hat ebenfalls einen Einfluss auf den Energieverbrauch eines Binnenschiffes. Werden Massengüter in einem Binnenschiff transportiert, kann die maximale Ladekapazität besser ausgenutzt werden als beim Transport von Containern. Dies liegt daran, dass Container mehr Platz pro Tonne Fracht einnehmen als Massengüter. Ein Großmotorschiff mit einer maximalen Traglast von 2.900 Tonnen kann rund 200 Standard-Container mit 20 Fuß transportieren (Twenty-foot Equivalent Unit = TEU). Geht man von einem durchschnittlichen Gewicht von 10,5 Tonnen pro TEU aus, ergibt sich bei einer Beladung von 200 TEU ein Gesamtgewicht von rund 2.100 Tonnen. Dies liegt deutlich unter der maximalen Traglast des betrachteten Großmotorschiffes. Weiterhin können insbesondere auf Kanälen (z.B. Hamburg–Berlin) Beschränkungen aufgrund von Brückenhöhen bestehen, so dass die Container nur bis zu einer bestimmten Höhe gestapelt werden dürfen (z.B. zwei Lagen) und so die maximale Containerkapazität nicht ausgenutzt werden kann. Sowohl die schlechtere Raumausnutzung als auch die Kapazitätsbegrenzungen können dazu führen, dass Containertransporte im Vergleich zu Massenguttransporten ökologisch ungünstiger abschneiden. In diesem Punkt unterscheiden sich allerdings Binnenschiffe nicht von anderen Verkehrsmitteln.

Das Durchschnittsalter der deutschen Gütermotorschiffe lag im Jahr 2010 bei 58,2 Jahren, das Alter der Tankmotorschiffe bei 30,3 Jahren [WSV 2011]. Auch wenn die Schiffsmotoren im Schnitt jünger sind als die Schiffe selbst, liegt die Vermutung nahe, dass alte Schiffe mehr Kraftstoff verbrauchen als neue. Dies ist aber nur begrenzt der Fall. Schiffsmotoren verbrauchen pro kWh Leistung im Durchschnitt rund 0,2 kg Diesel. Bei neueren Motoren kann dieser spezifische Verbrauch auch bei 0,18 bis 0,19 kg/kWh liegen, bei älteren Motoren bis 0,22 kg/kWh [VBD 2004]. Der Unterschied ist aber geringer, als das hohe Alter der Motoren vermuten lässt. Allerdings sind moderne Schiffe in der Regel größer, so dass sich hierüber deutliche Unterschiede im Dieselverbrauch pro transportierte Tonne ergeben. Somit hat das Alter der Schiffe indirekt doch einen starken Einfluss auf den Dieselverbrauch pro Tonnenkilometer.

Die wichtigsten Einflussfaktoren bei Transporten mit Binnenschifffahrt sind:
- Schiffsgröße (Kapazität, Motorleistung)
- Fahrgeschwindigkeit
- Querschnitt der Wasserstraße (Breite und Tiefe)
- Auslastung des Schiffes (Nutzlast und Abladetiefe)
- Fahrtrichtung mit oder gegen Strömungsrichtung (Berg- und Talfahrt)
- Gutart (Massengut bzw. Container)

4.4.2 Ermittlung des Energieeinsatzes ohne Detailkenntnisse

Die Berechnung des standardisierten Energieverbrauchs und der Treibhausgasemissionen für die Binnenschifffahrt ist prinzipiell einfach. Dies setzt aber wie bei den anderen Verkehrsträgern voraus, dass der Energieverbrauch bekannt ist. Dann können mit den entsprechenden Umrechnungsfaktoren für Diesel (*siehe Kapitel 3.2*) die Größen berechnet werden (*siehe Kapitel 4.4.3*). Wenn aber keine entsprechenden gemessenen Verbrauchswerte für den betrachteten Binnenschifffahrtstransport vorliegen, wird die Energieverbrauchsbestimmung der Binnenschifffahrt zu einer komplizierten Angelegenheit. Grund dafür ist die (aktuelle) Datenlage.

Für detaillierte Berechnungen müssten alle in Kapitel 4.4.1 vorgestellten Einflussparameter betrachtet werden (z.B. Breite und Tiefe der Wasserstraße). Meist hat die Binnenschifffahrt für die Gesamtemissionen aber nur eine nachgeordnete Bedeutung, so dass es sich kaum lohnt, alle Randgrößen für die Berechnung detailliert zu erheben. Daher wird bei der Binnenschifffahrt in der Regel der Verbrauch an Diesel mit Hilfe spezifischer Verbrauchswerte pro Tonnenkilometer berechnet, die dann nach [Formel 4.4-1] mit der Transportentfernung und dem Gewicht der Ladung ausmultipliziert werden. Die Formel entspricht der für andere Verkehrsmittel wie zum Beispiel Bahn oder Lkw. Zudem muss bei der Anwendung dieser Formel beachtet werden, dass in spezifische Verbrauchswerte pro Tonnenkilometer immer Annahmen zu durchschnittlichen Auslastungen einfließen und streng genommen dann auch nur für diese gelten.

Spezifischer Energieverbrauch in der Logistik

 Formel 4.4-1

$$EV_{Binnenschiff} = m_{Ladung} \times D \times EV_{spez(Binnenschiff)}$$

$EV_{Binnenschiff}$ = Energieverbrauch des Transportes mit dem Binnenschiff [Liter]
m_{Ladung} = Ladungsgewicht [in Tonnen]
D = Transportentfernung [in km]
$EV_{spez(Binnenschiff)}$ = spezifischer Energieverbrauch für Binnenschiffstransport [Liter/1.000 tkm]

Auch dieser vereinfachte Weg ist noch mit zahlreichen Problemen behaftet. Dies liegt vor allem daran, dass spezifische Energieverbrauchswerte pro Tonnenkilometer für Binnenschiffe so gut wie kaum vorliegen. Zudem werden diese auf unterschiedliche Arten und Weisen erhoben [Borken et al. 1999]. Das Verkehrsemissionsmodell TREMOD verwendet beispielsweise Werte, die „top down" erhoben werden [IFEU 2010]. Hier wird der spezifische Verbrauch als Quotient des gesamten Dieselverbrauchs für die Binnenschifffahrt basierend auf Angaben der AG Energiebilanz und die Verkehrsleistung basierend auf Angaben des statistischen Bundesamtes berechnet. Die TREMOD-Werte sind somit Durchschnittswerte über alle Schiffsklassen und alle Schiffsstraßen in Deutschland. Der aktuelle TREMOD-Wert liegt für die Binnenschifffahrt bei 11,4 Liter Diesel pro 1.000 tkm (*siehe Tabelle 4.4-1*) und kann durchaus verwendet werden, wenn keine genaueren Angaben zum Schiffstyp vorliegen.

Dieser Durchschnittswert wird unter anderem vom Bundesverband der Binnenschifffahrt (BDB) – durchaus nicht zu Unrecht – kritisiert. Große Schiffe verbrauchen weniger Energie als kleine – daher kann die Berechnung des Energieverbrauchs auf Basis des TREMOD-Durchschnittswertes zu Unter- oder Überschätzungen des realen Verbrauchs führen. Vom BDB wird aber auch kritisiert, dass der Durchschnittswert an sich zu hoch sei. Eine im Auftrag der Wasser- und Schifffahrtsverwaltung des Bundes erstellte Studie der PLANCO Consulting GmbH kommt zu einem Durchschnittsverbrauch von nur 5,6 Liter Diesel auf 1.000 Tonnenkilometer, was einem in etwa nur halb so hohem Wert entspricht [PLANCO 2007]. Allerdings wurde dieser Wert als Durchschnitt für ausgewählte Strecken berechnet (*siehe Tabelle 4.4-1*), wobei dabei jeweils eine typische Schiffsklasse verwendet und eine bestimmte Annahme für die Auslastung der Schiffe getroffen wurde. Die gewählte Schiffsklassenverteilung und Auslastung der Schiffe dürften aber kaum repräsentativ für Deutschland sein. Somit haben beide Werte ihre Berechtigung: Der TREMOD-Wert als Durchschnitt über alle Schiffsklassen und Auslastungen, der PLANCO-Wert für die gewählten Schiffe und die dabei unterstellten Auslastungen. Schließlich werden Werte pro Tonnenkilometer neben dem Verbrauch und damit der Größe des Schiffes in starkem Maße von der unterstellten Auslastung bestimmt.

Relationen	Schiffstyp (max. Tragfähigkeit)	Auslastung	Dieselverbrauch
		%	l/1.000 tkm
TREMOD Deutschland	Durchschnitt Schiffstypen	k.A.	11,4
PLANCO			
Hamburg - Decin (Tschechien)	Elbeschubverband (1.450 t)	90 %	5,3
Hamburg - Salzgitter-Beddingen	Koppelverband (5.800 t)	50 %	4,0
Rotterdam – Duisburg	6er Schubverband (18.500 t)	50 %	4,7
Rotterdam - Großkrotzenburg	Koppelverband (5.800 t)	50 %	6,4
Rotterdam - Dillingen-Saar	Koppelverband (5.800 t)	50 %	7,1
Linz – Nürnberg	Großmotorgüterschiff (3.000 t)	100 %	7,6
Hamburg – Hannover	Tankmotorschiff (2.700 t)	50 %	6,5
Antwerpen - Ludwigshafen	Überlanges Tankmotorschiff (3.300 t)	95 %	3,5
Durchschnitt alle Relationen		67 %	5,6

Tab. 4.4-1: Durchschnittlicher spezifischer Dieselverbrauch für Massenguttransporte mit dem Binnenschiff in Deutschland sowie für ausgewählte Relationen und Schiffstypen [IFEU 2010; PLANCO 2007; eigene Berechnungen]

Des Weiteren unterscheidet sich auch noch die Berechnungsmethode der PLANCO-Daten von denen von TREMOD – sie werden aus Verbrauchswerten pro kWh Motorleistung, der Motorleistung der Schiffe und dem Nutzungsgrad der Antriebskraft berechnet (siehe unten). Es handelt sich also um einen sogenannten „Bottom-up"-Ansatz. Um einen „Bottom-up"-Ansatz handelt es sich auch, wenn die spezifischen Verbrauchswerte nicht wie von PLANCO berechnet, sondern für einzelne Schiffsklassen gemessen werden. Der Duisburger Containerverkehrsorganisator Contargo, der bereits 2007 ein CO_2-Berechnungstool für seine Kunden entwickelt hat, hat beispielsweise auf Basis von gemessenen Werten spezifische Energieverbräuche differenziert für drei gängige Containerschiffsklassen zusammengestellt. Damit liegen gemessene Praxiswerte für drei Schiffsklassen vor, die außerdem zwischen Berg-, Tal- und Kanalfahrt unterscheiden (*siehe Tabelle 4.4-2*). Diesen Werten liegen durchschnittliche Containerbeladungen und durchschnittliche Schiffsauslastungen der Contargo-Flotte zugrunde.

Kann ein Binnenschiffsreeder aber für einen betrachteten Transport konkrete Messwerte liefern, sollten für die Berechnungen möglichst diese verwendet

Spezifischer Energieverbrauch in der Logistik 4

werden. Dies entspricht auch der Empfehlung des CEN-Normentwurfs prEN 16258:2011: Wo immer möglich, sollen gemessene Werte verwendet werden. Allerdings schreibt auch der CEN-Normentwurf vor, dass – um Leerfahrten zu berücksichtigen – ein vollständiger Fahrzeugumlauf betrachtet werden soll. Dies legt nahe, dass für die Berechnungen idealerweise ein Mittelwert aus Berg- und Talfahrt verwendet wird. Die Verwendung eines Mittelwertes ist auch schon deshalb sinnvoll, weil keine Talfahrt ohne vorherige Bergfahrt stattfinden kann. Eine gerechte Zurechnung des Verbrauchs auf einen Tonnenkilometer ist somit nur im Durchschnitt einer Berg- und Talfahrt möglich. Dieser Durchschnittswert ist daher ebenfalls in der Tabelle 4.4-2 ausgewiesen.

Ob nun die TREMOD-, PLANCO- oder Contargo-Werte für die Berechnung des Dieselverbrauchs von Binnenschiffen nach [Formel 4.3-1] verwendet werden, schreibt hingegen keine Norm vor. Aus unserer Sicht scheint die Verwendung der PLANCO- beziehungsweise Contargo-Werte immer dann angebracht, wenn der genaue Schiffstyp bekannt ist. Liegen hierzu aber keinerlei Daten vor oder handelt es sich ohnehin um eine durchschnittliche Betrachtung, kann auch problemlos der TREMOD-Wert verwendet werden.

Schiffstyp	Bergfahrt[1)]	Talfahrt[1)]	Berg- und Talfahrt (ø)[1)]	Kanalfahrt[1)]
	l/1.000 tkm	l/1.000 tkm	l/1.000 tkm	l/1.000 tkm
Europaschiff[2)]	16,8	8,3	12,55	11,8
Großmotorschiff[3)]	7,5	3,9	5,70	4,6
Jowi-Klasse[4)]	5,2	2,7	4,45	k.A.

[1)] Fahrtgebiet Berg/Tal auf dem Rhein; Kanalgebiet Frankreich [2)] 85 m Länge, 9,5 m Breite, maximale Kapazität: 90 TEU bzw. 1.300 Tonnen [3)] 110 m Länge, 11,40 m Breite, maximale Kapazität: 208 TEU, 2.300 Tonnen [4)] 135 m Länge, 17,2 m Breite, maximale Kapazität: 500 TEU, 5.200 Tonnen

Tab. 4.4-2: Spezifischer Dieselverbrauch bei durchschnittlicher Containerbeladung und Schiffsauslastung basierend auf Messungen der Contargo-Flotte
[Contargo 2011]

 Ermittlung des Energieverbrauchs für einen Massenguttransport mit einem Binnenschiff

Mit einem Großmotorschiff werden 1.000 t Kohle von Rotterdam nach Duisburg transportiert. Die Transportdistanz beträgt 218 km. Für die Berechnung wird der spezifische Dieselverbrauchswert für Großmotorschiffe von PLANCO verwendet (*siehe Tabelle 4.4-2*):

$$EV_{Binnenschiff} = 1.000 \text{ t} \times 218 \text{ km} \times 7{,}6 \frac{l}{1.000 \text{ tkm}} = 1.656{,}8 \text{ l}$$

Zum Vergleich: Würde der TREMOD-Durchschnittswert für die Berechnung verwendet, ergäbe sich folgender Dieselverbrauch:

$$EV_{Binnenschiff} = 1.000 \text{ t} \times 218 \text{ km} \times 11{,}4 \frac{l}{1.000 \text{ tkm}} = 2.485{,}2 \text{ l}$$

Im Vergleich zu dieser Durchschnittsbetrachtung führt die Berechnung mit den PLANCO-Daten zu einem um ein Drittel geringeren Dieselverbrauch.

Streng genommen beziehen sich die Angaben von Contargo auf Containertransporte, auch wenn die Werte pro Tonnenkilometer angegeben sind. Für Containertransporte stehen über das Internet-Emissionsrechentool EcoTransIT für zwei Schiffsklassen [IFEU et al. 2010] bzw. bei PLANCO für vier Schiffsklassen Containertransport-Werte zu Verfügung [PLANCO 2007]. Die Werte von EcoTransIT scheinen trotz Berücksichtigung der niedrigen Auslastung tendenziell zu hoch, so dass die Werte von PLANCO für die Berechnung realistischere Ergebnisse liefern dürften. Grundsätzlich sind diese Werte (im Gegensatz zu den Contargo-Werten) bezogen auf die Einheit TEU-km ausgewiesen. Stehen Angaben zur Anzahl der transportierten 20-Fuß-Standard-Container (in TEU) sowie die Transportentfernung zur Verfügung, kann mit der [Formel 4.4-2] der gesamte Dieselverbrauch für den Containertransport ermittelt werden:

Formel 4.4-2

$$EV_{Containerschiff} = n_{TEU} \times D \times EV_{spez(Containerschiff)}$$

$EV_{Containerschiff}$ = Energieverbrauch für Containertransport mit dem Binnenschiff [in Liter]
n_{TEU} = Anzahl TEU [in TEU]
D = Transportentfernung [in km]
$EV_{spez(Containerschiff)}$ = spezifischer Energieverbrauch für Binnenschiffstransport [in Liter/1.000 TEU-km]

Da die Container wiederum je nach Gutart unterschiedlich ausgelastet sein können, muss in einem weiteren Schritt der für die Container ermittelte Energieverbrauch auf die betrachtete Sendung heruntergebrochen werden. Hierzu wird der Quotient aus Gewicht der Sendung und Gesamtbeladung der Container verwendet (*siehe Formel 4.4-3*).

Spezifischer Energieverbrauch in der Logistik

 Formel 4.4-3

$$EV_{Sendung} = \frac{m_{Sendung}}{NL} \times EV_{TEU\,Containerschiff}$$

$EV_{Sendung}$ = Energieverbrauch der Einzelsendung [Liter]
$m_{Sendung}$ = Gewicht der Sendung [in t]
NL = Beladung der Container [in t]
$EV_{Containerschiff}$ = Energieverbrauch für Containertransport mit Binnenschiff [Liter]

Dies ist in Tabelle 4.4-3 bereits bezogen auf eine transportierte Tonne für Volumen-, Durchschnitts- und Massengüter durchgeführt worden. Als Containerauslastungen wurden 6, 10,5 und 14,5 Tonnen für die drei Gutarten unterstellt. Die so ermittelten Werte pro Tonnenkilometer können dann für Containertransporte verwendet werden, wenn keine Containerauslastungen bekannt sind. Die Berechnung des Energieverbrauchs erfolgt dann nach Formel 4.4-1.

Relationen	Schiffstyp (max. TEU-Kapazität)	Auslastung	Verbrauch pro TEU	Verbrauch pro tkm		
				Volumengut	Durchschnitt	Massengut
		%	l/1.000 TEU-km	l/1.000 tkm	l/1.000 tkm	l/1.000 tkm
EcoTransIT						
Alle Relationen	Europaschiff (100 TEU)	70 %	207	34,4	19,7	14,3
Alle Relationen	Klasse ≥ V (200-500 TEU)	70 %	124	20,6	11,8	8,5
PLANCO						
Rotterdam – Duisburg	Jowi-Klasse (430 TEU)	96 %	36,2	6,0	3,4	2,5
Rotterdam – Mannheim	Überlanges GMS (270 TEU)	100 %	45,5	7,6	4,3	3,1
Rotterdam – Basel	Koppelverband (240 TEU)	98 %	60,9	10,1	5,8	4,2
Hamburg – Berlin	Elbeschubverband (140 TEU)	100 %	76,8	12,8	7,3	5,3
Hamburg – Decin	Elbeschubverband (140 TEU)	100 %	73,8	12,3	7,0	5,1
Durchschnitt Relationen		99 %	58,6	9,8	5,6	4,0

Tab. 4.4-3: Spezifischer Energieverbrauch für Containertransporte mit Binnenschiffen sowie für ausgewählte Relationen und Schiffstypen [IFEU et al. 2010; PLANCO 2007; eigene Berechnungen]

4 Spezifischer Energieverbrauch in der Logistik

Ermittlung des Energieverbrauchs für einen Containertransport mit einem Binnenschiff

Ein 20-Fuß-Container (TEU) wird mit einem Schiff der Jowi-Klasse von Rotterdam nach Basel transportiert (821 km). Der Container ist mit sechs Tonnen beladen. Wie hoch ist der Energieverbrauch für eine Tonne Ladung?

1. Schritt: Berechnung des Energieverbrauchs für den Container:

Für die Berechnung wird der Dieselverbrauch für ein Schiff der Jowi-Klassen nach Tabelle 4.4-3 verwendet:

$$EV_{TEUContainerschiff} = 1 \text{ TEU} \times 821 \text{ km} \times 36{,}2 \frac{l}{1.000 \text{ TEU-km}} = 29{,}7 \text{ l}$$

2. Schritt: Berechnung des Energieverbrauchs für die Sendung:

$$EV_{Sendung} = \frac{1 \text{ t}}{6 \text{ t}} \times 29{,}7 \text{ l} = 5{,}0 \text{ l}$$

Zum Vergleich: Würde der Energieverbrauch direkt mit den tkm-Werten der Tabelle 4.4-3 berechnet, müsste der Wert für Volumengut verwendet werden. In diesem Fall entspräche zufällig die reale Auslastung des Containers der für Volumengüter unterstellten Auslastung, weshalb das Endergebnis bis auf Rundungsunterschiede identisch ist:

$$EV_{Sendung} = 1 \text{ t} \times 821 \text{ km} \times 6{,}0 \frac{l}{1.000 \text{ tkm}} = 4{,}9 \text{ l}$$

4.4.3 Ermittlung des Energieeinsatzes mit Detailkenntnissen

Liegen detaillierte Daten zum Schiffstyp (Motorleistung, Abladetiefe, Ladung), zur Geschwindigkeit des Schiffes sowie zur Art der Wasserstraße und zur Wassertiefe vor, kann nach Formel 4.4-4 der Energieverbrauch eines Binnenschiffes für eine bestimmte zurückgelegte Strecke berechnet werden:

Formel 4.4-4

$$EV_{Binnenschiff\,gesamt} = D_{Binnenschiff} \times \frac{L_{Motor\,Binnenschiff} \times NG_{Motor\,Binnenschiff} \times EV_{Motor\,Binnenschiff}}{V_{Wasser} \pm V_{Ström}}$$

$EV_{Binnenschiff\,gesamt}$ = Energieverbrauch des Binnenschiffes für die Strecke D [in Liter]

$D_{Binnenschiff}$ = Zurückgelegte Strecke mit dem Binnenschiff [in km]

$L_{Motor\,Binnenschiff}$ = Durchschnittliche Leistung des Motors in der Schiffsgrößenklassen [in kW]

$NG_{Motor\,Binnenschiff}$ = Nutzungsgrad der Motorleistung bei gegebener Abladetiefe, Gewässertiefe und Geschwindigkeit gegenüber Wasser [in %]

Spezifischer Energieverbrauch in der Logistik 4

$EV_{Motor\ Binnenschiff}$ = Dieselverbrauch des Motors [in l/kW].
V_{Wasser} = Geschwindigkeit gegenüber Wasser [in km/h]
$V_{Ström}$ = Geschwindigkeit der Flussströmung; bei Bergfahrten muss $v_{Ström}$ von v_{Wasser} abgezogen, bei Talfahrten muss $v_{Ström}$ zu v_{Wasser} hinzuaddiert werden

Der spezifische Energieverbrauch des Motors $EV_{Motor\ Binnenschiff}$ ist dabei – wie bereits oben ausgeführt – ein nahezu konstanter Wert und liegt bei rund 0,24 l Diesel pro kW Motorleistung (bzw. 0,2 kg Diesel/kW). Die Leistung $L_{Motor\ Binnenschiff}$ des Motors hängt hingegen vom Schiffstyp ab. So liegen zum Beispiel für ein Schiff des Typs Gustav Königs verlängert (Länge: 80 Meter) die Motorleistungen zwischen 450 und 850 kWh, bei einem Schiff des Typs Johann Welker verlängert (85 Meter) zwischen 700 und 1.200 kW und bei einem Großmotorschiff (110 Meter) zwischen 1.000 und 1.500 kW [VBD 2004].

Die große Unbekannte in der [Formel 4.4-4] ist der prozentuale Nutzungsgrad der Motorleistung. Diese Größe hängt vom Schiffstyp, dem Tiefgang des Schiffes, der Tiefe der Wasserstraße und der Geschwindigkeit des Schiffes gegenüber dem Wasser ab. Abbildung 4.4-3 zeigt zum Beispiel den Zusammenhang zwischen Wassertiefe, Geschwindigkeit und benötigter Leistung eines Großmotorschiffes für eine Abladetiefe von 2,50 Metern. Da der Nutzungsgrad von derart vielen Faktoren abhängt, gibt es derzeit keine generellen Werte, die grundsätzlich für die Berechnung verwendet werden können. Es finden sich aber sowohl in einem Gutachten der Versuchsanstalt für Binnenschiffbau (heute: Entwicklungszentrum für Schiffstechnik und Transportsysteme) mit dem Titel „Technische und wirtschaftliche Konzepte für flussangepasste Binnenschiffe" [VBD 2004] als auch in dem erwähnten PLANCO-Gutachten [PLANCO 2007] Beispielwerte für unterschiedliche Rahmenbedingungen.

Neben dem mit Hilfe von [Formel 4.4-4] berechneten Dieselverbrauch benötigen Binnenschiffe zusätzlich Schmierstoffe. PLANCO schlägt hierzu vor, diesen Schmierstoffverbrauch pauschal mit einem Aufschlag von fünf Prozent auf den berechneten Dieselverbrauch zu berücksichtigen. Streng genommen müssten für diese Schmieröle andere Umrechnungsfaktoren zur Berechnung des standardisierten Energieverbrauchs und der Treibhausgasemissionen verwendet werden; allerdings kann für diese Menge vereinfachend der Umrechnungsfaktor für Diesel verwendet werden (*siehe Kapitel 4.4.4*).

4 Spezifischer Energieverbrauch in der Logistik

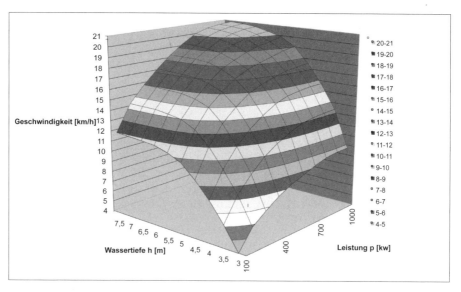

Abb. 4.4-3: Zusammenhang zwischen eingesetzter Leistung, Schiffsgeschwindigkeit und Wassertiefe für ein Großmotorschiff mit 2,5 Meter Abladetiefe [PLANCO 2007]

Ermittlung des spezifischen Energieverbrauches für Binnenschiffstransporte im Detail

Ein Großmotorschiff (110 m, max. Tagfähigkeit 3.000 t; Antriebsleistung: 1.100 kW) legt in einem frei fließenden Fluss eine Strecke von 400 km zurück. Die Wassertiefe ist 5 Meter (seitlich unbeschränktes Fahrwasser). Das Schiff ist mit 1.850 t Kies bei einer Abladetiefe von 2,5 Meter beladen. Die Geschwindigkeit des Schiffes beträgt 18 km/h gegenüber Wasser. Das leere Schiff fährt die gleiche Strecke wieder zurück (Geschwindigkeit: 20 km/h gegenüber Wasser; Leertiefgang im Mittel: ein Meter). Die Strömungsgeschwindigkeit des Flusses beträgt sechs km/h. Wie hoch ist der Energieverbrauch für den Transport der 1.850 t Kies (einschließlich Leerfahrt)?

1. Schritt: Ermittlung des Nutzungsgrades der Motorleistung

Die abgerufene Leistung des Motors hängt für den Schiffstyp vom Tiefgang und von der Beladung des Schiffes, der Wassertiefe bzw. der Art der Wasserstraße sowie der Geschwindigkeit gegenüber dem Wasser ab. Nach [VBD 2004] liegt die beanspruchte Leistung für die im Beispiel angegebenen Rahmenbedingungen für eine Fahrt mit voller Ladung bei 80 Prozent der Antriebsleistung des Schiffes, für die Leerfahrt bei 70 Prozent.

Spezifischer Energieverbrauch in der Logistik

2. Schritt: Berechnung des Dieselverbrauchs des Binnenschiffes für Last- und Leerfahrt nach [Formel 4.4-4]:

$$EV_{Binnenschiff\ gesamt\ (Berg,\ Ladung)} = 400\ km \times \frac{1.100\ kW \times 80\ \% \times 0{,}24\ \frac{l}{kWh}}{(18-6)\ \frac{km}{h}} = 7.040\ l$$

$$EV_{Binnenschiff\ gesamt\ (Tal,\ Leer)} = 400\ km \times \frac{1.100\ kW \times 70\ \% \times 0{,}24\ \frac{l}{kWh}}{(20+6)\ \frac{km}{h}} = 2.843\ l$$

$$EV_{Binnenschiff\ gesamt\ (Berg+Tal)} = 7.040\ l + 2.843\ l = 9.883\ l$$

3. Schritt: Berechnung des Dieselverbrauchs für den Transport mit dem Binnenschiff einschließlich des Zuschlags für Schmiermittel:

$$EV_{Binnenschiff\ gesamt\ (Berg+Tal,\ inkl.\ Schmiermittel)} = 9.883\ l \times 1{,}05 = 10.377\ l$$

Teilt man den Verbrauch durch die Verkehrsleistung (1.850 t x 400 km), ergibt sich ein spezifischer Dieselverbrauch von rund 14 Liter pro 1.000 Tonnenkilometer. Unterstellt man auf der Talfahrt ebenfalls eine Ladung von 1.850 Tonnen, ergibt sich für die Talfahrt ein Dieselverbrauch von 3.520 Liter (80 % Motorauslastung, 18 km/h, ohne Zuschlag Schmiermittel). Für die Tal- und Bergfahrt, jeweils mit Ladung und unter Berücksichtigung des Schmiermittelzuschlags, ergibt sich insgesamt ein Verbrauch von 11.088 Liter. Der spezifische Verbrauch liegt dann bei rund 7,5 Liter pro 1.000 tkm und somit in dem Bereich des in Tabelle 4.4-1 aufgeführten Dieselverbrauchs für ein Großmotorgüterschiff.

4.4.4 Berechnung von standardisierten Energieverbrauchswerten und Treibhausgasemissionen

Zur Berechnung des standardisierten Energieverbrauchs und der Treibhausgasemissionen kann der berechnete Energieverbrauch in Litern Diesel mit Hilfe der in Kapitel 3.2 vorgestellten Umrechnungsfaktoren ausmultipliziert werden. Bei der Binnenschifffahrt wird zudem Diesel eingesetzt, dem Biodiesel beigemischt wird. Wurde der Diesel in Deutschland getankt, können die in Tabelle 3.2-7 (siehe Kapitel 3.2.3) vorgestellten Umrechnungsfaktoren für Diesel mit Biokraftstoffbeimischung verwendet werden.

Berechnung von standardisiertem Energieverbrauch, CO_2- und THG-Emissionen für Binnenschiffstransporte

In dem im vorigen Beispiel betrachteten Transport wurden durch das Binnenschiff 10.377 Liter Diesel benötigt. Der verbrauchte Diesel wurde in Deutschland getankt. Der standardisierte Energieverbrauch sowie die CO_2- und THG-Emissionen berechnen sich folgendermaßen (Annahme: Biodieselbeimischung 6,2 Prozent; siehe Tabelle 3.2-7):

- **TTW-Energieverbrauch (Endenergieverbrauch):**

$$EV_{MJ(TTW)} = 10.377 \text{ l} \times 35{,}7 \frac{MJ}{l} = 370.459 \text{ MJ}$$

- **WTW-Energieverbrauch (Primärenergieverbrauch):**

$$EV_{MJ(WTW)} = 10.377 \text{ l} \times 41{,}4 \frac{MJ}{l} = 429.608 \text{ MJ}$$

- **TTW-CO_2-Emissionen:**

$$EM_{CO_2(TTW)} = 10.377 \text{ l} \times 2{,}47 \frac{kg\ CO_2}{l} = 25.631 \text{ kg } CO_2$$

- **WTW-CO_2-Emissionen:**

$$EM_{CO_2(WTW)} = 10.377 \text{ l} \times 2{,}80 \frac{kg\ CO_2}{l} = 29.056 \text{ kg } CO_2$$

- **TTW-Treibhausgasemissionen (berechnet als CO_2-Äquivalente):**

$$EM_{THG(TTW)} = 10.377 \text{ l} \times 2{,}50 \frac{kg\ CO_2e}{l} = 25.943 \text{ kg } CO_2e$$

- **WTW-Treibhausgasemissionen (berechnet als CO_2-Äquivalente):**

$$EM_{THG(WTW)} = 10.377 \text{ l} \times 2{,}92 \frac{kg\ CO_2e}{l} = 30.301 \text{ kg } CO_2e$$

Energie (TTW) in MJ	Energie (WTW) in MJ	CO_2 (TTW) in kg CO_2	CO_2 (WTW) in kg CO_2	THG (TTW) in kg CO_2e	THG (WTW) in kg CO_2e
370.459	429.608	25.631	29.056	25.943	30.301

4.4.5 Entfernungsberechnung

Als Basis für die Kilometerermittlung im Wasserstraßennetz bietet sich zum einen das Internettool EcoTransIT an. Die in der Tabelle 4.4-4 aufgeführten Entfernungen wurden beispielsweise mit seiner Hilfe berechnet. Am weitesten verbreitet ist aber der WESKA Europäischer Schifffahrts- und Hafenkalender, der vom Verein für europäische Binnenschifffahrt und Wasserstraßen e.V. herausgegeben wird [WESKA 2011].

Spezifischer Energieverbrauch in der Logistik

Relation	Entfernung
	km
Rotterdam – Duisburg	218
Rotterdam – Mannheim	563
Rotterdam – Basel	821
Hamburg – Berlin	362
Hamburg – Hannover	229
Hannover – Berlin	285
Regensburg – Wien	430
Bamberg – Wien	636

Tab. 4.4-4: Ausgewählte Transportentfernungen im Binnenschiffsverkehr in km berechnet mit EcoTransIT [IFEU et al. 2010; eigene Berechnungen]

4.5 Seeschifffahrt

4.5.1 Allgemeine Einflussfaktoren

Rund 90 Prozent der Welthandelsgüter werden durch den internationalen Schiffsverkehr abgewickelt. Zugleich ist dieser für knapp drei Prozent der weltweiten Treibhausgasemissionen verantwortlich – 2007 waren dies rund 870 Millionen Tonnen CO_2 [IMO 2009]. Neben Tankschiffen sind es vor allem Container- und „Dry Bulk"-Schiffe, die die Handelsrouten beherrschen. Mit ihnen werden vorwiegend feste Massengüter transportiert. Containerschiffe, Massengutfrachter und Tankschiffe sollen daher in diesem Kapitel im Mittelpunkt der Betrachtung stehen. Fähren und damit RoRo-Schiffe (Roll-on-Roll-off) werden in diesem Kapitel nur am Rande behandelt.

Obwohl der Anteil der Seeschifffahrt an den Emissionen weltweit relativ klein erscheint, ist zu berücksichtigen, dass sich bei einem durchschnittlichen jährlichen Wachstum der Seefracht um rund drei Prozent das Güteraufkommen innerhalb von 25 Jahren verdoppelt. Daher ist die Schifffahrt wie alle anderen Verkehrsträger in der Verantwortung, ihre Treibhausgase zu reduzieren. Darüber hinaus trägt die Verbrennung von Schweröl in Schiffen erheblich zur Luftverschmutzung in Form von Schwefel-, Stickoxid- und Partikelemissionen in küstennahen Regionen bei – was im Folgenden aber nicht weiter betrachtet werden soll.

Entscheidender Einflussfaktor für den Kraftstoffverbrauch ist die Schiffsgröße. Sie geht zumeist Hand in Hand mit dem Alter eines Schiffes, da insbesondere bei den Containerschiffen in den vergangenen 40 Jahren eine Tendenz zu immer größeren Schiffsklassen zu verzeichnen ist. Kleinere, ältere Schiffe werden dann zunehmend in Regionen mit geringerem Aufkommen beziehungsweise im Feederdienst eingesetzt, also als Zulieferer und Verteiler für größere Seeschiffe. Dies wird auch als „Kaskadierung" bezeichnet: So kann man den Lebenszyklus eines Handelsschiffes in der Regel nach seinen Einsatzorten verfolgen.

Mit der Schiffsgröße geht die sogenannte Deadweight Tonnage (dwt) einher, die Tragfähigkeit eines Schiffes bei mittlerem Sommertiefgang und damit die Ladungskapazität eines Schiffes. Sie variiert von etwa 5.000 Tonnen bei kleinen Massengutfrachtern und Tankern bis zu 150.000 Tonnen (13.000 TEU; TEU = Twentyfoot Equivalent Unit) bei großen Containerschiffen. Große Schiffe verbrauchen zwar mehr Energie, aufgrund der höheren Ladungskapazität liegt aber der Energieverbrauch pro transportierter Tonne beziehungsweise pro TEU im Allgemeinen niedriger als bei kleineren Schiffen.

Im Gegensatz zu anderen Verkehrsmitteln wächst der Energieverbrauch allerdings mit steigender Auslastung kaum an; eine Zunahme der Auslastung reduziert somit den spezifischen Verbrauch pro Ladung erheblich. Dies liegt daran, dass bei leereren Schiffen zur Stabilisierung mehr Ballastwasser aufgenommen werden muss, so dass sich das Gesamtgewicht des Schiffes im Vergleich zu einem voll beladenen Schiff kaum verändert. Selbst die Gewichtsabnahme durch den verbrauchten Kraftstoff wird mit Ballastwasser kompensiert. Bei einem Panamax-Containerschiff mit 4.300 TEU, das zu rund zwei Dritteln beladen ist (rund 32.000 Tonnen), sind beispielsweise zu Reisebeginn rund 6.000 Tonnen Kraftstoff und 6.000 Tonnen Ballastwasser an Bord. Ist der Kraftstoffvorrat während der Reise auf 2.000 Tonnen gesunken, wird das fehlende Gewicht durch Ballastwasser ausgeglichen – das Gewicht des Ballastwassers steigt dann auf rund 10.000 Tonnen an [Haberl 2005]. Daher ist die tatsächliche Beladung für den Energieverbrauch des Schiffes zweitrangig und verändert lediglich die Zusammensetzung des Gesamtgewichts, nicht dieses selbst.

Aus diesem Grund wird der spezifische Energieverbrauch im Containerschiffsverkehr in erster Linie auch auf TEU beziehungsweise TEU-km bezogen. Denn da das Beladungsgewicht wie erwähnt kaum eine Rolle spielt, lässt sich der Energieverbrauch je Sendung sowie die Auslastung des Schiffes am besten über die Zahl der transportierten Container und die Zahl der Stellplätze beschreiben. Die Zahl der Containerstellplätze auf einem Schiff liegt dabei oftmals weit über dem Quotienten aus maximal erlaubter Nutzlast des Schiffes und des maximalen Container-Bruttogewichts (24,0 Tonnen bei 20 Fuß; 30,5 Tonnen bei 40 Fuß). Dies liegt daran, dass die Nettogewichte der Container (Gewicht der Ladung im Container) durchschnittlich weit unter den maximal möglichen Zuladungsmöglichkeiten liegen. So können Standardbehälter zwar mit bis zu 21,8 Tonnen (20 Fuß Container) beziehungsweise 26,7 Tonnen (40 Fuß Container) beladen werden. In der Praxis

Spezifischer Energieverbrauch in der Logistik

sind die Container aber nur mit 10 bis 11 Tonnen je TEU (Durchschnittswert aus 20 und 40 Fuß Containern) beladen. Würden alle Stellplätze eines Containerschiffes mit gewichtsmäßig maximal gefüllten Containern belegt, wären die Schiffe überladen. Dieser Fall kommt in der Praxis aber in der Regel nicht vor.

Von erheblicher Bedeutung ist schließlich die Schiffsgeschwindigkeit. Diese wiederum hängt von der Maschinenauslastung ab, die maximal bei 90 Prozent liegt. Man spricht dabei von der Design-Geschwindigkeit, also jener Geschwindigkeit, die bauseitig maximal vorgesehen, sozusagen „designed" ist. Die Schiffsgeschwindigkeit ist zugleich ein wichtiger Hebel der Reeder, sich an veränderte Marktbedingungen anzupassen: Bei hoher Nachfrage erreicht sie bei großen Containerschiffen bis 26 Knoten (kn), bei geringer Nachfrage und/oder hohen Kraftstoffpreisen kann sie – wenn auch nicht dauerhaft, ohne Maschinenschäden zu riskieren – bis auf 16 Knoten reduziert werden. Da allerdings der Energieverbrauch in einer Dreierpotenz mit der Geschwindigkeit ansteigt, sind bereits viele Reeder zum sogenannten „Derating" ihrer Schiffsmaschinen übergegangen, das heißt zur technischen Begrenzung der Maschinenauslastung. Allerdings ist zu beachten, dass mit einer Geschwindigkeitsreduktion die Schiffe auch länger unterwegs sind, um die gleiche Strecke zurückzulegen, so dass beispielsweise der spezifische Kraftstoffverbrauch pro TEU-km bei einem Containerschiff mit zunehmender Geschwindigkeitsreduktion immer weniger stark abnimmt (*siehe Abbildung 4.5-1*). Die allgemeine Tendenz in der interkontinentalen Seeschifffahrt führt in Richtung einer Geschwindigkeitsreduktion von 4 bis 15 Prozent gegenüber der Design-Geschwindigkeit (21 bis 24 Knoten). Für das Emissionsberechnungstool EcoTransIT World wurde eine vierprozentige Reduktion als Default-Wert hinterlegt [IFEU et al. 2010].

4 Spezifischer Energieverbrauch in der Logistik

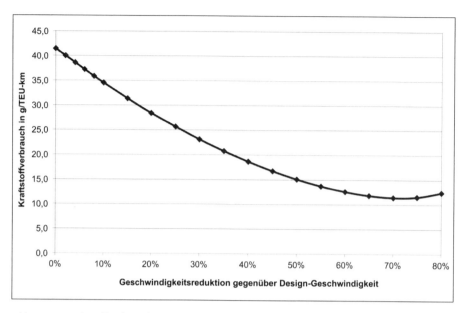

Abb. 4.5-1: *Kraftstoffverbrauch eines Containerschiffes über 7000 TEU bei einer Auslastung von 70 Prozent in Abhängigkeit der Geschwindigkeitsreduktion gegenüber Design-Geschwindigkeit [eigene Darstellung]*

Der Energieverbrauch wird aber nicht nur von den Hauptmotoren eines Schiffes, sondern auch von den Hilfsaggregaten bestimmt. Der Energieverbrauch eines Schiffes setzt sich zusammen aus dem Verbrauch von Schiffsdiesel (Maritime Diesel Oil – MDO, beziehungsweise Marine Gasoil – MGO) zum Betrieb der Hilfsaggregate, zur Versorgung des Schiffes und der Besatzung auf See beziehungsweise während der Liegezeit im Hafen, sowie dem eigentlichen Kraftstoffverbrauch, also der Menge an Schweröl (Heavy Fuel Oil – HFO). Letzteres wird auch als „RFO" (Residual Fuel Oil) oder „Bunker C" bezeichnet. In der Regel dominiert mit 98 bis 100 Prozent das Schweröl den Gesamtenergieverbrauch eines Schiffes. Lediglich in sogenannten Schwefelemissionsüberwachungsgebieten (Sulphur Emission Control Areas = SECA; derzeit lediglich die Ost- und Nordsee mit Ärmelkanal) dürften MDO beziehungsweise MGO zur Einhaltung der Schwefelgrenzwerte einen Anteil von 20 Prozent haben. Bei Stückgutschiffen (General Cargo Ships), die dort verkehren, liegt er bei ca. 30 Prozent [IFEU et al. 2010].

Last but not least spielt die fahrplanmäßige Route des Schiffes eine nicht unbeträchtliche Rolle: Auf seinem Weg von zum Beispiel Europa nach Asien läuft ein Schiff unter Umständen zehn bis 15 Häfen an, ebenfalls auf dem Rückweg – zuweilen dann wiederum andere Häfen. Damit wächst die zurückgelegte Strecke beziehungsweise die Anzahl der Tage auf See und entsprechend auch der Kraft-

Spezifischer Energieverbrauch in der Logistik

stoffverbrauch. Nach der Schiffsroute richtet sich auch – wie bereits erwähnt – die Schiffsgröße: Große Schiffe werden auf interkontinentalen Routen eingesetzt – mit gewissen Einschränkungen etwa im Skagerrak/Kattegat und im Panamakanal. Auf diesen Routen ist der spezifische Energieverbrauch pro Tonnenkilometer besonders günstig.

Die wichtigsten Einflussfaktoren bei der Seeschifffahrt sind:
- Schiffstyp: Container, Tanker, Bulk oder RoRo
- Schiffsgröße (DeadWeight Tonnage – dwt)
- Auslastung des Schiffes (z.B. Anzahl der belegten Containerstellplätze)
- Geschwindigkeit (Maschinenauslastung)
- Schiffsroute (Fahrplan)
- Kraftstoffart (HFO oder MDO/MGO)

4.5.2 Ermittlung des Energieeinsatzes ohne Detailkenntnisse für Massengutfrachter, Tanker und Containerschiffe

Im Gegensatz zu anderen Verkehrsmitteln veröffentlichen Reeder in der Regel ihre Energieverbrauchs- und CO_2-Werte nicht für die reale, sondern für eine hundertprozentige Auslastung ihrer Schiffe. Gleiches gilt (bis dato) für Angaben der Clean Cargo Working Group (CCWG), einer Arbeitsgruppe von knapp 30 Reedereien, Spediteuren und Verladern (*siehe Kapitel 6.8*). Im Bericht der CCWG werden durchschnittliche CO_2-Emissionen für den Containerverkehr auf 25 definierten Handelsrouten angegeben [BSR 2011]. Da immer von einer einhundertprozentigen Auslastung der Containerstellplätze ausgegangen wird, ergeben sich Unterschiede für die einzelnen Handelsrouten dabei ausschließlich durch die auf diesen Linien eingesetzten Schiffsgrößen und deren Alter.

Bei den von der CCWG oder von einzelnen Reedern publizierten Werten handelt es sich ausschließlich um CO_2-, und nicht um Treibhausgasemissionen. Zudem sind die Emissionen durch die Herstellung der Kraftstoffe nicht berücksichtigt (Emissionen aus der Vorkette). Energieverbräuche, die der Nutzer selbst in Treibhausgasemissionen umrechnen könnte, werden hingegen nicht veröffentlicht. Im Folgenden wird eine Vorgehensweise vorgestellt, wie man Energieverbräuche für verschiedene Handelsrouten und Schiffsklassen dennoch berechnen kann.

Der Energieverbrauch für Transporte in Massengutfrachtern und Tankern kann direkt durch die Multiplikation des Ladungsgewichtes mit der zurückgelegten Transportentfernung und einem spezifischen Energieverbrauchsfaktor ermittelt werden:

Formel 4.5-1

$$EV_{Schiff} = m_{Ladung} \times D \times EV_{spez(Schiff)}$$

EV_{Schiff} = Energieverbrauch an Schweröl/Schiffsdiesel für Transport der Ladung auf dem Schiff [kg]
m_{Ladung} = Ladungsgewicht [in Tonnen]
D = Transportentfernung [in km]
$EV_{spez(Schiff)}$ = spezifischer Energieverbrauch des Schiffes pro Tonnenkilometer [in g/tkm]

Der spezifische Energieverbrauch $EV_{spez(Schiff)}$ kann der Tabelle 4-5-1 entnommen werden und hängt von der gewählten Handelsroute und damit indirekt von der auf diesen Handelsrouten eingesetzten Schiffsgrößen und Auslastungen ab. Zudem beeinflusst die Geschwindigkeitsreduktion gegenüber der Design-Geschwindigkeit den Energieverbrauch. Liegen keine genauen Angaben zur gefahrenen Geschwindigkeit vor, sollte derzeit von einer vierprozentigen Reduktion ausgegangen werden. Die in der Tabelle 4-5-1 ausgewiesenen spezifischen Energieverbrauchswerte berücksichtigen aktuelle durchschnittliche Auslastungen der Schiffe für die Hin- und Rückfahrt [IFEU et al. 2010].

Spezifischer Energieverbrauch in der Logistik

Handelsroute	Schiffsgröße[1]	Auslastung	Geschwindigkeitsreduktion[2]				
			0 %	4 %	10 %	15 %	20 %
Massengutfrachter/Tanker			– Kraftstoffverbrauch in g/tkm –				
Asien-Route	80.000 – 200.000 dwt	49,1 %	1,56	1,45	1,29	1,17	1,06
Transatlantik	35.000 – 80.000 dwt	55,3 %	2,19	2,04	1,82	1,65	1,50
Transpazifik	35.000 – 200.000 dwt	53,0 %	1,83	1,70	1,52	1,38	1,24
Panama-Route	35.000 – 80.000 dwt	55,3 %	2,19	2,04	1,82	1,66	1,50
Übrige Routen	15.000 – 120.000 dwt	54,6 %	2,19	2,04	1,82	1,66	1,50
Intrakontinental	5.000 – 60.000 dwt	56,6 %	2,93	2,73	2,45	2,22	2,02
Containerschiffe			– Kraftstoffverbrauch in g/TEU-km –				
Asien-Route	4.700 – 7.000+ TEU	66,6 %	49,2	45,8	41,0	37,2	33,7
Transatlantik	2.000 – 4.700 TEU	65,0 %	57,1	53,3	47,8	43,6	39,7
Transpazifik	1.000 – 7.000- TEU	65,3 %	56,0	52,2	46,8	42,7	38,8
Panama-Route	2.000 – 4.700 TEU	65,0 %	57,1	53,3	47,8	43,6	39,7
Übrige Routen	1.000 – 4.700 TEU	65,0 %	62,0	57,8	51,9	47,4	43,2
Intrakontinental EU	500 – 2.000 TEU	65,0 %	78,9	73,7	66,4	60,8	55,5
Intrakontinental Nicht-EU	1.000 – 3.500 TEU	65,0 %	65,6	61,3	55,2	50,5	46,1

[1] dwt = DeadWeight Tonnage; TEU = Twenty-foot Equivalent Unit
[2] Geschwindigkeitsreduktion gegenüber der Design-Geschwindigkeit

Tab. 4.5-1: Spezifischer Energieverbrauch $EV_{spez(Schiff)}$ beziehungsweise $EV_{spez(Containerschiff)}$ von Schiffen nach Handelsrouten (Basis Europa) und verschiedenen Geschwindigkeitsreduktionen [IFEU et al. 2010; eigene Berechnungen]

Für Transporte in Containerschiffen berechnet sich der Energieverbrauch analog; allerdings wird statt des Sendungsgewichts die Anzahl der TEU verwendet. Der spezifische Energieverbrauch $EV_{spez(Containerschiff)}$ ist in diesem Fall auf TEU-Kilometer bezogen und kann ebenfalls der Tabelle 4.5-1 entnommen werden. Die entsprechende Formel lautet:

Formel 4.5-2

$$EV_{Containerschiff} = n_{TEU} \times D \times EV_{spez(Containerschiff)}$$

$EV_{Containerschiff}$ = Energieverbrauch an Schweröl/Schiffsdiesel für den Transport eines TEU auf einem Containerschiff [in kg]
n_{TEU} = Anzahl TEU [in TEU]
D = Transportentfernung [in km]
$EV_{spez(Containerschiff)}$ = spezifischer Energieverbrauch des Containerschiffes pro TEU-Kilometer [in g/TEU-km]

4 Spezifischer Energieverbrauch in der Logistik

 Transport eines Containers von Shanghai nach Hamburg
Ein 20-Fuß-Container wird von Shanghai nach Hamburg transportiert. Es liegt keine Angabe zur Geschwindigkeit des Containerschiffes vor. Die Entfernung beträgt 10.778 Seemeilen (1 Seemeile = 1,852 km).

1. Schritt: Ermittlung des spezifischen Energieverbrauchswertes:

Der spezifische Energieverbrauch pro TEU-Kilometer kann direkt aus der Tabelle 4.5-1 für die Handelsroute Asien abgelesen werden. Da keine Angaben zur Geschwindigkeit vorliegen, wird von einer Geschwindigkeitsreduktion von vier Prozent ausgegangen:

$$EV_{spez(Containerschiff)} = 45{,}8 \ \frac{g}{TEU\text{-}km}$$

2. Schritt: Berechnung des Energieverbrauchs an Schweröl/Schiffsdiesel für den Gesamttransport:

$$EV_{Containerschiff} = 1 \ TEU \times 10.778 \times 1{,}852 \ km \times 45{,}8 \ \frac{g}{TEU\text{-}km} = 914 \ kg$$

Zum Vergleich: Würde die Geschwindigkeitsreduktion 15 Prozent betragen, ergäbe sich ein Verbrauch an Schweröl/Schiffsdiesel von (*siehe Tabelle 4.5-1*):

$$EV_{Containerschiff} = 1 \ TEU \times 10.778 \times 1{,}852 \ km \times 37{,}2 \ \frac{g}{TEU\text{-}km} = 743 \ kg$$

4.5.3 Ermittlung des Energieeinsatzes mit Detailkenntnissen für Massengutfrachter, Tanker und Containerschiffe

Die in der Tabelle 4.5-1 ausgewiesenen spezifischen Energieverbrauchswerte sind Durchschnittswerte für Handelsrouten und beziehen sich auf die in der Tabelle ausgewiesenen Auslastungen pro Route. Kennt man die genaue Schiffsgröße (z.B. Handymax oder Suezmax) sowie die Schiffsgeschwindigkeit, kann mit Hilfe der Tabelle 4.5-2 für jede beliebige Auslastung der spezifische Energieverbrauch der Schiffe nach folgenden Formeln berechnet werden. Der so ermittelte spezifische Energieverbrauch kann dann in die oben stehenden Formeln [4.5-1] und [4.5-2] eingesetzt werden:

 Formel 4.5-3

$$EV_{spez(Schiff)} = \frac{EV_{spez(Schiff-100\%)}}{LF}$$

Formel 4.5-4

$$EV_{spez(Containerschiff)} = \frac{EV_{spez(Containerschiff-100\%)}}{LF}$$

$EV_{spez(Schiff/Containerschiff)}$ = spezifischer Energieverbrauch des Schiffs pro Tonnenkilometer bzw. pro TEU-Kilometer [in g/tkm bzw. g/TEU-km]

Spezifischer Energieverbrauch in der Logistik

LF = durchschnittliche prozentuale Auslastung des Schiffes [in %]

$EV_{spez(Schiff/Containerschiff\text{-}100\,\%)}$ = spezifischer Energieverbrauch des Schiffs bei 100-prozentiger Auslastung pro Tonnenkilometer bzw. TEU-Kilometer [in g/tkm bzw. g/TEU-km]

Schiffsart/-klasse	Schiffsgröße[1]	Ge-schwin-digkeit[2]	Geschwindigkeitsreduktion[3]				
			0 %	4 %	10 %	15 %	20 %
Massengut/GC[4]			– Kraftstoffverbrauch in g/tkm –				
Coastal/GC	< 5.000 dwt	13,7 kn	7,01	6,54	5,87	5,35	4,86
Feeder	5.000 – 15.000 dwt	14,2 kn	3,35	3,12	2,79	2,54	2,30
Handysize	15.000 – 35.000 dwt	14,9 kn	1,88	1,75	1,56	1,42	1,28
Handymax	35.000 – 60.000 dwt	14,4 kn	1,25	1,16	1,04	0,94	0,84
Panamax	60.000 – 80.000 dwt	14,3 kn	0,91	0,85	0,75	0,68	0,61
Aframax	80.000 – 120.000 dwt	14,0 kn	0,81	0,75	0,66	0,60	0,54
Suezmax	120.000 – 200.000 dwt	14,5 kn	0,60	0,55	0,49	0,44	0,40
Tanker			– Kraftstoffverbrauch in g/tkm –				
Feeder	5.000 – 15.000 dwt	12,6 kn	3,15	2,95	2,66	2,43	2,22
Handysize	15.000 – 35.000 dwt	14,5 kn	2,20	2,06	1,87	1,72	1,57
Handymax	35.000 – 60.000 dwt	14,7 kn	1,59	1,48	1,34	1,22	1,11
Panamax	60.000 – 80.000 dwt	14,8 kn	1,24	1,16	1,05	0,96	0,88
Aframax	80.000 – 120.000 dwt	14,6 kn	0,86	0,80	0,71	0,65	0,58
Suezmax	120.000 – 200.000 dwt	15,0 kn	0,72	0,67	0,60	0,54	0,49
VLCC (+)	> 200.000 dwt	15,0 kn	0,50	0,46	0,41	0,37	0,33
Containerschiffe			– Kraftstoffverbrauch in g/TEU-km –				
Feeder	<1.000 TEU	17,1 kn	63,1	59,1	53,6	49,3	45,3
Handysize	1.000 – 2.000 TEU	19,2 kn	48,8	45,5	41,0	37,5	34,2
Handymax	2.000 – 3.500 TEU	21,7 kn	38,5	35,9	32,4	29,7	27,1
Panamax	3.500 – 4.700 TEU	24,1 kn	35,5	33,0	29,5	26,8	24,2
Aframax	4.700 – 7.000 TEU	24,9 kn	35,8	33,3	29,8	27,1	24,5
Suezmax	>7.000 TEU	25,2 kn	29,0	27,0	24,2	22,0	19,9

[1] dwt = DeadWeight Tonnage; TEU = Twenty-foot Equivalent Unit [2] Design-Geschwindigkeit in Knoten (kn) [3] Geschwindigkeitsreduktion gegenüber der Design-Geschwindigkeit [4] GC = General Cargo

Tab. 4.5-2: Spezifischer Energieverbrauch $EV_{spez(Schiff\text{-}100\%)}$ bzw. $EV_{spez(Containerschiff\text{-}100\%)}$ von Schiffen nach Größenklassen für 100 % Auslastung, differenziert nach Geschwindigkeitsreduktionen [IFEU et al. 2010; eigene Berechnungen]

Transport von Rohöl von Kuwait nach Rotterdam
Ein voll beladener Tanker der Klasse Suezmax fährt vom Erdölhafen Ras Tanura in Saudi Arabien nach Rotterdam (11.943 km) und fährt anschließend leer zurück nach Saudi Arabien. Es soll der Energieverbrauch pro Tonne Rohöl berechnet werden. Der Tanker fährt mit Design-Geschwindigkeit.

1. Schritt: Auswahl des passenden spezifischen Energieverbrauchswertes für 100-prozentige Auslastung:

Der spezifische Energieverbrauch des Tankers pro tkm kann direkt aus der Tabelle 4.5-2 für die Schiffsklasse Suezmax abgelesen werden (keine Geschwindigkeitsreduktion):

$$EV_{spez(Schiff - 100\%)} = 0{,}72 \frac{g}{tkm}$$

2. Schritt: Ermittlung der durchschnittlichen prozentualen Auslastung:

Bei der Fahrt nach Rotterdam war das Schiff zu 100 Prozent mit Rohöl betankt; auf der Rückfahrt hat der Tanker hingegen keine Ladung:

$$LF = \frac{11.943 \text{ km} \times 100\% + 11.943 \text{ km} \times 0\%}{2 \times 11.943 \text{ km}} = 50\%$$

3. Schritt: Berechnung des spezifischen Energieverbrauchs für 50-prozentige Auslastung nach [Formel 4.5-3]:

$$EV_{spez(Schiff - 100\%)} = \frac{0{,}72 \frac{g}{tkm}}{50\%} = 1{,}44 \frac{g}{tkm}$$

4. Schritt: Berechnung des Energieverbrauchs an Schweröl/Schiffsdiesel für den Transport von einer Tonne Rohöl nach [Formel 4.5-1]:

$$EV_{Schiff} = 1 \text{ t} \times 11.943 \text{ km} \times 1{,}44 \frac{g}{tkm} = 17{,}2 \text{ kg}$$

Zum Vergleich: Würde unter sonst gleichen Bedingungen ein Tanker der Größe VLCC (+) eingesetzt, könnte der Tanker den Suezkanal nicht mehr passieren. Er müsste am Kap der Guten Hoffnung um Afrika herum fahren; damit würde sich der Seeweg auf 20.671 km verlängern. Damit ergibt sich ein Verbrauch an Schweröl/Schiffsdiesel von (*siehe auch Tabelle 4.5-2*):

$$EV_{Schiff} = 1 \text{ t} \times 20.671 \text{ km} \times \frac{0{,}50 \frac{g}{tkm}}{50\%} = 20{,}7 \text{ kg}$$

Spezifischer Energieverbrauch in der Logistik

Soll für eine beliebige Geschwindigkeitsreduktion der Verbrauch eines Schiffes berechnet werden, muss zwischen den in Tabelle 4.5-2 angegebenen Werten interpoliert werden. In erster Näherung kann dies linear erfolgen. Besser passend ist eine Funktion vierten Grades. Sie resultiert aus der Überlagerung des Rückgangs des Energieverbrauchs der Hauptmotoren durch die Geschwindigkeitsreduktion und des Mehrverbrauchs durch die längere Fahrtzeit von Hauptmotoren und Hilfsaggregaten. Die Parameter für die Funktion vierten Grades sind für verschiedene Containerschiffsklassen in der Tabelle 4.5-3 angegeben. Der spezifische Energieverbrauch eines Containerschiffes berechnet sich für eine beliebige Geschwindigkeitsreduktion nach [Formel 4.5-5]. Die Formel ist bis zu einer Geschwindigkeitsreduktion von 70 Prozent gültig:

Formel 4.5-5

$$EV_{spez(Containerschiff)} = \frac{a \times GR^4 + b \times GR^3 + c \times GR^2 + d \times GR + e}{LF}$$

$EV_{spez(Containerschiff)}$ = spezifischer Energieverbrauch des Containerschiffes pro TEU-Kilometer [in g/TEU-km]

GR = Geschwindigkeitsreduktion in Prozent [in %]

a, b, c, d und e = Parameter können der Tabelle 4.5-3 entnommen werden [in g/TEU-km]

LF = durchschnittliche prozentuale Auslastung der Containerstellplätze des Schiffes [in %]

Schiffsklasse	Schiffsgröße[1]	Geschwindigkeit[2]	Formelparameter in g/TEU-km				
			a	b	c	d	e
Feeder	<1.000 TEU	17,1 kn	61,33	-47,72	72,76	-102,31	63,10
Handysize	1.000 - 2.000 TEU	19,2 kn	50,58	-39,36	59,78	-83,93	48,81
Handymax	2.000 - 3.500 TEU	21,7 kn	41,32	-32,15	47,27	-65,42	38,49
Panamax	3.500 - 4.700 TEU	24,1 kn	20,21	-15,73	38,90	-63,56	35,49
Aframax	4.700 - 7.000 TEU	24,9 kn	20,50	-15,95	39,21	-63,98	35,83
Suezmax	>7.000 TEU	25,2 kn	16,69	-12,99	31,68	-51,59	29,02

[1] TEU = Twenty-foot Equivalent Unit [2] Design-Geschwindigkeit in Knoten (kn)

Tab. 4.5-3: Formelparameter für die Berechnung des spezifischen Energieverbrauchs $EV_{spez(Containerschiff)}$ eines Containerschiffs für eine beliebige Geschwindigkeitsreduktion GR ≤ 70 % nach [Formel 4.5-5] [IFEU et al. 2010; eigene Berechnungen]

Berechnung des spezifischen Energieverbrauchs eines Containerschiffs der Suezmax-Klasse

Ein Containerschiff der Suezmax-Klasse ist mit 19,5 Knoten unterwegs. Es soll der spezifische Energieverbrauch an Schweröl/Schiffsdiesel des Containerschiffes in g/TEU-Kilometer ermittelt werden. Die Containerstellplätze des Schiffs sind zu 70 Prozent ausgelastet.

1. Schritt: Berechnung der Geschwindigkeitsreduktion:

Die Design-Geschwindigkeit des Schiffes ist in Tabelle 4.5-3 mit 25,2 Knoten angegeben:

$$GR = \frac{25,2 - 19,5 \text{ kn}}{25,2 \text{ kn}} = 23\,\%$$

2. Schritt: Ermittlung des spezifischen Energieverbrauchs des Containerschiffs nach [Formel 4.5-5] und den Parametern in Tabelle 4.5-3:

$$EV_{spez(Containerschiff)} =$$

$$\frac{16,69 \times 23\,\%^4 - 12,99 \times 23\,\%^3 + 31,68 \times 23\,\%^2 - 51,59 \times 23\,\% + 29,02}{70\,\%} \frac{g}{TEU-km}$$

$$= \frac{18,72 \text{ g / TEU-km}}{70\,\%} = 26,7 \frac{g}{TEU-km}$$

Der spezifische Verbrauch an Schweröl/Dieselöl eines Containerschiffes der Suezmax-Klasse bei 19,5 Knoten und einer Auslastung von 70 Prozent beträgt demnach 26,7 g/TEU-km.

Bei Containerschiffen ist weiterhin zu beachten, dass die Allokation des Energieverbrauchs des gesamten Schiffs zwar im ersten Schritt über die Anzahl der belegten Containerstellplätze erfolgt. Um für das einzelne Gut innerhalb des Containers den Energieverbrauch zu bestimmen, ist aber ein weiterer Allokationsschritt notwendig – der pro TEU ermittelte Verbrauch muss auf die Sendungen im Container aufgeteilt werden. Liegen die Angaben zum Transportgut vor, kann dies (wie zum Beispiel von dem CEN-Normentwurf prEN 16258:2011 vorgesehen) über das Gewicht (bevorzugter Allokationsparameter im CEN-Normentwurf), aber auch über die Anzahl der Sendungen, das Volumen etc. erfolgen. Wird eine andere Größe als das Gewicht benutzt, muss dies nach dem CEN-Normentwurf zusammen mit dem Rechenergebnis explizit angegeben werden.

Für den Fall, dass nicht genau bekannt ist, welche Menge eines Gutes sich im Container befindet, kann über die Gutart (Volumen, Durchschnitts- oder Massengut) und angenommene Durchschnittsgewichte pro TEU berechnet werden, wel-

Spezifischer Energieverbrauch in der Logistik **4**

cher Anteil auf eine Tonne Sendung entfällt. In diesem Fall erfolgt dann die Allokation über das Gewicht. Es wird davon ausgegangen, dass ein TEU folgende gewichtsbezogene Auslastungen hat (*siehe auch Kapitel 4.1*):

- 6,0 Tonnen für leichte Güter (Volumengüter)
- 10,5 Tonnen für gemischte Güter (Durchschnittsgüter)
- 14,5 Tonnen für schwere Güter (Massengüter)

Der spezifische Verbrauch eines Containerschiffes berechnet sich dann wie folgt:

Formel 4.5-6

$$EV_{spezGut(Containerschiff)} = \frac{EV_{spez(Containerschiff)}}{m_{Gutart}}$$

$EV_{spezGut(Containerschiff)}$ = spezifischer Energieverbrauch des Gutes auf dem Schiff pro Tonnenkilometer [in g/tkm]

m_{Gutart} = Gewicht pro TEU [in t/TEU]: Volumengut = 6 t/TEU; Durchschnittsgut: 10,5 t/TEU; Massengut: 14,5 t/TEU

$EV_{spez(Containerschiff)}$ = spezifischer Energieverbrauch des Schiffes pro TEU-Kilometer [in $\frac{g}{TEU-km}$]

Das Ergebnis dieser Berechnung ist für verschiedene Containerschiffsklassen mit einer Auslastung von 70 Prozent der Containerstellplätze und einer vierprozentigen beziehungsweise 20-prozentigen Geschwindigkeitsreduktion in Tabelle 4.5-4 dargestellt. Der Gesamtenergieverbrauch ergibt sich dann, indem das Gewicht der Sendung mit der Entfernung und dem Gutart-spezifischen Verbrauchswert pro Tonnenkilometer multipliziert wird (*siehe [Formel 4.5-1]*).

Liegen genaue Angaben zum Gewicht der Sendung im Container vor, sollten diese für die Allokation verwendet werden. Dann werden in [Formel 4.5-6] statt der angenommenen Gewichte die realen Gewichte eingesetzt. Erfolgt die Allokation über die Anzahl der Sendungen oder andere Allokationsgrößen, wird m_{Gutart} entsprechend durch diese Parameter ersetzt (*siehe nächstes Beispiel*).

4   *Spezifischer Energieverbrauch in der Logistik*

Schiffsklasse	Schiffsgröße[1]	Auslastung	Volumengut (6 t/TEU)	Durchschnittsgut (10,5 t/TEU)	Massengut (14,5 t/TEU)
			g/tkm	g/tkm	g/tkm
			– Geschwindigkeitsreduktion 4 % –		
Feeder	<1.000 TEU	70,0 %	14,07	8,04	5,82
Handysize	1.000 - 2.000 TEU	70,0 %	10,83	6,19	4,48
Handymax	2.000 - 3.500 TEU	70,0 %	8,55	4,88	3,54
Panamax	3.500 - 4.700 TEU	70,0 %	7,86	4,49	3,25
Aframax	4.700 - 7.000 TEU	70,0 %	7,93	4,53	3,28
Suezmax	>7.000 TEU	70,0 %	6,43	3,67	2,66
			– Geschwindigkeitsreduktion 20 % –		
Feeder	<1.000 TEU	70,0 %	10,79	6,16	4,46
Handysize	1.000 - 2.000 TEU	70,0 %	8,14	4,65	3,37
Handymax	2.000 - 3.500 TEU	70,0 %	6,45	3,69	2,67
Panamax	3.500 - 4.700 TEU	70,0 %	5,76	3,29	2,38
Aframax	4.700 - 7.000 TEU	70,0 %	5,83	3,33	2,41
Suezmax	>7.000 TEU	70,0 %	4,74	2,71	1,96

[1] TEU = Twenty-foot Equivalent Unit – bezogen auf Container-Stellplätze

Tab. 4.5-4: Spezifischer Energieverbrauch $EV_{spezGut(Containerschiff)}$ für Transporte verschiedener Gütarten in Containerschiffen bei einer Stellplatz-Auslastung von 70 % [IFEU et al. 2010; eigene Berechnungen]

 Berechnung des Energieverbrauchs für den Transport von Sportschuhen

Auf einem Containerschiff der Aframax-Klasse wird ein Container mit Sportschuhen vom Hafen Chittagong in Bangladesh nach Hamburg transportiert (15.034 km). In einem TEU sind rund 3.750 Schuhpaare. Der Schuh mit Karton wiegt rund 1,1 kg. Die Geschwindigkeitsreduktion des Containerschiffes beträgt vier Prozent, die Auslastung des Schiffes ist 70 Prozent.

1. Schritt: Ermittlung des spezifischen Energieverbrauchs pro TEU-km (*siehe Tabelle 4.5-2*):

$$EV_{spez(Containerschiff)} = \frac{33{,}3 \, \frac{g}{TEU\text{-}km}}{70\,\%} = 47{,}6 \, \frac{g}{TEU\text{-}km}$$

Spezifischer Energieverbrauch in der Logistik 4

2. Schritt: Ermittlung des spezifischen Energieverbrauchs an Schweröl/Schiffsdiesel für den Transport eines Schuhpaars:

$$EV_{Gut(Containerschiff)} = \frac{1 \text{ TEU} \times 15.034 \text{ km} \times 47{,}6 \frac{g}{TEU\text{-}km}}{3.750} = 0{,}191 \text{ kg}$$

Zum Vergleich: Lägen keine konkreten Angaben zur Auslastung des Containers vor, würde mit dem spezifischen Verbrauchswert aus Tabelle 4.5-4 für Volumengut gearbeitet. Damit würde sich ein Energieverbrauch an Schweröl/Schiffsdiesel in folgender Höhe ergeben (ein Schuhpaar mit Verpackung = 1,1 kg):

$$EV_{Gut(Containerschiff)} = 0{,}0011 \text{ t} \times 15.034 \text{ km} \times 7{,}93 \frac{g}{tkm} = 0{,}131 \text{ kg}$$

Das Beispiel zeigt, dass eine genaue Berechnung auf Basis der Containerauslastung im Gegensatz zur Verwendung der durchschnittlichen spezifischen Verbrauchsfaktoren pro Tonnenkilometer grundsätzlich genauere Werte liefert. Bisweilen liegen aber die Auslastungen der Container nicht vor, so dass zumindest mit Hilfe der durchschnittlichen Verbrauchsfaktoren aus Tabelle 4.5-4 sichere Ergebnisse ermittelt werden können.

Besonderheiten beim Berechnungsweg für Kühlcontainer
Eine besondere Rolle im Schiffsverkehr spielen Kühlcontainer (Reefer-Container): Für die Kühlung der Ladung ist eine Außenversorgung mit Energie erforderlich. Auf einem Containerschiff werden die Container von Hilfsaggregaten mit Energie versorgt. Im Hafen werden diese Aggregate in der Regel mit einem schwefelärmeren Schiffsdiesel betrieben oder die Kühlcontainer an den Hafenstrom angeschlossen („Cold Ironing"). Die meisten Reeder trennen bei der Ermittlung des durchschnittlichen Energieverbrauchs nicht zwischen dem Energieverbrauch normaler Container und jenem von Reefern. Das bedeutet, dass bei der Energieberechnung der Energieverbrauch der Reefer-Container nicht extra ausgewiesen und damit auf die anderen Container umgelegt wird. Da für gewöhnlich weniger als zehn Prozent der Stellplätze mit Kühlcontainern belegt sind, ist dies für ungekühlte Container nur ein geringer Mehraufschlag.

Möglicherweise wird aber in Zukunft ein genauerer Ausweis des Energieverbrauchs und der Emissionen von Reefern im Reporting erforderlich. Die Clean Cargo Working Group hat in ihrem aktuellen Bericht für Reefer-Container direkte CO_2-Emissionen je nach Handelslinie zwischen 19,3 g/TEU-km bis 42,3 g/TEU-km ausgewiesen – der Mittelwert liegt bei 27,6 g CO_2/TEU-km [BSR 2011]. Der Energiemehrverbrauch an Schweröl beziehungsweise Schiffsdiesel von Reefern liegt somit bei rund 8,8 g/TEU-km (6,1 bis 13,4 g/TEU-km). Geht man davon aus, dass im Mittel auch bei den Kühlcontainern nur 70 Prozent der Stellplätze belegt sind [IMO 2009], kommt man durchschnittlich zu einem Energiemehrverbrauch an Schweröl beziehungsweise Schiffsdiesel von 12,5 g/TEU-km.

4.5.4 Berechnungsweg für RoRo-Schiffe (Fähren)

Die Schwierigkeit bei der Berechnung des Energieverbrauchs, der auf Züge beziehungsweise Lkw entfällt, die auf RoRo-Schiffen (Fähren) transportiert werden, liegt insbesondere in der Frage, wie der Energieverbrauch zwischen Passagieren und Fahrzeugen einerseits und zwischen den einzelnen Fahrzeugkategorien (zum Beispiel Pkw und Lkw) andererseits aufgeteilt werden soll. In der Vergangenheit wurden verschiedene Allokationsmethoden verwendet. Der aktuelle CEN-Normentwurf prEN 16258:2011 lässt grundsätzlich zwei Möglichkeiten zu:

- Allokation über das Gewicht und
- Allokation über die Flächen.

In der Praxis wird häufiger der Ansatz der Flächen-Allokation verwendet. Hier werden im ersten Schritt Deck für Deck die von Passagieren und Fahrzeugen genutzten Flächen ermittelt. In einem zweiten Schritt wird dann analysiert, welche Flächen von welchen Fahrzeugen (Pkw, Lkw mit und ohne Anhänger, Sattelzüge etc.) genutzt werden. Die Aufteilung erfolgt über die Länge der Fahrzeuge und damit, da die Breite der Fahrspuren für alle Fahrzeuge einheitlich ist, indirekt auch über die Flächen, die die Fahrzeuge einnehmen. Dieser Ansatz wurde vom Network for Transport and the Environment (NTM) aus Schweden mitentwickelt [Bäckström 2003] und kommt auch bei EcoTransIT zum Einsatz [IFEU et al. 2010]. Die im Folgenden vorgestellten Energiewerte basieren auf diesen beiden Quellen.

Unter Verwendung der flächenbasierten Allokationsmethode wurden von EcoTransIT für Fähren der TT-Lines folgende spezifische Energieverbräuche an Schweröl/Schiffsdiesel pro Brutto-Tonnenkilometer ermittelt [IFEU et al. 2010]:

- Lkw (30 Brutto-Tonnen):   18 g/Brutto-tkm
- Bahnwaggon (46 Brutto-Tonnen): 18 g/Brutto-tkm

Brutto-Tonnen schließen neben dem Gewicht der Fracht auch das Gewicht der Lkw beziehungsweise Bahnwaggons mit ein. Werden diese Werte auf Netto-Tonnenkilometer (also nur bezogen auf das Gewicht der Fracht) umgerechnet sowie in einem weiteren Schritt auf andere Fahrzeugkategorien und unterschiedliche Güterarten umgerechnet, ergeben sich die Werte aus Tabelle 4.5-5. Für die Güterarten Volumen-, Durchschnitts- und Massengut wurden für Lkw und Bahn die in den Kapiteln 4.2 und 4.3 aufgeführten Auslastungen unterstellt. Die in Tabelle 4.5-5 aufgeführten Werte sind exemplarisch. Im Einzelfall können sich daher die Energieverbräuche von Fähren von diesen Werten unterscheiden; für eine orien-

Spezifischer Energieverbrauch in der Logistik 4

tierende Berechnung sind die Daten aber ausreichend. Der spezifische Energieverbrauch der RoRo-Schiffe berechnet sich dann wie folgt:

Formel 4.5-7

$$EV_{Fähre} = m_{Ladung} \times D \times EV_{spez(Fähre)}$$

$EV_{Fähre}$ = Energieverbrauch für Fährtransport [kg]
m_{Ladung} = Ladungsgewicht [in Tonnen]
D = Entfernung der Fährstrecke [in km]
$EV_{spez(Fähre)}$ = spezifischer Energieverbrauch der Fähre pro Tonnenkilometer differenziert nach Verkehrsmittel (VM) und Gutart (Gut) [in g/tkm], siehe Tabelle

	Spezifischer Energieverbrauch in g Schweröl/Schiffsdiesel pro Netto-tkm				
	Bahn	Lkw <7,5 t	Lkw 7,5-12 t	Lkw 12-24 t	Lkw 24-40 t
Volumengut	46	95	86	63	55
Durchschnittsgut	36	60	55	43	38
Massengut	31	52	48	38	34

Tab. 4.5-5: Spezifischer Energieverbrauch $EV_{spezVMGut(Fähre)}$ für Transporte verschiedener Gutarten auf Fähren in verschiedenen Verkehrsmitteln und Fahrzeuggrößen [Bäckström 2003; TT Lines 2009; IFEU et al. 2010]

Berechnung des Energieverbrauchs für eine Fährfahrt mit einem 40-t-Lkw von Rostock nach Trelleborg
Betrachtet wird eine Fährfahrt mit einem 40-t-Sattelzug von Rostock nach Trelleborg in Schweden (157 km). Auf dem Lkw sind zwei Tonnen Fracht beigeladen. Der Lkw hat überwiegend Volumengüter geladen.

1. Schritt: Auswahl des passenden spezifischen Energieverbrauchswertes (siehe Tabelle 4.5-5):

$$EV_{spez(Fähre)} = 55 \frac{g}{tkm}$$

2. Schritt: Berechnung des Energieverbrauchs an Schweröl/Schiffsdiesel für die Fährfahrt:

$$EV_{Fähre} = 2\,t \times 157\,km \times 55 \frac{g}{tkm} = 17{,}3\,kg$$

229

4.5.5 Berechnung von standardisierten Energieverbrauchswerten und Treibhausgasemissionen

Mit Hilfe des im vorangegangenen Kapitel berechneten Kraftstoffverbrauchs für Schiffstransporte in Kilogramm oder Tonnen können mittels der in Kapitel 3.2 vorgestellten Umrechnungsfaktoren die Tank-to-Wheel-Energieverbräuche, -Treibhausgasemissionen (also ohne Energievorkette) sowie in Well-to-Wheel-Energieverbräuche und -Treibhausgasemissionen (also mit Energievorkette) berechnet werden. Hierbei muss zwischen Schweröl (HFO) und Schiffsdiesel (MDO/MGO), der überwiegend in den Hilfsaggregaten beziehungsweise in Sulphur Emission Control Areas (SECA) eingesetzt wird, unterschieden werden. Allerdings ist der Anteil von Schiffsdiesel in der Regel gering, so dass außerhalb der SECA-Gebiete in Ost- und Nordsee in erster Näherung die Schweröl-Umrechnungsfaktoren verwendet werden können – dies führt nur zu geringen Abweichungen. Tabelle 4.5-6 gibt einen Überblick, wie sich der im vorangegangenen Kapitel berechnete Energieverbrauch exakt nach Schiffstyp, Handelsroute und Schiffsklasse auf HFO und MDO/MGO aufteilt.

Schiffstyp, Handelsroute und Schiffsklasse	Anteil HFO	Anteil MDO/MGO
Massengutfrachter und Tanker – nach Handelsrouten		
- Intrakontinental	98 %	2 %
- Transatlantik, Panama-Route, übrige Routen	99 %	1 %
- Asien-Route und Transpazifik	100 %	0 %
Massengutfrachter – nach Schiffsklassen		
- Costal EU SECA	70 %	30 %
- Costal Rest, Feeder, Handysize, Handymax und Panamax	99 %	1 %
- Aframax und Suezmax	100 %	0 %
Tanker – nach Schiffsklassen		
- Feeder EU SECA	80 %	20 %
- alle anderen Schiffsklassen und Feeder außerhalb von SECAs	100 %	0 %
Containerschiffe – nach Handelsrouten		
- Intrakontinental EU SECA	80 %	20 %
- alle übrigen Handelsrouten sowie Intrakontinental außerhalb EU SECA	100 %	0 %
Containerschiffe – nach Handelsrouten und Schiffsklassen		
- Feeder und Handysize EU SECA	80 %	20 %
- übrige Schiffsklassen sowie Feeder und Handysize außerhalb von SECAs	100 %	0 %
Fähren		
- Fähren innerhalb EU SECA	20 %	80 %
- Fähren außerhalb EU SECA	40 %	60 %
HFO = Heavy Fuel Oil; MDO = Maritime Diesel Oil; MGO = Marine Gasoil; SECA = Sulphur Emission Control Areas		

Tab. 4.5-6: Anteil von Schweröl (HFO) und Schiffsdiesel (MDO/MGO) nach Schiffstyp, Handelsroute und Schiffsklasse [IFEU et al 2010; eigene Zusammenstellung]

Berechnung des standardisierten Energieverbrauchs und der Treibhausgasemissionen für Verkehre in einem SECA-Gebiet

Ein General-Cargo-Schiff (Typ Coastal) fährt von Hamburg nach St. Petersburg 100 Tonnen Fracht (Entfernung: 1.652 km). Die Geschwindigkeit ist gegenüber der Design-Geschwindigkeit um zehn Prozent reduziert. Das Schiff ist durchschnittlich mit 60 Prozent ausgelastet (Hin- und Rückfahrt).

1. Schritt: Berechnung des Energieverbrauchs für die Ladung (mit Hilfe der Tabelle 4.5-2):

$$EV_{Schiff} = 100 \text{ t} \times 1.652 \text{ km} \times \frac{5{,}87 \frac{g}{tkm}}{60\,\%} = 1.616{,}2 \text{ kg}$$

Nach Tabelle 4.5-6 entfallen 70 Prozent auf Schweröl (HDO: 1131,3 kg) und 30 Prozent auf Schiffsdiesel (MDO/MGO: 484,9 kg).

2. Schritt: Ermittlung des standardisierten Energieverbrauchs und der Treibhausgasemissionen:

Die Umrechnungsfaktoren können der Tabelle 3.2-2 entnommen werden.

- **TTW-Energieverbrauch (Endenergieverbrauch):**

$$EV_{MJ(TTW)} = 1.131{,}3 \text{ kg} \times 40{,}4 \frac{MJ}{kg} + 484{,}9 \text{ kg} \times 43{,}0 \frac{MJ}{kg} = 66.555 \text{ MJ}$$

- **WTW-Energieverbrauch (Primärenergieverbrauch):**

$$EV_{MJ(WTW)} = 1.131{,}3 \text{ kg} \times 45{,}5 \frac{MJ}{kg} + 484{,}9 \text{ kg} \times 49{,}2 \frac{MJ}{kg} = 75.331 \text{ MJ}$$

- **TTW-CO_2-Emissionen:**

$$EM_{CO_2(TTW)} = 1.131{,}3 \text{ kg} \times 3{,}11 \frac{kg\ CO_2}{kg} + 484{,}9 \text{ kg} \times 3{,}18 \frac{kg\ CO_2}{kg} = 5.060 \text{ kg } CO_2$$

- **WTW-CO_2-Emissionen:**

$$EM_{CO_2(WTW)} = 1.131{,}3 \text{ kg} \times 3{,}33 \frac{kg\ CO_2}{kg} + 484{,}9 \text{ kg} \times 3{,}53 \frac{kg\ CO_2}{kg} = 5.479 \text{ kg } CO_2$$

- **TTW-Treibhausgasemissionen (berechnet als CO_2-Äquivalente):**

$$EM_{THG(TTW)} = 1.131{,}3 \text{ kg} \times 3{,}15 \frac{kg\ CO_2e}{kg} + 484{,}9 \text{ kg} \times 3{,}21 \frac{kg\ CO_2e}{kg}$$
$$= 5.120 \text{ kg } CO_2e$$

- WTW-Treibhausgasemissionen (berechnet als CO_2-Äquivalente):

$$EM_{THG(WTW)} = 1.131{,}3 \text{ kg} \times 3{,}39 \frac{\text{kg } CO_2e}{\text{kg}} + 484{,}9 \text{ kg} \times 3{,}60 \frac{\text{kg } CO_2e}{\text{kg}}$$
$$= 5.581 \text{ kg } CO_2e$$

Ergebnisse im Überblick:

Energie (TTW) in MJ	Energie (WTW) in MJ	CO_2 (TTW) in kg CO_2	CO_2 (WTW) in kg CO_2	THG (TTW) in kg CO_2e	THG (WTW) in kg CO_2e
66.555	75.331	5.060	5.479	5.120	5.581

Kühlmittelverluste bei Reefer-Containern
In Kapitel 4.5.3 wurde der Mehrverbrauch an Energie für Kühlcontainer dargestellt. Neben den energiebedingten Treibhausgasemissionen entstehen bei Reefer-Containern aber auch Treibhausgasemissionen durch Kältemittelverluste. Nach Angaben der International Maritime Organization (IMO) wurden im Jahr 2005 rund 750.000 Container mit einer Kapazität von rund 1,27 Millionen TEU als Reefer eingesetzt. Rund 50.000 Container sind mit dem Kältemittel R22 gefüllt. 700.000 Container enthalten das Kältemittel R134a und ein kleiner Anteil das Kältemittel R 404A. Die jährlichen Kältemittelverluste der Reefer-Container, unabhängig davon, ob sie auf Schiffen oder Lkw stehen, betragen 22 Tonnen R22, 555 Tonnen R 134A sowie 15 Tonnen nicht näher spezifizierte FCKW und FKW. Dies entspricht Treibhausgasemissionen in Höhe von rund 860.000 Tonnen CO_2-Äquivalenten pro Jahr. Pro TEU und Tag sind dies somit rund 2 kg CO_2-Äquivalente. Bei einer Containerschiffsreise von Asien nach Europa (z.B. Hongkong nach Hamburg) mit einer Dauer von 18 Tagen werden damit durch die Kältemittelverluste rund 36 kg CO_2-Äquivalente pro TEU emittiert. Die CO_2-Äquivalent-Emissionen durch die Energieversorgung des Reefers auf dieser Strecke belaufen sich auf rund 730 kg pro TEU (*siehe Kapitel 4.5.3*). Die Berücksichtigung der Kältemittelemissionen führt somit grob zu einer Erhöhung der energiebedingten Treibhausgasemissionen des Reefers um fünf Prozent.

 Energy Efficiency Operational Indicator (EEOI)
Um die CO_2-Emissionen der Seeschifffahrt besser messen zu können, hat die International Maritime Organization (IMO) verschiedene Indikatoren entwickelt. Einer dieser Indikatoren ist der so genannte Energy Efficiency Operational Indicator (EEOI), der früher auch als IMO CO_2 Index bezeichnet wurde. Dieser Index hat die Einheit „g CO_2 pro Capacity-mile", wobei Capacity entweder die geladenen Tonnen oder TEU sein können und Mile für Seemeilen steht. Berechnet werden soll der Index nach folgender Formel (IMO 2009):

Spezifischer Energieverbrauch in der Logistik

Formel 4.5-8

$$EEOI = \frac{\sum_i FC_i \times C_{Carbon}}{\sum_i m_{cargo,i} \times D_i}$$

FC = Kraftstoffverbrauch auf der Fahrt i
i = Index für Fahrt
C_{Carbon} = CO_2-Emissionsfaktor für genutzten Kraftstoff
$M_{cargo,i}$ = Gesamttonnage der gefahrenen Güter auf der Fahrt i
D_i = Gefahrene Distanzen auf der Fahrt i

Das besondere an dem Index EEOI ist, dass er die Auslastung der Schiffe (m_{cargo}) auf den einzelnen Fahrten einbezieht. Kommt in Zukunft dieser Index bei den Reedereien zum Einsatz, würden auf realen Auslastungen basierende CO_2-Kennwerte vorliegen, die auch für die Emissionsberechnung genutzt werden könnten. Es ist lediglich zu beachten, dass dieser Index ausschließlich die direkten CO_2-Emissionen ermittelt. Diese Werte müssten daher zusätzlich in CO_2-Äquivalente sowie in Werte mit Energievorketten umgerechnet werden.

4.5.6 Entfernungsberechnung

Im Internet finden sich einige kostenfrei verfügbare Routenrechner (z.B. SeaRates, EcoTransIT). Diese Rechner haben gemeinsam, dass sie zwar die tatsächlichen Schiffsrouten ermitteln, aber ausschließlich Hafen-zu-Hafen-Entfernungen (Port-to-Port-Entfernungen) berechnen. Mögliche Zwischenstopps in anderen Häfen und damit einhergehende Umwege werden nicht berücksichtigt. Ebenfalls unberücksichtigt bleiben wetterbedingte Abweichungen von der Idealroute. Tabelle 4.5-7 zeigt beispielhaft mit dem Internettool EcoTransIT berechnete Port-to-Port-Distanzen von Hamburg und Bremerhaven.

Von	Nach	Viapunkte	Entfernung km
Hamburg	Shanghai	via Suez	19.965
Hamburg	Shanghai	via Kap der Guten Hoffnung	26.127
Hamburg	Hongkong	via Suez	18.537
Hamburg	Pusan	via Suez	20.528
Hamburg	Singapore	via Suez	15.908
Hamburg	Tokyo	via Suez	21.277
Hamburg	Port Kelang	via Suez	15.548
Hamburg	Montreal		5.932

Hamburg	New York		6.455
Hamburg	Jeddah	via Suez	7.930
Hamburg	Dubai	via Suez	12.004
Hamburg	Durban	via Kap der Guten Hoffnung	13.367
Hamburg	Buenos Aires		12.246
Hamburg	St. Petersburg		1.626
Bremerhaven	Halifax		5.389
Bremerhaven	Houston		9.574
Bremerhaven	Port Elizabeth	via Kap der Guten Hoffnung	12.579
Bremerhaven	Vera Cruz/Mex.		9.675

Tab. 4.5-7: Beispielentfernungen im Seeverkehr ab Hamburg und Bremerhaven [EcoTransIT]

Im Containerschiffslinienverkehr werden verschiedene Häfen bedient. Dies hat zwar zur Folge, dass die zurückgelegte Entfernung des Schiffes größer ist als die direkten Port-to-Port-Entfernungen (*siehe Abbildung 4.5-2*). Durch den Liniendienst wird aber erreicht, dass die Auslastung der Containerschiffe sehr hoch ist, was bei einer einzelnen Bedienung der Häfen nicht möglich wäre – zumindest, wenn die Bedienhäufigkeit der Häfen aufrecht erhalten werden soll. Liegen keine genauen Auswertungen zum genutzten Containerliniendienst vor, wird für die Umwege durch das Anfahren zusätzlicher Häfen ein pauschaler Zuschlag von fünf Prozent zu den Port-to-Port-Distanzen vorgeschlagen. Dieser Aufschlagfaktor beruht auf der Auswertung einzelner Containerschiffslinien und wurde als Durchschnitt für alle Häfen ermittelt. Für Häfen, die nur in einer Richtung angefahren werden, sollte zur Berechnung von Verbrauch und Emissionen nicht die real zurückgelegte Entfernung des Containers zugrunde gelegt werden. Der Verlader kann in diesem Fall nichts dafür, dass bei der Reederei der Hafen nur in einer Richtung bedient wird. Der pauschale Aufschlagfaktor ist daher ein Mittelwert über alle Häfen, der aber dazu führt, dass die Summe der Verbräuche und der Treibhausgasemissionen aller Einzelcontainer dem Gesamtverbrauch und den Emissionen des Containerschiffes für einen gesamten Umlauf entspricht. Diese Vorgehensweise erfüllt somit auch die Anforderungen des CEN-Normentwurfes prEN 16258:2011 zur Allokation.

Internet-Tipp
EcoTransIT World
http://www.ecotransit.org

SeaRates
http://www.searates.com

4.6 Luftfracht
4.6.1 Allgemeine Einflussfaktoren

Der Transport von Gütern mit dem Flugzeug ist die schnellste Möglichkeit, Waren von einem Ort zu einem anderen zu bringen. Benötigt beispielsweise ein Containerschiff auf seiner Fahrt von Asien nach Europa drei bis vier Wochen, können Güter mit dem Flugzeug bereits am Folgetag am Bestimmungsort sein. Daher verwundert es kaum, dass in erster Linie verderbliche Waren wie Lebensmittel oder Schnittblumen per Luftfracht transportiert werden [Havers 2008]. Täglich kommen so rund 140 Tonnen Lebensmittel nach Deutschland [IFANE 2010]. Darüber hinaus werden aber auch kapitalintensive Güter mit dem Flugzeug transportiert. Die Mehrkosten der Luftfracht gegenüber einem Schiffstransport rechnen sich bei diesen Waren dadurch, dass sie schneller in die Läden zum Verkauf kommen und so die Kapitalbindung und die Warenumschlagszeit reduziert werden können. Die Luftfracht mindert somit trotz höherer Transportkosten die Gesamtkosten, um Waren in die Läden zu bringen [Havers 2008]. Zu guter Letzt setzen natürlich auch viele KEP-Dienstleister Flugzeuge ein, um Sendungen schnell, sozusagen per Express, zum Kunden zu befördern. Bei dringend benötigten Ersatzteillieferungen ermöglichen Luftfrachttransporte pünktliche Lieferungen und die Vermeidung von Vertragsstrafen. Luftfracht ist somit aus unserer heutigen globalisierten Warenwelt kaum mehr wegzudenken.

Im Vergleich zu anderen Transportmitteln sind Transporte mit dem Flugzeug aber energieintensiv. Dies hängt damit zusammen, dass der Energieaufwand, der beim Start, für den Reiseflug und zur Landung eines Flugzeuges notwendig ist, bezogen auf die maximale Nutzlast verhältnismäßig hoch ist. Die Schnelligkeit des Transports verursacht somit den vergleichsweise hohen Energieverbrauch. Im Wesentlichen wird der Energieverbrauch dabei vom Flugzeugtyp beeinflusst. Der Flugzeugtyp bestimmt die Größen wie Leergewicht, maximale Nutzlast, Reichweite oder auch Anzahl der Triebwerke. Allerdings werden viele Flugzeugtypen (zum Beispiel Boeing 747) bereits seit Jahren oder gar Jahrzehnten gebaut, so dass immer wieder neue Baureihen beziehungsweise Versionen des gleichen Flugzeugtyps auf den Markt kommen (zum Beispiel aktuell die Boeing 747-800). Zudem gibt es von einer Version neben der Basisvariante (z.B. Boeing 747-400F) oftmals auch noch Sonderbauformen (z.B. Boeing 747-400ERF oder B 747-400BCF[4]). Die Versionen der einzelnen Flugzeugtypen unterscheiden sich aber nicht nur dadurch, dass neue Technologien und verbrauchsärmere Triebwerke zum Einsatz kommen und sie damit in der Regel umweltfreundlicher sind. Die neuen Flugzeugtypen differieren auch in Größen wie Leergewicht, Nutzlast und Reichweite. Damit ergeben sich Effizienzverbesserungen beim Kerosinverbrauch nicht nur

---

[4] ERF steht hierbei für Extended Range Freighter (erweiterte Reichweite); BCF für Boeing Converted Freighters (Passagierflugzeuge, die in Frachtflugzeuge umgebaut wurden).

Spezifischer Energieverbrauch in der Logistik

durch das Flugzeug selbst, sondern auch durch die oftmals höheren Nutzlasten (*siehe Tabelle 4.6-1*).

	Einheit	B 747-200F	B 747-400F	B 747-400F	B 747-400ERF	B 747-400BCF	B 747-8F
Triebwerk		CF6-50E2	CF6-80C2B5F	PW4056	CF6-80C2B5F	CF6-80C2B1F	GEnx-2B67
Maximale Nutzlast	t	111,0	113,0	112,3	113,1	107,8	133,9
Kerosinverbrauch für 3000 nm[1)]							
- Absoluter Verbrauch	t	77.900	68.200	68.300	68.300	69.400	66.800
Minderung geg. B747-200F	%		-12,3 %	-12,3 %	-12,3 %	-10,9 %	-14,2 %
- Verbrauch pro t Nutzlast	t / t_{Fracht}	702	604	608	604	644	499
Minderung geg. B747-200F	%		-14,0 %	-13,4 %	-14,0 %	-8,3 %	-28,9 %
[1)] Kerosinverbrauch bei maximaler Nutzlast und einer Flugdistanz von 3.000 Nautischen Meilen (nm)							

Tab. 4.6-1: Kerosinverbrauch verschiedener Baureihen des Frachtflugzeuges Boeing 747 [Boeing 2009; eigene Berechnungen]

Neben Flugzeuggewicht und der Aerodynamik beeinflussen die Triebwerke wesentlich den Energieverbrauch des Flugzeugs. Allerdings ist der Unterschied zwischen verschiedenen Triebwerken des selben Flugzeugtyps eher gering. Dies zeigen beispielsweise die Kerosinverbräuche der Boeing 747-400F mit dem General Electric-Triebwerk CF6-80C2B5F und die Version mit dem Pratt & Whitney-Triebwerk PW4056 in Tabelle 4.6-1. Dies ist auch der Grund, weshalb bei Verbrauchs- und Emissionsberechnungen meist nur ein Wert pro Flugzeugversion verwendet wird und keine Differenzierung nach Triebwerken erfolgt. Größer ist der Unterschied aber zwischen den einzelnen Versionen eines Flugzeugtyps – bei aktuelleren Flugzeugversionen wurden auch immer die modernsten Triebwerke der einzelnen Hersteller eingesetzt. Die erste Boeing 747-200F wurde beispielsweise der Lufthansa bereits 1972 übergeben. Die Triebwerkstechnologie hat sich in den letzten Jahrzehnten aber immer weiter entwickelt, so dass die bei der Boeing 747-400F und bei der aktuell auf den Markt kommenden Boeing 747-8F eingesetzten Triebwerke deutlich weniger Kerosin verbrauchen als die der ersten Boeing 747-200F. Dies ist wiederum der Grund dafür, dass bei Energie- und CO_2-Berechnungen Verbrauchsdaten für einzelne Flugzeugversionen benötigt werden.

Dass die maximalen Nutzlasten der einzelnen Flugzeugversionen verschieden sind, wurde bereits erwähnt und ist zudem in Abbildung 4.6-1 dargestellt. In der Regel unterscheiden sich aber auch die maximalen Reichweiten der Flugzeuge. Dies ist ebenfalls aus der Abbildung 4.6-1 ersichtlich. Die Abbildung zeigt aber

Spezifischer Energieverbrauch in der Logistik 4

auch, dass die maximale Nutzlast (Payload) nur bis zu einer sogenannten Design-Reichweite voll ausgenutzt werden kann (erster Knick der Kurve in Abbildung 4.6-1). Wird diese Reichweite überschritten, muss die Nutzlast reduziert werden, um mehr Kerosin aufnehmen und entsprechend weit fliegen zu können. Zusätzlich zur Nutzlast kann allerdings nicht beliebig viel Kraftstoff getankt werden, da sonst das maximal zulässige Start- und Landegewicht des Flugzeugs überschritten wird. Der zweite Knick der Kurve kommt dadurch zustande, dass die Größe des Kraftstofftanks die Reichweite limitiert. Weiter geflogen werden kann in diesem Bereich nur, wenn die Nutzlast noch stärker reduziert wird, so dass die (durch die Tankgröße beschränkte) Kerosinmenge länger reicht [Hünecke 2008].

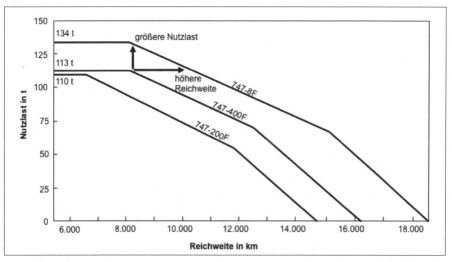

Abb.: 4.6-1: Nutzlast-Reichweiten-Diagramm für verschiedene Boeing 747F-Versionen [eigene Darstellung nach Boeing 2009]

Grundsätzlich haben die im folgenden Unterkapitel vorgestellten Verbrauchsrechnungen nur Gültigkeit bis zur Design-Reichweite; darüber hinaus müsste im Einzelfall also geprüft werden, ob das real geladene Ladungsgewicht die geplante Reichweite zulässt. Daher sind für alle Flugzeugtypen und -versionen im Folgenden immer auch die Reichweiten angegeben. Bis zur Design-Reichweite können die Berechnungen mit den in den folgenden Unterkapiteln vorgestellten Werten durchgeführt werden. Ansonsten müssen die Reichweite-Nutzlast-Diagramme der einzelnen Flugzeugtypen herangezogen werden, um entsprechende Berechnungen durchzuführen. In der Regel setzen die Fluggesellschaften aber ihre Flugzeuge so ein, dass die Design-Reichweite nicht überschritten wird. Bei zu langen Flugstrecken werden bei Frachtflugzeugen dann eher Zwischenlandungen im Flugplan vorgesehen.

Fracht wird nicht nur in reinen Frachtflugzeugen, sondern auch in Passagiermaschinen transportiert. Diese wird dann als Beifracht oder Bellyfracht bezeichnet. Weltweit entfallen rund 60 Prozent der Luftfracht auf Transporte in Frachtern; 40 Prozent werden in Passagiermaschinen transportiert [Airbus 2009]. Zwischen den Kontinenten treten aber Unterschiede auf. Eigene Berechnungen auf Basis der Daten von MergeGlobal [MergeGlobal 2006] zeigen, dass die Relation Europa-Nordamerika in etwa dem weltweiten Mittelwert bei der Aufteilung zwischen Frachtern und Passagiermaschinen entspricht. Auf der Asien-Europa-Strecke erreicht der Luftfrachtanteil in reinen Frachtern aber 70 Prozent, auf der Nordamerika-Asien-Strecke gar 80 Prozent. Demgegenüber liegt der Frachteranteil bei Strecken zwischen Europa und Afrika im Durchschnitt lediglich bei 20 Prozent. Da bei Passagiermaschinen der Energieverbrauch und die Emissionen in einem ersten Schritt zwischen Passagieren und Fracht aufgeteilt werden müssen, ergeben sich je nach gewähltem Aufteilungsverfahren im Vergleich zu reinen Frachtmaschinen unterschiedliche Verbrauchs- und damit Emissionswerte. Daher müssen die Berechnungen für Luftfracht immer getrennt für Bellyfracht und für in reinen Frachtern transportierte Fracht durchgeführt werden. Welche verschiedenen Aufteilungsverfahren es für Bellyfracht gibt, wird im nächsten Unterkapitel vorgestellt.

Im Gegensatz zum Seeschiffsverkehr ist beim Luftverkehr die Auslastung der Flugzeuge und damit das Gewicht der Ladung für den Kerosinverbrauch von Bedeutung. Es ist naheliegend, dass ein schweres Flugzeug mehr Energie für den Startvorgang und für den Reiseflug benötigt als ein leichtes Flugzeug. Eine Detailanalyse des Öko-Instituts für einen Airbus A340-300 mit einem CFM56-5C2-Triebwerk zeigt, dass der Mehrverbrauch für eine weitere Tonne Fracht bei rund 0,5 bis 0,6 Prozent liegt. Bei einer um zehn Tonnen höheren Beladung ergibt sich somit ein rund fünf bis sechs Prozent höherer Kerosinverbrauch bezogen auf die Ausgangssituation [Öko-Institut 2000]. Damit hängt der Kerosinverbrauch, ähnlich wie der Dieselverbrauch beim Lkw, nennenswert von der Auslastung ab. Aber anders als beim Lkw-Verkehr gibt es für diese Abhängigkeit des Kerosinverbrauchs vom Gewicht der Zuladung keine solide, allgemein gültige Datengrundlage. Alle frei verfügbaren Verbrauchs- und Emissionsdaten beziehen sich auf eine mittlere Auslastung und berücksichtigen diese Abhängigkeit nicht. Somit kann derzeit bei Energie- und Emissionsberechnungen der Einfluss der Auslastung auf die Höhe des Energieverbrauchs nicht berücksichtigt werden – dies gilt auch für alle Luftfracht-Berechnungen in diesem Buch. Unabhängig davon wird aber die Auslastung berücksichtigt, um die Emissionen eines Flugzeugs auf jede transportierte Tonne Fracht aufzuteilen. Es wird dabei aber immer ein Verbrauchswert für das Flugzeug verwendet, der der mittleren Auslastung entspricht (*siehe folgendes Beispiel*).

Spezifischer Energieverbrauch in der Logistik

Einfluss der Auslastung eines Flugzeuges

Ein mit 25 Tonnen zu rund 50 Prozent beladener Airbus A340-300 benötigt auf dem Flug von Frankfurt nach Boston im Schnitt rund 45,9 Tonnen Kerosin. Ist der Airbus mit zehn Tonnen mehr beladen (35 t), würde der reale Kerosinverbrauch bei 48,4 Tonnen liegen (+5,4 %).

Da offizielle Emissionsdatenbanken Verbrauchswerte nur für durchschnittliche Auslastungen ausweisen, wird dieser mittlere Kerosinverbrauch auch für den Transport der Frachtmenge von 35 Tonnen zugrunde gelegt. Damit ergibt sich pro Tonne Fracht ein Verbrauchswert in Höhe von 1,31 Tonnen Kerosin (45,9 t : 35 t). Wird der Mehrverbrauch durch die höhere Auslastung des Flugzeuges aber berücksichtigt, ergibt sich pro Tonne Fracht ein Wert von 1,38 Tonnen Kerosin (48,4 t : 35 t). Dieser Mehrverbrauch kann aber aufgrund fehlender allgemeingültiger Daten zu den Abhängigkeiten des Kerosinverbrauchs von der Auslastung bei Verbrauchs- und Emissionsberechnungen derzeit nicht berücksichtigt werden. Damit werden die Verbräuche von Luftfrachttransporten mit überdurchschnittlicher Auslastung tendenziell unter-, mit unterdurchschnittlicher Auslastung leicht überschätzt.

Anders als bei allen bisher betrachteten Verkehrsträgern hängt der Energieverbrauch der Flugzeuge auch von der Fluglänge ab. Da der Energieverbrauch beim Start im Vergleich zum Reiseflug verhältnismäßig hoch ist, ist der Kerosinverbrauch, gemittelt über die Flugkilometer, bei kurzen Strecken höher als bei langen. Für Kurzstreckenflüge schlägt somit die Startphase überproportional auf den Gesamtkerosinverbrauch durch. Aus diesem Grund ist der Kerosinverbrauch kein fester Wert pro zurückgelegter Strecke, wie es beispielsweise beim Lkw der Fall ist. Vielmehr hängt der Verbrauch von der Flugdistanz ab [IFEU et al. 2010]. Somit muss bei Verbrauchs- und Emissionsberechnungen immer die Länge der Flugstrecken berücksichtigt werden. Allerdings verliert bei großen Flugdistanzen die Start- und Landephase so an Bedeutung, dass ab einer bestimmten Flugentfernung der Einfluss fast zu vernachlässigen ist (*siehe Abbildung 4.6-2*).

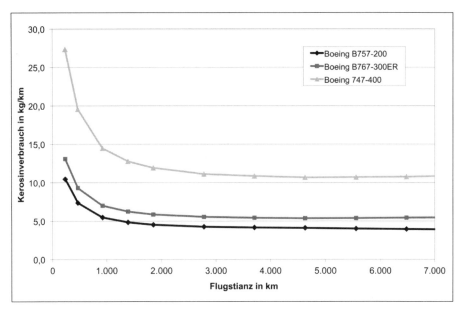

Abb.: 4.6-2: Kerosinverbrauch pro Kilometer Flugstrecke in Abhängigkeit der Flugdistanz für Boeing B757-200, B767-300ER und B747-400 [EMEP-EEA 2010; eigene Berechnungen]

Zu guter Letzt beeinflusst die genaue Flugstrecke den Energieverbrauch. Da Flugzeuge anders als Lkw, Bahn oder Binnenschiff nicht an Verkehrswege gebunden sind, könnten sie theoretisch den kürzesten Weg zwischen zwei Flughäfen zurücklegen. Diese kürzeste Strecke zwischen zwei Punkten auf der Erdkugel wird auch als „Großkreisentfernung" bezeichnet. Flugzeuge können diese Idealstrecke in der Regel aber nicht fliegen, da aufgrund von An- und Abflugverfahren, Warteschleifen an Flughäfen, beschränkten oder überlasteten Lufträumen, aus Gründen der Flugsicherung oder zum Ausweichen von Schlechtwetterfronten (z.B. Gewittern) Umwege geflogen werden müssen. Diese Umwege können von Flug zu Flug sehr unterschiedlich sein und führen zu zusätzlichem Energieverbrauch. Aber auch von den Airlines eingeplante Zwischenstopps können zu längeren Flugstrecken und damit höheren Kerosinverbräuchen führen. Allerdings werden diese Zwischenstopps auch durchgeführt, um die Auslastung der Flugzeuge insgesamt zu erhöhen. Pro transportierter Tonne führt der Zwischenstopp so zu günstigeren Werten als ohne Zwischenlandung.

Spezifischer Energieverbrauch in der Logistik **4**

 Die wichtigen Einflussfaktoren bei Luftfrachttransporten sind:

- Flugzeugtyp und -version
- Triebwerk des Flugzeugs
- Art des Flugzeugs (Passagierflugzeug oder Frachtmaschine)
- Auslastung des Flugzeugs
- Flugentfernung
- Umwege (z.B. wetterbedingt oder aufgrund von erhöhtem Verkehrsaufkommen)

4.6.2 Ermittlung des Energieeinsatzes ohne Detailkenntnisse

Fluggesellschaften erfassen die Kerosinverbräuche ihrer Flugzeuge im Detail – dies ist mit dem Einbezug des Luftverkehrs in den europäischen Emissionshandel für die Airlines zwingend notwendig (*siehe Kapitel 5.5*). Liegen die Kerosinverbrauchsdaten vor, können direkt mit den in Kapitel 2 vorgestellten Formeln und den in Kapitel 3.2 vorgestellten Umrechnungsfaktoren die standardisierten Energieverbräuche sowie die CO_2- und Treibhausgasemissionen der Luftfrachttransporte berechnet werden (*siehe hierzu auch Kapitel 4.6.4*). Für diese Fälle bleibt lediglich die Frage offen, wie der Energieverbrauch und die Emissionen auf die einzelne Frachtsendung aufgeteilt werden müssen. Hierzu findet sich im Unterkapitel 4.6.3 die entsprechende Vorgehensweise.

Unternehmen, die Luftfrachttransporte durchführen lassen, können aber in der Regel nicht auf diese gemessenen Verbrauchsdaten der Airlines zurückgreifen. In den Unterkapiteln 4.6.2 und 4.6.3 wird daher auch vorgestellt, wie in diesen Fällen dennoch für Luftfracht verlässliche Verbrauchsrechnungen möglich sind. Liegen dem Unternehmen keine Informationen über die Luftfrachttransporte im Detail vor (z.B. Flugzeugtyp, Auslastung der Flugzeuge), kann der Kerosinverbrauch für Luftfrachttransporte durch die Multiplikation des Ladungsgewichts und der zurückgelegten Flugentfernung mit einem spezifischen Energieverbrauchsfaktor für Luftfrachttransporte nach [Formel 4.6-1] berechnet werden:

 Formel 4.6-1

$$EV_{Luftfracht} = m_{Ladung} \times D \times EV_{spez(Luftfracht)}$$

$EV_{Luftfracht}$ = Kerosinverbrauch des Luftfrachttransportes [in kg Kerosin]
m_{Ladung} = Ladungsgewicht [in Tonnen]
D = Reale Flugentfernung [in km]
$EV_{spez(Luftfracht)}$ = spezifischer Kerosinverbrauch des Luftfrachttransports [in kg/tkm]

Repräsentative Werte für den spezifischen Kerosinverbrauch $EV_{spez(Luftfracht)}$ von Luftfrachttransporten finden sich in Tabelle 4.6-2. Da mit dem Flugzeug überwiegend Volumengüter transportiert werden, sind im Gegensatz zu den anderen Verkehrsmitteln Verbrauchswerte in der Tabelle nur für diese Gutart ausgewiesen. Der spezifische Energieverbrauch hängt neben der Flugstrecke auch davon ab, ob die Fracht in einer Passagiermaschine oder in einem reinen Frachter transportiert wurde. Bei Mittelstreckenflügen bis 3.700 km kommen dabei tendenziell kleinere Flugzeugtypen zum Einsatz als bei längeren Flugstrecken.

Liegt die reale Flugstrecke zwischen den ausgewiesenen Werten, muss linear zwischen den in Tabelle 4.6-2 ausgewiesenen Verbrauchsdaten interpoliert werden. Der spezifische Kerosinverbrauch $EV_{spez(Luftfracht)}$ berechnet sich dann nach [Formel 4.6-2], wobei die Verbrauchswerte für die Entfernungsstufen unterhalb und oberhalb der Flugentfernung der Tabelle 4.6-2 entnommen werden:

Formel 4.6-2

$$EV_{spez(Luftfracht)} = EV_{spez(Luftfracht)\,(Wert<D)} + \frac{EV_{spez(Luftfracht)\,(>D)} - EV_{spez(Luftfracht)\,(<D)}}{D_{EVspez(>D)} - D_{EVspez(<D)}} \times (D - D_{EVspez_{(<D)}})$$

$EV_{spez(Luftfracht)}$ = spezifischer Kerosinverbrauch des Luftfrachttransports bei der Entfernung D [in kg/tkm]
D = reale Flugentfernung [in km]
$EV_{spez(Luftfracht)(<D)}$ = spezifischer Kerosinverbrauch des Luftfrachttransports für erste Entfernungsstufe unter Flugentfernung D [in kg/tkm]
$EV_{spez(Luftfracht)(>D)}$ = spezifischer Kerosinverbrauch des Luftfrachttransports für erste Entfernungsstufe über Flugentfernung D [in kg/tkm]
$D_{EVspez(<D)}$ = Entfernungsstufe unter Flugentfernung [in km]
$D_{EVspez(>D)}$ = Entfernungsstufe über Flugentfernung [in km]

Im Fall der Bellyfracht, also dem Transport in Passagiermaschinen, muss der Energieverbrauch zwischen Passagieren und Fracht aufgeteilt werden. Hierzu wurden für die ausgewiesenen Werte in der Tabelle 4.6-2 entsprechend dem CEN-Normentwurf prEN 16258:2011 Passagiere (einschließlich Gepäck) mit 100 kg pro Kopf angesetzt. Für die Fracht wurde zudem angenommen, dass bei Mittelstreckenflügen das Flugzeug massenbezogen zu 60 Prozent, bei Langstreckenflügen zu 65 Prozent ausgelastet ist. Die Passagierauslastung, die in die Allokation zwischen Fracht und Passagieren einfließt, liegt bei Mittelstreckenflügen bei 70 Prozent und bei Langstreckenflügen bei 80 Prozent bezogen auf das Sitzplatzangebot [DEFRA 2008; Lufthansa 2010].

Spezifischer Energieverbrauch in der Logistik

	Mittelstrecke[1]			Langstrecke[1]	
Entfernung	Bellyfracht (z.B. B757-200)	Frachter (z.B. B767-300F)	Entfernung	Bellyfracht (z.B. B747-400)	Frachter (z.B. B747-400F)
km	kg/tkm	kg/tkm	km	kg/tkm	kg/tkm
1.500	0,290	0,190	3.700	0,257	0,148
2.000	0,273	0,180	4.000	0,255	0,148
2.500	0,264	0,174	6.000	0,254	0,147
3.000	0,258	0,171	8.000	0,259	0,150
3.700	0,254	0,168	10.000	0,267	x[2]

[1] Maximale Nutzlast bzw. Sitzplätze: B757-200: 4 t, 200 Passagiere; B747-400: 14 t, 416 Passagiere; BZ67-300F: 53,7 t; B747-400F: 112,6 t. [2] Reichweite überschritten

Tab. 4.6-2: Spezifischer Kerosinverbrauch $EV_{spez(Luftfracht)}$ von Luftfracht, differenziert nach Mittel- und Langstrecke sowie nach Bellyfracht und reinen Frachttransporten
[IFEU et al. 2010; DSLV 2011]

 Ermittlung des spezifischen Energieverbrauchs für Bellyfracht nach dem vereinfachten Verfahren

Ersatzteile für eine CNC-Fräsmaschine (150 kg einschließlich Verpackung) werden in einem Passagierflugzeug von Frankfurt nach New York transportiert (6.280 km).

1. Schritt: Ermittlung des spezifischen Energieverbrauchswerts:

Der spezifische Kerosinverbrauch für 6.000 km liegt nach Tabelle 4.6-2 bei 0,254 kg/tkm, für 8.000 km bei 0,259 kg/tkm. Für die Flugentfernung von 6.280 km berechnet sich der spezifische Kerosinverbrauch $E_{spez(Luftfracht)}$ dann durch lineare Interpolation:

$$EV_{spez(Luftfracht)} = 0{,}254 \,\frac{kg}{tkm} + \frac{0{,}259 \,\frac{kg}{tkm} - 0{,}254 \,\frac{kg}{tkm}}{8.000 \text{ km} - 6.000 \text{ km}} \times (6.280 \text{ km} - 6.000 \text{ km})$$

$$= 0{,}255 \,\frac{kg}{tkm}$$

2. Schritt: Berechnung des Kerosinverbrauchs für den Luftfrachttransport nach [Formel 4.6-1]:

$$EV_{Luftfracht} = 0{,}15 \text{ t} \times 6.280 \text{ km} \times 0{,}255 \,\frac{kg}{tkm} = 240{,}2 \text{ kg}$$

Zum Vergleich: Würde der Transport statt mit einer Passagiermaschine mit einem Frachter erfolgen, ergäbe sich folgender Gesamtkerosinverbrauch:

$$EV_{spez(Luftfracht)} = 0{,}147 \, \frac{kg}{tkm} + \frac{0{,}150 \, \frac{kg}{tkm} - 0{,}147 \, \frac{kg}{tkm}}{8.000 \, km - 6.000 \, km} \times (6.280 \, km - 6.000 \, km)$$

$$= 0{,}147 \, \frac{kg}{tkm}$$

$$EV_{Luftfracht} = 0{,}15 \, t \times 6.280 \, km \times 0{,}147 \, \frac{kg}{tkm} = 138{,}5 \, kg$$

4.3.3 Ermittlung des Energieeinsatzes mit Detailkenntnissen

Liegen Informationen zum konkret eingesetzten Flugzeugtyp vor, kann nach [Formel 4.6-3] der absolute Kerosinverbrauch eines Flugzeugs für eine beliebige Flugstrecke durch lineare Interpolation der Werte aus der Tabelle 4.6-3 ermittelt werden:

Formel 4.6-3

$$EV_{Flugzeug} = EV_{Flugzeug\,(<D)} + \frac{EV_{Flugzeug\,(>D)} - EV_{Flugzeug\,(<D)}}{D_{EV_{Flugzeug(>D)}} - D_{EV_{Flugzeug(<D)}}} \times (D - D_{EV_{Flugzeug(<D)}})$$

$EV_{Flugzeug}$ = Kerosinverbrauch des Flugzeuges bei der Entfernung D [in kg]
D = Reale Flugentfernung [in km]
$EV_{Flugzeug(<D)}$ = Kerosinverbrauch des Flugzeugs für erste Entfernungsstufe unter Flugentfernung D [in kg]
$EV_{Flugzeug(>D)}$ = Kerosinverbrauch des Flugzeuges für erste Entfernungsstufe über Flugentfernung D [in kg]
$D_{Flugzeug(<D)}$ = Entfernungsstufe unter Flugentfernung [in km]
$D_{Flugzeug(>D)}$ = Entfernungsstufe über Flugentfernung [in km]

Spezifischer Energieverbrauch in der Logistik

Flugzeugtyp	232 km kg	463 km kg	926 km kg	1.389 km kg	1.852 km kg	2.778 km kg	3.704 km kg	4.630 km kg	5.556 km kg	6.482 km kg	7.408 km kg	8.334 km kg	9.260 km kg	10.186 km kg	11.112 km kg	12.038 km kg	12.964 km kg	13.890 km kg
Airbus A300	2.190	3.545	6.287	9.072	11.899	17.683	23.638	29.765	36.063	42.533	49.174							
Airbus A310	2.811	3.899	5.990	8.081	10.172	14.533	18.982	23.699	28.675	33.764	39.418							
Airbus A320	1.644	2.497	3.661	4.705	6.027	8.332	10.866	13.441	17.125	19.367								
Airbus A330	4.094	5.862	8.615	11.360	14.121	19.790	25.634	31.715	38.044	44.312	51.006	58.248	65.072	72.016	79.080	86.265	93.569	
Airbus A340	3.833	5.669	8.482	11.311	14.201	20.133	26.280	32.696	39.115	45.874	52.895	60.079	67.670	75.568	83.692	91.141	99.180	107.391
BAC1-11	1.394	2.082	3.110	4.195	5.279	7.642	10.160											
BAe146	1.245	1.861	3.125	4.375	5.653	8.270												
Boeing B727-200	2.717	3.755	5.660	7.493	9.471	13.544	17.872	22.238										
Boeing B737-100	1.800	2.495	3.727	4.950	6.191	8.722	11.438											
Boeing B737-400	1.603	2.268	3.613	4.960	6.303	9.188	12.168	16.444										
Boeing B737-700	1.130	1.749	3.000	4.268	5.554	8.177	10.868	13.628	16.456									
Boeing B747-100-300	6.565	9.420	14.308	19.196	24.085	34.171	44.419	55.255	66.562	77.909	90.362	103.266	116.703	130.411	142.292	156.193	170.437	
Boeing B747-400	6.331	9.058	13.405	17.751	22.097	30.922	40.267	49.480	59.577	69.888	80.789	91.986	103.611	115.553	128.171	141.254	155.563	169.088
Boeing B757	2.423	3.410	5.070	6.724	8.391	11.846	15.407	19.026	22.348	25.683	28.968							
Boeing B767 300 ER	3.030	4.305	6.485	8.665	10.845	15.409	20.087	24.804	29.909	35.239	40.631	46.314	52.208	58.557	64.501			
Boeing B777	4.820	7.035	10.130	13.226	16.364	22.576	29.226	36.027	43.143	50.295	57.904	65.763	73.655	82.067	90.693			
McDonnell Douglas DC-8	1.630	3.258	6.507	9.748	12.980	19.418	25.822	32.192	38.527									
McDonnell Douglas DC-9	1.744	2.478	3.815	5.067	6.490	9.355	12.354											
McDonnell Douglas DC10-30	4.728	6.804	10.487	14.171	17.854	25.476	33.219	41.492	50.361	59.452	69.038	79.034	89.398	102.114	113.253			
McDonnell Douglas MD81-MD88	2.103	3.111	4.564	5.913	7.470	10.523	13.739	17.588										
McDonnell Douglas MD 11	2.032	4.068	8.152	12.254	16.373	24.662	33.020	41.447	49.942	58.506	67.138							
Fokker F28	1.357	1.889	2.984	3.986	5.175	7.319												
Fokker F100	1.468	2.079	3.212	4.286	5.480	7.796	11.354											
Tupolev TU-154	1.432	2.842	5.599	8.270	10.855	15.768												

Tab. 4.6-3: Kerosinverbrauch $EV_{Flugzeug}$ für ausgewählte Flugzeugtypen in Abhängigkeit der Flugstrecke [EMEP/EEA 2010; DLR 2000; PIANO 2008; eigene Berechnungen]

Alle Werte der Tabelle 4.6-3, bis auf die der Flugzeugtypen A300, B737-700, DC-8, MD-11 und TU-154, entstammen die Werte der Tabelle 4.6-3 dem Air Pollutant Emission Inventory Guidebook. Dieses wird von der Europäischen Umweltagentur EEA und der United Nations Economic Commission for Europe (UNECE) herausgegeben [EMEP/EEA 2010]. Die Werte wurden mit dem Flugzeug-Performance-Modell PIANO3 berechnet und sind die einzig frei verfügbaren, verlässlichen Kerosinverbräuche für einzelne Flugzeugtypen. Diese Verbrauchswerte werden beispielsweise auch als Grundlage für den Emissionsrechner der International Civil Aviation Organization (ICAO) verwendet [ICAO 2008]. Für die Flugzeugtypen B737-700, DC-8, MD-11 und TU-154 wurden die Werte der DLR-Datenbank entnommen, die im Auftrag des Umweltbundesamts entwickelt wurde [DLR 2000]. Der Kraftstoffverbrauch des Flugzeugtyps Airbus A300 wurde direkt dem Piano-Modell entnommen [Piano 2008]. Verbrauchswerte für aktuell auf den Markt gekommene Flugzeugtypen wie der Airbus A380, die Boeing B787 („Dreamliner") oder die Boeing B 747-800 liegen derzeit noch nicht für alle Entfernungsstufen vor. Dementsprechend enthält die Tabelle 4.6-3 für diese Flugzeuge noch keine Werte.

Die Zahlen beziehen sich jeweils auf eine durchschnittliche Auslastung des Flugzeugs; eine Abhängigkeit des Kerosinverbrauchs von der Nutzlast ist hierbei nicht berücksichtigt. Die damit verbundenen Fehler wurden bereits diskutiert. Finden sich in der Tabelle 4.6-3 für bestimmte Flugzeugtypen ab einer gewissen Entfernungsstufe keine Werte mehr, dann ist die maximale Design-Reichweite des Flugzeuges überschritten. Die entsprechenden Reichweiten sind für verschiedene Frachtmaschinen in der Tabelle 4.6-4 und für Passagiermaschinen in Tabelle 4.6-6 aufgeführt.

Die Tabelle 4.6-3 enthält nicht für alle Versionen eines Flugzeugtyps Werte. Sind zum Flugzeugtyp keine Angaben zur Version gemacht, können die Werte für alle Serien des Flugzeugtyps verwendet werden (z.B. die Werte für den Airbus A310 für alle Versionen wie z.B. A310-200 und A310-300). Dies gilt auch für die Frachtmaschinen des entsprechenden Flugzeugtyps (z.B. kann der Wert für die A310 auch auf die Frachtmaschine A310-200F übertragen werden). Sind in der Tabelle mehrere Versionen eines Flugzeugtyps aufgeführt, können die Daten dann auf andere Versionen übertragen werden, wenn die technischen Daten wie Startgewichte etc. vergleichbar sind. Die Verbrauchswerte des Flugzeugtyps B737-100 können für die Serien 100 und 200, die Verbrauchswerte des Flugzeugtyps B737-400 für die Serien 300 bis 500 und die Verbrauchswerte des Flugzeugtyps B737-700 für die Serien 600 bis 800 verwendet werden [IFEU/Öko-Institut 2011]. Allerdings sind die Übertragungen immer mit Fehlern behaftet, die in der Größen-ordnung von +/- 10 Prozent liegen können. Bei den im Folgenden detaillierter betrachteten Fracht- und Passagiermaschinen werden die Flugzeugtypen, deren Verbrauchswerte aus der Tabelle 3.6-3 verwendet werden können, explizit angegeben.

Spezifischer Energieverbrauch in der Logistik

Ermittlung des Energieverbrauchs für den Flugzeugtyp Boeing B747-400

Eine Luftfracht wird in einer Boeing B747-400 von Frankfurt nach Neu-Delhi in Indien transportiert. Der Kerosinverbrauch für das gesamte Flugzeug für den 6214 km langen Flug berechnet sich nach [Formel 4.6-3] wie folgt:

$$EV_{Flugzeug} = 59.577 \text{ kg} + \frac{69.888 \text{ kg} - 59.577 \text{ kg}}{6.482 \text{ km} - 5.556 \text{ km}} \times (6.214 \text{ km} - 5.556 \text{ km}) = 66.904 \text{ kg}$$

In einem nächsten Schritt muss der Kerosinverbrauch des gesamten Flugzeuges, der mit [Formel 4.6-3] berechnet wird, auf die transportierten Sendungen aufgeteilt werden. In der Regel erfolgt diese Allokation beim Flugzeug über das Gewicht der Sendungen. Die Transportleistung, also das Produkt aus Gewicht und Entfernung, wird normalerweise nicht als Allokationsgröße verwendet, da die Berechnungen für jede einzelne Flugstrecke, also von Flughafen zu Flughafen, erfolgt. Damit ist die Flugstrecke für alle Sendungen gleich und muss daher bei der Berechnung nicht extra berücksichtigt werden. Die Formel zur Berechnung des Verbrauchsanteils einer Sendung berücksichtigt somit die Quotienten des Ladungsgewichts und dem Gesamtgewicht aller Ladungen, das sich wiederum über die prozentuale Auslastung und der maximalen Nutzlastkapazität des Flugzeugs ergibt:

Formel 4.6-4

$$EV_{Luftfracht (D)} = \frac{m}{LF_{Fracht} \times NL_{max}} \times EV_{Flugzeug (D)}$$

$EV_{Luftfracht (D)}$ = Kerosinverbrauch für Luftfracht mit dem Gewicht m für die Flugentfernung D [in kg]
D = Reale Flugentfernung [in km]
m = Gewicht der Sendung [in t]
LF_{Fracht} = prozentuale Auslastung des Frachtflugzeugs [in %]
NL_{max} = maximale gewichtsbezogene Nutzlast des Frachtflugzeugs [in t]
$EV_{Flugzeug (D)}$ = Kerosinverbrauch des Frachtflugzeuges bei der Entfernung D [in kg]

Ermittlung des Energieverbrauchs für den Transport von 3,5 Tonnen in einem Frachter des Typs B747-400F

Auf dem Flug von Frankfurt nach Neu-Delhi (6.214 km) wird eine Frachtmaschine des Typs Boeing B747-400F eingesetzt. Die maximale Nutzkapazität liegt bei 112,6 Tonnen. Die Nutzlast wird zu rund 70 Prozent genutzt. Wie hoch ist der Energieverbrauch zum Transport einer Sendung von 3,5 Tonnen auf dieser Strecke?

1. Schritt: Ermittlung des Kerosinverbrauchs des gesamten Flugzeugs für die Strecke Frankfurt – Neu-Delhi:

Für das Frachtflugzeug B747-400F kann der Kerosinverbrauch des Flugzeugtyps B747-400 der Tabelle 4.6-3 entnommen werden. Die Interpolation des Kerosinverbrauchs für die Flugstrecke von 6.214 km wurde bereits in vorigen Rechenbeispiel durchgeführt. Das Flugzeug verbraucht demnach auf dieser Flugdistanz 66.904 kg Kerosin.

2. Schritt: Berechnung des Kerosinverbrauchs für die betrachtete Sendung:

$$EV_{Luftfracht(6.214km)} = \frac{3,5\ t}{70\ \% \times 112,6\ t} \times 66.904\ kg = 2.970,9\ kg$$

Würde die gleiche Sendung mit einem Frachter des Typ Boeing B 747-200F (Nutzlast 110 t, Auslastung 70 Prozent) transportiert, würde hierfür folgender Kerosinverbrauch benötigt:

$$EV_{Flugzeug} = 66.562\ kg + \frac{77.909\ kg - 66.562\ kg}{6.482\ km - 5.556\ km} \times (6.214\ km - 5.556\ km) = 74.625\ kg$$

$$EV_{Luftfracht(6.214km)} = \frac{3,5\ t}{70\ \% \times 110,0\ t} \times 74.624\ kg = 3.392,1\ kg$$

Wird also die Sendung unter ansonsten gleichen Bedingungen mit einer älteren 200er-Version der Frachtmaschine Boeing B747 transportiert, ergibt sich ein rund 14 Prozent höherer Kerosinverbrauch im Vergleich zur moderneren 400er-Version.

Die Nutzlasten und Reichweiten der einzelnen Frachtflugzeugtypen sowie die dazugehörigen Referenzflugzeuge, für die in Tabelle 4.6-3 Kerosinverbräuche vorliegen, sind in Tabelle 4.6-4 aufgeführt. Die Nutzlasten sind typische Werte für die Flugzeugtypen. Allerdings können je nach genauer Konfiguration des Flugzeuges (z.B. Art des Triebwerks) die Nutzlasten von denen der Tabelle leicht abweichen. Liegen genauere Angaben zum real für den Transport eingesetzten Flugzeugtyp vor, sollten diese verwendet werden. Sind keine genauen Angaben bekannt, können die Werte der Tabelle 4.6-4 verwendet werden.

Spezifischer Energieverbrauch in der Logistik

Flugzeugtyp	Referenzflugzeug aus Tabelle 4.6-3	Design-Reichweite km	Maximale Nutzlast t
Airbus 300-600F	Airbus A300	4.850	48,1
Airbus 310-200F	Airbus A310	5.560	39,1
Boeing 727-200F	Boeing B727-200	2.570	29,5
Boeing 737-200C (Advanced)	Boeing B737-100	2.240	17,3
Boeing 737-700C	Boeing B737-700	5.335	18,8
Boeing 747-200F	Boeing B747-100-300	6.640	110,0
Boeing 747-400F	Boeing B747-400	8.230	112,6
Boeing 757-200F	Boeing B757	5.830	32,8
Boeing 767-300F	Boeing B767-300 ER	6.025	53,7
British Aerospace BAe 146-300QTF	BAe146	1.930	12,5
McDonnell Douglas MD-11	McDonnell Douglas MD 11	6.700	89,6
McDonnell Douglas DC-8-73F	McDonnell Douglas DC-8	5.186	48,8
McDonnell Douglas DC-9-30F	McDonnell Douglas DC-9	1.324	16,3
McDonnell Douglas DC-10-30F	McDonnell Douglas DC10-30	5.867	76,4
Tupolev TU-154S	Tupolev TU-154	2.500	18,0

Tab. 4.6-4: Design-Reichweite und maximale Nutzlast für ausgewählte Frachtflugzeuge [Lang 2007; Boeing 2009; Lufthansa Cargo 2007]

Neben der Nutzlast wird für die Berechnung des Kerosinverbrauchs nach [Formel 4.6-4] auch die Auslastung des Frachtflugzeugs benötigt. Hierzu sollten, soweit vorhanden, die realen Auslastungen für den betrachteten Flug verwendet werden. Dies sieht auch der CEN-Normentwurf prEN 16258:2011 vor. Wo immer möglich, sollten real gemessene Werte genutzt werden. Liegen diese Werte nicht vor, können für Kurz-, Mittel- und Langstrecken die in der Tab. 4.6-5 aufgeführten Frachtauslastungen (LF_{Fracht}) verwendet werden. Neben diesen streckentypischen Daten sind für verschiedene Handelsrouten durchschnittliche Auslastungen angegeben. Diese Werte sind Mittelwerte für beide Flugrichtungen.

Flugstrecke	Auslastung Fracht (LF_{Fracht})	Auslastung Sitzplätze (LF_{Pax})
Kurzstrecken bis zu 1.000 km	55 %	65 %
Mittelstrecken von 1.001 bis zu 3.700 km	60 %	70 %
Langstrecken über 3.700 km	65 %	80 %
Europa – Asien	70 %	80 %
Europa – Nordamerika	70 %	80 %
Europa – Afrika	60 %	70 %
Europa – Lateinamerika	65 %	80 %
Europa – Europa	50 %	65 %

Tab. 4.6-5: Auslastung der Fracht- und Sitzplatzkapazitäten von Fracht- und Passagiermaschinen [DEFRA 2008; Lufthansa 2010; eigene Berechnungen]

Wird die Fracht nicht in einer reinen Frachtmaschine transportiert, sondern als Beiladung in einer Passagiermaschine, muss zunächst der nach [Formel 4.6-3] ermittelte Energieverbrauch zwischen Passage und Fracht aufgeteilt werden. Anschließend wird noch der Frachtanteil der einzelnen Sendung bestimmt. Für die Aufteilung zwischen Passagieren und Fracht sind verschiedene Allokationsmethoden denkbar und in der Vergangenheit auch angewandt worden – die verschiedenen Methoden führen aber zu unterschiedlichen Ergebnissen (*siehe Beispiel unten*). Wenn keine Realdaten zu den Gewichten vorliegen, sieht der CEN-Normentwurf prEN 16258:2011 in Übereinstimmung mit der Monitoring-Richtlinie 2009/339/EG zum europäischen Luftverkehrsemissionshandel vor, dass Passagiere an Bord eines Flugzeuges mit je 100 kg angesetzt werden. Durch die Multiplikation dieses Gewichtsfaktors mit der Anzahl der Passagiere an Bord kann so das Gewicht der Passagiere berechnet werden. Die Aufteilung des Kerosinverbrauchs des Flugzeuges erfolgt nun zwischen Passagieren und Fracht aufgrund der Gewichtsanteile. Die Anzahl der Passagiere an Bord ergibt sich durch die Berücksichtigung der Sitzplatzkapazität der Flugzeuge sowie deren durchschnittlicher Sitzplatzauslastung. Die Berechnung des Kerosinverbrauchs von Bellyfracht erfolgt somit nach Formel 4.6-5:

Formel 4.6-5

$$EV_{Luftfracht\,(D)} = \frac{m}{LF_{Pax} \times n_{Sitze} \times 0{,}1\,t + LF_{Fracht} \times NL_{max}} \times EV_{Flugzeug\,(D)}$$

$EV_{Luftfracht\,(D)}$ = Kerosinverbrauch für Luftfracht mit dem Gewicht m für die Flugentfernung D [in kg]
D = Reale Flugentfernung [in km]

Spezifischer Energieverbrauch in der Logistik 4

m = Gewicht der Sendung [in t]
LF_{Pax} = prozentuale Auslastung der Sitzplätze des Passagierflugzeuges [in %]
n_{Sitze} = maximale Sitzplatzanzahl [Anzahl]
LF_{Fracht} = prozentuale Auslastung der Frachtkapazität des Passagierflugzeuges [in %]
NL_{max} = maximale gewichtsbezogene Nutzlast des Passagierflugzeuges [in t]
$EV_{Flugzeug\,(D)}$ = Kerosinverbrauch des Passagierflugzeuges bei der Entfernung D [in kg]

 Ermittlung des Energieverbrauchs für den Transport von 3,5 Tonnen als Bellyfracht in einer Passagiermaschine des Typs B747-400
Auf dem bereits betrachteten Flug von Frankfurt nach Neu-Delhi (6.214 km) wird eine Sendung von 3,5 Tonnen mit einer Passagiermaschine des Typs Boeing B747-400 transportiert (416 Sitzplätze; Auslastung: 80 Prozent). Das Passagierflugzeug kann zudem maximal 14 Tonnen Fracht zuladen; diese Frachtkapazität ist auf dem Flug zu 70 Prozent ausgelastet.

1. Schritt: Ermittlung des Kerosinverbrauchs des gesamten Flugzeuges für die Strecke Frankfurt – Neu-Delhi:

Der Kerosinverbrauch des Flugzeugtyps B747-400 kann wieder der Tabelle 4.6-3 entnommen verwendet werden. Die Ermittlung des Kerosinverbrauchs für die Flugstrecke von 6.214 km erfolgte wiederum bereits in einem vorherigen Beispiel. Die Passagiermaschine benötigt somit für diesen Flug rund 66.904 kg Kerosin.

2. Schritt: Berechnung des Kerosinverbrauchs für die betrachtete Sendung:

$$EV_{Luftfracht\,(D)} = \frac{3{,}5\,t}{80\,\% \times 416 \times 0{,}1\,t + 70\,\% \times 14\,t} \times 66.904\,kg = 5.433\,kg$$

Die Berechnung der Anzahl der belegten Sitzplätze (80 % x 416) wurde so durchgeführt, dass auf 333 Passagiere aufgerundet wurde.

Wird die Sendung mit einem Gewicht von 3,5 Tonnen statt in einer Frachtmaschine des Typs B747-400F in einer Passagiermaschine des Typs B747-400 transportiert, liegt der Kerosinverbrauch mit 5.433 kg um rund 83 Prozent höher als beim Frachter. Dieser Unterschied ist allein der gewählten Allokationsmethode geschuldet – schließlich handelt es sich in beiden Fällen um den gleichen Flugzeugtyp, für den jeweils der identische Verbrauch für das gesamte Flugzeug unterstellt wurde. Aufgrund der Unterschiede zwischen Fracht- und Passagiermaschinen darf aber nicht die Schlussfolgerung gezogen werden, dass es umweltfreundlicher ist, Güter in reinen Frachtern zu transportieren. Schließlich handelt es sich lediglich um ein Artefakt der Allokationsmethode.

Wie bereits bei den Frachtern sollten Sitzplatzangebot, Frachtkapazität und deren Auslastungen möglichst spezifisch für den betrachteten Flug sein – wenn möglich, so der CEN-Normentwurf, sollten konkret gemessene Werte verwendet werden. Liegen entsprechende Werte nicht vor, können Sitzplatzangebot sowie Frachtkapazitäten von Passagiermaschinen der Tabelle 4.6-6 entnommen werden. Insbesondere das maximale Sitzplatzangebot kann von Airline zu Airline stark variieren. Die hier verwendeten Angaben sind typische Werte, die von Seiten der Hersteller als Standard angegeben werden. Die Auslastungen der Sitzplätze ebenso wie die Auslastung der Frachtkapazitäten können der Tabelle 4.6-5 entnommen werden. Für die Auslastung der Frachtkapazitäten in Passagiermaschinen werden die gleichen Auslastungen wie bei den Frachtmaschinen verwendet (z.B. in der Langstrecke 80 Prozent).

Flugzeugtyp	Referenzflugzeug aus Tabelle 4.6-3	Design-Reichweite	Maximale Sitzplätze	Maximale Frachtkapazität
		km	Anzahl	t
Airbus A310-200	Airbus A310	6.800	240	11,3
Airbus A320-200	Airbus A320	5.700	150	2,0
Airbus A330-200	Airbus A330	12.500	253	24,0
Airbus A340-300	Airbus A340	13.700	295	23,0
Boeing 727-200	Boeing B727-200	4.420	147	1,5
Boeing 737-100	Boeing B737-100	2.850	85	1,5
Boeing 737-400	Boeing B737-400	4.005	146	1,8
Boeing 747-200	Boeing B747-100-300	12.700	366	15,0
Boeing 747-400	Boeing 747-400	13.450	416	14,0
Boeing 757-200	Boeing 757	7.222	200	4,0
Boeing 767-300 ER	Boeing 767	11.070	218	12,0
Boeing 777-200	Boeing 777	9.695	305	26,6
Fokker 100	Fokker F100	3.170	85	1,0
McDonnell Douglas DC-9-30	McDonnell Douglas DC-9	2.631	108	4,2

Spezifischer Energieverbrauch in der Logistik

McDonnell Douglas DC10-30	McDonnell Douglas DC10-30	10.010	255	21,8
McDonnell Douglas MD82	McDonnell Douglas MD81-MD88	3.798	155	5,9

Tab. 4.6-6: Design-Reichweite und maximale Nutzlast für ausgewählte Passagiermaschinen [Lang 2007; Boeing 2009; Lufthansa Cargo 2007]

 Verschiedene Arten der Allokation des Kerosinverbrauchs für Bellyfracht
Der CEN-Normentwurf prEN 16258:2011 schreibt wie die Monitoring-Richtlinie 2009/339/EG zum europäischen Emissionshandel im Luftverkehr vor, dass die Passagiere lediglich mit 100 kg (0,1 t) zu bewerten sind. Die Aufteilung des Kerosinverbrauchs eines Flugzeugs zwischen Passagieren und Fracht erfolgt dann auf Basis des so berechneten Gewichts für die Passage und dem Realgewicht der Fracht.

Dieser Ansatz lässt aber unberücksichtigt, dass Passagiere bezogen auf ihr Gewicht vielmehr Raum in Anspruch nehmen als die Fracht. Anders ausgedrückt: Würde das Flugzeug nur mit Fracht beladen, könnte das Flugzeug gewichtsmäßig viel stärker ausgelastet werden. Um diesem höheren Raumbedarf auch bei der Aufteilung des Kerosinverbrauchs gerecht zu werden, hat die Lufthansa früher das Gewicht der Passagiere zwar ebenfalls mit rund 100 kg berechnet; zusätzlich wurde das so veranschlagte Gewicht pro Passagier noch pauschal mit 1,7 multipliziert [IFEU 1996]. Dieses Vorgehen entspricht im Prinzip der Berechnung von frachtpflichtigen Gewichten. (Ist eine Fracht zu voluminös, wird diese wie ein schwereres Gewicht abgerechnet). Bei diesem Vorgehen wird der Passagier mit einem frachtpflichtigen Gewicht versehen.

Einen anderen Bewertungsansatz verfolgt der Emissionsrechner der ICAO [ICAO 2008]. Hier wird der Passagier ebenfalls mit 100 kg bewertet. Zusätzlich werden aber für jeden Sitz – egal, ob belegt oder nicht – pauschal nochmals 50 kg dem Passagiergewicht hinzugerechnet. Im Prinzip sagt dieser Ansatz, dass für jeden Passagier im Flugzeug ein Zusatzgewicht in Form von Sitzen, Toiletten etc. vorhanden ist, das unabhängig von der Auslastung des Flugzeugs transportiert werden muss.

Auch wenn nur der erste Allokationsansatz den derzeit gültigen Standards entspricht, sollen im Folgenden für den im vorigen Beispiel betrachteten Luftfrachttransport auch die Ergebnisse für die beiden anderen Ansätze berechnet werden:

Ansatz 2: 333 Passagiere à 100 kg sowie Faktor 1,7:

$$EV_{Luftfracht\,(D)} = \frac{3,5\,t}{80\,\% \times 416 \times 0,1\,t \times 1,7 + 70\,\% \times 14\,t} \times 66.904\,kg = 3.526\,kg$$

Ansatz 3: 333 Passagiere à 100 kg sowie jeder Sitz 50 kg:

$$EV_{Luftfracht\,(D)} = \frac{3,5\,t}{333 \times 0,1\,t + 416 \times 0,05\,t + 70\,\% \times 14\,t} \times 66.904\,kg = 3.66\,kg$$

Beide alternativen Allokationsmethoden führen zu deutlich geringeren Kerosinverbräuchen für den betrachteten Luftfrachttransport. Die Verbräuche liegen 35 Prozent beziehungsweise 33 Prozent unter dem Wert, der sich nach der im CEN-Normentwurf und in der Monitoring-Richtlinie vorgegebenen Allokationsmethode ergibt. Die Verbräuche liegen zudem deutlich näher an dem Wert der reinen Frachtmaschine (2.970,9 kg Kerosin, siehe früheres Beispiel). Auch wenn es plausibel scheint, dass sich die Kerosinverbräuche für Transporte in Fracht- und Passagiermaschinen nicht wesentlich unterscheiden, sind die beiden hier betrachteten Methoden nicht konform mit den derzeit gültigen Standards. Sie sollten daher nicht mehr zur Anwendung kommen.

4.6.4 Berechnung von standardisierten Energieverbrauchswerten und Treibhausgasemissionen

Ebenso wie die CO_2- und Treibhausgasemissionen mit und ohne Energievorkette lassen sich die standardisierten Energieverbräuche für den Luftverkehr leicht in Übereinstimmung mit dem CEN-Normentwurf prEN 16258:2011 berechnen. Hierzu muss lediglich der berechnete Energieverbrauch für den Luftfrachttransport mit den entsprechenden Umrechnungsfaktoren, wie sie für Kerosin in Kapitel 3.2 vorgestellt wurden, ausmultipliziert werden. Da es sich um weltweit einheitliche Umrechnungsfaktoren handelt, sind auch keine länderspezifischen Unterscheidungen zu treffen.

Berechnung des standardisierten Energieverbrauchs, der CO_2- und THG-Emissionen für eine Bellyfracht von 3,5 Tonnen

In einem früheren Beispiel wurde für einen Luftfracht-Transport von 3,5 Tonnen von Frankfurt nach Neu-Delhi der Kerosinverbrauch berechnet. Die Luftfracht wurde in einer Passagiermaschine transportiert. Der auf diese Luftfrachtsendung entfallende Kerosinverbrauch beträgt 5.433 kg. Der standardisierte Energieverbrauch, die CO_2- und THG-Emissionen – sowohl ohne (Tank-to-Wheel) als auch mit (Well-to-Wheel) Berücksichtigung der Energievorketten – berechnet sich mit den Umrechnungsfaktoren der Tabelle 3.6-1 wie folgt:

Spezifischer Energieverbrauch in der Logistik

– **TTW-Energieverbrauch (Endenergieverbrauch):**

$$EV_{MJ(TTW)} = 5.433 \text{ kg} \times 42{,}8 \, \frac{MJ}{kg} = 232.532 \text{ MJ}$$

– **WTW-Energieverbrauch (Primärenergieverbrauch):**

$$EV_{MJ(WTW)} = 5.433 \text{ kg} \times 49{,}0 \, \frac{MJ}{kg} = 266.217 \text{ MJ}$$

– **TTW-CO_2-Emissionen:**

$$EM_{CO_2(TTW)} = 5.433 \text{ kg} \times 3{,}15 \, \frac{kg \, CO_2}{kg} = 17.114{,}0 \text{ kg } CO_2$$

– **WTW-CO_2-Emissionen:**

$$EM_{CO_2(WTW)} = 5.433 \text{ kg} \times 3{,}52 \, \frac{kg \, CO_2}{kg} = 19.124{,}2 \text{ kg } CO_2$$

– **TTW-Treibhausgasemissionen (berechnet als CO_2-Äquivalente):**

$$EM_{THG(TTW)} = 5.433 \text{ kg} \times 3{,}18 \, \frac{kg \, CO_2e}{kg} = 17.276{,}9 \text{ kg } CO_2e$$

– **WTW-Treibhausgasemissionen (berechnet als CO_2-Äquivalente):**

$$EM_{THG(WTW)} = 5.433 \text{ kg} \times 3{,}59 \, \frac{kg \, CO_2e}{kg} = 19.504{,}5 \text{ kg } CO_2e$$

Ergebnisse im Überblick:

Energie (TTW) in MJ	Energie (WTW) in MJ	CO_2 (TTW) in kg CO_2	CO_2 (WTW) in kg CO_2	THG (TTW) in kg CO_2e	THG (WTW) in kg CO_2e
232.532	266.217	17.114,0	19.124,2	17.276,9	19.504,5

Bei der Bilanzierung der Treibhausgaswirkung von Transporten auf Basis von CO_2-Äquivalenten müssen nach dem CEN-Normentwurf prEN 16258:2011 bei allen Verkehrsmitteln neben CO_2 auch die anderen im Kyoto-Protokoll festgelegten Treibhausgase wie Methan (CH_4), Distickstoffoxid (N_2O), teilhalogenierte Fluorkohlenwasserstoffe (H-FKW), perfluorierte Kohlenwasserstoffe (FKW) sowie Schwefelhexafluorid (SF_6) berücksichtigt werden. In Kapitel 1.3 wurde bereits darauf hingewiesen, dass auch andere Emissionen (z.B. Stickoxide/NO_x, Wasserdampf) und teilweise deren Reaktionsprodukte bei Flugzeugen in Reiseflughöhe (über 9 km) zu einer zusätzlichen Treibhauswirkung führen. Wie hoch die zusätzliche Treibhausgaswirkung ist, beschreibt der sogenannte Radiative Forcing Index (RFI). Konkret sagt der RFI-Faktor aus, um wie viel Mal höher die Klimawirksamkeit aller Flugzeugemissionen in Bezug auf die reinen direkten verbrennungsbedingten TTW-CO_2-Emissionen ist. Nach einem Bericht des IPCC von 2007 liegt der Faktor zwischen 2 und 4 [IPCC 1999]. Aktuellere Berichte des IPCC gehen sogar von einem RFI-Faktor von 1,9 bis 4,7 aus [Graßl et al. 2007]. Der RFI-Faktor beschreibt aber streng genommen die aktuelle Strahlungswirkung der Flugzeugemissionen. Inwieweit der Faktor auch über einen Mittelungszeitraum von 100 Jahren, wie er für die Berechnung von CO_2-Äquivalenten zugrunde gelegt wird, Gültigkeit hat, ist wissenschaftlich nicht geklärt. Dies ist auch der Grund, weshalb beispielsweise Standards wie der aktuelle CEN-Normentwurf diese höhere Klimawirksamkeit bei der CO_2-Äquivalent-Berechnung nicht berücksichtigen.

Um aber die Bedeutung dieser möglichen zusätzliche Klimawirksamkeit zu verdeutlichen, soll im Folgenden in einer ergänzenden Kalkulation der RFI-Faktor bei der Berechnung der CO_2-Äquivalente berücksichtigt werden. Es wird hierbei von einem durchschnittlichen RFI-Faktor von 3 ausgegangen. Da Reiseflughöhen über neun Kilometer erst ab Flugdistanzen über 500 km erreicht werden, ergibt sich ein gemittelter RFI-Faktor, der ab 500 km anfangs schnell von 1 auf Werte über 2 steigt, um sich dann langsam asymptotisch dem Wert 3 zu nähern. Tabelle 4.6-7 enthält für ausgewählte Flugdistanzen die entsprechenden durchschnittlichen RFI-Faktoren. Für Flugdistanzen zwischen diesen Werten muss der RFI-Faktor linear interpoliert werden. Um die Gesamtklimawirkung zu berechnen, werden zu den TTW- und WTW-CO_2-Äquivalent-Emissionen das Produkt aus TTW-CO_2-Emissionen und dem um eins reduzierten RFI-Faktor hinzuaddiert. Die Formeln hierzu lauten:

 Formel 4.6-6

$$EM_{THG(TTW\ inkl.\ RFI)} = EM_{THG(TTW)} + (RFI - 1) \times EM_{CO_2(TTW)}$$

Formel 4.6-7

$$EM_{THG(WTW\ inkl.\ RFI)} = EM_{THG(WTW)} + (RFI - 1) \times EM_{CO_2(TTW)}$$

Allerdings sei an dieser Stelle nochmals darauf hingewiesen, dass die Berücksichtigung der zusätzlichen Treibhausgaswirkung derzeit wissenschaftlich nicht abschließend geklärt ist und Standards wie der aktuelle CEN-Normentwurf die Beachtung des RFI-Faktors nicht vorsehen. Sollen aber die Treibhausgasemissionen durch Klimaschutzprojekte an anderer Stelle kompensiert werden, empfiehlt sich aus Vorsorgegesichtspunkten die höhere Klimawirksamkeit über den RFI-Faktor zu berücksichtigen. So kann gewährleistet werden, dass unabhängig von der wissenschaftlichen Diskussion die gesamte mögliche Klimawirkung von Luftfracht-Transporten kompensiert wird – in diesem Fall sollte man auf Nummer sicher gehen und eine Überkompensation in Kauf nehmen.

Spezifischer Energieverbrauch in der Logistik

Flugstrecke	Anteil des bei einer Reiseflughöhe über 9 km verbrauchten Kerosins	Durchschnittlicher RFI-Faktor
km	%	Faktor
bis zu 500	0 %	1,00
750	40 %	1,81
1.000	59 %	2,18
2.000	76 %	2,52
4.000	87 %	2,73
7.000	92 %	2,84
10.000	94 %	2,87

Tab. 4.6-7: RFI-Faktor im Abhängigkeit von der Flugdistanz [UBA 2000; Atmosfair 2009; IFEU et al. 2010; eigene Berechnungen]

Berücksichtigung des RFI-Faktors

Für den bereits betrachteten Transport von 3,5 Tonnen in einer Passagiermaschine von Frankfurt nach Neu-Delhi (6.214 km) soll die zusätzliche Klimawirkung des Luftverkehrs mit Hilfe des RFI-Faktors berücksichtigt werden:

1. Schritt: Berechnung des durchschnittlichen RFI-Faktors für die Flugdistanz von 6.214 km mittels linearer Interpolation auf Basis der Werte der Tabelle 4.6-7:

$$RFI_{6.214\ km} = 2,73 + \frac{2,84 - 2,73}{7.000\ km - 4.000\ km} \times (6.214\ km - 4.000\ km) = 2,81$$

2. Schritt: Berechnung der TTW-CO_2-Äquivalent-Emissionen einschließlich RFI-Faktor:

$$EM_{THG(TTW\ inkl.\ RFI)} = 17.276,9\ kg\ CO_2e + (2,81 - 1) \times 17.114,0\ kg\ CO_2e = 48.253,2\ kg\ CO_2e$$

3. Schritt: Berechnung der WTW-CO_2-Äquivalent-Emissionen einschließlich RFI-Faktor:

$$EM_{THG(WTW\ inkl.\ RFI)} = 19.504,5\ kg\ CO_2e + (2,81 - 1) \times 17.114,0\ kg\ CO_2e = 50.480,8\ kg\ CO_2e$$

Die TTW-THG-Emissionen mit RFI-Faktor übersteigen die Emissionen ohne RFI-Faktor um das 2,8-fache, die WTW-THG-Emissionen mit RFI-Faktor die Emissionen ohne RFI-Faktor um das 2,9-fache.

4.6.5 Entfernungsberechnung

Ausgangspunkt für die Entfernungsberechnung von Luftfrachttransporten ist die Großkreisentfernung (engl.: Great Circle Distance) zwischen dem Start- und dem Zielflughafen. Wie bereits in Kapitel 4.6.1 ausgeführt, ist dies die kürzeste Entfernung zwischen den beiden Flughäfen unter Berücksichtigung der Erdkrümmung. Zur Berechnung der Großkreisentfernung gibt es im Internet zahlreiche kostenfreie Internetseiten, mit deren Hilfe die entsprechenden Entfernungen zwischen zwei Flughäfen berechnet werden können (z.B. world-airport-codes.com). Für ausgewählte Relationen finden sich Großkreisentfernungen in Tabelle 4.6-8.

Allerdings weichen reale Flugrouten oft von dieser Idealverbindung ab. Hierzu tragen betriebs- oder wetterbedingte Umwege bei. Die EU schlägt daher in der Monitoring-Richtlinie zum Luftverkehrsemissionshandel vor, bei jedem Flug einen pauschalen Zuschlag von 95 Kilometern für die Umwege zu addieren. Dieser Ansatz wird auch im Entwurf der CEN-Norm prEN 16258:2011 übernommen. Somit müssen zur Ermittlung von Flugentfernungen im ersten Schritt die Großkreisentfernung zwischen den beiden Flughäfen ermittelt werden und dann in einem zweiten Schritt 95 Kilometer hinzuaddiert werden. Die so ermittelte Entfernung ist dann Grundlage für die Verbrauchs- und Emissionsberechnungen.

Werden auf dem Flug Zwischenstopps eingelegt, müssen diese bei der Berechnung berücksichtigt werden. Die Flugentfernung muss in diesem Fall für jeden Teilabschnitt berechnet werden – immer zuzüglich 95 Kilometern Umweg. Werden Flugentfernungen betrachtet, die über der Design-Reichweite des ausgewählten Flugzeugs liegen (*siehe Tabellen 4.6-4 und 4.6-6*), muss eine Zwischenlandung in die Berechnung einbezogen werden. Ist der entsprechende Flughafen für den Zwischenstopp nicht bekannt, kann hierzu die Flugentfernung halbiert werden. Der so für die halbe Flugstrecke ermittelte Energieverbrauch muss dann mal zwei genommen werden.

Darüber hinaus ist zu beachten, dass einige Internettools die Flugentfernungen anders als im CEN-Normentwurf und in der Monitoring-Richtlinie zum Emissionshandel vorgeschrieben berechnen. Das für Emissionsberechnungen von Passagierflügen weit verbreitete Internetrechentool von Atmosfair addiert beispielsweise zur Großkreisdistanz lediglich pauschal 50 km. Das Internettool EcoTransIT berücksichtigt für das Flughafenumfeld (185,2 km für beide Flughäfen) pauschal einen Aufschlag von 60 km und für die übrige Flugstrecke einen Aufschlag von vier Prozent zur Großkreisentfernung [IFEU et al. 2010]. Allerdings ist davon auszugehen, dass sich diese Internettools an die Vorgaben des CEN-Normentwurfs anpassen werden. Solange diese Anpassung aber nicht erfolgt ist, können diese Tools nicht zur Berechnung der Flugdistanzen zwischen zwei Flughäfen verwendet werden.

Spezifischer Energieverbrauch in der Logistik

Relation (IATA-Flughafen-Code)	Entfernung
	km
Frankfurt (FRA) – New York (JFK)	6.185
Frankfurt (FRA) – Mexico City (MEX)	9.544
Frankfurt (FRA) – São Paulo (GRU)	9.789
Frankfurt (FRA) – Hongkong (HKG)	9.149
Frankfurt (FRA) – Sydney (SYD)	16.487
Frankfurt (FRA) – Neu Delhi (DEL)	6.119
Frankfurt (FRA) – Dubai (DXB)	4.840
Frankfurt (FRA) – Johannesburg (JNB)	8.684

Tab. 4.6-8: Großkreisentfernungen für ausgewählte Relationen [world-airport-codes.com]

Internet-Tipp
AtmosFair
http://www.atmosfair.de

EcoTransIT World
http://www.ecotransit.org

World Airport Codes
http://www.world-airport-codes.com

4.7 Gebäude, Lager und Umschlagseinrichtungen

4.7.1 Allgemeine Einflussfaktoren

In der Logistik entstehen Treibhausgasemissionen nicht nur durch den Transport von Waren, also den Güterverkehr. Auch Gebäude, Lager und Umschlagseinrichtungen verursachen einen Teil der Treibhausgasemissionen, vor allem durch

- den Stromverbrauch der Umschlageinrichtungen, Terminals, Warehouses und Büros,
- den Wärmeenergieverbrauch für Terminals, Warehouses und Büros,
- Verbrauch an Diesel, Flüssiggas oder Strom für zusätzliches Equipment wie Umsetzfahrzeuge oder Gabelstapler sowie
- Kältemittelverluste der Tiefkühl- und Kühllager.

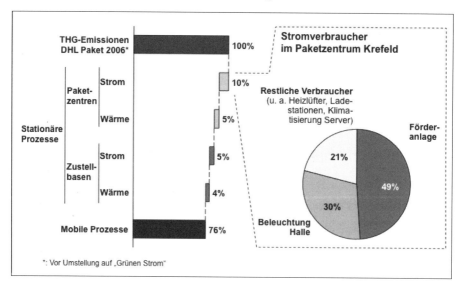

Abb. 4.7-1: Anteile der einzelnen Prozesse an den gesamten Treibhausgasemissionen (berechnet als CO_2-Äquivalente) für ein DHL-Standardpaket in Deutschland im Jahr 2006 [Öko-Institut et al. 2009a]

In der Regel entfällt auf diese stationären Prozesse nur ein kleiner Teil der Treibhausgase. Bei DB Schenker tragen der Energieverbrauch und Kältemittelverluste der Büros, Terminals und Gabelstapler weniger als ein Prozent der Gesamttreibhausgasemissionen bei [DB Schenker 2011]. Deutlich höher ist beispielsweise der Anteil stationärer Prozesse eines DHL-Standardpakets, das in

Spezifischer Energieverbrauch in der Logistik

Deutschland transportiert wird. Im Jahr 2006, bevor die Deutsche Post DHL auf Ökostrom umgestellt hat, entfielen auf die stationären Prozesse 24 Prozent der Treibhausgasemissionen, wobei davon wiederum rund etwas mehr als 60 Prozent auf den Stromverbrauch, der Rest auf den Wärmeenergieverbrauch entfielen (*siehe Abbildung 4.7-1*). Der hohe Stromverbrauch kommt vor allem durch die Paketförder- und -sortieranlagen in den DHL-Paketzentren zustande [Öko-Institut et al. 2009a]. Durch die Umstellung auf Grünen Strom entfallen 2009 nur noch rund zwölf Prozent der Treibhausgasemissionen eines DHL-Standardpakets auf stationäre Prozesse, wobei der Anteil des Stromverbrauchs sehr gering ist [DHL 2010].

Laut Vanderlande Industries entfallen bei ihren Logistikkunden rund 24 Prozent der Energiekosten einer Supply Chain auf die Intralogistik und 76 Prozent auf die Transporte. Mit rund 48 Prozent trägt wiederum die Förder-, Lager- und Kommissionierungstechnik am stärksten zu den Energiekosten der Intralogistik bei. Für 35 Prozent der Kosten sind Heizungs- und Lüftungstechnik und für rund 15 Prozent die Beleuchtung verantwortlich. Zwei Prozent der Energiekosten entfallen noch auf übrige Verbraucher [Jahn 2010]. Die Miebach Consulting GmbH kommt bei den von ihr untersuchten Logistikzentren zu einem höheren Anteil des Wärmeenergiebedarfs: 41 Prozent des Energieverbrauchs entfällt auf die Wärme, 58 Prozent auf den Strom. 62 Prozent des Stromverbrauchs ist dabei auf Klima- und Lüftungsanlagen und nur je zwölf Prozent auf Fördertechnik und Beleuchtung zurückzuführen [Zadek 2011].

Der Verband Deutscher Kühlhäuser und Kühllogistikunternehmen (VDKL) weist zwar nicht den Anteil des Energieverbrauchs der Kühlhäuser am Gesamtenergieverbrauch einer Wertschöpfungskette von einer gekühlten Sendung aus. Eine Auswertung von 30 Kühlhäusern zeigt aber, dass gemittelt rund 71,5 Prozent des Energieverbrauchs auf die Kälteanlagen zurückfällt. Auf Beleuchtung und Fördertechnik entfallen lediglich 7,5 beziehungsweise vier Prozent. Immerhin 17 Prozent verursachen Büro, Werkstatt und vor allem die Lkw-Kühlung [VDLK 2009].

Alle Beispiele zeigen: Der Energieverbrauch des stationären Bereichs hängt insbesondere davon ab, ob aufwändige und damit energieverbrauchende Technik in der Logistikimmobilie eingesetzt wird. Förderanlagen in Hochregallagern oder Warehouses, Sortieranlagen in Paketzentren oder Kühl- und Tiefkühlbereiche in Lagern treiben den Energieverbrauch des stationären Bereichs nach oben. Werden viele Gabelstapler oder Umsetzfahrzeuge für Wechselbrücken oder Container eingesetzt, steigt die Bedeutung der Intralogistik ebenfalls. Kommen hingegen Lager ohne Fördertechnik zum Einsatz (z.B. bei einfacher Kommissionierung), ist hingegen der Energieverbrauch des stationären Bereichs gering. Dies wirkt sich dann auch auf den Anteil der Intralogistik am Gesamtenergieverbrauch einer Supply Chain aus.

Der Energieverbrauch der Lager, Büros und Umschlagterminals hängt aber auch oft von deren Alter ab [Öko-Institut et al. 2009]. Das Alter der Gebäude hat beispielsweise Auswirkungen auf deren technische Ausstattung und damit oftmals auf deren Stromverbrauch. Alte T-8-Leuchtstoffröhren mit konventionellen Vorschaltgeräten verbrauchen mehr Strom als moderne T-5-Leuchtstoffröhren mit elektronischem Vorschaltgerät. Alte Motoren von Förderanlagen sind weniger energieeffizient als moderne. Auch der Wärmeenergieverbrauch hängt meist vom Gebäudealter ab. Alte Gebäude sind in der Regel noch nicht mit modernen Brennwert-Heizungsanlagen oder alternativen, CO_2-ärmeren Heizungssystemen wie Hell- oder Dunkelstrahler, Blockheizkraftwerken oder Hackschnitzelheizungen ausgestattet. Auch der genutzte Energieträger, der Einfluss auf den Energieverbrauch und die Treibhausgasemissionen hat, hängt oft vom Alter der Gebäude ab. Früher wurden zum Heizen Strom und Heizöl genutzt, während heute oftmals Erdgas eingesetzt wird. Auch Wärmerückgewinnung – zum Beispiel bei Kühlhäusern – wird eher bei neueren Immobilien genutzt, obwohl auch Bestandsgebäude gut nachrüstbar sind. Zudem entsprach der bauliche Wärmeschutz gesetzlichen Auflagen, die während des Baus galten, aber heute nicht mehr Stand der Technik sind. Moderne Gebäude sind zudem mit einer Gebäudeleittechnik ausgestattet, die gezielter den Strom- und Wärmeverbrauch zentral steuern lassen. Aber auch bei Umschlagsterminals sind neue meist energieeffizienter als alte. Bei modernen Containerterminals verfügen beispielsweise Containerbrücken oft über Generatoren zur Stromrückgewinnung, so dass beim Absenken der Container Energie zurück gewonnen werden kann.

Aber auch die Gestaltung des Gebäudes und der Anlagen selbst trägt zur Höhe des Energieverbrauchs bei [Öko-Institut et al. 2009]. Hat das Gebäude selbst viele Tore, kann viel Wärmeenergie durch das ständige Öffnen und Schließen der Tore verloren gehen. Aber auch die Ausrichtung des Gebäudes zum Wind hat Einfluss auf die Wärmeverluste. Befinden sich die Tore auf der Seite der Hauptwindrichtung eines Gebäudes, sind die Wärmeverluste höher als auf der gegenüberliegenden Seite. Zusätzlich kann die Gestaltung des Gebäudes selbst den Energieverbrauch beeinflussen: Nutzt das Gebäude beispielsweise Tageslicht oder muss die Logistikhalle auch am Tag vollständig künstlich beleuchtet werden? Natürlich spielt auch die Lage der Logistikimmobilie eine große Rolle. Liegt sie in südlichen Ländern, fällt kein Wärmeenergieverbrauch an; dafür ist oftmals eine Kühlung notwendig. In skandinavischen Ländern mit langen, kalten Wintern ist der Heizenergiebedarf groß. Und selbst in Deutschland können die regionalen Unterschiede, was den klimabedingten Energiebedarf angeht, erheblich sein.

Letztendlich beeinflusst natürlich auch der Nutzer der Logistikimmobilien deren Energieverbrauch. Die beste Gebäudeleittechnik mit einer intelligenten Zonierung hilft nicht, wenn sie nicht genutzt wird. Wird eine Sortieranlage mit Pausenbeginn nicht sofort abgeschaltet, kostet sie zusätzlich Energie. Bleiben im Winter

Spezifischer Energieverbrauch in der Logistik

Tore offen, obwohl keine Lkw davor stehen, geht Wärmeenergie verloren. Hier können Schnelllauftore Abhilfe schaffen – wenn sie auch genutzt werden. Ähnliches gilt bei Tiefkühllagern: Schleusen mit Schnelllauftoren können auch hier den Energieverbrauch erheblich senken. Bei Containerterminals können unnötige Wege und Stapelvorgänge durch intelligente Planung vermieden werden; spezielle Softwarelösungen und automatisierte Prozesse können den Nutzer unterstützen. Vom Nutzer selbst wird auch der Zustand der Anlagen bestimmt. Regelmäßige Instandhaltungen und Wartungen helfen, den Energieverbrauch der Anlagen oder bei Kühlhallen die Kältemittelverluste zu reduzieren.

Die wichtigsten Einflussfaktoren bei Gebäuden, Lager und Umschlagseinrichtungen sind:
- Genutzte Energieträger (z.B. Strom, Erdgas, Heizöl)
- Technische Ausstattung der Logistikimmobilie (z.B. Sortier- und Förderanlagen, Kühl- und Tiefkühllager, Gebäudeleittechnik)
- Alter der Gebäude, Lager und Anlagen
- Gestaltung der Gebäude und Lager (z.B. Nutzung Tageslicht, Anzahl Tore)
- Geographische Lage der Gebäude und Lager
- Verhalten der Nutzer

4.7.2 Strom und Wärme

Stationäre Bereiche wie Gebäude, Lager und Umschlag wurden bei dem aktuell vorliegenden CEN-Normentwurf prEN 16258:2011 explizit ausgeschlossen. Dies wird sich auch bis zur endgültigen Verabschiedung der Norm nicht mehr ändern. Methodische Vorgaben, wie der Energieverbrauch und die Emissionen für diesen Bereich ermittelt werden müssen, macht aber das Greenhouse Gas Protocol (GHG Protocol), das im Folgenden als Grundlage verwendet wird [WBCSD/WRI 2004]. Nach dem GHG Protocol müssen aber nur die direkten Treibhausgasemissionen, die beispielsweise bei der Verbrennung von Heizöl, Erdgas, Flüssiggas oder Diesel entstehen, die Emissionen durch den Bezug von Strom und Fernwärme sowie die klimawirksamen Treibhausgasemissionen durch Kältemittelverluste verpflichtend berichtet werden. Um die Berechnungen für Gebäude, Lager und Umschlagseinrichtungen aber vergleichbar zu den im CEN-Normentwurf geregelten Transporten durchzuführen, müssen zusätzlich zu den direkten auch die indirekten Emissionen berechnet werden, die durch die Herstellung der Energieträger oder Produkte (z.B. Kältemittel) entstehen. Zudem muss in Übereinstimmung zum CEN-Normentwurf auch der standardisierte Energieverbrauch für den stationären Bereich ermittelt werden, wofür es im GHG Protocol keine Vorgaben gibt. Im Folgenden wird daher das Vorgehen zur Berechnung des Endenergieverbrauchs beziehungsweise der direkten Emissionen (im CEN-Normentwurf für Transporte als Tank-to-Wheel bezeichnet) ebenso wie zur Berechnung des Gesamtenergieverbrauchs (Primärenergieverbrauch) beziehungsweise der Gesamtemissionen (im CEN-Standard für Transporte als Well-to-Wheel bezeichnet) vorgestellt. Das GHG Protocol sieht ebenso wie der CEN-Normentwurf vor, dass nicht nur die reinen CO_2-Emissionen, sondern die Treibhausgasemissionen insgesamt als sogenannte CO_2-Äquivalente ermittelt werden müssen. Wie im CEN-Normentwurf für Transporte wird aber der Bau der Gebäude, Lager und Umschlagseinrichtungen nicht mitbilanziert. Er spielt für die Gesamtemissionen ohnehin eine deutlich untergeordnete Rolle.

Ermittlung des Energieeinsatzes

Die Vielfalt bei der Gebäudehülle von Logistikimmobilien, die unterschiedlichen Gebäudeausstattungen sowie die Unterschiede beim baulichen Wärmeschutz und natürlich bei der Nutzung lassen (im Gegensatz zu Transporten) für den stationären Bereich nicht zu, Default-Values für den Strom- und Wärmeverbrauch oder für Kältemittelverluste vorzugeben, die dann für die Berechnung des Energieverbrauchs und der Treibhausgasemissionen verwendet werden können, wenn keine gemessenen Werte vorliegen.

Stromverbräuche von Logistiklagern und Warehouses können im Bereich von 20 bis 200 Kilowattstunden je Quadratmeter und Jahr ($kWh/m^2/Jahr$) liegen, wobei für Gebäude mit aufwändigerer Ausstattung Verbräuche zwischen 80 und 120 kWh/m^2 im Jahr durchaus üblich sind. Der Heizenergiebedarf beziehungsweise -verbrauch kann in ähnlicher Größenordnung liegen, im ungünstigsten Fall können Werte von 400 $kWh/m^2/Jahr$ erreicht werden [Günther 2011]. In der „Bekanntmachung der Regeln für Energieverbrauchskennwerte und der Vergleichswerte im Nichtwohngebäudebestand" werden als Vergleichswerte für Speditionslager zur Erstellung von Energiepässen 35 kWh/m^2 für Strom und 30 kWh/m^2 für Wärme angeführt (*siehe auch Kapitel 5.6*). Allerdings werden lediglich Energieverbräuche für Heizung, Warmwasserbereitung, Kühlung, Lüftung und eingebaute Beleuchtung berücksichtigt – aufwändige Sortier- und Förderanlagen oder Kühlläger sind darin nicht enthalten.

Etwas stärker standardisiert zeigt sich der Energieverbrauch von Kühllagern. Der Energieverbrauch eines mittelgroßen Mustertiefkühlhauses mit einem Kühlvolumen von 72.000 m^3 wurde im vom VDKL herausgegebenen Leitfaden „Energieeffizienz für Tiefkühlhäuser" mit rund 65 kWh/m^3 pro Jahr berechnet. Abbildung 4.7-2 zeigt aber auch die Ergebnisse weiterer Berechnungen für unterschiedliche Kühlvolumen: Je nach Größe kann der jährliche Verbrauch zwischen 30 und 200 kWh/m^3 variieren [VDKL 2009; Weilhart 2010]. Darüber hinaus sind in der Abbildung 4.7-2 neben den Berechnungsergebnissen auch Strommesswerte von über 100 deutschen und europäischen Kühlhäusern enthalten. Die Messwerte sind allerdings aus Datenschutzgründen gemittelt über drei Kühlvolumengruppen dargestellt. Der Mittelwert der Strommesswerte liegt pro Jahr bei 61 kWh/m^3 [Weilhart 2010].

Spezifischer Energieverbrauch in der Logistik

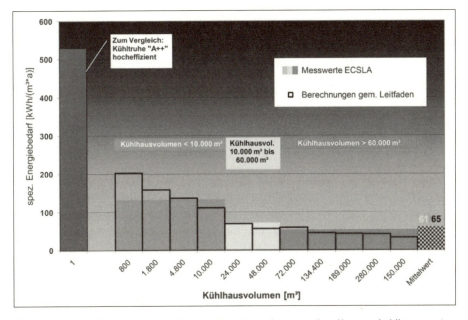

Abb. 4.7-2: Gegenüberstellung der Energiebedarfsberechnungen für elf Musterkühlhäuser mit den mittleren, jährlichen Strommesswerten deutscher beziehungsweise europäischer Tiefkühlhäuser [Weilhart 2010]

Auch für den Stromverbrauch von Umschlagseinrichtungen wie Container-Terminals gibt es wenige publizierte Angaben. Zudem unterscheiden sich die Stromverbräuche auch bei Umschlagseinrichtungen je nach Größe des Terminals und vor allem je nach Umschlag. EcoTransIT gibt als mittleren Energieverbrauch für das Umladen eines Containers 4,4 kWh an. Für Massengut wird ein mittlerer Energieverbrauch von 1,3 kWh pro Tonne, für flüssige Güter von 0,4 kWh pro Tonne veranschlagt. Für andere Gutarten wird ein Energieverbrauch von 0,6 kWh pro Tonne angegeben [IFEU et al. 2010]. Diese Werte sind aber ebenfalls nur grobe Orientierungswerte.

Die Beispiele für Lager, Kühllager und Umschlagseinrichtungen zeigen, dass die Spannweite möglicher Energieverbräuche groß ist und pauschale Werte nicht ausgewiesen werden können. Dies ist der Grund, warum (im Gegensatz zu Transporten) der Energieverbrauch von Gebäuden, Lagern und Umschlageinrichtungen grundsätzlich spezifisch ermittelt, also gemessen, verwendet werden sollte. Auch das GHG Protocol schreibt vor, dass die Verbrauchswerte (Strom und Wärme) gemessen werden müssen. Damit die Berechnungen von standardisiertem Energieverbrauch und Treibhausgasemissionen leicht möglich sind, sollten die Energieverbräuche mit den in Tabelle 4.7-1 aufgeführten Einheiten erhoben werden.

Energieträger	Einheit
Strom	kWh
Erdgas	kWh
Fernwärme	kWh$_{th}$ [1]
Heizöl	Liter
Flüssiggas	Liter

[1] th = thermisch.

Tab. 4.7-1: Energieträger und Einheiten für den Bereich Strom und Wärme

In der Regel werden zur Ermittlung der Strom- und Wärmeenergieverbräuche die Zählerstände (zum Beispiel Stromzähler) abgelesen oder die Jahresabrechnungen des Energieversorgers herangezogen. Bei der Verwendung von Jahresabrechnungen ist zu beachten, dass die auf den Rechnungen ausgewiesenen Verbrauchsmengen verwendet werden und nicht Verbräuche, die über die jährlichen Kosten rückgerechnet wurden. Im letzteren Fall kann es passieren, dass durch veränderte Voraus- oder Rückzahlungen der berechnete Verbrauch sich stark vom realen Verbrauch unterscheidet. Bei kWh-Angaben in Erdgas-Rechnungen ist zudem zu beachten, dass diese sich oftmals auf den Brennwert beziehen. Die Emissionsfaktoren sind aber in der Regel auf den Heizwert bezogen – in Deutschland liegt der Heizwert im Durchschnitt bei 90 Prozent des Brennwertes. In Kapitel 3.4 wurden für beide Arten (heizwert- und brennwertbezogen) Emissionsfaktoren ausgewiesen und müssen entsprechend den vorliegenden kWh-Angaben verwendet werden. Beim Heizöl wird der Verbrauch über die Tankabrechnungen erfasst. Da das Tanken nicht jährlich zum gleichen Zeitpunkt stattfindet, ist dies bei der Zurechnung auf ein Jahr zu beachten. Bei Terminals, Warehouses, Kühl- und Tiefkühllagern muss zudem darauf geachtet werden, dass alle Verbraucher erfasst werden. Wie oben gezeigt, können Sortier- und Förderanlagen oder Kühlaggregate erheblich zu den Stromverbräuchen beitragen.

Um die Energieverbräuche der Wärmebereitstellung für verschiedene Jahre oder Standorte vergleichbar zu machen, können die Verbrauchswerte auch witterungsbereinigt werden. Hierzu stellt der Deutsche Wetterdienst kostenfrei für jeden Postleitzahlenbereich in Deutschland einen Klimafaktor zur Verfügung, mit dem der Verbrauch der Heizung multipliziert werden muss. Als Referenzstandort dient dabei Würzburg. Die Witterungsbereinigung ist für Vergleiche sinnvoll, zur Berechnung der Energieverbräuche und Treibhausgasemissionen eines Standortes müssen aber die realen Wärmeverbräuche verwendet werden (*siehe auch Kapitel 5.6*).

Berechnung von standardisierten Energieverbrauchswerten und Treibhausgasemissionen

Für den Strom und Wärmebereich sieht das GHG Protocol die sogenannte „emissionsfaktorenbasierte Methode zur Bestimmung der Treibhausgasemissionen" vor. Konkret bedeutet dies, dass der ermittelte Energieverbrauch mit passenden Emissionsfaktoren beziehungsweise Umrechnungsfaktoren ausmultipliziert werden muss. Dieses Vorgehen entspricht dem Ansatz, der in Kapitel 2 vorgestellt

Spezifischer Energieverbrauch in der Logistik

wurde und auch Grundlage des CEN-Normentwurfs ist. Die emissionsfaktorenbasierte Methode wird in diesem Zusammenhang als verbrauchsbasierte Methode bezeichnet. Es müssen also lediglich die Energieverbräuche in kWh Strom, kWh Fernwärme, kWh Gas, Liter Heizöl beziehungsweise Liter Flüssiggas mit den passenden Umrechnungsfaktoren multipliziert werden. Wie bei den Transporten müssen die ermittelten Energieverbräuche mit sechs unterschiedlichen Umrechnungsfaktoren ausmultipliziert werden: Energie, CO_2 und CO_2-Äquivalente – jeweils mit und ohne Energievorkette. Normalerweise spricht man beim stationären Bereich nicht von TTW- und WTW-Energieverbräuchen bzw. -emissionen; dies ist nur bei Transporten sinnvoll. Stattdessen werden diese als direkte und Gesamtenergieverbräuche bzw. -emissionen bezeichnet.

Die für diese Berechnung benötigten Umrechnungsfaktoren sind in den Kapiteln 3.3 und 3.4 aufgeführt. Beim Strom und der Fernwärme hängen die Faktoren vom Kraftwerksmix des jeweiligen Landes ab, weshalb sich die Umrechnungsfaktoren von Land zu Land deutlich unterscheiden. Auch bei Heizöl und Erdgas ergeben sich aufgrund unterschiedlicher Qualitäten und Herkunftsländer zumindest bei den Gesamtemissionen länderspezifische Werte. Bei den Berechnungen sollten daher immer die Umrechnungsfaktoren des jeweiligen Landes verwendet werden.

Die in Kapitel 3.3 ausgewiesenen Umrechnungsfaktoren für Strom schließen – wie auch bei allen anderen Energieträgern – alle Prozessschritte von der Gewinnung der Energieträger, deren Umwandlung im Kraftwerk bis zum Endkunden ein. Damit entspricht die Abgrenzung der Stromwerte auch der, die vom CEN-Normentwurf für Transporte gefordert wird. Angaben zu den CO_2-Emissionen, die die Energieversorger derzeit im Rahmen der Stromkennzeichnung ihren Kunden mitteilen, berücksichtigen aber lediglich Energieverbräuche und Emissionen ab Kraftwerk bis zum Endkunden, nicht aber die Energieverbräuche und Emissionen zur Herstellung der Energieträger (z.B. Kohle, Erdgas, Öl) und deren Transport bis zum Kraftwerk. Zudem werden nur CO_2-Emissionen, nicht aber Treibhausgasemissionen ausgewiesen. Die CO_2-Emissionsfaktoren der Energieversorger können daher in dieser Form nicht verwendet werden.

 Berechnung des standardisierten Energieverbrauchs und der Treibhausgasemissionen für Strom und Wärme
Ein Logistikstandort in Deutschland verbraucht pro Jahr 2,71 Millionen kWh Strom und 3,38 Millionen kWh Erdgas. Die Ermittlung des Erdgasverbrauchs erfolgt auf Basis des Brennwertes. Wie hoch sind der standardisierte Energieverbrauch, die CO_2- und die THG-Emissionen – mit und ohne Energievorkette?

Die Umrechnungsfaktoren für Strom werden der Tabelle 3.3-2 in Kapitel 3.3.3 entnommen, die Umrechnungsfaktoren für Erdgas der Tabelle 3.4-2 in Kapitel 3.4.2.

- **Direkter Energieverbrauch (Endenergieverbrauch):**

$$EV_{MJ(Direkt)} = 2{,}71 \text{ Mio. kWh} \times 3{,}60 \frac{MJ}{kWh} + 3{,}38 \text{ Mio. kWh} \times 3{,}25 \frac{MJ}{kWh}$$

$$= 20{,}74 \text{ Mio. MJ} = 20{,}74 \text{ TJ}$$

- **Gesamtenergieverbrauch (Primärenergieverbrauch):**

$$EV_{MJ(Gesamt)} = 2{,}71 \text{ Mio. kWh} \times 10 \frac{MJ}{kWh} + 3{,}38 \text{ Mio. kWh} \times 3{,}72 \frac{MJ}{kWh}$$

$$= 39{,}67 \text{ Mio. MJ} = 39{,}67 \text{ TJ}$$

- **Direkte CO_2-Emissionen:**

$$EM_{CO_2(Direkt)} = 2{,}71 \text{ Mio. kWh} \times 0 \frac{g\, CO_2}{kWh} + 3{,}38 \text{ Mio. kWh} \times 181 \frac{g\, CO_2}{kWh} = 611{,}8 \text{ t } CO_2$$

- **Gesamt-CO_2-Emissionen:**

$$EM_{CO_2(Gesamt)} = 2{,}71 \text{ Mio. kWh} \times 564 \frac{g\, CO_2}{kWh} + 3{,}38 \text{ Mio. kWh} \times 202 \frac{g\, CO_2}{kWh}$$

$$= 2.211{,}2 \text{ t } CO_2$$

- **Direkte Treibhausgasemissionen (berechnet als CO_2-Äquivalente):**

$$EM_{CO_2e(Direkt)} = 2{,}71 \text{ Mio. kWh} \times 0 \frac{g\, CO_2e}{kWh} + 3{,}38 \text{ Mio. kWh} \times 182 \frac{g\, CO_2e}{kWh}$$

$$= 615{,}2 \text{ t } CO_2e$$

- **Gesamt-Treibhausgasemissionen (berechnet als CO_2-Äquivalente):**

$$EM_{CO_2e(Gesamt)} = 2{,}71 \text{ Mio. kWh} \times 589 \frac{g\, CO_2e}{kWh} + 3{,}38 \text{ Mio. kWh} \times 225 \frac{g\, CO_2e}{kWh}$$

$$= 2.356{,}7 \text{ t } CO_2e$$

Ergebnisse im Überblick:

Energie (direkt) in TJ	Energie (gesamt) in TJ	CO_2 (direkt) in t CO_2	CO_2 (gesamt) in t CO_2	THG (direkt) in t CO_2e	THG (gesamt) in t CO_2e
20,74	40,49	611,8	2.211,2	615,2	2.356,7

Viele Logistikunternehmen haben in den letzten Jahren Photovoltaikanlagen auf den Dachflächen der Logistikhallen oder Büros installiert. Auch die Blockheizkraftwerke werden zur eigenen Stromerzeugung eingesetzt. Meist wird der erzeugte Strom dieser Anlagen aber gar nicht selbst genutzt, sondern ins öffentliche

Spezifischer Energieverbrauch in der Logistik

Stromnetz eingespeist. Das Logistikunternehmen bekommt dann für den Strom eine Einspeisevergütung nach dem Erneuerbare-Energien-Gesetz. Wie in Kapitel 3.3.5 bereits ausgeführt, darf dieser verkaufte Strom nicht emissionsmindernd bei der eigenen Bilanzierung angerechnet werden. Dies wäre möglich, wenn der Strom direkt selbst genutzt würde. Da dies aber aus wirtschaftlichen Gründen in der Regel nicht der Fall ist, verkauft der Logistiker den selbst produzierten Strom und kauft dafür die gleiche Menge Strom aus dem öffentlichen Netz ein. Für diesen Strom müssen die Umrechnungsfaktoren für „konventionellen" Strom aus dem öffentlichen Netz verwendet werden, wie im vorigen Rechenbeispiel geschehen.

Auch beim Bezug von sogenanntem „Grünen Strom" oder Ökostrom aus regenerativen Energiequellen muss bei der Berechnung der Treibhausgasemissionen genauer hingeschaut werden. Für viele Unternehmen geht dieser pauschal als CO_2-frei in die Bilanz ein. Kommt dieser Strom aber aus bestehenden Altanlagen, sollten Unternehmen sich den Strom nicht emissionsmindernd anrechnen, da dieser Strom bereits im bundesdeutschen Strommix verbucht ist. Es handelt sich lediglich um eine Umverteilung des Stroms – es wird aber in Deutschland durch den Kauf des Stroms kein CO_2 eingespart. Handelt es sich um ein Ökostromprodukt, das Teile des Stroms aus Neuanlagen oder neueren Bestandsanlagen bezieht, dann senken diese Anteile die Treibhausgasemissionen des Stromproduktes auch in der Realität. Zertifizierte Ökostromprodukte gewährleisten meist bestimmte Neuanlagenanteile, wobei sich der Neuanlagenanteil von Label zu Label stark unterscheiden kann (z.B. ok-power-Label; GLG = Grüner Strom Label in Gold; Label des TÜV Nord oder TÜV Süd).

Derzeit gibt es keine verbindliche Norm, wie Ökostrom bilanziert werden muss. Wie man Ökostrom nach Auffassung der großen Umweltforschungsinstitute in Deutschland korrekt bilanziert, wurde bereits in Kapitel 3.3.4 beschrieben. Nach dieser Methode sind Neuanlagen (bis zu sechs Jahre alt) emissionsfrei; für neuere Bestandsanlagen (bis zwölf Jahre) wird die Hälfte des Emissionswerts des bundesdeutschen Stroms angesetzt. Ein Strom, der also zu rund 50 Prozent aus Neuanlagenstrom besteht, reduziert demnach auch die Treibhausgasemissionen des Strombezugs um rund 50 Prozent (*siehe Kapitel 3.3.4*).

Berechnung des standardisierten Energieverbrauchs und der Treibhausgasemissionen für Ökostrombezug
Ein Container-Terminal verbraucht pro Jahr rund 50 Mio. kWh Strom. Der Strombezug ist aktuell auf Ökostrom umgestellt worden. Bei dem Ökostrom handelt es sich um einen zertifizierten, regenerativen Ökostrom, der jährlich 25 Prozent des Stroms aus Neuanlagen liefert (maximal sechs Jahre). Wie hoch ist die Treibhausgasminderung gegenüber einem konventionellen Strom? Es sollen dabei die gesamten Treibhaugasemissionen einschließlich Energievorkette betrachtet werden (analog zu WTW bei Transporten).

1. Schritt: Berechnung des CO_2e-Umrechnungsfaktors für das Ökostromprodukt (*siehe Kapitel 3.3.4*):

25 Prozent des Stroms sind emissionsfrei anzurechnen. Für die übrigen 75 Prozent des Stroms wird der bundesdeutsche Emissionswert von 589 g/kWh angesetzt (*siehe Tabelle 3.3-10 in Kapitel 3.3.3*).

$$F_{CO_2e(Gesamt)} = 25\,\% \times 0\,\frac{g\,CO_2e}{kWh} + 75\,\% \times 589\,\frac{g\,CO_2e}{kWh} = 441{,}8\,\frac{g\,CO_2e}{kWh}$$

2. Schritt: Ermittlung der Gesamt-Treibhausgasemissionen für den Fall des Ökostrombezugs:

$$EM_{THG(Gesamt)} = 50{,}0\text{ Mio. kWh} \times 441{,}8\,\frac{g\,CO_2e}{kWh} = 22.090\text{ t }CO_2e$$

3. Schritt: Ermittlung der Gesamt-Treibhausgasemissionen für konventionellen Strom aus dem öffentlichen Netz:

$$EM_{THG(Gesamt)} = 50{,}0\text{ Mio. kWh} \times 589\,\frac{g\,CO_2e}{kWh} = 29.450\text{ t }CO_2e$$

Durch den Bezug des zertifizierten Ökostromproduktes konnte der Terminalbetreiber somit 7.360 Tonnen Treibhausgase (berechnet als CO_2-Äquivalente) einsparen (29.450 t CO_2e – 22.090 t CO_2e).

4.7.3 Gabelstapler und sonstige Fahrzeuge

Zusätzliche Energieverbräuche und damit Treibhausgasemissionen, die nicht bereits über die Gebäude, Lager oder stationären Umschlagseinrichtungen erfasst sind, können beispielsweise durch Gabelstapler, Containerstapler, Reach Stacker oder Umsetzfahrzeuge für Wechselbrücken anfallen. Dabei werden Diesel, Flüssiggas oder bei Gabelstaplern auch Strom verbraucht. Dieser Energieverbrauch und die damit verbundenen Treibhausgasemissionen sind vom CEN-Normentwurf prEN 16258:2011 explizit ausgeschlossen, können aber bezogen auf den stationären Bereich eine hohe Relevanz besitzen. Aus diesem Grund wird empfohlen, die Energieverbräuche zu ermitteln und analog der im CEN-Normentwurf vorgeschriebenen Vorgehensweise in TTW- und WTW-Energieverbräuche beziehungsweise TTW- und WTW-Treibhausgasemissionen umzurechnen. Im einfachsten Fall werden die Verbräuche dieser Fahrzeuge gemessen. Dann können mit den in Kapitel 2 vorgestellten Formeln und den in Kapitel 3.2 aufgeführten Umrechnungsfaktoren direkt die standardisierten Energieverbräuche und die Treibhausgasemissionen berechnet werden (*siehe auch S. 271*). Liegen entsprechende Verbrauchswerte nicht vor, können mit dem im Folgenden vorgestellten Ansatz die Energieverbräuche ermittelt werden.

Spezifischer Energieverbrauch in der Logistik

Ermittlung des Energieeinsatzes

Wie bei den Transporten selbst sollte wo immer möglich der Verbrauch von Gabel- und Containerstaplern, Reach Stackern oder Umsetzfahrzeugen gemessen werden. Liegen keine Energieverbräuche für Gabelstapler vor, kann hilfsweise über die Anzahl der Nutzungsstunden und den Normverbrauch der Stapler pro Stunde (ermittelt auf Basis der VDI-Richtlinie 2198 für 60 Arbeitsspiele pro Stunde) der Diesel-, Flüssiggas- oder Stromverbrauch ermittelt werden. Der Verbrauch berechnet sich somit pro Jahr wie folgt:

Formel 4.7-1

$$EV_{Stapler} = n_{Stunden} \times EV_{spez(Stapler)}$$

$EV_{Stapler}$ = Diesel,- Flüssiggas- oder Stromverbrauch der Stapler [in l, kg oder kWh]
$n_{Stunden}$ = Stapler-Nutzungsstunden [in h]
$EV_{spez(Stapler)}$ = spezifischer Diesel-, Flüssiggas- oder Stromverbrauch der Stapler [in l/h, kg/h oder kWh/h]

Die spezifischen Energieverbräuche $EV_{spez(Stapler)}$ für Gabelstapler sind in der Tabelle 4.7-2 nach VDI 2198 aufgeführt. Für Diesel- beziehungsweise Flüssig-/Treibgas-Gabelstapler sind auch Werte für Bestandsfahrzeuge aufgeführt; ansonsten beziehen sich die Angaben auf neue Stapler. Werden die Gabelstapler über Ladestationen im Lager geladen, ist deren Energieverbrauch bereits über das Lager erfasst. Hier muss eine Doppelerfassung vermieden werden.

Traglast in Tonnen	Diesel-Stapler		Flüssiggas-/Treibgas-Stapler		Elektro-Stapler
	neu	Bestand	neu	Bestand	neu
	Liter/h[1]	Liter/h[1]	kg/h[1]	kg/h[1]	kWh/h[1]
bis 1,6 t	1,9 - 2,5	2,5	2,1 - 2,6	2,5	4,3 - 7,1
2,0 t	2,2 - 3,1	3,2	2,3 - 2,9	2,8	4,7 - 7,6
3,0 t	2,9 - 3,8	3,6	2,8 - 3,9	3,2	7,5 - 8,4
3,5 t	3,1 - 4,0	k.A.	3,0 - 4,1	k.A.	8,6 - 9,9
4,0 t	3,3 - 5,0	k.A.	3,8 - 6,2	k.A.	10,2 - 12,6
5,0 t	3,7 - 6,0	k.A.	4,4 - 6,8	k.A.	11,5 - 15,3

[1] Bezogen auf VDI-Richtlinie 2198 (60 Arbeitsspiele pro Stunde)

Tab. 4.7-2: Spezifischer Energieverbrauch $EV_{spez(Stapler)}$ von Staplern nach VDI 2198 für 60 Arbeitsspiele pro Stunde [eigene Zusammenstellung auf Basis von Herstellerangaben]

Die Ermittlung des Energieverbrauchs auf Basis der Normverbräuche nach VDI 2198 dürfte die realen Werte unterschätzen, da mit den 60 Arbeitsspielen pro Stunde eher ein leichter Einsatz simuliert wird. Durch eine aktuelle Änderung der Richtlinie VDI 2198 muss zukünftig der Verbrauch bei maximaler Umschlagsleistung ausgewiesen werden. Diese neuen Verbrauchswerte liegen derzeit aber noch nicht vor.

Reach Stacker wurden nun ebenfalls in die novellierte VDI-Richtlinie 2198 aufgenommen. Nach Herstellerangaben liegen ihre Dieselverbräuche bei 15–28 Liter pro Stunde. Für Containerstapler liegen derzeit entsprechende veröffentlichte Verbrauchswerte nicht vor. Für neue Umsetzfahrzeuge für Wechselbrücken werden von Herstellern Werte von unter fünf Litern pro Stunde genannt. Werden allerdings alte Fahrzeuge zum Umsetzen der Wechselbrücken eingesetzt, dürften die Werte deutlich höher liegen.

Berechnung des Energieverbrauchs von Gabelstaplern
In einem Lager werden vier Treibgas-Gabelstapler mit einer Traglast von drei Tonnen eingesetzt. Bei den Staplern handelt es sich um Bestandsfahrzeuge. Die Gabelstapler sind pro Tag vier Stunden im Einsatz. Insgesamt ist das Lager an 260 Tagen im Jahr in Betrieb.

Der Flüssiggasverbrauch der vier Gabelstapler pro Jahr berechnet sich somit wie folgt (*siehe Tabelle 4.7-2*):

$$EV_{Stapler} = 4 \times 4 \frac{h}{d} \times 260\ d \times 3{,}2 \frac{kg}{h} = 13.312\ kg$$

Berechnung von standardisierten Energieverbrauchswerten und Treibhausgasemissionen

Der berechnete oder gemessene Energieverbrauch muss zur Ermittlung der standardisierten Energieverbrauchswerte und Treibhausgasemissionen lediglich mit den Umrechnungsfaktoren für Diesel und Flüssiggas aus Kapitel 3.2 bzw. für Strom aus Kapitel 3.3 ausmultipliziert werden. Im Gegensatz zum stationären Bereich kann hier wie beim CEN-Normentwurf je nach Berücksichtigung der Energieverkettung von Tank-to-Wheel- und Well-to-Wheel-Emissionen gesprochen werden, da es sich um Fahrzeuge handelt und somit die Begriffe „Tank" und „Wheel" angebracht sind. Bei Flüssiggas ist zudem zu beachten, dass die Angaben in Kapitel 3.2 pro Liter Flüssiggas angegeben sind. Da bei Treibgas-Staplern der Verbrauch in der Regel in Kilogramm angegeben ist, muss dieser im ersten Schritt noch in Liter umgerechnet werden. Hierzu muss die in Tabelle 3.2-1 angegebene Dichte für Flüssiggas von 0,546 kg pro Liter verwendet werden.

Spezifischer Energieverbrauch in der Logistik

 Berechnung des standardisierten Energieverbrauchs und der Treibhausgasemissionen für Gabelstapler
Für den im vorigen Beispiel ermittelten Energieverbrauch der vier Treibgas-Stapler werden in diesem Beispiel nun der standardisierte Energieverbrauch und die Treibhausgasemissionen berechnet.

1. Schritt: Umrechnung des Flüssiggasverbrauchs in Liter:

$$EV_{Stapler} = \frac{13.312 \text{ kg}}{0{,}546 \frac{\text{kg}}{\text{l}}} = 24.381 \text{ Liter}$$

2. Schritt: Berechnung von standardisiertem Energieverbrauch und Treibhausgasemissionen:

– **TTW-Energieverbrauch (Endenergieverbrauch):**

$$EV_{MJ(TTW)} = 24.381 \text{ l} \times 25{,}1 \frac{\text{MJ}}{\text{l}} = 611.963 \text{ MJ}$$

– **WTW-Energieverbrauch (Primärenergieverbrauch):**

$$EV_{MJ(WTW)} = 24.381 \text{ l} \times 28{,}9 \frac{\text{MJ}}{\text{l}} = 704.611 \text{ MJ}$$

– **TTW-CO_2-Emissionen:**

$$EM_{CO_2(TTW)} = 24.381 \text{ l} \times 1{,}60 \frac{\text{kg } CO_2}{\text{l}} = 39.010 \text{ kg } CO_2$$

– **WTW-CO_2-Emissionen:**

$$EM_{CO_2(WTW)} = 24.381 \text{ l} \times 1{,}88 \frac{\text{kg } CO_2}{\text{l}} = 45.836 \text{ kg } CO_2$$

– **TTW-Treibhausgasemissionen (berechnet als CO_2-Äquivalente):**

$$EM_{CO_2e(TTW)} = 24.381 \text{ l} \times 1{,}61 \frac{\text{kg } CO_2e}{\text{l}} = 39.253 \text{ kg } CO_2e$$

– **WTW-Treibhausgasemissionen (berechnet als CO_2-Äquivalente):**

$$EM_{CO_2e(WTW)} = 24.381 \text{ l} \times 1{,}90 \frac{\text{kg } CO_2e}{\text{l}} = 46.324 \text{ kg } CO_2e$$

Ergebnisse im Überblick:

Energie (TTW) in MJ	Energie (WTW) in MJ	CO_2 (TTW) in kg CO_2	CO_2 (WTW) in kg CO_2	THG (TTW) in kg CO_2e	THG (WTW) in kg CO_2e
611.963	704.611	39.010	45.836	39.253	46.324

4.7.4 Kältemittel

In vielen großen Kühl- und Tiefkühllagern wird heute das Kältemittel R717 (Ammoniak, NH_3) eingesetzt, das weder ozonschädigend wirkt noch einen direkten Treibhauseffekt besitzt (GWP =0).[5] Meist in kleineren Lagern bis 50.000 m² kommen HFKW-haltige Kältemittel wie R134a, R404A, R407A und R410 A sowie das in Neuanlagen verbotene HFCKW-haltige Kältemittel R22 zum Einsatz. HFKW-haltige und HFCKW-haltige Kältemittel sind hochwirksame Klimagase (*siehe Kapitel 3.5.2*). Gelangen sie durch Leckagen, bei Wartungsarbeiten oder durch Havarien in die Umwelt, tragen die Kältemittelverluste zum Klimaeffekt der Lager bei und müssen bei deren Treibhausgasbilanz beachtet werden.

Da der stationäre Bereich vollständig aus dem CEN-Normentwurf prEN 16258:2011 ausgeklammert wurde, sind dort auch keine Vorgaben zur Berechnung der Treibhausgasemissionen durch Kältemittelverluste enthalten. Methodische Vorgaben enthält aber das GHG Protocol, die auch im Folgenden zur Anwendung kommen. Zu beachten ist in diesem Zusammenhang, dass wiederum zur Kompatibilität zum CEN-Normentwurf sowohl die direkten als auch die Gesamt-energieverbräuche und Treibhausgasemissionen berechnet werden, auch wenn das GHG Protocol nur die Ermittlung der direkten Energieverbräuche und Emissionen vorschreibt. Die indirekten Treibhausgasemissionen kommen bei den Kältemitteln durch deren Produktion zustande (*siehe Kapitel 3.5.2*). Bei Kältemittel-emissionen ist zudem zu beachten, dass keine direkten CO_2-Emissionen entstehen. Kältemittel werden nicht verbrannt und erzeugen demnach auch kein CO_2. Sie selbst sind aufgrund ihres Absorptionsspektrums die klimawirksamen Treibhausgase, die entsprechend als THG-Emissionen (gemessen in CO_2-Äquivalenten) verbucht werden. Auch der direkte Energieverbrauch ist für Kältemittel null.

Ermittlung der Kältemittelverluste
Das GHG Protocol empfiehlt für Nutzer von Kälteanlagen den sogenannten „Lifecycle Stage Approach". Danach können die Kältemittelverluste über die jährlich nachgefüllten Kältemittelmengen berechnet werden. Die so ermittelte Menge an Kältemittelverlusten muss dann mit den entsprechenden Umrechnungsfaktoren für das betrachtete Kältemittel zur Berechnung des standardisierten Energieverbrauchs und der Treibhausgasemissionen multipliziert werden. Liegen keine Angaben zu den Nachfüllmengen vor, aber Angaben zu den eingesetzten Bestandsmengen, können die Kältemittelverluste auch über mittlere Leckageraten berechnet werden. In diesem Fall muss unter Hinzunahme einer anlagenspezifischen Leckagerate der jährliche Kühlmittelverlust berechnet werden. Diese werden dann wieder mit den entsprechenden Umrechnungsfaktoren für die Kühlmittel verknüpft.

---

[5] Allerdings treten durch die Herstellung bedingte Energieverbräuche und Treibhausgasemissionen auf, die bei einer vollständigen Bilanz berücksichtigt werden müssen.

Spezifischer Energieverbrauch in der Logistik **4**

Wie bereits bei den Strom- und Wärmeenergieverbrauchsmengen ist es demnach nicht möglich, pauschale Default-Werte für die Kältemittelverluste vorzugeben. Sie müssen spezifisch für die betrachteten Kühl- und Tiefkühllager oder auch für Klimaanlagen von Büros ermittelt werden. Da Undichtigkeiten der Anlagen, Wartungsarbeiten oder Havarien nicht periodisch auftreten, können die Kältemittelverluste auch von Jahr zu Jahr stark variieren. Daher können nicht ohne weiteres Vorjahreswerte auf das aktuelle Jahr übertragen werden. Zudem ist zu beachten, dass das Nachfüllen der Kältemittel meist in Verbindung mit Wartungsarbeiten durchgeführt wird. Werden die Wartungsarbeiten nicht immer zum gleichen Zeitpunkt erledigt, kann dies dazu führen, dass von Jahr zu Jahr stark schwankende Werte auftreten. Es kann auch sein, dass die Kältemittel nur alle zwei oder drei Jahre nachgefüllt werden müssen – in diesen Fällen sollten die Kältemittelverluste anteilig auf den gesamten Zeitraum umgelegt werden. Letztendlich treten dadurch die gleichen Zuordnungsprobleme auf, wie sie bereits oben beim Heizöl erwähnt wurden.

Berechnung von standardisierten Energieverbrauchswerten und Treibhausgasemissionen
Wie bereits ausgeführt, ergeben sich standarisierte Energieverbräuche und Treibhaugasemissionen durch das Ausmultiplizieren der kältemittelspezifischen Verlustmengen mit den Umrechnungsfaktoren, wie sie in Tabelle 3.5-2 in Kapitel 3.5.2 aufgeführt sind. Analog zur Vorgehensweise bei den Transporten und damit entsprechend dem CEN-Normentwurf muss bei der Berechnung zwischen direkten Emissionen aufgrund der Kältemittelemissionen und den Gesamtemissionen, die auch die Herstellungsaufwände der Kältemittel berücksichtigen, unterschieden werden.

Berechnung des standardisierten Energieverbrauchs und der Treibhausgasemissionen durch Kältemittelverluste

In einem Tiefkühllager wurden in der Kälteanlage 250 kg des Kältemittels R410A nachgefüllt. Der standardisierte Energieverbrauch und die Treibhausgasemissionen durch diesen Kältemittelverlust berechnen sich wie folgt, wobei die benötigten Umrechnungsfaktoren der Tabelle 3.5-2 in Kapitel 3.5.2 entnommen wurden:

– **Direkter Energieverbrauch (Endenergieverbrauch):**

$$EV_{MJ(Direkt)} = 250 \text{ kg} \times 0 \frac{MJ}{kg} = 0 \text{ MJ}$$

– **Gesamt-Energieverbrauch (Primärenergieverbrauch):**

$$EV_{MJ(Gesamt)} = 250 \text{ kg} \times 138{,}3 \frac{MJ}{kg} = 34.575 \text{ MJ}$$

– **Direkte CO_2-Emissionen:**

$$EM_{CO_2(Direkt)} = 250 \text{ kg} \times 0 \frac{\text{kg } CO_2}{\text{kg}} = 0 \text{ kg } CO_2$$

– **Gesamt-CO_2-Emissionen:**

$$EM_{CO_2(Gesamt)} = 250 \text{ kg} \times 6 \frac{\text{kg } CO_2}{\text{kg}} = 1.500 \text{ kg } CO_2$$

– **Direkte Treibhausgasemissionen (berechnet als CO_2-Äquivalente):**

$$EM_{THG(Direkt)} = 250 \text{ kg} \times 2.088 \frac{\text{kg } CO_2e}{\text{kg}} = 522.000 \text{ kg } CO_2e$$

– **Gesamt-Treibhausgasemissionen (berechnet als CO_2-Äquivalente):**

$$EM_{THG(Gesamt)} = 250 \text{ kg} \times 2.177 \frac{\text{kg } CO_2e}{\text{kg}} = 544.250 \text{ kg } CO_2e$$

Ergebnisse im Überblick:

Energie (direkt) in MJ	Energie (gesamt) in MJ	CO_2 (direkt) in kg CO_2	CO_2 (gesamt) in kg CO_2	THG (gesamt) in kg CO_2e	THG (gesamt) in kg CO_2e
0	34.575	0	1.475	521.875	544.275

Das Rechenbeispiel zeigt, dass selbst die Gesamt-CO_2-Emissionen im Vergleich zu den THG-Emissionen so gering ausfallen, dass sie bei Bilanzen oftmals vernachlässigbar sind. Ähnliches gilt auch für den Energieverbrauch.

4.7.5 Allokation von Energieverbrauch und Treibhausgasemissionen auf Einzelsendungen

Das GHG Protocol, das als Grundlage für die in den vorangegangenen Kapiteln empfohlene Vorgehensweise dient, ist ein Standard, der streng genommen nur Vorgaben macht, wie Klimabilanzen für ganze Unternehmen zu erstellen sind. Daher enthält der Standard keinerlei Angaben, wie beispielsweise der für ein Lager oder für eine Umschlagseinrichtung ermittelte Strom- und Wärmeenergieverbrauch oder die Kältemittelverluste auf die Einzelsendung herunter gebrochen werden müssen. Hierzu gibt es bisher keine verbindlichen Normen und Standards.

Nach den Standards zu Produktklimabilanzen (Product Carbon Footprinting), die derzeit in der Entwicklung sind, können für diesen Allokationsschritt monetäre Größen (Wert der Waren) wie auch physikalische Größen (z.B. Gewicht, Paletten-

Spezifischer Energieverbrauch in der Logistik 4

anzahl) verwendet werden, wobei letzteren der Vorzug gegeben wird. Da die stationären Bereiche wie Lager oder Umschlagseinrichtungen als Teil einer Logistikkette bilanziert werden, sollten in der Regel die gleichen Allokationsparameter wie bei den Transporten verwendet werden. Wird entsprechend dem CEN-Standard das Gewicht verwendet, sollte es auch beim stationären Bereich verwendet werden. Gleiches gilt für die Anzahl der Paletten, Anzahl der Sendungen und so weiter.

Davon abweichend kann es aber teilweise sinnvoll sein, eine andere Allokationsgröße zu verwenden, wenn der Energieverbrauch des stationären Bereiches stark durch eine andere Größe beeinflusst wird. So hängt der Energieaufwand für das Tiefkühlen der Ware auch vom Gewicht der Waren ab. Daher könnte, abweichend von der Vorgehensweise bei Transporten, statt der Anzahl der Paletten das Gewicht der eingelagerten Waren als Allokationsgröße herangezogen werden, um den Energieverbrauch des Tiefkühllagers auf die einzelnen Waren zu verteilen. Bei Umschlagseinrichtungen wird die Allokation in der Regel über die Anzahl der verladenen Sendungen durchgeführt (z.B. Anzahl Standardcontainer – TEU). Es kann aber auch – wie in Kapitel 4.7.2 gezeigt – der Energieverbrauch auf eine Tonne umgeschlagenes Gut bezogen werden. Grundsätzlich gilt für den stationären Bereich – ebenso wie vom CEN-Standard für Transporte geregelt –, dass verschiedene Parameter zur Allokation verwendet werden können, diese aber auf jeden Fall ausgewiesen werden müssen.

Bei Lagereinrichtungen ist zudem zu beachten, dass Waren unterschiedlich lange gelagert werden. Dementsprechend muss auf länger gelagerte Waren ein höherer Energieverbrauch entfallen. Um dies zu berücksichtigen, sollte bei Lagern die Dauer der Einlagerung in die Allokation mit einbezogen werden. So kann beispielsweise über die Anzahl der pro Jahr im Durchschnitt belegten Palettenstellplätze und die Dauer einer einzelnen Palette der Anteil des Energieverbrauchs berechnet werden, der auf diese Palette entfällt. Letztendlich entspricht diese Art auch dem Vorgehen des CEN-Normentwurfes bei Transporten, bei dem die Transportentfernung neben Gewicht, Anzahl Paletten oder Lademeter für die Allokation verwendet wird.

Allokation des Energieverbrauchs eines Tiefkühllagers auf eine Palette
Ein Tiefkühllager mit 5.800 Palettenstellplätzen ist im Jahresdurchschnitt zu 85 Prozent ausgelastet. In dem Lager wird Rindfleisch durchschnittlich 21 Tage, Wildlachs 180 Tage eingelagert. Welcher Anteil des Jahresenergieverbrauchs des Tiefkühllagers entfällt auf eine Palette Rindfleisch und welcher Anteil auf eine Palette Wildlachs?

1. Schritt: Berechnung der Jahresnutzung der Palettenstellplätze

$\text{Auslastung}_{\text{Lager}} = 85\ \% \times 5.800\ \text{Paletten} \times 365\ \text{Tage} = 1.799.450\ \text{Paletten-Tage}$

2. Schritt: Berechnung des Energieanteils für eine Palette Rindfleisch

$\text{Anteil}_{\text{Rindfleisch}} = \dfrac{1\ \text{Palette} \times 21\ \text{Tage}}{1.799.450\ \text{Paletten-Tage}} = 0{,}00117\ \%$

3. Schritt: Berechnung des Energieanteils für eine Palette Wildlachs

$\text{Anteil}_{\text{Wildlachs}} = \dfrac{1\ \text{Palette} \times 180\ \text{Tage}}{1.799.450\ \text{Paletten-Tage}} = 0{,}01000\ \%$

Auf eine Palette Rindfleisch entfallen somit 0,00117 Prozent und auf eine Palette Wildlachs 0,010 Prozent des Jahresenergieverbrauchs des Tiefkühllagers.

5 Ausgewählte Berechnungsmethoden und Datenquellen

Derzeit existiert kein weltweit anerkannter Standard zur Ermittlung von CO_2- und Treibhausgasemissionen für die logistischen Prozesse Transport, Lager und Umschlag. Gleiches gilt für Europa und Deutschland. Ein derzeit laufendes Normungsverfahren (*siehe Kapitel 5.1*) versucht, einen europäischen Standard zumindest für den Bereich des Transports zu etablieren. Gleichzeitig hat die Europäische Union (EU) in den vergangenen Jahren immer mehr Richtlinien zum Thema Klimaschutz und Energieeffizienz erlassen, in denen sich eine Reihe von Einzelfestlegungen zur CO_2-Ermittlung finden. Hinzu gekommen sind in den letzten zwei Jahrzehnten einige interessante Datenquellen und Rechenmodelle im Bereich Verkehr, die ebenso wichtige Basisdaten liefern.

Die in diesem Kapitel vorgestellten Methoden und Quellen stellen Grundlagen für die Berechnung von Treibhausgasemissionen im Bereich Verkehr und Logistik dar. In Verbindung mit den in den Kapiteln 2 bis 4 vorgestellten Rechenmethoden kann bei der Erarbeitung unternehmensspezifischer Berechnungsverfahren auf sie zurückgegriffen werden. Einige Datenquellen und Festlegungen zu den Methoden sind auch in die THG-Ermittlungssystematik dieses Buches eingeflossen.

5.1 CEN-Normentwurf zur Berechnung des Energieverbrauchs und der Treibhausgasemissionen von Transportdienstleistungen

5.1.1 Einsatzbereich

Der CEN-Standard prEN 162528:2011 „Methode zur Berechnung und Deklaration des Energieverbrauchs und der Treibhausgasemissionen bei Transportdienstleistungen (Güter- und Personen-Verkehr)" ist eine europäische Norm (derzeit als Entwurf veröffentlicht) zur Vorgehensweise bei der Ermittlung des Energieverbrauchs und der Treibhausgasemissionen für Güter- und Personentransporte. Die Norm bietet ein standardisiertes Verfahren zur Berechnung und Kennzeichnung des Energieverbrauchs und der THG-Emissionen von Transporten und Transportketten.

Verwendung finden soll die Norm bei Transportunternehmen (Lkw-Fuhrparkbetreibern, Reedereien und Fluggesellschaften), bei Speditions- und Logistikunternehmen sowie bei der verladenden Wirtschaft. Hinzu kommen entsprechende Zielgruppen im Bereich der Personenbeförderung.

Die CEN-Norm regelt allgemein, mit welchen Basisformeln Energieverbrauch und THG-Emissionen zu ermitteln, welche Emissionen zu berücksichtigen (Berechnungsgrenzen) und in welcher Form die Berechnungsergebnisse darzustellen sind. Die Norm betrachtet nur die reinen Transportprozesse. Lager und Umschlagvorgänge werden hingegen erst einmal nicht definiert. Diese Bereiche sollen in einem weiteren CEN-Standard behandelt werden. In der Regel bilden Lager- und Umschlagsprozesse aber auch den geringsten Teil der Emissionen in der Logistikkette.

Der erste Entwurf der CEN-Norm prEN 16258:2011 wurde im Februar 2011 veröffentlicht. Der endgültige Standard soll nach Einarbeitung aller Änderungswünsche im Sommer 2012 zur Veröffentlichung vorliegen. Erarbeitet wird die Norm von einer Arbeitsgruppe im Europäischen Komitee für Normung (Comité Européen de Normalisation) – kurz CEN. In diese Arbeitsgruppe haben die nationalen Normungsorganisationen (in Deutschland Deutsches Institut für Normung – DIN) Vertreter entsandt. Beteiligt am Normungsverfahren sind Bulgarien, Deutschland, Dänemark, Finnland, Frankreich, Italien, die Niederlande, Norwegen, Österreich, Schweden, Schweiz und das Vereinigte Königreich. Das Sekretariat zur Erstellung der Norm liegt bei der Association française de normalisation (AFNOR), der offiziellen französischen Stelle für die Normung.

5.1.2 Berechnungsgrundsätze

Die Berechnung der Emissionen erfolgt grundsätzlich durch die Multiplikation des Energieverbrauchs mit einem energiespezifischen Umrechnungsfaktor entsprechend dem in Kapitel 2 vorgestellten Ansatz. Diese Basisformeln sowie die Umrechnungsfaktoren werden in der Norm benannt.

Transportketten sind gemäß Norm in ihre Teilabschnitte (je Verkehrsmittelwechsel) zu zerlegen. Für jeden dieser Teilabschnitte sind dann Verbrauch und THG-Emissionen zu ermitteln und anschließend zu summieren. Bei der Ermittlung der Teilabschnitte einer Transportkette sind laut CEN auch die sogenannten Leerfahrten mit zu berücksichtigen. Das heißt, dass die Auslastung des Laderaums über den gesamten Rundlauf des Fahrzeuges betrachtet wird. So beeinflusst zum Beispiel ein fast leerer Laderaum auf dem Rückweg einer Fahrt auch die Hinfahrt, auf der der Laderaum gut gefüllt war. Letztendlich muss eine Durchschnittsauslastung für die gesamte Tour ermittelt werden. Dies gilt für Sammel- und Verteilerverkehre ebenso wie zum Beispiel für Containerschiffslinien.

Für die Ermittlung des Energieverbrauchs erlaubt die Norm vier Verfahren: Grundsätzlich gilt, dass der Kraftstoffverbrauch möglichst am Fahrzeug beziehungsweise Verkehrsmittel selbst für den konkreten Transportvorgang zu messen ist. Nur wenn dies nicht möglich ist, sind Durchschnittswerte auf der jeweiligen

Ausgewählte Berechnungsmethoden und Datenquellen 5

Transportroute oder für die Gesamtflotte des Transportunternehmens zu verwenden. Als vierte Methode, die möglichst nur dann eingesetzt werden soll, wenn Messungen nicht vorliegen (z.B. bei Subdienstleistern), wird die Verwendung von Durchschnittswerten aus externen Datenquellen zugelassen. Für die Verwendung von diesen sogenannten Default-Werten werden im Anhang der Norm geeignete Datenquellen genannt (z.B. Handbuch für Emissionsfaktoren des Straßenverkehrs oder EcoTransIT – *siehe hierzu Kapitel 5.3 und Kapitel 6.1*).

Geregelt wird in der CEN-Norm auch die sogenannte Allokation – also die Zuordnung der Verbräuche und Emissionen auf die einzelnen Sendungen. Diese hat laut Norm möglichst über die Verkehrsleistung zu erfolgen. Hierzu muss das Gesamtgewicht der Ladung und das Gewicht der Einzelsendung ermittelt werden. In begründeten Fällen ist es aber auch erlaubt, eine Zuordnung über die Anzahl der Sendungen, der Paletten- oder Containerstellplätze vorzunehmen. Bei Sammel- oder Verteilerverkehren schreibt die Norm zudem vor, dass die Allokation der Kraftstoffverbräuche und THG-Emissionen über die so genannte kürzeste Fahrstrecke zu erfolgen hat (*siehe Abb. 5.1-1*). Kraftstoffverbrauch und THG-Emissionen, die auf die Einzelsendungen herunter gebrochen werden sollen, müssen für die gesamte Sammel- und Verteilertour ermittelt werden (einschließlich möglicher Leerfahrten).

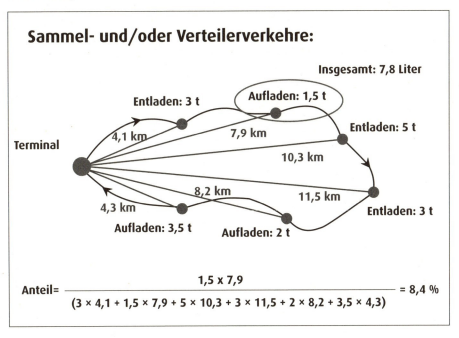

Abb. 5.1-1: Allokationsverfahren für Sammel- und Verteilerverkehre [Schmied 2010]

Die Norm fordert den Anwender auf, sowohl die Energieverbräuche als auch die Treibhausgasemissionen zu ermitteln. Zu den Treibhausgasen zählen laut Norm die sechs Kyoto-Gase Kohlendioxid (CO_2), Methan (CH_4), Distickstoffoxid/Lachgas (N_2O), teilhalogenierte Fluorkohlenwasserstoffe (H-FKW), vollständig halogenierte Fluorkohlenwasserstoffe (FKW) und Schwefelhexafluorid (SF_6).

Außerdem schreibt die CEN vor, auch den Energieverbrauch und die THG-Emissionen zu ermitteln, die zur Gewinnung, Herstellung und Verteilung der Energie oder des Kraftstoffes notwendig sind. Diese Vorkette wird auch als „Well-to-Tank" bezeichnet (Energieentstehung bis Fahrzeugtank). Dies umfasst zum Beispiel Förderung und Transport von Erdöl sowie Raffinerie und Verteilung. Nicht zu berücksichtigen sind laut Norm zum Beispiel die Emissionen, die durch Bau und Wartung der Fahrzeuge entstehen. Ebenso keine Berücksichtigung findet der Aufwand für Herstellung und Instandhaltung der Verkehrswege.

5.1.3 Bedeutung für die Praxis

Der CEN-Normentwurf regelt erstmals umfänglich die grundsätzlichen Berechnungsmethoden bei Energieverbräuchen und THG-Emissionen für alle Arten von Fahrzeugen zur Personen- und Güterbeförderung. Sie ist damit das bisher einzige Regelwerk, das diesen Bereich in diesem Umfang definiert.

Die Norm legt dabei eindeutig fest, welche Systemgrenzen bei den Berechnungen zu ziehen sind und wie die Zuordnung (Allokation) von Verbräuchen und Emissionen auf die Einzelsendungen zu erfolgen hat. Ebenso legt der Normentwurf fest, welche Werte und Anmerkungen bei der Veröffentlichung von THG-Emissionswerten für Transportketten anzugeben sind.

Nicht eindeutig hingegen sind die Vorgaben der Norm, welche Datenquellen zu nutzen sind, wenn sich die Energieverbrauchswerte vom Anwender der Norm nicht selbst messen lassen. Dies ist insbesondere bei Flugzeugen, Schiffen und Eisenbahnen oftmals der Fall. Hier nennt die Norm nur mögliche Datenquellen – der Nutzer kann aber auch andere verwenden. Damit ist eine einheitliche Anwendung von Default-Werten nicht vorgeschrieben. Dies könnte zu unterschiedlichen Anwendungen der Norm führen, was eine Vergleichbarkeit von Werten wieder deutlich erschwert.

Im Unterschied zu anderen Berechnungsmethoden schreibt die CEN-Norm vor, in jedem Fall die THG- und nicht nur die CO_2-Emissionen zu ermitteln. Anders als bei anderen Methoden existiert auch die klare Festlegung, neben den Emissionen aus dem Betrieb des Fahrzeugs (Tank-to-Wheel) auch immer die Vorkettenemissionen (Well-to-Tank) zu bestimmen. Ein weiterer wichtiger Unterschied zu anderen Verfahren: Es ist immer der gesamte Umlauf eines Fahrzeugs zu betrachten, dies schließt auch die Leerfahrtenanteile einer Transportkette ein. Damit fasst die CEN-Norm die Berechnungsgrenzen weiter als alle anderen derzeit bedeutenden Berechnungsmethoden. Wer seine bisherige CO_2-Berechnung auf die CEN-Norm umstellt, muss somit in der Regel mit einer Erhöhung der auszuweisenden Emissionen rechnen.

Internet-Tipp
Europäisches Komitee für Normung (CEN)
http://www.cen.eu

Deutsches Institut für Normung (DIN)
http://www.din.de

Handbuch für Emissionsfaktoren des Straßenverkehrs (HBEFA)
http://www.hbefa.net

THG-Internetrechner EcoTransIT
http://www.ecotransit.org

5.2 Transport Emission Model – TREMOD

5.2.1 Einsatzbereich

Das „Transport Emission Model" – abgekürzt TREMOD – ist ein Modell zur Berechnung der Treibhausgas- und Luftschadstoffemissionen des motorisierten Verkehrs in Deutschland. Es wurde 1993 vom Umweltbundesamt (UBA) initiiert. Die wissenschaftliche Betreuung des Emissionsmodells wird vom Institut für Energie- und Umweltforschung Heidelberg GmbH (IFEU) wahrgenommen. TREMOD ist die wichtigste Datenbasis für die Berechnung der Gesamt- und Durchschnittsemissionen der Verkehrsträger in Deutschland. Im März 2010 wurde die TREMOD-Version 5.0 veröffentlicht. TREMOD weist die jährlichen Gesamtemissionen differenziert nach Verkehrsträgern und einzelnen Verkehrsmitteln in Deutschland aus. Durch die Verbindung dieser Werte mit der Verkehrsleistung der einzelnen Verkehrsträger ergeben sich auch durchschnittliche CO_2- oder THG-Emissionen je Tonnenkilometer im Güterverkehr oder je Personenkilometer im Personenverkehr. Diese sind jedoch nur Durchschnittsbetrachtungen und eignen sich nur bedingt zur Beurteilung der Treibhausgasemissionen von realen Transportketten. So kann sich beispielsweise die Auslastung des betrachteten Transports von der bundesdeutschen Durchschnittsauslastung, wie sie in TREMOD verwendet wird, deutlich unterscheiden.

5 Ausgewählte Berechnungsmethoden und Datenquellen

Das Rechentool TREMOD ist wegen seines Umfangs und seiner Komplexität nicht öffentlich zugänglich. Es wird zur Zeit von folgenden Institutionen genutzt: Umweltbundesamt, Bundesanstalt für Straßenwesen, verschiedene Bundesministerien, Verband der Automobilindustrie (VDA), Mineralölwirtschaftsverband, Deutsche Bahn AG, Deutsche Lufthansa und TUI. Die Kooperationspartner unterstützen TREMOD finanziell, ideell oder durch die Bereitstellung von Daten.

TREMOD ist auch eine wichtige Basisquelle für das europäische Modell zur Berechnung der Emissionen im Verkehr. Unter dem Namen „TREMOVE" werden im Auftrag der EU-Kommission Daten von derzeit 31 Ländern (EU-27 plus Kroatien, Norwegen, Schweiz und Türkei) vorgehalten. TREMOVE ist vereinzelt auch Basis für EU-Entscheidungen über umweltpolitische Verkehrsmaßnahmen wie Umweltauflagen und -abgaben.

5.2.2 Berechnungsgrundsätze

In TREMOD werden alle in Deutschland betriebenen Personenverkehrsträger (Pkw, motorisierte Zweiräder, Busse, Bahnen, Flugzeuge) und Güterverkehrsträger (Solo-Lkw, Lkw- und Sattelzüge, Bahnen, Binnenschiffe, Flugzeuge) sowie der sonstige Kfz-Verkehr ab dem Basisjahr 1960 in Jahresschritten bis zum Jahr 2008 erfasst. Bis zum Jahr 1993 werden die Eingangsdaten und Ergebnisse differenziert in West- und Ostdeutschland vorgehalten, ab 1994 wird Deutschland insgesamt betrachtet. Darüber hinaus sind in TREMOD auch Szenariodaten für die Entwicklung des Fahrzeugbestands, der Fahrleistungen sowie der Luftschadstoff- und Treibhausgasemissionen der einzelnen Verkehrsmittel enthalten.

Die Verbrauchs- und Emissionskennzahlen des Straßenverkehrs stammen aus dem Handbuch für Emissionsfaktoren des Straßenverkehrs (HBEFA). Für den Pkw-Bereich werden zudem die Daten des Handbuches für einzelne Zulassungsjahre modifiziert. Während HBEFA für einen Abgasstandard (z.B. Euro 3) nur einen durchschnittlichen Kraftstoffverbrauch enthält, sind in TREMOD für jedes Zulassungsjahr verschiedene Kraftstoffverbräuche für Fahrzeuge mit gleichem Abgasstandard hinterlegt. Da HBEFA und TREMOD in unterschiedlichen Abständen aktualisiert werden, ist darauf zu achten, welche HBEFA-Version gerade bei TREMOD verwendet wird. Beispielsweise basiert die TREMOD-Version 5.0 auf der HBEFA-Version 2.1 und noch nicht auf der aktuellen Version 3.1 (*siehe Kapitel 5.3*).

Nach dem TREMOD-Modell ergeben sich für das Jahr 2008 in Deutschland folgende mittlere Verbrauchswerte für die gesamte Fahrzeugflotte (Tank-to-Wheel; d.h. ohne Emissionen durch die Gewinnung, Herstellung und Distribution der Kraftstoffe):

Ausgewählte Berechnungsmethoden und Datenquellen

Fahrzeugart	Verbrauch in Liter pro 100 km[1]	CO_2-Emission in Gramm je km
Pkw mit Ottomotor	7,9	184
Pkw mit Dieselmotor	6,6	173
Leichte Nutzfahrzeuge mit Ottomotor	9,5	220
Leichte Nutzfahrzeuge mit Dieselmotor	10,3	269
Sattelzug mit einem zGG von 34–40 Tonnen und Dieselmotor	32,2	841
[1] Anteil Biodiesel ~ 9 %, Bioethanol ~ 2 %		

Tab. 5.2-1: Kraftstoffverbrauch und CO_2-Emissionen laut TREMOD (Version 5.0 2011) [TREMOD]

Diese Mittelwerte aus TREMOD sind dabei über die Fahrleistung und nicht über den Fahrzeugbestand gewichtet. Damit gehen nicht nur Änderungen in der Flottenzusammensetzung, sondern auch Verschiebungen von Fahrleistungsanteilen zwischen den Straßenkategorien in den Mittelwert ein.

Während HBEFA lediglich spezifische Emissionsfaktoren pro Fahrzeugkilometer enthält, werden in TREMOD die Gesamtemissionen der einzelnen Verkehrsmittel für Deutschland berechnet. Hierzu verknüpft TREMOD die Emissionsfaktoren von HBEFA mit Daten zu Fahr- und Verkehrsleistungen der einzelnen Verkehrsmittel. Die Verkehrsleistungen des Personen- und Güterverkehrs werden dabei entnommen aus den offiziellen Publikationen des Bundesministeriums für Verkehr, Bau und Stadtentwicklung (BMVBS) sowie den Fachserien des Statistischen Bundesamtes, die bei den anderen Verkehrsmitteln noch durch Verbands- und Unternehmensstatistiken ergänzt werden (z.B. Verband Deutscher Verkehrsunternehmen, DB AG). Für Fahrleistungen gibt es hingegen keine offizielle und kontinuierlich fortgeschriebene Quelle. Die in TREMOD verwendeten Inlandsfahrleistungen beruhen daher auf den Fahrleistungsberechnungen des Deutschen Instituts für Wirtschaftsforschung (DIW), die in „Verkehr in Zahlen" veröffentlicht sind, auf den Straßenverkehrszählungen der Bundesanstalt für Straßenwesen und auf Fahrleistungserhebungen, die für einzelne Stichjahre im Auftrag des BMVBS durchgeführt werden.

Betrachtet werden in TREMOD der Energieverbrauch sowie eine Vielzahl verschiedener Luftschadstoff- und Klimagasemissionen. Konkret werden die durch Abgasnormen limitierten Luftschadstoffe Stickstoffoxide, Kohlenwasserstoffe (ohne Methan, sogenannte Nicht-Methan-Kohlenwasserstoffe), Kohlenmonoxid

5 Ausgewählte Berechnungsmethoden und Datenquellen

und Partikel sowie die weiteren Luftschadstoffe Benzol, Xylol und Toluol, Ammoniak und Schwefeldioxid erfasst. Darüber hinaus sind auch die Treibhausgase Kohlendioxid, Distickstoffoxid und Methan in TREMOD enthalten. Im Gegensatz zu vielen anderen Untersuchungen werden in TREMOD die direkten Emissionen am Fahrzeug einschließlich der Verdunstungs- und Kaltstartemissionen sowie diejenigen Emissionen, die in der energetischen Vorkette durch Förderung und Transport der Primärenergieträger, Umwandlung in Kraftwerken und Raffinerien und Transport bis zum Stromabnehmer beziehungsweise zur Tankstelle bilanziert. Der Nutzer von TREMOD muss daher immer darauf achten, ob die direkten Emissionen (Tank-to-Wheel) oder die Gesamtemissionen einschließlich Vorkette (Well-to-Wheel) ausgewiesen sind.

Ausgangspunkt der Bilanzierung ist dabei der Verkehr innerhalb der Landesgrenzen Deutschlands. Damit werden alle Emissionen bilanziert, die durch die im Inland erbrachten Fahr- und Verkehrsleistungen entstehen. Der „Verkehr im Inland" ist zu unterscheiden vom „Verkehr der Inländer", der von vielen Studien ausschließlich erfasst wird. Eine Ausnahme ist der Flugverkehr: Hier wird bei TREMOD unterschieden in Inlandsverkehr zwischen den deutschen Verkehrsflughäfen und abgehenden Flugverkehr ins Ausland (bis zur ersten Zwischenlandung).

Die von TREMOD für die einzelnen Jahre berechneten Emissionswerte sind Grundlage für die jährlichen Nationalen Klimainventurberichte Deutschlands für die UNFCC (*siehe Kapitel 1.3*). Die THG-Emissionen im Nationalen Inventarbericht werden auf Basis des Energieverbrauchs in Deutschland berechnet, der von der Arbeitsgemeinschaft Energiebilanzen statistisch erfasst und den verschiedenen Sektoren zugeordnet wird. Basis der Energiebilanz für die Kraftstoffe sind aber die Mengen, die in einem Jahr in Deutschland abgesetzt wurden. Dieser Inlandsabsatz an Kraftstoffen ist aber zum Beispiel aufgrund von Tanktourismus oder Tankvorgängen im Ausland bei grenzüberschreitenden Fahrten (gerade im Lkw-Verkehr) nicht zwangsläufig identisch mit dem Verbrauch im Inland. Dies führt dazu, dass die mit TREMOD berechneten THG-Emissionen für Fahrten im Inland nicht zwangsläufig identisch sind mit den THG-Emissionen, die über den Inlandsabsatz berechnet werden und im nationalen Klimainventarbericht verwendet werden.

Da für die offizielle Emissionsberichterstattung die Absatzzahlen der Energiebilanz verwendet werden müssen, werden die Inlandsergebnisse von TREMOD durch Verwendung von Korrekturfaktoren an die Absatzzahlen der Energiebilanz angepasst. Somit werden auch TREMOD-Werte veröffentlicht, die an die Daten der Arbeitsgemeinschaft Energiebilanzen angepasst sind. Der Nutzer der TREMOD-Daten muss darauf achten, in welcher Abgrenzung die TREMOD-Daten publiziert sind. Da der Inlandsverbrauch seit 2001 immer über dem Kraftstoffabsatz in Deutschland liegt und zudem diese Differenz im Zeitverlauf zugenommen hat, ergibt sich, dass die THG-Emissionsentwicklung des Verkehrs im nationalen Inventarbericht seit 2000 günstiger ausfällt als nach der Inlandsbilanzbilanzierung in TREMOD.

5.2.3 Bedeutung für die Praxis

Das TREMOD-Modell ist das wichtigste Berechnungsverfahren für gesamtwirtschaftliche Emissionen aus dem Verkehrsbereich in Deutschland und wird als zentrale Grundlage für den Verkehr im nationalen Klimainventurbericht Deutschlands verwendet. Es eignet sich als Basis für politische Entscheidungen im Bereich Verkehr und Umwelt. Für die Ermittlung von THG-Emissionen im einzelnen, unternehmensspezifischen Transportketten sind die TREMOD-Daten meist nur bedingt anwendbar, da es sich in der Regel um Durchschnittswerte von Fahrzeugflotten aus ganz Deutschland handelt. Zudem ist bei der Verwendung der TREMOD-Daten darauf zu achten, ob diese sich ausschließlich auf die direkten Emissionen (Tank-to-Wheel) beziehen oder auch die Energievorketten mit einbeziehen (Well-to-Wheel). Normalerweise werden TREMOD-Daten verwendet, die sich auf die im Inland erbrachte Fahrleistung beziehen. Es werden aber auch TREMOD-Daten veröffentlicht, die an die im Inland abgesetzte Kraftstoffmenge angepasst sind. Auch hierauf hat der Nutzer bei der Anwendung der Daten zu achten.

Internet-Tipp
Modell des Bundes zur Berechnung der Emissionen im Verkehr
http://www.tremod.de

EU-Modell zur Berechnung von Emissionen im Verkehr
http://www.tremove.org

5.3 Handbuch für Emissionsfaktoren des Straßenverkehrs (HBEFA)

5.3.1 Einsatzbereich

Das Handbuch für Emissionsfaktoren des Straßenverkehrs (HBEFA) wurde ursprünglich im Auftrag der Umweltbundesämter von Deutschland, Österreich und der Schweiz erstellt. Inzwischen wird HBEFA von weiteren Ländern (Schweden, Norwegen, Frankreich) wie auch vom Joint Research Center der Europäischen Kommission (JRC) unterstützt. Zusammengefasst sind diese Herausgeber in der ERMES-Gruppe (European Research Group on Mobile Emission Sources).

Die erste Version (HBEFA 1.1) wurde im Dezember 1995 veröffentlicht, eine Aktualisierung (HBEFA 1.2) folgte im Januar 1999. Eine weitere Version (HBEFA 2.1)

5 Ausgewählte Berechnungsmethoden und Datenquellen

wurde im Februar 2004 publiziert. Die aktuelle Version (HBEFA 3.1) datiert auf Januar 2010, die nächste ist für das Jahr 2013 geplant.

HBEFA stellt Emissionsfaktoren in Gramm pro Fahrzeug-Kilometer (g/km) für die gängigsten Fahrzeugtypen zur Verfügung (Pkw, leichte und schwere Nutzfahrzeuge, Linien- und Reisebusse sowie Motorräder), differenziert nach Emissionskonzepten (Euro 0 bis Euro 6), nach Fahrzeuggrößenklassen (Pkw: Hubraumklassen; andere KFZ: Gewichtsklassen), Straßenkategorien (innerorts, außerorts, Autobahn), der dazugehörigen Verkehrssituationen sowie möglichen Abgasminderungstechniken (zum Beispiel selektive katalytische Reduktion; Abgasrückführung; geschlossene und offene Dieselpartikelfilter). HBEFA liefert Emissionsfaktoren für alle reglementierten Luftschadstoffe wie Stickoxide, Kohlenwasserstoffe, Kohlenmonoxid, Partikelmasse sowie eine Reihe von nicht-reglementierten Luftschadstoffen wie Benzol, Xylol, Toluol und Ammoniak. Darüber hinaus sind für Angaben zum Kraftstoffverbrauch zu den Treibhausgasen Kohlendioxid, Methan und Distickstoffoxid enthalten.

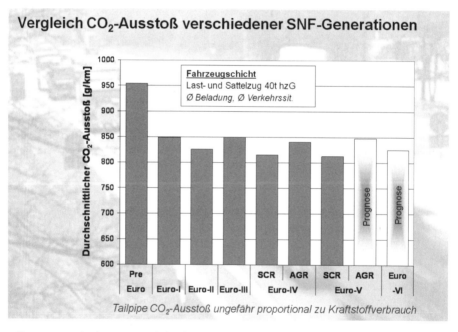

Abb. 5.3-1: Vergleich CO_2-Ausstoß (Tank-to-Wheel) verschiedener Generationen schwerer Nutzfahrzeuge (SNF) nach HBEFA 3.1 (hzG = zulässiges Gesamtgewicht (zGG))
[TU Graz/Rexeis 2010]

5.3.2 Berechnungsgrundsätze

Basis der Berechnungen sind Emissionsmessungen am Rollenprüfstand. Hier werden die Schadstoffe am Auspuff gemessen, die das Fahrzeug während seiner Fahrt auf dem Rollenstand verursacht. Im Rahmen des HBEFA werden hier verschiedene Fahrzyklen simuliert, die die im Handbuch enthaltenen Verkehrssituationen abbilden sollen. Diese Messmethode eignet sich für Pkw und leichte Nutzfahrzeuge.

Schwere Nutzfahrzeuge und Busse werden nicht auf einen Rollenstand gestellt. Für die Berechnung der Emissionen dieser Fahrzeuge werden nur die Motoren im Laborbetrieb untersucht (Motorprüfstand). Später werden die Motortypen den Fahrzeugklassen zugeordnet. Hinzu kommen bei den schweren Lkw und Bussen vereinzelte Überprüfungen der Simulationsdaten durch Messungen von Lkw-Emissionen auf dem Rollenprüfstand sowie im Echtbetrieb. Diese Tests werden aber nur sehr vereinzelt durchgeführt.

Die so ermittelten Emissions- und Verbrauchswerte werden dann mit Korrekturfaktoren zum Beladezustand, Aerodynamik, Fahrverhalten (Geschwindigkeit, Beschleunigungsverhalten), Kaltstart (nur Pkw und leichte Nutzfahrzeuge), Verdampfungsemissionen (beim Parken, nur Benzin-Kfz), Verkehrssituationen (z.B. Autobahn, außerorts, innerorts, Stau, Stop-and-Go), Längsneigungen der Straßen sowie der Betrieb von Klimaanlagen und Partikelfiltern kombiniert.

Neu bei der Version 3.1 des HBEFA gegenüber der Vorgängerversion sind die verwendeten Verkehrssituationen. Diese ergeben sich nun aus einer Kombination aus Straßentyp (z.B. städtische Erschließungsstraße), dem Raumtyp (ländlicher Raum vs. Ballungsraum/Agglomerationen), dem Verkehrsaufkommen (freifließend, zähfließend, stockend, Stau) und der zulässigen Höchstgeschwindigkeit (z.B. Tempo 50). Für die genaue Anwendung der Emissionsfaktoren müssen somit diese Informationen bekannt sein.

Die Emissionsfaktoren in HBEFA sind für einzelne Fahrzeugkonzepte (z.B. Solo-Lkw < 7,5 Tonnen zulässiges Gesamtgewicht (zGG) mit Abgasstandard Euro 4) differenziert nach Verkehrssituationen und Längsneigungsklassen enthalten. Zusätzlich bietet aber HBEFA auch durchschnittliche Emissionsfaktoren für eine Vielzahl von Fahrzeuggrößenklassen an (z.B. Solo-Lkw < 7,5 t zGG), in der die Fahrleistungsanteile der verschiedenen Abgasstandards des Jahres spezifisch für Deutschland berücksichtigt werden. Auch für die Straßenkategorien „Autobahn", „Landstraße/außerorts" und „innerorts" sind Durchschnittswerte enthalten, die die typischen Verkehrssituationen für diese Straßen anteilig berücksichtigen. Diese Daten sind im Handbuch für die Jahre von 1990 bis 2030 in Jahresschritten abrufbar. Im Gegensatz zu TREMOD enthält aber HBEFA keine Daten zu den

Gesamtemissionen des Verkehrs in Deutschland. Auch sind im HBEFA keine Werte für die Durchschnittsauslastungen der Lkw enthalten; dementsprechend werden auch keine spezifischen Emissionsfaktoren pro Tonnenkilometer angeboten. Die Emissionsfaktoren für Nutzfahrzeuge sind im HBEFA in g/km für leere, halbvoll und voll beladene Lkw enthalten. Der Nutzer muss diese Werte dann durch lineare Interpolation auf seine konkrete Auslastung anpassen.

5.3.3 Bedeutung für die Praxis

HBEFA ist die umfangreichste Datenquelle für Emissionsfaktoren im Straßenverkehr in Europa. Die HBEFA-Emissionsfaktoren werden in zahlreichen Emissionsmodellen wie zum Beispiel TREMOD oder TREMOVE (*siehe Kapitel 5.2*) oder auch in Emissionsrechentools (z.B. EcoTransIT, Map&Guide Professional) verwendet. Grundsätzlich dient HBEFA für die Ermittlung der Emissionen für kleinräumige Planungen (z.B. im Umfeld eines Parkhauses oder neuen Einkaufscenters), im Rahmen von Umweltverträglichkeitsprüfungen (UVP) oder bei der Erstellung von Luftreinhalteplänen.

Die Ermittlung der Messwerte erfolgt nach anerkannten Verfahren und Standards. Neben dem reinen Verbrauch wird vor allem auch die Verkehrssituation mitberücksichtigt. Die Werte für schwere Lkw beruhen derzeit aber nur auf Abgasmessungen von Motoren im Laborbetrieb (Motorprüfstand). Eine praxisnähere Rollenstandprüfung oder Testfahrten auf der Straße finden sehr selten statt. Zudem liegen wenige Messungen auf dem Motorenprüfstand für Fahrzeuge mit modernen Abgasstandards wie Euro 4 oder Euro 5 vor. Für Euro-5-Lkw mit Abgasrückführung sowie für Lkw mit Euro-6-Abgasstandard liegen gar keine Messwerte vor; diese Werte sind durchgängig Prognosewerte.

Dies führt dazu, dass die HBEFA-Werte von Teilen der Nutzfahrzeugbranche als zu hoch kritisiert werden. Während laut HBEFA zum Beispiel ein voll beladener 40-Tonnen Sattelzug (Euro 5) auf der Autobahn durchschnittlich 37 Liter Diesel pro 100 km verbraucht, setzt der Verband der Automobilindustrie (VDA) bei einem solchen Fahrzeug einen Kraftstoffverbrauch von 30 Liter Diesel pro 100 km an. Die Fahrzeugtests der VerkehrsRundschau ergeben – je nach Motorleistung – für einen voll ausgelasteten Lkw Verbrauchswerte zwischen 32 und 35 Litern Diesel pro 100 km. Wie in Kapitel 4.2 bereits ausgeführt, bezieht sich der durchschnittliche HBEFA-Wert auf eine hügelige Topographie, wie sie in Deutschland typisch ist. Bei flacher Topographie verbraucht ein 40-Tonner nach HBEFA ebenfalls rund 30 Liter Diesel pro 100 Kilometer.

5 Ausgewählte Berechnungsmethoden und Datenquellen

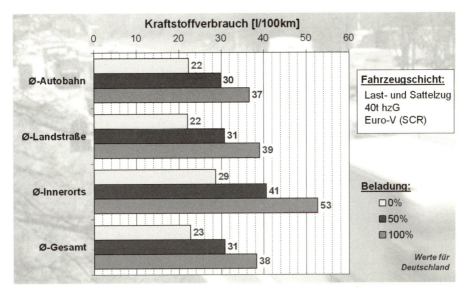

Abb. 5.3-2: Kraftstoffverbrauch eines 40-Tonnen-Sattelzuges (Euro 5 mit SCR) laut HBEFA 3.1 (hzG = zulässiges Gesamtgewicht (zGG)) [TU Graz/Rexeis 2010]

 Internet-Tipp
Handbuch für Emissionsfaktoren (HBEFA)
http://www.hbefa.net

Verband der Automobilindustrie (VDA)
http://www.vda.de

5.4 EU-Richtlinien zur CO_2-Messung bei Kraftfahrzeugen

5.4.1 Einsatzbereich

Hersteller und Händler, die neue Personenkraftwagen der Klasse M1 (Pkw, Kleinbusse, Transporter) ausstellen, zum Kauf oder Leasing anbieten oder für diese werben, haben dabei Angaben über den Kraftstoffverbrauch oder alternativ den Stromverbrauch sowie über die CO_2-Emissionen zu machen. Das schreibt die Pkw-Energieverbrauchs-Kennzeichnungsverordnung (Pkw-EnVKV) vor, die die Richtlinie 1999/94 EG in deutsches Recht umsetzt. Zusätzlich schreibt die Pkw-EnVKV vor, dass Hersteller eine Stelle bestimmen, die in ihrem Auftrag einen einheitlichen, jährlich aktualisierten Leitfaden über den Kraftstoffverbrauch und die

CO_2-Emissionen in gedruckter Form verfasst und an Händler, Verbraucher und sonstige Interessenten verteilt. Die Deutsche Automobil Treuhand GmbH erstellt deshalb im Auftrag des Verbands der Automobilindustrie (VDA) und des Verbands der internationalen Kraftwagenhersteller (VDIK) quartalsweise diesen gesetzlich vorgeschriebenen Leitfaden zu Kraftstoffverbrauch und CO_2-Emissionen aller neuen Personenkraftwagenmodelle, die in Deutschland zum Verkauf angeboten werden. Grundlage der Ermittlung dieser Energiebräuche und CO_2-Emissionen gemäß Pkw-EnVKV sind die EU-Verordnungen 1999/94/EG und 715/2007/EG.

Die Verordnung 715/2007/EG regelt auch die Ermittlung der Energieverbräuche von CO_2-Emissionen von leichten Nutzfahrzeugen der Klassen N1 und N2 sowie M1 und M2[6]. Für schwere Nutzfahrzeug der Klassen N3 und M3 existiert noch keine EU-Richtlinie zur Ermittlung der Kraftstoffverbräuche und CO_2-Emissionen. Die EU-Kommission ist aber bestrebt, auch für diese Fahrzeuge Messstandards zu schaffen. Erste Forschungsarbeiten für ein sogenanntes Typprüfverfahren wurden angestoßen. Entstehen soll ein Rechenmodell, das alle verbrauchsrelevanten Einflussfaktoren eines schweren Nutzfahrzeuges berücksichtigt und zwischen Fahrzeugen vergleichbare Verbrauchs- und CO_2-Werte ermittelt.

Die Verordnung 715/2007/EG und die ergänzende Verordnung 692/2008/EG regeln die Messverfahren für leichte Personenkraftwagen und Nutzfahrzeuge sowohl mit Verbrennungsmotoren als auch mit Hybrid- und reinen Elektroantrieben. Die Vorschriften orientieren sich dabei an Vorgaben der UN-Wirtschaftskommission für Europa (UN/ECE Regel 101).

EU-Fahrzeugtypen gemäß Richtlinie 70/156/EWG
Klasse M: Für die Personenbeförderung ausgelegte und gebaute Kraftfahrzeuge mit mindestens vier Rädern.

Klasse M1: Für die Personenbeförderung ausgelegte und gebaute Kraftfahrzeuge mit höchstens acht Sitzplätzen außer dem Fahrersitz.

Klasse M2: Für die Personenbeförderung ausgelegte und gebaute Kraftfahrzeuge mit mehr als acht Sitzplätzen außer dem Fahrersitz und einer zulässigen Gesamtmasse bis zu fünf Tonnen.

Klasse M3: Für die Personenbeförderung ausgelegte und gebaute Kraftfahrzeuge mit mehr als acht Sitzplätzen außer dem Fahrersitz und einer zulässigen Gesamtmasse von mehr als fünf Tonnen.

---

6) bis zu einer Bezugsmasse (Gewicht fahrbereites Fahrzeug ohne Fahrer plus 100 kg) von 2, 6 bzw. 2,8 t

Ausgewählte Berechnungsmethoden und Datenquellen

Klasse N: Für die Güterbeförderung ausgelegte und gebaute Kraftfahrzeuge mit mindestens vier Rädern.

Klasse N1: Für die Güterbeförderung ausgelegte und gebaute Kraftfahrzeuge mit einer zulässigen Gesamtmasse bis zu 3,5 Tonnen.

Klasse N2: Für die Güterbeförderung ausgelegte und gebaute Kraftfahrzeuge mit einer zulässigen Gesamtmasse von mehr als 3,5 Tonnen bis zu zwölf Tonnen.

Klasse N3: Für die Güterbeförderung ausgelegte und gebaute Kraftfahrzeuge mit einer zulässigen Gesamtmasse von mehr als zwölf Tonnen.

Zugmaschinen: Im Fall eines Zugfahrzeugs, das zur Verbindung mit einem Sattelanhänger oder Zentralachsanhänger bestimmt ist, besteht die für die Klasseneinteilung des Fahrzeugs maßgebliche Masse aus der Summe der fahrfertigen Masse des Zugfahrzeugs, der der Stützlast entsprechenden Masse, die von dem Sattel- oder Zentralachsanhänger auf das Zugfahrzeug übertragen wird, und gegebenenfalls der Höchstmasse der Ladung des Zugfahrzeugs.

5.4.2 Berechnungsgrundsätze

Um einheitliche Randbedingungen zu schaffen, erfolgt die Ermittlung des Kraftstoffverbrauchs in der EU für leichte Pkw seit dem 1. Januar 1996 generell auf einem Rollenprüfstand nach dem sogenannten „Neuen Europäischen Fahrzyklus (NEFZ)". Dieser berücksichtigt auch den zuvor ermittelten Roll- und Luftwiderstand des Fahrzeugs. Auf dem Rollenprüfstand wird rund 20 Minuten lang ein genormter Fahrzyklus (Stadt- und Landverkehr) abgefahren, bei dem fortlaufend alle Emissionen am Auspuff gemessen werden. Über in den Richtlinien 80/1268/EWG und 1999/100/EG festgelegte Formeln wird aus den Emissionsmessungen (Kohlenwasserstoffe, Kohlenmonoxid und Kohlendioxid) der Kraftstoffverbrauch für Pkw ermittelt. Dieses Verfahren wird auch als Kohlenstoffbilanzmethode bezeichnet und in den Verordnungen 715/2007/EG sowie 692/2008/EG auch auf leichte Nutzfahrzeuge bis etwa fünf Tonnen zulässiges Gesamtgewicht ausgeweitet.

Elektro- und Hybridfahrzeuge absolvieren ebenfalls einen entsprechenden Fahrzyklus auf dem Rollenstand. Hierbei wird auch der Stromverbrauch gemessen, der zum Wiederaufladen der Fahrbatterien notwendig ist. Beim Hybridbetrieb wird der kombinierte Betrieb von Elektro- und Verbrennungsmotorantrieb simuliert und gemessen.

Der Kraftstoffverbrauch wird in den Verordnungen in Liter je 100 Kilometer (l/100 km) angegeben. Bei Erdgas- oder Biogasverbrauch ist die Einheit Kubikmeter je

100 Kilometer (m³/100 km) zu wählen. Der Stromverbrauch für rein elektrisch betriebene Fahrzeuge und für extern aufladbare Hybridelektrofahrzeuge muss in Wattstunden je Kilometer (Wh/km) angegeben werden. Dabei wird der Verbrauch jeweils bis zur ersten Dezimalstelle nach kaufmännischen Rundungsregeln auf- oder abgerundet. Die CO_2-Emissionen werden in Gramm je Kilometer (g/km), jeweils auf eine ganze Zahl nach kaufmännischen Rundungsregeln auf- oder abgerundet.

 Effizienzklassen für Pkw
Der Bundesrat hat im Juli 2011 dem Entwurf der Pkw-EnVKV zugestimmt, der damit Ende 2011 in Kraft treten kann. Der Entwurf sieht eine relative Verbrauchskennzeichnung vor. Derzeit bestimmt sich die Energieeffizienz eines einzelnen Fahrzeugs auf der Grundlage der CO_2-Emissionen unter Berücksichtigung der Fahrzeugmasse. Dies soll sicherstellen, dass alle Pkw-Segmente (z.B. Oberklasse-Pkw) die Möglichkeit haben, verbrauchsarme Fahrzeuge auszuzeichnen. Der Bundesrat hat die Bundesregierung aber aufgefordert, in den kommenden drei Jahren eine andere Bezugsgröße wie z.B. die Fahrzeuggrundfläche oder die Zahl der beförderbaren Personen zu wählen.
Der Hersteller hat gemäß des Entwurfes der Pkw-EnVKV die Energieeffizienz des Fahrzeugs durch Angabe einer Effizienzklasse auszuweisen. Er hat dazu die Abweichung der offiziellen spezifischen CO_2-Emissionen des Fahrzeugs von einem fahrzeugspezifischen Referenzwert zu ermitteln.

5.4.3 Bedeutung für die Praxis

Im Gegensatz zu anderen CO_2-Ermittlungsverfahren werden bei der Ermittlung der fahrzeugbezogenen CO_2-Emissionen gemäß den gültigen EU-Richtlinien die tatsächlichen Abgase am Auspuff des Fahrzeugs gemessen. Dies ist grundsätzlich die genaueste Berechnung der CO_2-Emissionen, da keine Rückrechnung über Durchschnittswerte und Verbräuche erfolgt.

Dennoch werden die Werte von Institutionen wie dem ADAC als zu niedrig kritisiert, da der „Neue Europäische Fahrzyklus" (NEFZ), der auf dem Rollenstand abgefahren wird, zwar einem standardisierten, aber nicht dem in der Praxis üblichen Fahrverhalten entspricht. So können die realen CO_2-Werte der Pkw laut ADAC oft um zehn Prozent und in Einzelfällen gar um bis zu 25 Prozent über den Werten (gemessen gemäß der entsprechenden EU-Richtlinie) liegen. Für Emissionsberechnungen sind diese Werte daher unbrauchbar; für Verkehrsemissionsdatenbanken wie dem Handbuch für Emissionsfaktoren des Straßenverkehrs werden daher realitätsnähere Fahrzyklen entwickelt, auf deren Basis dann der Kraftstoffverbrauch und die Emissionen der Fahrzeuge ermittelt werden. Die Kraftstoffverbrauchsdaten und CO_2-Emissionswerte des Handbuches sind damit nicht mit den Normwerten auf Basis des NEFZ vergleichbar.

Ausgewählte Berechnungsmethoden und Datenquellen **5**

Für CO_2-Berechnungen beim Warentransport sind daher diese von den Herstellern gemäß EU-Vorschriften angegebenen Werte nicht zu verwenden. Zudem liegen für schwere Nutzfahrzeuge keine entsprechenden CO_2-Werte vor. Die ermittelten CO_2-Werte bilden aber einen einheitlichen Standard zum Vergleich der Fahrzeuge. Dies kann ein wichtiges Kriterium für die Kaufentscheidung sein. Auch hierfür wurde das CO_2-Ermittlungsverfahren geschaffen.

Im Vergleich zu anderen CO_2-Datenquellen für Emissionsfaktoren geben die gemäß EU-Richtlinien ermittelten CO_2-Fahrzeugwerte ausschließlich die Emissionen an, die beim Betrieb des Fahrzeuges entstehen (Tank-to-Wheel). Die Emissionen der Kraftstoffherstellung (als Vorkette oder Well-to-Tank bezeichnet), finden hingegen keine Berücksichtigung. Dies führt jedoch zu Problemen, wenn ein Vergleich zwischen batterieelektrischen Fahrzeugen und ausschließlich kraftstoffbasierten Fahrzeugen erfolgen soll. Da beim Strom ja ausschließlich Emissionen in der Vorkette anfallen, müsste der Bereich Well-to-Tank auch bei mit fossilen Kraftstoffen angetriebenen Fahrzeugen berücksichtigt werden, um einen objektiven Vergleich für den Käufer möglich zu machen. Die Berücksichtigung der Vorkette ist ebenfalls notwendig, wenn Biokraftstoffe eingesetzt werden.

Die neuen Effizienzklassen für Pkw, deren Einführung derzeit geplant ist, könnten eines Tages ebenfalls leichte und vielleicht auch schwere Nutzfahrzeuge ausgeweitet werden. Die Vorschriften dazu werden sich mit hoher Wahrscheinlichkeit an den Regeln für die Pkw-Kennzeichnung orientieren.

 Internet-Tipp
Zugang zu EU-Richtlinien und EU-Verordnungen
http://eur-lex.europa.eu/de/index.htm

United Nations Economic Commission for Europe (UNECE)
http://www.unece.org

ECE-Regelungen beim Bundesministerium für Verkehr, Bau und Stadtentwicklung (BMVBS)
http://www.bmvbs.de/SharedDocs/DE/Artikel/StB-LA/ece-regelungen.html

Deutsche Automobil Treuhand GmbH
http://www.dat.de

Nutzfahrzeugtests mit Verbrauchsdaten
http://www.verkehrsrundschau.de

Allgemeiner Deutscher Automobil-Club e.V.(ADAC)
http://www.adac.de

5.5 EU-Richtlinien zum Emissionshandel

5.5.1 Einsatzbereich

Die EU-Richtline 2003/87/EG und das Treibhausgas-Emissionshandelsgesetz (TEHG) regeln in Deutschland den Handel mit Berechtigungen zur Emission von Treibhausgasen in einem gemeinschaftsweiten Emissionshandelssystem (Emissionshandel). Betreiber von CO_2-relevanten Industrieanlagen (darunter fallen zum Beispiel alle energieintensiven Branchen wie Kraftwerksbetreiber oder die Zement- bzw. chemische Industrie) sind seit dem Jahr 2005 verpflichtet, ihre Kohlendioxidemissionen zu ermitteln und an die Deutsche Emissionshandelsstelle (DEHSt) zu melden. Seit dem Jahr 2010 müssen auch Luftfahrzeugbetreiber und damit alle Airlines Emissionsdaten der DEHSt mitteilen.

Die Messmethoden für die Ermittlung der CO_2-Emissionen werden in den EU Monitoring Leitlinien 2008–2012 (2007/589/EG) und den EU-Monitoring-Leitlinien für den Luftverkehr (2009/339/EG) geregelt. In diesen beiden EU-Leitlinien finden sich Vorgaben zur Ermittlung der CO_2-Emissionen in stationären Anlagen sowie bei Luftfahrzeugen. Für die Flugzeuge wurde auch die Ermittlung des Kraftstoffverbrauchs und der Transportleistung festgeschrieben. Bei den stationären Anlagen sind vor allem CO_2-relevante Anlagen betroffen, die Energie verbrauchen (z.B. Kraftwerke). Zusätzlich fallen darunter aber auch Anlagen, die prozessbedingt zu hohen CO_2-Emissionen führen (z.B. Herstellung von Zement).

5.5.2 Berechnungsmethode

Stationäre Anlagen
Bei stationären Anlagen können die CO_2-Emissionen gemäß Anhang IV der Richtlinie 2003/87/EG durch zwei Methoden ermittelt werden. Möglich ist die kontinuierliche Messung der CO_2-Konzentration im Abgasstrom. Dies ist aber nur dann erlaubt, wenn dadurch ein genaueres Ergebnis als die Berechnung der Jahresemissionen erzielt wird. Ebenfalls zugelassen ist die Berechnung der CO_2-Emissionen durch die Ermittlung von Stoffströmen (z.B. Energieeinsatz oder Materialverbrauch) und eine anschließende Umrechnung in CO_2-Emissionen. Erlaubt ist die Berechnung der CO_2-Emissionen nach folgender Grundformel:

 Formel 5.5-1

CO_2-Emissionen = Tätigkeitsdaten × Emissionsfaktor × Oxidationsfaktor

Bei der Berechnung von CO_2-Emissionen aus der Verbrennung beruhen die Tätigkeitsdaten auf dem Brennstoffverbrauch, der im Berichtszeitraum verbraucht wurde. Soweit in der Leitlinie nicht anders geregelt, sind die eingesetzte Brennstoffmenge in der Energieeinheit Terajoule (TJ) anzugeben. Liegen die Brennstoff-

Ausgewählte Berechnungsmethoden und Datenquellen **5**

verbräuche in physischen Einheiten wie Tonnen oder in Norm-Kubikmeter (Nm³) vor, können diese durch Verwendung des unteren Heizwertes umgerechnet werden. Der Energiegehalt des verbrauchten Brennstoffes wird dann nach folgender Formel berechnet:

Formel 5.5-2

Energiegehalt des verbrauchten Brennstoffes [TJ] =
verbrauchter Brennstoff [t oder Nm³] × unterer Heizwert des Brennstoffs [TJ/t oder TJ/Nm³]

Bei der Verbrennung kann – je nach Verbrennungsprozess – zum Teil nicht der gesamte im Brennstoff enthaltene Kohlenstoff zu CO_2 oxidiert werden. Eine unvollständige Oxidation entsteht durch einen ineffizienten Verbrennungsprozess, das heißt ein Teil des Kohlenstoffs wird nicht verbrannt. Dem nicht oder unvollständig oxidierten Kohlenstoff wird über den Oxidationsfaktor Rechnung getragen, der als Bruchteil von eins ausgedrückt wird. In den deutschen Vorschriften wird in der Regel aber mit einem Oxidationswert von eins (vollständige Umwandlung) gerechnet. Daraus ergibt sich folgende Berechnungsformel:

Formel 5.5-3

CO_2-Emissionen =
verbrauchter Brennstoff × unterer Heizwert des Brennstoffs × Emissionsfaktor

Der untere Heizwert verschiedener Brennstoffe und deren Emissionsfaktoren, die in der Einheit in t CO_2/TJ angegeben sind, sind in der EU Monitoring Leitlinie 2008–2012 festgelegt. Diese Werte sind bis auf diejenigen für Biomasse den IPCC Guidelines for National Greenhouse Gas Inventories des Jahres 2006 entnommen. Damit entsprechen die Werte den Emissionsfaktoren, die auch in den Nationalen Klimainventaren verwendet werden (*siehe Kapitel 1.3.1*). Zu beachten ist hierbei, dass die CO_2-Emissionsfaktoren nur die direkten Emissionen ohne Emissionen zur Gewinnung, Herstellung und Verteilung der Energieträger enthalten (so genannte indirekte oder Vorketten-Emissionen).

Zu den Brennstoffen aus Biomasse gehören unter anderem neben Pflanzen (wie Stroh, Heu und Gras), Holzabfälle, Pflanzen- und Tieröle, Dung, Gülle und Klärschlamm sowie auch die Kraftstoffe Biodiesel und Bioethanol. Biomasse gilt laut EU-Richtline 2003/87/EG als CO_2-neutral. Dies ist legitim, da nur die direkten CO_2-Emissionen betrachtet werden. Daher findet auf Biomasse ein Emissionsfaktor von 0 t CO_2/TJ Anwendung. Bei Brennstoffen, die sowohl fossilen als auch Biomasse-Kohlenstoff enthalten, findet ein gewichteter Emissionsfaktor Anwendung, der auf dem Anteil des fossilen Kohlenstoffs am Gesamtkohlenstoffgehalt des Brennstoffes beruht. Dazu gehören unter anderem auch Industrie- und Siedlungsabfälle. Die Monitoring-Leitlinie 2008–2012 enthält eine komplette Liste aller Biomassen.

Neben den Rechenformeln zur Berechnung der CO_2-Emissionen aus Verbrennungsprozessen gibt es analog auch Formeln zur Berechnung prozessbedingter CO_2-Emissionen. Da diese für die Logistik keine Rolle spielen, werden sie in diesem Buch nicht näher erläutert.

Brennstoff	Emissionsfaktor (t CO_2/TJ)	Unterer Heizwert (TJ/Gg)
Rohöl	73,3	42,3
Flüssigerdgas	64,1	44,2
Benzin	69,2	44,3
Kerosin	71,8	43,8
Gas/Dieselkraftstoff	74,0	43,0
Flüssiggas	63,0	47,3
Ethan	61,6	46,4
Kokskohle	94,5	28,2
Braunkohle	101,1	11,9

Tab. 5.5-1: Emissionsfaktoren und untere Heizwerte für ausgewählte Brennstoffe [Monitoring-Leitlinie 2008-2012]

Luftverkehr

Die Monitoring Leitlinien für den Luftverkehr regeln die Ermittlung der CO_2-Emissionen bei Luftfahrzeugen. Auch hier werden ausschließlich die direkten Emissionen betrachtet; vorgelagerte CO_2-Emissionen durch die Gewinnung, Herstellung und Distribution der Treibstoffe bleiben unberücksichtigt. Fluggesellschaften mit 243 oder mehr Flügen in jedem von drei aufeinander folgenden Viermonatszeiträumen beziehungsweise einer jährlichen Gesamtemission von 10.000 t, müssen nach der Monitoring Leitlinie ihre CO_2-Emissionen dann nach folgender Formel berechnen:

 Formel 5.5-4

CO_2-Emissionen = Treibstoffverbrauch × Emissionsfaktor

Der tatsächliche Treibstoffverbrauch soll dabei in Tonnen erhoben werden und kann nach folgenden beiden Methoden ermittelt werden:

Ausgewählte Berechnungsmethoden und Datenquellen

Formel 5.5-5

Tatsächlicher Treibstoffverbrauch für jeden Flug [t] =
Treibstoffmenge in den Luftfahrzeugtanks nach abgeschlossener Betankung für den betreffenden Flug [t]
− Treibstoffmenge in den Luftfahrzeugtanks nach abgeschlossener Betankung für den Folgeflug [t]
+ Treibstoffbetankung für diesen Folgeflug [t]

Formel 5.5-6

Tatsächlicher Treibstoffverbrauch für jeden Flug [t] =
beim Block-on am Ende des vorangegangenen Flugs in den Luftfahrzeugtanks verbliebene Treibstoffmenge [t]
+ Treibstoffbetankung für den Flug [t]
− beim Block-on am Ende des Flugs in den Luftfahrzeugtanks verbliebene Treibstoffmenge [t]

Der Unterschied beider Methoden liegt lediglich darin, ob der Treibstoffverbrauch für Hilfstriebwerke (Auxiliary Power Unit – APU) am Start- oder am Zielflughafen dem betrachteten Flug zugeordnet wird. Hat man sich für eine Methode entschieden, darf die Methode aber nicht mehr gewechselt werden.

Wird der Treibstoffverbrauch durch Volumeneinheiten erfasst (z.B. Liter), ist eine Umrechnung der Volumenerfassung in die Masseneinheit Tonne notwendig. Es muss hierbei möglichst die „reale" Dichte unter Berücksichtigung der Temperatur verwendet werden, weshalb möglichst Bordmessungen oder Angaben des Treibstofflieferanten verwendet werden sollen. Nur wenn keine „realen" Dichten vorliegen, darf begründet die Standarddichte von 0,8 kg/l Treibstoff verwendet werden.

Die Emissionsfaktoren für drei gängige Flugkraftstoffe werden in den Monitoring-Leitlinien schon umgerechnet in Tonne CO_2 pro Tonne Treibstoff angegeben. Diese Werte beruhen ebenfalls auf den Werten der IPCC Guidelines for National Greenhouse Gas Inventories aus dem Jahr 2006.

Emissionsfaktoren für Flugtreibstoffe

Treibstoff	Emissionsfaktor (t CO_2/t Treibstoff)
Flugbenzin (AvGas)	3,10
Jetbenzin (Jet B)	3,10
Jetkerosin (Jet A1 oder Jet A)	3,15

Tab. 5.5-2: CO_2-Umrechnungsfaktoren für Flugkraftstoffe [Monitoring Leitlinien für den Luftverkehr 2009]

Die Monitoring Leitlinien für den Luftverkehr enthalten auch Regeln zur Ermittlung der Flugentfernung und der Nutzlast. Aus der Multiplikation dieser beiden Faktoren werden die sogenannten Tonnenkilometerdaten (Transportleistung) errechnet. Die Flugstrecke je Flug wird nach folgender Formel berechnet:

 Formel 5.5-7

$$\text{Flugstrecke [km]} = \text{Großkreisentfernung [km]} + 95 \text{ km}$$

Die Großkreisentfernung wird definiert als kürzeste Flugstrecke zwischen zwei beliebigen Punkten auf der Erdoberfläche. Die Flughafenbezugspunkte sind den AIP oder vergleichbaren Veröffentlichungen entsprechend Anhang 15 des Chicagoer Abkommens zu entnehmen. Für die Berechnung von Großkreisentfernungen ist das geodätisches Referenzsystem World Geodetic System 1984 (WGS 84) als Referenzmodell zu verwenden.

Die Nutzlast wird nach folgender Formel berechnet:

Formel 5.5-8

Nutzlast (t) = Fracht- und Postmasse (t) + Fluggastmasse plus aufgegebenes Gepäck (t)

Zur Berechnung der Nutzlast kann entweder eine Standardmasse oder die tatsächliche Masse in den Unterlagen über Masse und Schwerpunktlage für die betreffenden Flüge verwendet werden. Die tatsächliche Fracht- und Postmasse schließt das Taragewicht sämtlicher Paletten und Container, die nicht zur Nutzlast gehören, sowie die Service-Massen wie Catering oder Wasser aus. Für den Fall, dass keine Gewichtsmessungen vorliegen, werden für Fluggast plus aufgegebenes Gepäck ein Standardwert von je 100 kg zugrunde gelegt.

5.5.3 Bedeutung für die Praxis

In den Regeln zum Emissionshandel finden sich erstmals eine Reihe von Vorschriften zur CO_2-Berechnung in Gesetzesform. Dies gilt zum einen für stationäre Anlagen, aber erstmals auch für ein Verkehrsmittel – das Flugzeug. Formeln, Basisdaten und sogar Angaben zur Nutzlastbestimmung von Luftfahrzeugen werden damit europaweit geregelt. Aus diesem Grund wurden in dem CEN-Normentwurf prEn 16258:2011 (*siehe Kapitel 5.1*) auch einige Festlegungen aus den Emissionshandelsregeln übernommen. Dazu zählt zum einen die Allokationsregel, die die Verteilung der Emissionen zwischen Passagieren und Fracht regelt, wenn diese gemeinsam in einem Flugzeug transportiert werden. Gemäß Emissionshandelsvorschriften sind hier 100 kg je Passagier und Gepäck angesetzt. Auch der EcoTransIT-Rechner folgt dieser Festlegung (*siehe Kapitel 6.1*). Im TREMOD-Modell (*siehe Kapitel 5.2*) hingegen wird pro Passagier mit einem Gewicht von 165,75 kg gerechnet. TREMOD berücksichtigt auch das Gewicht der Sitze, Toiletten und weitere personenbezogene Einrichtungsgegenstände. Das Vorgehen in TREMOD rechnet somit den Passgieren ein höheres „frachtpflichtiges" Gewicht zu, da Passagiere mehr Volumen pro Gewicht verbrauchen als die Fracht. Die Allokation gemäß Emissionshandel führt gegenüber der TREMOD-Methode zu einer deutlichen Mehrbelastung der Fracht mit CO_2-Emissionen gegenüber den Passagieren, was aufgrund des größeren Raumbedarfes der Passagiere nicht ganz verursachergerecht ist. Da allerdings mit den EU-Monitoring-Leitlinien für den Luftverkehr gesetzliche Vorgaben geschaffen wurden, sollte – wenn auch nicht ganz verursachergerecht – die Verteilung der Emissionen zwischen Passagieren und Fracht danach erfolgen. Dem hat der CEN-Normentwurf bereits Rechnung getragen.

Ebenso vom CEN-Normentwurf übernommen wurde eine einfache Ermittlungsmethode zur Flugstrecke, die ebenfalls der Emissionshandel vorschreibt. Der EcoTransIT-Rechner verwendet an dieser Stelle noch eine komplexere, aber auch genauere Formel, die die Flugentfernung berücksichtigt. Die EcoTransIT-Formeln werden aber in Zukunft wohl ebenfalls den gesetzlichen Vorgaben des Emissionshandels und des CEN-Normentwurfs angepasst.

Nicht geregelt sind in den Emissionshandelsvorschriften hingegen Berechnungsmethoden für weitere Treibhausgase, denn der Emissionshandel konzentriert sich bisher ausschließlich auf das Klimagas CO_2.

Sollte eines Tages der Emissionshandel auf weitere Verkehrsträger wie das Seeschiff ausgeweitet werden, hätte dies sicherlich auch Einfluss auf die bestehenden Berechnungsmethoden. Die betroffenen Unternehmen würden sich dann für eine Berechnungsmethode entscheiden, die den Anforderungen des gesetzlich vorgeschriebenen Emissionshandels folgt. Somit sind die Emissionshandelsregeln für die Berechnungsmethoden in der Logistik von Bedeutung.

Internet-Tipp
Deutsche Emissionshandelsstelle
http://www.dehst.de

IPCC Guidelines for National Greenhouse Gas Inventories 2006
http://www.ipcc-nggip.iges.or.jp/public/2006gl/index.html

5.6 Energieausweis für Immobilien

5.6.1 Einsatzbereich

Wie der Energieverbrauch pro Quadratmeter eines Gebäudes zu berechnen ist, regelt in Deutschland die Energieeinsparverordnung (EnEV). Sie bildet die Grundlage für den seit Juli 2008 vorgeschriebenen Energieausweis, der bei Verkauf und Neuvermietung von Gebäuden oder Wohnungen vorzulegen ist. Die EnEV schreibt dabei vor, wie der Primärenergiebedarf eines Gebäudes bzw. eines Referenzgebäudes berechnet werden muss; beide Werte werden dann im Energieausweis ausgewiesen. Bei Neubauten muss der Energiebedarf unter dem des Referenzgebäudes liegen.

Für bestehende Gebäude können Energieausweise grundsätzlich entweder auf der Grundlage des berechneten Energiebedarfs oder des gemessenen Energieverbrauchs ausgestellt werden. Wie der Energieverbrauch ermittelt werden muss, regelt für gewerbliche Bauten die „Bekanntmachung der Regeln für Energieverbrauchskennwerte und der Vergleichswerte im Nichtwohngebäudebestand", die vom Bundesministerium für Verkehr, Bau und Stadtentwicklung zuletzt am 30. Juli 2009 veröffentlicht wurde. Diese Bekanntmachung enthält auch Energieverbrauchs-Vergleichswerte für verschiedene Gebäudearten wie Bürogebäude, Speditionslager oder Produktionshallen. Diese Vergleichswerte und auch die gemessenen Energieverbrauchswerte des jeweiligen Gebäudes finden sich im Energieausweis des Gebäudes. Der gemessene Verbrauchswert ist dabei nicht zu verwechseln mit dem berechneten Energiebedarf des Gebäudes, der ebenfalls im Ausweis angegeben werden kann.

Im Energieausweis können freiwillig auch die CO_2-Emissionen des Gebäudes notiert werden. Leider benennt die EnEV hierfür aber keine einheitlichen Umrechnungsfaktoren. Die Deutsche Energie-Agentur GmbH (Dena) empfiehlt, die CO_2-Ermittlung anhand des Endenergieverbrauchs für Heizung, Warmwasser, Beleuchtung, Lüftung und Kühlung durchzuführen. Für die Umrechnung des Energieverbrauchs in CO_2-Emissionen rät die Dena, Energieträgerdaten des Umweltbundesamtes oder der Datenbank Globales Emissions-Modell Integrierter Systeme (GEMIS; kostenlos verfügbar) des Öko-Instituts zu nutzen.

Die gemessenen Energieverbrauchswerte für Bestandsgebäude, die auf Basis der

Ausgewählte Berechnungsmethoden und Datenquellen

EnEV für den Energiepass ermittelt werden, stellen eine brauchbare Grundlage für die Ermittlung der Kohlendioxidemissionen von Gebäuden dar. Demgegenüber sind die berechneten Energiebedarfswerte im Energieausweis insbesondere für Neubauten aber nur bedingt für die CO_2-Berechnung geeignet, da diese verschiedene Korrekturfaktoren enthalten.

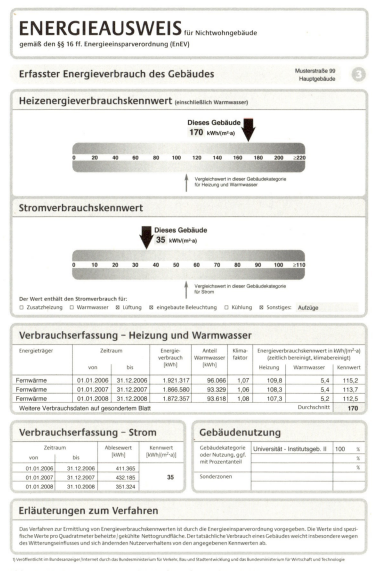

Abb. 5.6-1: Energieausweis für Nichtwohn-Gebäude (Auszug)

5.6.2 Berechnungsmethode

Bei Nichtwohngebäuden wird gemäß EnEV der gemessene Energieverbrauch für Heizung, Warmwasserbereitung, Kühlung, Lüftung und eingebaute Beleuchtung ermittelt und in Kilowattstunden pro Jahr und Quadratmeter Nettogrundfläche im Energieausweis angegeben (kWh / (m² × a)). Der Verbrauch wird in einen Heizenergieverbrauchskennwert und einen Stromverbrauchskennwert unterteilt.

Der Heizenergieverbrauchskennwert umfasst den witterungsbereinigten Energieverbrauchsanteil fürs Heizen (auch wenn als Energieträger dafür Strom eingesetzt wird) sowie den Energieverbrauchsanteil für Warmwasserbereitung bei verbundenen Anlagen.

Der Stromverbrauchskennwert umfasst mindestens die Stromverbrauchsanteile für Kühlung, Lüftung, eingebaute Beleuchtung und elektrische Hilfsenergie für Heizung und zentrale Warmwasserbereitung. Ferner umfasst er im Falle dezentraler Warmwasserbereitung sowie im Falle von elektrischen Ergänzungsheizungen (z.B. in raumlufttechnischen Anlagen) den darauf jeweils entfallenden Stromverbrauchsanteil. Auf die Witterungsbereinigung des Stromverbrauchs von elektrischen Ergänzungsheizungen wird in der EnEV verzichtet.

Die Witterungsbereinigung wird nur für den Energieverbrauchsanteil fürs Heizen angewendet. Diese vom Deutschen Wetterdienst regelmäßig veröffentlichten Faktoren sorgen dafür, dass Energieverbrauchswerte von Häusern in unterschiedlichen Klimazonen vergleichbar sind. Die Faktoren werden für alle Postleitzahlengebiete in Deutschland ermittelt. Referenzstandort für diesen Korrekturfaktor ist Würzburg.

Umrechnung Energieverbrauch aus Energiepass (Beispiel)
Im Energieausweis aus dem Jahr 2009 eines Lagerhauses in Bremerhaven wird der witterungsbereinigte Energieverbrauch für die Heizung mit 30 kWh/(m² × a) angegeben. Der Klimafaktor für den Postleitzahlenbereich 27570 beträgt im Jahr 2009 laut Deutschen Wetterdienst f = 1,14. Der unbereinigte (wahre) Energieverbrauch für die Heizung des Lagerhauses beträgt dann:

Energieverbrauch für Heizung =

$$\frac{\text{Witterungsbereinigter Energieverbrauch Heizung}}{\text{Klimafaktor}} = \frac{30}{1,14} = 26,32 \; \frac{kW}{m^2 \times a}$$

Zur Ermittlung des Energieverbrauchs eines Nichtwohngebäudes sind gemäß § 19 (3) EnEV die Verbrauchsdaten aus Abrechnungen von Heizkosten nach der Heizkostenverordnung für das gesamte Gebäude oder andere geeignete Verbrauchsdaten, insbesondere Abrechnungen von Energielieferanten oder sachge-

Ausgewählte Berechnungsmethoden und Datenquellen

recht durchgeführte Verbrauchsmessungen, zugelassen. Auch eine Kombination beider Erhebungsmöglichkeiten ist denkbar. Für den Energiepass wird immer ein Mittelwert aus mindestens drei vorhergehenden Abrechnungsjahren gebildet. Soweit der Energieverbrauch eines Abrechnungsjahres für Heizung und zentrale Warmwasserbereitung nicht in Kilowattstunden, sondern als verbrauchte Brennstoffmenge vorliegt, kann eine Umrechnung unter Verwendung der unteren Heizwerte der Brennstoffe aus der jeweils geltenden Heizkostenverordnung vorgenommen werden. Soweit dabei Heizwerte aus den Abrechnungsunterlagen des Energieversorgungsunternehmens oder Brennstofflieferanten vorliegen, sind diese zu verwenden.

Die EnEV definiert auch die sogenannte Energiebezugsfläche, also die Zahl der Quadratmeter, auf die der jährliche Energieverbrauch zu beziehen ist. Laut EnEV gilt: Die Energiebezugsfläche ist die Summe aller beheizten und gekühlten Nettogrundflächen eines Gebäudes. Liegen für ein Gebäude andere Flächenangaben als die Nettogrundfläche (NGF) vor, wie beispielsweise die Hauptnutzfläche (HNF), die Nutzfläche (NF) oder die Bruttogrundfläche (BGF), kann die Berechnung der NGF näherungsweise mit Hilfe der Umrechnungsfaktoren in der Anlage 1 der „Bekanntmachung der Regeln für Energieverbrauchskennwerte und der Vergleichswerte im Nichtwohngebäudebestand" erfolgen. Die NGF ergibt sich als Produkt aus der vorhandenen Flächenangabe und dem Umrechnungsfaktor. Ebenfalls in der Bekanntmachung geregelt ist, wie mit Leerstand von Nettogrundflächen zu verfahren ist. Auch hier kann ein Korrekturfaktor angesetzt werden.

In der EnEV existiert auch eine Vorschrift, wie Strom aus erneuerbaren Energien anzurechnen ist:

„Wird in zu errichtenden Gebäuden Strom aus erneuerbaren Energien eingesetzt, darf der Strom in den Berechnungen (…) von dem Endenergiebedarf abgezogen werden, wenn er

1. im unmittelbaren räumlichen Zusammenhang zu dem Gebäude erzeugt und

2. vorrangig in dem Gebäude selbst genutzt und nur die überschüssige Energiemenge in ein öffentliches Netz eingespeist wird."

[ENEV § 5 „ANRECHNUNG VON STROM AUS ERNEUERBAREN ENERGIEN"]

Aus diesem Grundsatz lässt sich für die Berechnung von CO_2-Emissionen ableiten, dass eine Photovoltaikanlage auf dem Lagerdach oder das Windrad vor dem Betriebsgebäude nur dann in die Klimabilanz eines Unternehmens einbezogen werden darf, wenn der erzeugte Strom vorwiegend für das Unternehmen vor Ort genutzt wird. Wird der Strom aber an Dritte verkauft, darf die Photovoltaikanlage nicht für die Klimabilanz des Unternehmens angerechnet werden.

In der „Bekanntmachung der Regeln für Energieverbrauchskennwerte und der Vergleichswerte im Nichtwohngebäudebestand" finden sich auch witterungsbereinigte Vergleichswerte bezüglich des Heiz- und Stromverbrauchs unterschiedlicher Gebäudetypen. Diese Vergleichswerte werden dem gemessenen, aber wetterungsbereinigten Heizenergie- und dem gemessenen Stromverbrauch im Energieausweis gegenüber gestellt.

Gebäudeart	Nettogrundfläche in m^2	Energieverbrauch in kWh/ a m^2	
		Heizung und Warmwasser	Strom
Produktion, Werkstätten, Lager	≤ 3.500	110	20
Produktion, Werkstätten, Lager	> 3.500	110	65
Speditionslager	beliebig	30	35
Frachthalle am Flughafen	beliebig	120	70
Rechenzentren	beliebig	90	155
Bürogebäude, nur beheizt	beliebig	105	35
Bürogebäude, temperiert und belüftet	beliebig	110	85
Bürogebäude mit Vollklimaanlage, unabhängig von Außentemperatur	beliebig	135	105

Tab. 5.6-1: Vergleichswerte der EnEV 2009 für den Heizenergie- und Stromverbrauch (a = Jahr) [BMVBS 2009, Bekanntmachung der Regeln für Energieverbrauchskennwerte und der Vergleichswerte im Nichtwohngebäudebestand]

5.6.3 Bedeutung für die Praxis

Die Energieeinsparverordnung und der dazugehörige Energiepass enthalten keine direkten Vorschriften zur Ermittlung von THG- oder CO_2-Emissionen. Aber sie regeln gesetzlich die Ermittlung von Energieverbräuchen in Gebäuden. Hinzu kommen klare Vorgaben zur Anrechnung von selbst produziertem regenerativen Strom sowie Regeln zur Ermittlung der Wohn- und Nutzflächen. Außerdem benennt die Verordnung Richtwerte zum Energieverbrauch unterschiedlicher Geschäftsgebäude. Darüber hinaus wird mit der Zeit jedes Gebäude – auch Bestands-

Ausgewählte Berechnungsmethoden und Datenquellen **5**

gebäude einen nach diesen Berechnungsmethoden ermittelten Energiepass besitzen. Damit bildet diese Verordnung zusammen mit den Vorschriften zum Emissionshandel (*siehe Kapitel 5.5*) die wichtigste gesetzliche Grundlage zur Ermittlung von Energieverbräuchen und damit auch von THG-Emissionen von Gebäuden.

Es ist allerdings zu beachten, dass auch für Bestandsgebäude nicht nur gemessene Energieverbräuche, sondern auch berechnete Energiebedarfswerte im Energiepass ausgewiesen sein können. Der Vergleich von Bedarfsausweisen mit Verbrauchsausweisen ergibt für den Verbrauchsausweis fast immer günstigere Ergebnisse. Gründe hierfür sind, dass bei der Berechnung des Energiebedarfs eines Gebäudes die Wärmeverluste durch Gebäudeundichtigkeiten von der EnEV sehr hoch veranschlagt werden sowie eine Normbeheizung des gesamten Gebäudes unterstellt wird, die in der Praxis nicht vorkommt. Zudem ist zu beachten, welche Energieverbräuche einbezogen sind. Da beim Verbrauchsausweis der Energieverbrauch für Warmwasser nicht zwangsläufig berücksichtigt werden muss, kann es so zu einer Untererfassung des realen Energieverbrauches kommen. Grundsätzlich muss das „Kleingedruckte" des Energieausweises beachtet werden, um zu sehen, welche Bereiche eingeschlossen sind.

 Internet-Tipp
Informationen der Deutschen Energie-Agentur (Dena)
http://www.zukunft-haus.info

Umrechnungsfaktoren für EnEV vom Deutschen Wetterdienst
http://www.dwd.de/klimafaktoren

Globales Emissions-Modell Integrierter Systeme (GEMIS) vom Öko-Institut
http://www.oeko.de/service/gemis/de/index.htm

5.7 VCI-Leitfaden CO_2-Emissionen in der Logistik

5.7.1 Einsatzbereich

Der „VCI-Leitfaden zur Ermittlung der CO_2-Emissionen in der Logistik der chemischen Industrie" wurde im Sommer 2010 vom Verband der Chemischen Industrie (VCI) veröffentlicht. Der Leitfaden soll den Unternehmen der chemischen Industrie helfen, erste Berechnungen zur Ermittlung der CO_2-Emissionen ihrer Transporte durchzuführen.

5.7.2 Berechnungsgrundsätze

Da in der chemischen Industrie in der Regel für den Empfang und Versand von Gütern keine eigene Fahrzeuge eingesetzt werden, können die CO_2-Emissionen nicht direkt über den Kraftstoff- oder Energieverbrauch berechnet werden (*siehe hierzu auch Kapitel 1.4*). Aus diesem Grund wird im VCI-Leitfaden ausschließlich der entfernungsbasierte Rechenweg verwendet. Der VCI hat daher für jeden Verkehrsträger Emissionsfaktoren veröffentlicht (siehe Tabelle 5.7-1), mit denen sich durch Multiplikation der zurückgelegten Transportkilometer sowie des Transportgewichts die CO_2-Emissionen berechnen lassen (siehe Formel).

Formel 5.7-1

$$CO_2\text{-Emission} = EF \times m \times D$$

EF = Emissionsfaktor in g CO_2 / tkm (gemäß Tabelle 5.7-1)
m = Transportmenge in Tonnen (t) – z.B. pro Tour oder Jahr
D = Transportdistanz in Kilometer (km) – z.B. pro Tour oder Jahr

Kern des VCI-Leitfadens ist die Präsentation von für die chemische Indus-trie spezifischen Emissionsfaktoren pro Tonnenkilometer. Hierzu haben sich mehrere VCI-Mitgliedsunternehmen mit den relevanten Einflussfaktoren (Art der transportierten Güter, Motorisierung des Fahrzeugs, verwendeter Treibstoff, Auslastung des Fahrzeugs, anfallende Leerfahrten, gewählten Wegstrecke) beschäftigt und Durchschnittswerte für die Chemiebranche in Deutschland gebildet. Wichtig in diesem Zusammenhang ist, dass es sich um durchschnittliche Emissionsfaktoren handelt, die für die im Leitfaden ausgewiesenen Auslastungen gültig sind. Da es sich in der Regel um den Transport von Massengütern handelt, sind die zugrunde gelegten massenbezogenen Auslastungen der Fahrzeuge sehr hoch.

So wird beispielsweise für die Ladungsfahrten mit einem Sattel- beziehungsweise Lkw-Zug mit 40 t zGG eine massenbezogene Auslastung von 72 bis 100 Prozent verwendet. Die im VCI-Leitfaden ausgewiesenen Emissionsfaktoren dürfen daher auf keinen Fall für andere Güter (wie zum Beispiel Volumengüter) angewandt werden. Weiterhin ist zu beachten, dass die CO_2-Emissionsfaktoren mit Ausnahme der Bahnverkehre ebenfalls nur die direkten verbrennungsbedingten Emissionen berücksichtigen, also nicht die Emissionen der Gewinnung, Herstellung und Verteilung der Kraftstoffe und Energieträger. Zudem werden ausschließlich die reinen CO_2-Emissionen, nicht die gesamten THG-Emissionen berücksichtigt.

Ausgewählte Berechnungsmethoden und Datenquellen

Verkehrsträger	Emissionsfaktor (EF)
Lkw	65 g CO_2/tkm
Bahn	21 g CO_2/tkm
Binnenschiff (Talfahrt)	10 g CO_2/tkm
Binnenschiff (Bergfahrt)	20 g CO_2/tkm
Schiff /Container) – Langstrecke	13 g CO_2/tkm
Schiff /Container) – Langstrecke langsam	8 g CO_2/tkm
Schiff /Container) – Kurzstrecke	20 g CO_2/tkm
Schiff /Container) – Kurzstrecke langsam	16 g CO_2/tkm
Flugzeug	801 g CO_2/tkm

Tab. 5.7-1: VCI-Emissionsfaktoren [VCI 2010]

Die Berechnungsmethode sowie die Grunddaten basieren überwiegend auf der siebenteiligen Serie „CO_2-Berechnung in der Logistik", die in der VerkehrsRundschau im Herbst 2009 erstmalig erschienen ist. Da diese Serie auch der Ausgangspunkt der in diesem Buch beschriebenen Berechnungsmethoden ist, entspricht der VCI-Leitfaden grundsätzlich auch den Berechnungsmethoden der Kapitel 2, 3 und 4. Im Vergleich zur VerkehrsRundschau-Serie wurden in diesem Buch die Berechnungsmethoden aber vertieft und weiterentwickelt. Ebenso wurden die Basisdaten aktualisiert. Zudem bietet das vorliegende Buch Emissionsfaktoren für unterschiedliche Auslastungen, also nicht nur für die in der chemischen Industrie spezifischen Auslastungen.

5.7.3 Bedeutung für die Praxis

Berechnungen gemäß dem VCI-Leitfaden ermöglichen einen schnellen Vergleich der CO_2-Emissionen zwischen verschiedenen Verkehrsträgern oder der transportbedingten Emissionen von Produkten in der deutschen chemischen Industrie. Da Durchschnittswerte verwendet werden, können die berechneten Daten aber nur dann einigermaßen genau sein, wenn die betrachteten Transporte bei den relevanten Einflussfaktoren ungefähr dem Durchschnitt entsprechen – dies gilt insbesondere für die angenommenen Auslastungen. Weiterhin werden nur die direkten CO_2-Emissionen, nicht die Emissionen einschließlich der Kraftstoffvorkette berechnet. Die VCI-Berechnungsmethode liefert somit schnell erste Werte, die aber durch spezifische Berechnungen konkretisiert werden sollten. Werden nicht Massengüter betrachtet (z.B. Volumengüter), dürfen die im VCI enthaltenen Emissionsfaktoren nicht verwendet werden. Selbst für grobe Abschätzungen sind sie dann nicht geeignet.

6 Elektronische Berechnungstools

Im Zuge der Diskussion um den CO_2- beziehungsweise Klimafußabdruck von Menschen, Unternehmen, Produkten, Dienstleistungen und Prozessen werden seit einigen Jahren auch für den Bereich Transport und Logistik immer mehr elektronische Berechnungstools entwickelt. Diese Werkzeuge sind entweder kostenfrei über das Internet zugänglich oder Bestandteil einer kostenpflichtigen Software, die von Unternehmen eingesetzt wird.

Bei der Nutzung solcher Berechnungstools sollten Unternehmen darauf achten, dass die Methoden und Datenquellen gut dokumentiert und zugänglich sind. Nur so ist nachvollziehbar, ob die Werkzeuge verlässliche Ergebnisse liefern. Ein Augenmerk ist auch darauf zu legen, was genau bilanziert wird (CO_2- oder THG-Emissionen; Tank-to-Wheel oder Well-to-Wheel; ein oder mehrere Verkehrsträger).

Die derzeit wichtigsten Tools für deutsche und europäische Anwender werden im folgenden Kapitel vorgestellt und erläutert – beginnend mit den Rechnern, die mehrere Verkehrsträger umfassen.

6.1 EcoTransit

6.1.1 Umfang und Verfügbarkeit

Im Jahr 1999 wurde die erste Version des „Ecological Transport Information Tool – EcoTransIT" für Emissionsvergleiche im europäischen Güterverkehr veröffentlicht. Seitdem wurde die Berechnungsmethode und die Software ständig weiterentwickelt. Der Rechner ist im Internet jederzeit frei und kostenlos zugänglich. Auch ein Bericht, der ausführlich die verwendeten Methoden beschreibt, ist auf der Internetseite hinterlegt. EcoTransIT berechnet den Energieverbrauch und die Emissionen für Gütertransporte per Eisenbahn, Lkw, Binnenschiff, Seeschiff und Flugzeug. Auch Vergleiche von Transportketten sind möglich.

Seit Mai 2010 ist das bis dahin auf Europa beschränkte Tool auch in der Lage, Emissionen für weltweite Transportketten zu ermitteln. Seitdem trägt die Internetsoftware den Namen „EcoTransIT World". Neben dem Energieverbrauch, den Kohlendioxid- und Treibhausgasemissionen wird auch die Freisetzung von Stickoxiden, Kohlenwasserstoffen, Feinstaubemissionen und Schwefeldioxid errechnet.

Ebenso werden die zwischen Start- und Zielort gewählten Routen sowie die zurückgelegten Kilometer angezeigt. Eine weitere Besonderheit: Eingabemasken und Erläuterungen stehen in sechs Sprachen (deutsch, englisch, französisch, spanisch, italienisch und niederländisch) zur Verfügung. Außerdem berücksichtigt

6 Elektronische Berechnungstools

EcoTransIT die Auslastung der Transportkapazitäten und den so genannten Leerkilometeranteil.

6.1.2 Eigentümer und Partner

Ende des 20. Jahrhunderts initiierten mehrere europäische Eisenbahngesellschaften (Deutsche Bahn AG, Schweizerische Bundesbahnen (SBB), Green Cargo AB, Trenitalia SpA und die französische SNCF) die Schaffung eines Berechnungstools für Emissionen im Güterverkehr. Weitere Partner wie die staatliche spanische Bahngesellschaft Renfe, die belgische SNCB oder DB Schenker stießen später zu der Gründergruppe hinzu. Unterstützt wird EcoTransIT auch vom Welteisenbahnverband UIC. Das EcoTransIT-Konsortium ist nach eigenen Angaben auch offen für weitere Partner aus allen Verkehrsträgerbereichen. Zur externen Absicherung der Methodik wird zudem seit 2008 mit der europäischen Umweltagentur EEA zusammengearbeitet. Außerdem sind Partnerschaften mit außereuropäischen Behörden geplant.

Entwickelt und wissenschaftlich betreut wird EcoTransIT vom Heidelberger Institut für Energie- und Umweltforschung (IFEU) und der IVE mbH – Ingenieurgesellschaft für Verkehrs- und Eisenbahnwesen mbH (IVE) zusammen mit der Rail Management Consultants GmbH (RMCon). Mit der Erweiterung EcoTransIT World ist das Berliner Öko Institut als weiterer wissenschaftlicher Partner hinzugekommen. Rechtlicher Eigentümer des Internetrechners ist das EcoTransIT-Konsortium.

6.1.3 Methoden und Datenquellen

EcoTransIT berücksichtigt die Emissionen, die beim Betrieb der Transportfahrzeuge (Tank-to-Wheel) sowie bei der Produktion der Kraftstoffe (well-to-tank; auch als Energievorkette bezeichnet) anfallen. Zur Kraftstoffproduktion gehören auch jene Emissionen, die bei Bau und Instandhaltung der Kraftwerke oder Raffinerien entstehen. Nicht berücksichtigt werden hingegen die Emissionen, die bei der Herstellung und Entsorgung der Fahrzeuge, Bau, Instandhaltung und Entsorgung der Verkehrsinfrastruktur anfallen, sowie die Emissionen von Gebäuden und Häfen.

EcoTransIT berechnet CO_2-, THG- und andere Emissionen über die Ermittlung des Energiebedarfs einer Transportart. Nicht berücksichtigt werden beispielsweise Kältemittelverluste von Kühlaggregaten. Der Energiebedarf wird je zurückgelegtem Kilometer und Ladungsgewicht ermittelt. Hinzu kommt die Kalkulation des Energieverbrauchs für die Bereitstellung der Energie (Vorkette), die im zweiten Schritt erfolgt. Anschließend werden die Emissionen durch entsprechende Umrechnungsfaktoren auf Basis der Energieverbrauchswerte bestimmt. Bei der Ermittlung der (neben CO_2) beim Transport emittierten Treibausgase beschränkt sich das Internettool auf Methan (CH_4) und Distickstoffoxid beziehungsweise Lachgas

Elektronische Berechnungstools **6**

(N$_2$O). Unberücksichtigt bleiben Fluorkohlenwasserstoffe (HFC), perfluorierte Kohlenwasserstoffe (PFC) und Schwefelhexafluorid (SF$_6$), da Kältemittelverluste bei EcoTransIT nicht berücksichtigt werden.

 Formel 6.1-1
Die Bestimmung des CO$_2$-Äquivalentwertes (CO$_2$e) erfolgt gemäß IPCC 2007 nach folgender Formel, wobei die emittierten Gewichtsmengen der jeweiligen Emissionen eingesetzt werden (*siehe auch Kapitel 1.1*):

$$CO_2e = CO_2 + 25 \times CH_4 + 298 \times N_2O$$

Grundsätzlich schlägt EcoTransIT dem Anwender vor, die Emissionen für den gesamten Rundlauf des Fahrzeuges zu erheben. Dies schließt die Bereitstellung des Fahrzeuges und Leerfahrten ein, die sich auf die Kapazitätsauslastungen auswirken. EcoTransIT bietet hier für drei Güterarten (Massengut, Durchschnittsgut, Volumengut) Durchschnittswerte für jeden Verkehrsträger an, wobei der Leerfahrtenanteil von Volumengut zu Massengut hin zunimmt. Da EcoTransIT für die Berechnungen Durchschnittsauslastungen für die Gesamttour (Hin- und Rückfahrt) berücksichtigt, werden auch die Vor- und Nachteile beim Energieverbrauch durch zum Beispiel Wind- (Luftfahrt) oder Wasserströmungen (See- und Binnenschifffahrt) bei EcoTransIT auf alle Transportmittelnutzer aufgeteilt. Allerdings kann jeder Nutzer statt der vorgegebenen Auslastungen für Massen-, Durchschnitts- oder Volumengut auch seine eigenen spezifischen Auslastungen zur Berechnung einsetzen. Im Gegensatz zu vielen anderen frei zugängigen Tools bietet damit EcoTransIT die Möglichkeit an, die Berechnung genau an die Situation des Nutzers anzupassen. Die vorgegebenen Durchschnittswerte hingegen können dann verwendet werden, wenn der Nutzer zum Beispiel die Auslastungen der benutzten Verkehrsmittel nicht genau kennt.

Bei den Berechnungsverfahren setzt EcoTransIT auf gängige Methoden der internationalen Treibhausgasermittlung. Auch Grundsätze des CEN-Normentwurfes prEN 16258:2011 (*siehe Kapitel 5.1*) wurden berücksichtigt, sofern diese 2010 schon bekannt waren. Wo keine Vorgaben existieren, definiert EcoTransIT eine Reihe von eigenen Vorgehensweisen für die THG-Berechnung im Transportbereich. Es ist geplant, EcoTransIT kontinuierlich an neue Normen und Standards anzupassen. So sollen Vorgaben der CEN-Norm, die noch nicht berücksichtigt sind, ebenfalls eingearbeitet werden.

	Streckenkilometer	Städte/Bahnhöfe/Häfen
Straße	8 Millionen	849.457
Schiene	1,3 Millionen	36.754
Binnenschifffahrt	–	549
Seeschifffahrt	–	7265
Luftfahrt	–	964

Tab. 6.1-1: EcoTransIT 2010, IFEU et al. 2010 Streckennetzwerk und Knotenpunkte [IFEU et al. 2010]

Bei den Datenquellen setzt EcoTransIT vornehmlich auf anerkannte Quellen wie das HBEFA für Europa oder Moves der US-amerikanischen Umweltagentur EPA für Nordamerika sowie Daten von der internationalen Seeschifffahrtsorganisation IMO, der Luftfahrtorganisation ICAO und der europäischen Umweltagentur EEA. Im Bahnbereich fließen Daten der europäischen Eisenbahnunternehmen sowie publizierte Daten außereuropäischer Bahngesellschaften in das Berechnungstool ein. Die Emissionen der Energievorkette (Well-to-Tank-Emissionen) sind der Schweizer Ökobilanzdatenbank Ecoinvent entnommen.

Für die Lkw- und Bahntransporte bietet EcoTransIT differenzierte Daten für 33 europäische Staaten einschließlich Türkei, Russland und Israel sowie für die USA, Brasilien, Australien, Südafrika, China, Indien, Japan und Südkorea an. Für alle anderen Länder werden Durchschnittswerte der jeweiligen Region angesetzt.

Die differenzierten Daten je Land berücksichtigen die eingesetzten Fahrzeugtypen, Energietransporte sowie den länderspezifischen Strommix. Beim Eisenbahnverkehr wurde jedoch auf eine Differenzierung des Energieverbrauchs unterschiedlicher Antriebs- und Stromversorgungssysteme verzichtet.

Beim Seeverkehr definiert EcoTransIT für die Berechnungen 17 Haupthandelslinien. Die auf diesen Routen in der Praxis eingesetzten Schiffstypen (Alter, Größe), Geschwindigkeiten und Auslastungen wurden für die Ermittlung der Energieverbrauchswerte berücksichtigt. Der Rechner unterscheidet zwischen sechs unterschiedlichen Containerschiffstypen, sieben Tankergrößen, sechs Massengutschiffen und drei Stückgutfrachtern.

Für die Luftfracht sind im EcoTransIT 31 Fracht- und Passagiermaschinen hinterlegt. Abhängig von der Route kann der Anwender zwischen den auf diesen Strecken aufgrund ihrer Reichweite verfügbaren Fluggeräten wählen. EcoTransIT erlaubt dem Anwender auch, den sogenannten RFI-Faktor mit in die Berechnungen einfließen zu lassen. Dieser berücksichtigt die Klimawirksamkeit von Treibhaus-

Elektronische Berechnungstools

gasen, die in höheren Schichten der Atmosphäre emittiert werden (Faktor 3 ab 9 km Flughöhe; *siehe auch Kapitel 1.3*). Bei der Aufteilung (Allokation) der Emissionen zwischen Passagieren und Fracht bei sogenannten Belly-Transporten im Unterdeck der Passageflieger greift EcoTransIT auf den in der Monitoring-Richtlinie zum europäischen Luftverkehrs-Emissionshandel vorgeschriebenen Wert von 100 kg je Passagier zurück (*siehe Kapitel 5.5*).

Für die Binnenschifffahrt stehen nur zwei Schiffstypen zur Auswahl. Diese hängen mit den Wasserstraßenklassen zusammen. EcoTransIT erlaubt die Unterscheidung zwischen Schiffen der Klasse IV (Europaschiff) sowie der Klasse V und größer. Wasserstraßen kleiner Klasse IV werden bei EcoTransIT nicht berücksichtigt. EcoTransIT unterscheidet zudem bei der Binnenschifffahrtsberechnung nicht zwischen Berg- und Talfahrt. Es werden vielmehr Durchschnittswerte für einen Rundlauf angesetzt. Die Berechnungen beruhen auf Daten der Binnenschifffahrt in Europa und Nordamerika.

Bei der Ermittlung der Entfernungen setzt EcoTransIT auf Daten des Geoinformationssystem (GIS). In EcoTransIT sind die weltweit verfügbaren Verkehrsnetze (z.B. Straßennetz) sowie Städte, See- und Flughäfen oder Bahnhöfe GIS-basiert hinterlegt, so dass für alle Verkehrsmittel von jedem beliebigen Startpunkt auf der Erde zu einem beliebigen Zielpunkt auf der Erde routenbasiert die zurückgelegte Entfernung berechnet werden kann. Die Anwender können bei der Angabe von Start- und Zielorten zwischen der Eingabe von Städtenamen, Flug- und Seehäfen, Bahnhöfen oder Postleitzahlgebieten wählen. Außerdem können beliebige Punkte auf einer Google-Maps-Karte ausgewählt werden, die dann in Form von GIS-Daten in die Berechnung einfließen. Beim Flugverkehr erfolgt die Entfernungsberechnung über die Großkreismethode (GCD). EcoTransIT bezieht außerdem zusätzliche Flugstrecken durch die An- und Abflugverfahren an den Flughäfen (einschließlich der Warteschleifen) sowie wetter- oder flugsicherungsbedingte Umwege während des Reisefluges nach folgender Formel ein:

 Formel 6.1-2

Reale Flugdistanz = (GCD – 185,2 km) × 1,04 + 185,2 km + 60 km

Beträgt die Entfernung zwischen zwei Flughäfen weniger als 185,2 km, ergibt sich die reale Flugdistanz durch Addition von 60 km zum GCD.

Die Monitoring-Richtlinie zum europäischen Emissionshandel im Luftverkehr geht pauschal von einem Umweg von 95 km aus – unabhängig von der Flugstrecke. Da dieser Wert im derzeitigen CEN-Normentwurf prEN 16258:2011 übernommen wurde, ist zu erwarten, dass EcoTransIT an dieser Stelle dem CEN-Standard noch angepasst wird. Beim Seeverkehr ergeben sich die Entfernungen durch die festgelegten Seerouten.

6.1.4 Qualität und Bedeutung des Berechnungstools

EcoTransIT ist bezüglich Verkehrsträgerwahl und Berechnungsmöglichkeiten das derzeit umfangreichste Softwaretool, das öffentlich zugänglich ist. Es ermöglicht die Ermittlung der wichtigen Treibhausgasemissionen für alle Verkehrsträger – und das weltweit und nach eigenen Vorgaben (z.B. frei wählbare Auslastung), wobei bei den Landverkehren (Lkw, Bahn, Binnenschiff) der Fokus und damit die höchste Datenqualität auf Verkehren innerhalb Europas liegt. Außerdem zeigt das Internettool zwei weitere Vorteile gegenüber anderen elektronischen Berechnungswerkzeugen: Die Nutzung von EcoTransIT ist für jedermann kostenlos und die Berechnungsmethoden wurden von unabhängigen Umweltinstituten entwickelt und sind öffentlich dokumentiert.

Allerdings sind mit dem kostenlos im Internet verfügbaren Tool ausschließlich Berechnungen von einzelnen Transportketten möglich. Will hingegen ein Nutzer alle seine Transporte mit EcoTransIT berechnen, wird eine Schnittstelle zwischen der vom Nutzer verwendeten Logistiksoftware und EcoTransIT benötigt. Diese automatisierte IT-Schnittstelle zur Verarbeitung von Massendaten wurde im Jahr 2010 entwickelt. Damit ist es Unternehmen möglich, automatisierte CO_2- und THG-Berechnungen für das ganze Unternehmen nach eigenen Parametern („customized") zu erstellen. Genutzt wird diese Möglichkeit derzeit zum Beispiel von DB Schenker. Die Anpassung der entwickelten Schnittstelle an die Bedürfnisse des Unternehmens ist allerdings kostenpflichtig. Zudem sind im Falle der Massenkalkulation auch jährliche Nutzungsgebühren an das EcoTransIT-Konsortium zu entrichten. Mit diesem Geld soll die Aktualisierung und methodische Fortentwicklung von EcoTransIT sichergestellt werden.

Die Bedeutung des Internetrechners könnte in Zukunft noch weiter steigen, da EcoTransIT auf anerkannte Datenquellen und Methoden baut und Lücken schließt, wo noch keine in der Fachwelt akzeptierten Festlegungen getroffen wurden. Dadurch könnte sich der EcoTransIT selbst zum Standard für die Ermittlung von Emissionen im Gütertransport insbesondere für den Fall entwickeln, wenn keine gemessenen Energie- und Kraftstoffdaten für die Transporte vorliegen, wie dies bei Emissionsberechnungen für externe Logistikdienstleister der Fall ist (*siehe hierzu Kapitel 1.4*). Dazu müssten aber neben den europäischen Bahnunternehmen auch führende Logistikunternehmen anderer Verkehrsträger das Internettool unterstützen. Außerdem müsste das Tool die Möglichkeit zulassen, zum Beispiel beim Lkw-Verkehr selbst ermittelte Energieverbräuche einzugeben, um individuelle Berechnungen anstellen zu können.

Internet-Tipp
EcoTransIT World
http://www.ecotransit.org

Elektronische Berechnungstools **6**

6.2 NTM Calc

6.2.1 Umfang und Verfügbarkeit

Der NTM Calc ist ein seit 2002 im Internet frei zugängliches Berechnungstool für CO_2-Emissionen sowie Emissionen der Luftschadstoffe NO_x, HC, CO und Partikel beim Transport. Die Software erlaubt die Emissionsberechnung für die Verkehrsmittel Lkw, Bahn, Seeschiff und Flugzeug. Es werden die direkten CO_2-Emissionen (Tank-to-Wheel) ermittelt. Andere Treibhausgase können in der frei zugänglichen Basisversion 2.0 nicht berechnet werden. Im Jahr 2011 soll die Version 2.0 durch die Version 3.0 abgelöst werden. Eine für 2011 angekündigte kostenpflichtige Profiversion des NTM Calc soll es Unternehmen erlauben, CO_2-Kalkulationen für Massendaten durchzuführen.

6.2.2 Eigentümer und Partner

Das Network for Transport and Environment (NTM) ist eine schwedische Non-Profit-Organisation, die 1993 mit dem Ziel gegründet wurde, Emissionsdaten im Bereich Verkehr zu ermitteln. Im Jahr 1997 wurden erste Berechnungsmethoden für den Gütertransport entwickelt. Im NTM sind rund 150 in Schweden ansässige Unternehmen und Niederlassungen organisiert, darunter auch die Logistikdienstleister Kühne+Nagel, DHL Forwarding sowie Schenker AB.

6.2.3 Methoden und Datenquellen

Als Basisdaten für die Emissionsberechnung mit NTM Calc dienen unterschiedliche Quellen, darunter das „Assessment and reliability of transport emission models and inventory systems" (Artemis) – ein europäisches Projekt zur Vereinheitlichung verschiedener Kalkulationsmethoden im Transport. Die Ergebnisse von Artemis sind auch in das Handbuch für Emissionsfaktoren des Straßenverkehrs (HBEFA, *siehe Kapitel 5.3*) eingeflossen.

Für jedes der vier Verkehrsmittel können unterschiedliche Fahrzeugklassen gewählt werden. Beim Lkw ist die Auswahl zwischen leichten, mittleren und schweren Lkw sowie einem Glieder- und Sattelzug möglich. Genauere Angaben zum Gesamtgewicht der Fahrzeuge fehlen aber. Bei den Seeschiffen kann der Anwender zwischen einem 1.400-, 7.000- und 11.000-TEU-Containerschiff sowie zwei RoRo-Klassen und einem Stückgutfrachter wählen. In der Luftfracht ist es möglich, sich zwischen jeweils drei Flugzeugkategorien im Bereich Frachtflieger und Belly-Fracht zu entscheiden. Bei der Eisenbahn stehen zwar fünf Klassen von Elektrozügen zur Wahl, jede Zugart verursacht aber die gleichen CO_2-Emissionen (nämlich nahezu null, da das Tool nur die direkten Emissionen berücksichtigt).

Nachdem das Transportmittel gewählt ist, erfolgt die Eingabe des Sendungsgewichts sowie der Transportentfernung. Die Ermittlung der CO_2-Emission erfolgt linear nach hinterlegten Emissionswerten je transportierter Tonne und transportiertem Kilometer (*siehe Tabelle 6.2-1*). Zur Ermittlung der Entfernungen verweist der NTM Calc auf andere Tools im Internet. Für Entfernungen im Straßennetz wird auf den Michelin-Routenplaner verwiesen. Für die Schifffahrt empfiehlt NTM den Sea Distances Voyage Calculator. Entfernungen im Flugverkehr sollen mit Air Distance Calculator ermittelt werden. Für das Bahnnetz hat NTM keine Empfehlung.

Verkehrsmittel	CO_2-Emission (g/tkm)
Lkw (leicht)	252
Lkw (mittel)	177
Lkw (schwer)	124
Gliederzug	74
Sattelzug	57
Elektrozug	0
Containerschiff (1.400 TEU)	15,4
Containerschiff (7.000 TEU)	10,6
Containerschiff (11.000 TEU)	10,1
Belly-Luftfracht-Interkontinental	536
Belly-Luftfracht-Kontinental	862
Belly-Luftfracht-Regional	1277
Luftfracht-Interkontinental (Frachtflieger)	389
Luftfracht-Kontinental (Frachtflieger)	1248
Luftfracht-Regional (Frachtflieger)	1791

Tab. 6.2-1: NTM-CO_2-Emissionsfaktoren (Tank-to-Wheel) nach Verkehrsmittel [NTM 2011; eigene Berechnungen]

6.2.4 Qualität und Bedeutung des Berechnungstools

NTM Calc ist das führende CO_2-Berechnungstool in Schweden. Teile der Methoden sind auch in die CO_2-Berechnungsmethoden führender internationaler Logistikdienstleister wie zum Beispiel Kühne+Nagel eingeflossen. Die im Internet frei verfügbare Version erlaubt zwar Berechnungen für unterschiedliche Fahrzeugarten. Die hinterlegte Methode ist jedoch sehr einfach gehalten und berücksichtigt nicht Parameter wie unterschiedliche Kapazitätsauslastungen oder Geschwindig-

6 Elektronische Berechnungstools

keiten wie der EcotransIT. Zudem sind die Eingangsparameter wie Auslastung im Vergleich zu EcotransIT nicht frei veränderbar (*siehe Kapitel 6.1*). Weiterhin bietet NTM Calc keine eigene Möglichkeit, die Transportentfernungen zu berechnen.

Allerdings stehen den Mitgliedsunternehmen von NTM detaillierte Berechnungsmethoden und Daten zur Verfügung. Hierfür müssen die Mitglieder aber ein jährliches Nutzungsentgelt zahlen.

Internet-Tipp
NTM-Calc
http://www.ntmcalc.se/index.html

Air Distance Calculator
http://www.indianindustry.com/travel-tools/air-distance-calculator.html

Michelin-Routenplaner
http://www.viamichelin.de

Sea Distances Voyage Calculator
http://e-ships.net/dist.htm

6.3 BearingPoint-Rechner

6.3.1 Umfang und Verfügbarkeit

Ein neues Berechnungstool zur Erfassung von CO_2-Emissionen in der Logistik für die verladende Wirtschaft hat im Jahr 2010 das Beratungshaus BearingPoint entwickelt. Zum Einsatz kam die kostenpflichtige Software erstmals beim Düsseldorfer Handelshaus METRO Group. Mittels dieses Werkzeuges berechnet die METRO-Logistiktochter MGL Emissionen der Straßen- und Schienentransporte. Neben den Treibhausgasen CO_2, CH_4 und N_2O erfasst das System auch die Luftschadstoffe NO_x, CO und Rußpartikel. Ermittelt werden ausschließlich die direkten Emissionen (Tank-to-Wheel) ohne Energievorketten. Bisher weist das Tool keine CO_2-Äquivalent-Emissionen als Summe aller Treibhausgase aus. Zudem werden auch keine Emissionen durch Kältemittelverluste bei temperaturgeführten Gütern berücksichtigt.

Derzeit wird die Software bei METRO im Bereich der deutschen Beschaffungslogistik eingesetzt. Für einen Großteil des Sortiments im Non-Food-Segment der METRO, beispielsweise Media Markt oder Saturn, bündelt die MGL in Zusammenarbeit mit fünf großen Logistikdienstleistern die Abholung bei den Zulieferern. Die Waren werden zu den MGL-Lagern oder direkt in die Märkte transportiert. Geplant ist laut BearingPoint, auch eine einfache Version des CO_2-Rechners im Internet anzubieten.

6.3.2 Eigentümer und Partner

Das Berechnungstool wurde von BearingPoint entwickelt und programmiert. Kunden wie MGL müssen das Tool käuflich bei BearingPoint erwerben.

6.3.3 Methoden und Datenquellen

In dem Tool von Bearing Point werden die Transportnetzwerke, das heißt die Knotenpunkte (Hubs, Terminals etc.) der eingesetzten Logistikdienstleister hinterlegt. Bestimmten Streckenabschnitten werden dabei unter Kosten- und Kapazitätsgesichtspunkten automatisiert einzelne Fahrzeugtypen zugewiesen. Die Software ermittelt auf Basis eines entfernungsbasierten Ansatzes unter Verwendung spezifischer Energieverbräuche (aus Datenbanken) und der vom Tool ermittelten Transportentfernung die Kraftstoffverbräuche für den Transport aller Sendungen. Dabei kombiniert sie das Streckennetzwerk mit den Sendungsdaten eines Zeitabschnittes. Letztere müssen von den Logistikdienstleistern zur Verfügung gestellt werden. Anschließend erfolgt die Umrechnung in CO_2 und andere Emissionswerte. Damit entspricht die methodische Vorgehensweise prinzipiell anderen Tools wie EcoTransIT oder Map&Guide (*siehe auch Kap. 6.4*).

Bei der Ermittlung der Emissionen rechnet das Tool nicht nur pauschal die Entfernung zwischen zwei Punkten aus, sondern simuliert den wahrscheinlichsten Weg einer Sendung durch das Netzwerk des beauftragten Logistikdienstleisters. Durch dieses Verfahren werden Vor-, Haupt- und Nachläufe in den Netzwerken der Dienstleister berücksichtigt. Im Gegensatz zu anderen Tools muss der Nutzer nicht die Umschlagspunkte extern vorgeben. Stattdessen ermittelt das Berechnungstool die Umschlagspunkte über die Angabe des genutzten Logistikdienstleisters von allein. Dies ist insbesondere bei der Berechnung der Emissionen für eine Vielzahl von Einzelsendungen von Vorteil. Bisher sind in dem Tool die Netzwerke von zehn Logistikdienstleistern aus Deutschland, Österreich und der Schweiz hinterlegt. Die Entfernung zwischen den Depots errechnet das Tool durch die hinterlegte Erdkrümmung plus einem Korrekturfaktor. Alternativ kann auch das lizenzpflichtige Geoinformationssystem EWS der PTV-Tochter Digital Data Services genutzt werden.

Die im System hinterlegten Emissionswerte, die den unterschiedlichen Fahrzeugklassen zugeordnet werden, basieren auf dem Handbuch Emissionsfaktoren des Straßenverkehrs (HBEFA Version 3.1) des Umweltbundesamtes. Beim Schienenverkehr greift BearingPoint auf Kennzahlen der EU aus dem Soft Mobility Paper zurück. Das Tool verwendet für den Schienengüterverkehr pauschal einen Durchschnittswert von 29 g CO_2/tkm.

6.3.4 Qualität und Bedeutung des Berechnungstools

Die BearingPoint-Lösung ist ein Ansatz, Emissionsdaten für eine Vielzahl von Sendungen zu ermitteln, wie sie zum Beispiel bei großen Verladern wie Handelshäusern die Regel sind. Das Modell verzichtet deshalb darauf, real gemessene Kilometer- und Verbrauchsdaten zu erheben. Dies ist bei Millionen von Sendungen, die von unterschiedlichsten Logistikdienstleistern und Subunternehmern transportiert werden, in der Praxis nur mit sehr hohem Aufwand durchführbar.

Das System benötigt aber von den Dienstleistern Informationen zur Depotstruktur sowie Auskünfte zur Flottenzusammensetzung mit Größe und Schadstoffklasse für Vor-, Haupt- und Nachläufe sowie durchschnittliche Kapazitätsauslastungen. Die Lösung ist besonders für Verlader mit hohem Sendungsvolumen interessant, die regelmäßig mit bestimmten Transportnetzwerkanbietern zusammenarbeiten. Der Verlader muss jedoch genügend Marktmacht besitzen, damit die Logistikdienstleister ihm die gewünschten Daten zum Transportnetzwerk regelmäßig zur Verfügung stellen. Letztendlich ist die Abbildung der Netzstruktur der eingesetzten Logistikdienstleister auch in anderen Rechentools wie EcoTransIT oder Map&Guide schon heute prinzipiell möglich, allerdings wird dies von den erwähnten Tools noch nicht realisiert, da die hierfür notwendigen Daten zu den Logistiknetzwerken der Dienstleistern bisher nicht öffentlich zugängig vorlagen.

Durch die Nutzung des HBEFA wird auf einen allgemein anerkannten Standard für die Ermittlung der Verbrauchsdaten je Fahrzeugklasse gesetzt. Bei der Auswahl des Logistikdienstleisters durch den Verlader spielen damit jedoch individuelle Anstrengungen der Logistikdienstleister, Kraftstoff zu sparen (energiesparendes Fahrverhalten, Einsatz von speziellen Spoilern etc.) keine Rolle. Ausschließlich die Schadstoffklasse und Größe der eingesetzten Fahrzeuge (Euro 1 bis 6) sind entscheidend. In diesem Punkt unterscheidet sich das Tool nicht von CO_2-Rechnern wie EcoTransIT oder Map&Guide.

 Internet-Tipp
Unternehmensberatung BearingPoint
http://www.bearingpoint.de

Digital Data Services
http://www.dds.ptv.de/produkte/ews.html

6.4 Map&Guide

6.4.1 Umfang und Verfügbarkeit

Seit 1994 bietet das Softwareunternehmen PTV AG eine lizenzpflichtige Software zur Disposition von Lkw-Touren an. Map&Guide hat sich diesbezüglich zum

Standard vor allem bei mittelständischen Speditionen entwickelt. Nach Angaben von PTV nutzen ca. 25.000 Unternehmen in Deutschland die Software. In den Niederlanden wurden bis dato rund 5.000 Map&Guide-Lizenzen verkauft. Weitere 2.000 Unternehmen, die die Software angeschafft haben, finden sich laut PTV in Österreich, Schweiz, Frankreich und Polen. In Deutschland beträgt die Marktabdeckung laut PTV rund 80 Prozent.

Im Jahr 2009 wurde die Komponente „Emissionsberechnung" hinzugefügt. Damit lassen sich die Emissionen von Kohlendioxid für Straßentransporte individuell ermitteln. Außerdem können sich Anwender der Software die transportbedingte Freisetzung von Kohlenmonoxid (CO), Kohlenwasserstoffe (HC), Stickstoffdioxid (NO_2), Stickoxide (NO_x), Partikel (Anzahl und Masse), Blei (Pb), Schwefeldioxid (SO_2), Methan (CH_4), Nicht-Methan, Benzol (C_6H_6), Toluol (C_7H_8), Xylol (C_8H_{10}), Ammoniak (NH_3) und Lachgas (N_2O) anzeigen lassen.

Ebenso am Bildschirm bereit gestellt werden die zwischen Start- und Zielort gewählten Routen sowie die zurückgelegten Kilometer. Eingabemasken und Erläuterungen stehen in fünf Sprachen (deutsch, englisch, niederländisch, französisch und italienisch) zur Verfügung.

6.4.2 Eigentümer und Partner

Eigentümer von Map&Guide ist die Karlsruher PTV AG, die sich mehrheitlich im Eigentum des Managements befindet. Entwickelt und wissenschaftlich betreut wird die Emissionsberechnung von Map&Guide ausschließlich von Mitarbeitern der PTV AG. Das Tool muss kostenpflichtig erworben werden.

6.4.3 Methoden und Datenquellen

Map&Guide berücksichtigt die Emissionen, die beim Betrieb von Pkw und Lkw anfallen (Tank-to-Wheel) sowie mit dem Update 2011 auch die Emissionen der Kraftstoffherstellung (Well-to-Tank). Nicht berücksichtigt werden die Klimagase und Schadstoffe, die bei der Herstellung der Fahrzeuge, Bau und Instandhaltung der Verkehrsinfrastruktur sowie Emissionen von Gebäuden und Häfen anfallen. Unberücksichtigt sind auch Emissionen durch Kältemittelverluste.

Wichtigste Datenquellen für die Emissionsberechnung in Map&Guide ist das HBEFA (Version 3.1). Die Berechnungen erfolgen dabei für ganz Europa. Dies ist möglich, da die HBEFA-Emissionsfaktoren nach Fahrzeugschichten (Klassen) verwendet werden. Diese Daten sind länderübergreifend gleich. Nur bei leichten Nutzfahrzeugen kann es leichte, vernachlässigbare Unterschiede geben.

Map&Guide verfügt über eine sehr detaillierte Straßenklassifizierung, deren Abschnitte extrem kurz sind; ein Wechsel der Klassifizierung wird zum Beispiel

Elektronische Berechnungstools **6**

schon durch Änderung des Tempolimits, Einmündungen oder Straßennamen ausgelöst.

Jeder Abschnitt des Straßennetzes wird bei der Emissionsermittlung einer HBEFA-Verkehrssituation zugewiesen (*siehe Kapitel 5.3*). Dabei werden acht Millionen Datensätze aus der HBEFA Datenbank verwendet. Zusätzlich wird jedem Straßensegment eine Steigung beziehungsweise ein Gefälle zugewiesen. Hierzu nutzt Map&Guide das NASA-SRTM-Höhenmodell. Die Straßenabschnittsberechnung wurde von PTV eigenständig entwickelt. Die Rohdaten bezieht Map&Guide Professional von dem Geodaten-Anbieter NAVTEQ, einer Nokia-Tochter. Durch die individuelle Berücksichtigung von Verkehrssituationen und Steigungsklassen werden die Emissionsberechnungen von Map&Guide realitätsnäher als bei anderen Tools. Deren Berechnungen beruhen meist nur auf einer durchschnittlichen Emissionsklasse pro Land, einer länderspezifische Steigungsklasse und unterschiedlichen Straßenkategorien (Autobahn, inner- und außerorts). Aus der Kombination von Straßenabschnittsdaten und dazugehörigen Emissionsdaten des Fahrzeugs wird die Gesamtemission einer Tour gebildet.

Bisher erlaubte Map&Guide nicht die Verwendung selbst gemessener Kraftstoffverbrauchswerte zur individuellen Emissionsermittlung. Mit einer neuen Softwareversion (Update Juli 2011) ist aber nun auch möglich, auch individuelle Kraftstoffverbräuche für einzelne Fahrzeuge oder Flotten einzugeben. Dabei orientiert sich Map&Guide an der prEN 16258:2011.

Neu hinzugekommen ist mit der aktuellen Software-Version Map&Guide Professional 2011 auch die Berechnung der CO_2-Äquivalente. Hier werden nun auch die Methan- und Lachgas-Emissionen des Motors mit erfasst.

6.4.4 Qualität und Bedeutung des Berechnungstools

Map&Guide bietet eine genaue CO_2-Berechnung auf Basis der HBEFA-Daten und eines im deutschen Speditionsgewerbe anerkannten und weit verbreiteten Geoinformationsystems. Durch die detaillierte Zerlegung der Route in Straßenabschnitte erfolgt eine sehr exakte Nutzung der HBEFA-Daten, was zu sehr realitätsnahen CO_2-Berechnungen auf Basis von HBEFA führt. Für den Lkw-Verkehr sind daher trotz gleicher Datengrundlage (HBEFA) die Berechnungen von Map&Guide genauer als die Berechnungen anderer Tools (zum Beispiel EcoTransIT). Außerdem bietet Map&Guide als erstes Berechnungstool eine CO_2-Ermittlung nach der CEN-Norm prEN 16258:2011.

Obwohl Map & Guide eine hohe Verbreitung im Speditionsgewerbe genießt und sehr exakte CO_2-Berechnungen durchführt, ist derzeit nicht zu erwarten, dass sich die CO_2-Ermittlung der Software zu einem eigenen Standard entwickeln wird.

Dies hängt zum einen mit den fehlenden Berechnungsmöglichkeiten für andere Verkehrsträger zusammen. Gegen einen Standardisierungseffekt spricht auch die Kostenpflichtigkeit der Software, was einer Verbreitung des Standards in der Verladerschaft entgegen steht. Ebenso fehlt eine detaillierte, frei zugängliche Dokumentation.

Sollte sich aber der CEN-Normentwurf prEN 16258:2011 zur THG-Berechnung durchsetzen (*siehe Kapitel 5.1*), so könnte sich die Software zu einem der wichtigsten Berechnungstools gemäß CEN-Normentwurf entwickeln – zumindest für den Straßengüterverkehr.

Internet-Tipp
Map&Guide
http//www.mapandguide.de

6.5 CO_2-Tec

6.5.1 Umfang und Verfügbarkeit

Im Jahr 2009 wurde in Österreich der CO_2-Rechner Transport Emission Calculator (CO_2-Tec) entwickelt. Der derzeit nur beschränkt öffentlich zugängige Internetrechner erlaubt Kalkulationen von CO_2-Emissionen (Tank-to-Wheel) für den Straßentransport von Gütern. Dabei berücksichtigt die Software auch Teilladungen, Touren und gemischte Ladungsträger. Unberücksichtigt bleiben aber auch hier Kältemittelverluste bei temperaturgeführten Transporten.

6.5.2 Eigentümer und Partner

CO_2-Tec ist ein gemeinsames Forschungs- und Entwicklungsprojekt der Wiener Unternehmen OeKB Business Services GmbH, ZTL Zentrum für Transportwirtschaft und Logistik GmbH sowie Econsult Betriebsberatungsges. m.b.h. Das Projekt wurde gefördert von der Österreichischen Forschungsförderungsgesellschaft FFG.

6.5.3 Methoden und Datenquellen

Basis der CO_2-Berechnungen sind die Emissionsdaten von Lastkraftwagen laut HBEFA Version 2.1 (*siehe Kapitel 5.3*) sowie Entfernungsberechnungen gemäß Map&Guide (*siehe Kapitel 6.4*). Dadurch berücksichtigt CO_2-Tec eine Vielzahl von Emissionsdaten für unterschiedliche Fahrzeug- und Streckenarten. Außerdem können Start- und Zielorte durch Adresseingabe definiert werden.

Des Weiteren bietet die Lösung die Möglichkeit, Ladungsträger wie Paletten individuell zu definieren. Das heißt, dass mit dem Tool berechnungstechnisch einzelne

Elektronische Berechnungstools **6**

Ladungsträger mit unterschiedlich schweren Waren beladen und entsprechend im Tool hinterlegt werden können.

Die Auslastung eines Fahrzeuges lässt sich nicht nur nach dem Ladungsgewicht, sondern auch nach der Anzahl von Ladungsträgern festlegen. Hat ein Lkw beispielsweise die Möglichkeit, 32 Paletten zu befördern und ist mit 24 Paletten beladen, so beträgt die einstellbare Auslastung 75 Prozent. Außerdem ist es möglich, auch Leerfahrtenanteile mit zu berücksichtigen. Damit ermöglicht das Tool CO_2-Tec nicht nur die Zuordnung (Allokation) der Emissionen über das Gewicht, sondern auch über die Anzahl der Paletten auf die Einzelsendung. Andere Berechnungstools lassen diese Möglichkeit derzeit noch nicht zu.

Eine weitere Besonderheit des CO_2-Tec ist die Möglichkeit, die Emissionen von Touren den Teilladungen zuordnen zu können. So teilt der Rechner die Gesamtemissionen eines Fahrzeuggrundlaufs (Tour) nach einer festgelegten Methode auf die Teilladungen auf. Dazu werden jeweils die Entfernungen vom Start- und Endpunkt der Tour zum Entlade- bzw. Aufladepunkt als Direktfahrt ermittelt. Diese Entfernungen werden mit dem Gewicht bzw. der Palettenanzahl ausmultipliziert. Diese fiktiv berechneten Transportleistungen (Tonnenkilometer bzw. Palettenkilometer) dienen dann als Aufteilungsschlüssel für die Emissionen der Tour auf die einzelnen Teilladungen. Diese Methode entspricht auch dem Allokationsansatz des CEN-Normentwurfes prEN 16258:2011 (*siehe Kapitel 5.1*).

Zur Berechnung einer Tour ist die Eingabe der Depotadresse sowie der Adresse des bekannten Stopps erforderlich. Darüber hinaus müssen Schätzwerte für die Anzahl der Stopps im Tourgebiet, die Entfernung zwischen diesen Stopps sowie die Entfernung zum Mittelpunkt des Tourgebiets eingegeben werden. Um das Gewicht des be- bzw. entladenen Gutes berechnen zu können, ist es zudem notwendig, die Beladung einer durchschnittlichen Ladeeinheit (z.B. Palette) sowie die Anzahl der bei einem Stopp im Durchschnitt aufgenommenen Ladeeinheiten zu definieren. Aus diesen Größen werden die CO_2-Emissionen der Gesamttour berechnet, die dann nach dem oben beschriebenen Ansatz auf die Teilladungen aufgeteilt wird.

6.5.4 Qualität und Bedeutung des Berechnungstools

Der CO_2-Tec verwendet mit HBEFA und Map&Guide anerkannte Datenquellen zur Ermittlung von CO_2-Emissionen. Als einziger Rechner berücksichtigt er außerdem die Besonderheit von Teilladungen auf unterschiedlichen Ladungsträgern sowie eine festgelegte Allokationsmethode zur Aufteilung der Emissionen bei Lkw-Rundläufen. Derzeit ist der Rechner jedoch über den Status eines Forschungsprojektes noch nicht hinaus gekommen. So müsste zum Beispiel auf die aktuelle HBEFA-Version 3.1 umgestellt werden. Grundsätzlich enthält der Rechner aber Lösungen für Teilaspekte (insbesondere verschiedene Methoden der Allokation), die in der Praxis für Logistiker von hoher Relevanz sind.

 Internet-Tipp
CO₂-Tec
https://www.co2-tec.com

6.6 Eco-Calculator

6.6.1 Umfang und Verfügbarkeit

Der Eco-Calculator ist ein kostenloser, webbasierter Rechner, der die Treibhausgasemissionen (CO_2e, Tank-to-Wheel) von Pakettransporten auf der Straße und per Luft berechnet und diese vergleicht. Das Tool kann aber nur die Emissionen von Sendungen zwischen den Paketdepots europäischer Städte berechnen. Treibhausgase, die durch die Abholung und Zustellung eines Paketes entstehen, fließen nicht in die Berechnung ein.

6.6.2 Eigentümer und Partner

Das Eco-Calculator wird vom Paketdienst DPD betrieben. Der DPD gehört zu den führenden europäischen KEP-Diensten mit einem umfangreichen Lkw-Transportnetzwerk. Entwickelt hat die Berechnungsmethode die Umweltagentur O_2 France.

6.6.3 Methoden und Datenquellen

Alle Emissionsberechnungen des Eco-Calculators beginnen ab einem DPD-Depot in einer der 98 auswählbaren europäischen Städte in 34 Ländern. Mit dem Rechner können ausschließlich Berechnungen von internationalen Sendungen (Ursprungsland und Zielland dürfen nicht identisch sein) ermittelt werden.

Die Emissionsberechnungen für den Luftverkehr basieren auf der Grundlage eines virtuellen Luft-Netzwerks, das von DPD entworfen wurde. Das virtuelle Luft-Netzwerk besitzt einen Knotenpunkt am Flughafen Paris Charles de Gaulle. Jedes Land, das im Eco-Calculator vertreten ist, verfügt über mindestens einen Flughafen. Größere Länder sind mit mehreren Flughäfen vertreten. Bei der Flugzeugart wird von reinen Frachtflugzeugen ausgegangen. Datenquelle für die Emissionsfaktoren ist wie bei EcoTransIT die Europäische Umweltagentur EEA. Allerdings wird immer von einer hundertprozentigen Auslastung der Frachtflugzeuge ausgegangen, was zu geringeren Emissionen je Tonne Fracht führt, als dies bei realitätsnahen Auslastungsgraden der Fall wäre. EcoTransIT rechnet beispielsweise bei kontinentalen Flügen lediglich mit einer Flugzeug-Auslastung von 60 Prozent.

Elektronische Berechnungstools

Das Straßennetzwerk des Berechnungstools ist dem von DPD nachempfunden. Die Quellen der verwendeten Emissionsdaten für den Straßenverkehr werden nicht explizit benannt. Zur Berechnung der THG-Emissionen kann der Anwender weder das Gewicht noch die Abmessungen einer einzelnen Sendung eingeben. Denn beide Parameter haben bei der gewählten Berechnungsmethode keinen Einfluss auf die Emissionen. Um den THG-Ausstoß pro Paket zu ermitteln, wird der Treibstoffverbrauch eines Lkw oder Flugzeugs ermittelt und durch die Anzahl der transportierten Pakete geteilt. Der DPD begründet diese Allokationsmethode damit, dass nicht Gewicht und Größe der Pakete maßgeblichen Ausschlag für die Höhe der Emissionen haben, sondern deren Anzahl pro Fahrzeug. Der Unterschied im Kraftstoffverbrauch zwischen einem leeren und einem mit Paketen voll beladenen Lkw beträgt laut DPD lediglich fünf Prozent. Das gemittelte Gewicht pro Paket in einem Lkw beträgt rund sieben Kilogramm. Die Allokation der Emissionen über die Anzahl der Pakete ist auch nach dem aktuellen CEN-Normentwurf prEN 16258:2011 möglich (*siehe Kapitel 5.1*).

6.6.4 Qualität und Bedeutung des Berechnungstools

Der Eco-Calculator eignet sich nur sehr bedingt für die Berechnung von Treibhausgasen beim Transport. In erster Linie ist der Rechner ein Tool, das zeigen soll, dass der Pakettransport per Luftfracht sehr viel mehr Emissionen verursacht als der Transport in einem Straßennetzwerk. Da der DPD im Gegensatz zu den meisten seiner Wettbewerber in Europa keine Lufttransporte durchführt und nur Lkw-Verkehre einsetzt, ist die Absicht des Rechnerbetreibers, diesen Umweltvorteil aufzuzeigen. Bei den Luftfracht-Berechnungen wird deshalb wohl auch ganz bewusst die Klimawirksamkeit von Treibhausgasen in höheren Luftschichten (RFI-Faktor) mit berücksichtigt. Dieser wissenschaftlich kontrovers diskutierte Faktor sorgt in dem Tool noch einmal fast für eine Verdopplung der THG-Werte eines Luftfrachtpakets, das mit dem Eco-Calculator berechnet wird (*siehe hierzu auch Kapitel 1.3*).

Auch für die Ermittlung der CO_2-Emissionen eines Paketes per Lkw-Transport im DPD-Netz eignet sich das Tool nur bedingt. Zum einen wird der Vor- und Nachlauf zum/vom Depot nicht berücksichtigt. Des Weiteren fehlen in der Methodenbeschreibung genauere Informationen zu den verwendeten Emissionsfaktoren.

Internet-Tipp
Eco-Calculator (DPD)
http://www.whyflyparcels.com

6 Elektronische Berechnungstools

6.7 CO_2-Rechner der Luftfahrtgesellschaften

6.7.1 Umfang und Verfügbarkeit

Seit einigen Jahren bieten immer mehr Luftfahrtgesellschaften kostenlose Internettools zur Berechnung der CO_2-Emissionen an. In den allermeisten Fällen sind diese Rechner jedoch nur für die Emissionsermittlung des Passagiertransports ausgelegt. Dies gilt beispielsweise auch für den Carbon Emissions Calculator der International Civil Aviation Organization (ICAO).

Für Bellyfracht (Fracht im Unterdeck von Passagierflugzeugen) bietet die schwedische Fluggesellschaft SAS seit einigen Jahren einen kostenlosen Rechner im Internet an. Unter den reinen Frachtfliegern hat die Luxemburger Cargolux ein Tool online gestellt.

Nach Eingabe des Ladungsgewichts sowie des Start- und Zielflughafens liefern beide Tools die CO_2-Emissionen für die gewählte Fracht und Strecke (Tank-to-Wheel; das heißt ohne Kerosinvorkette). Der SAS-Rechner bietet dem Anwender je nach gewählter Flugstrecke eine Auswahl von Fliegern, die auf dieser Route von SAS und Partnerfluggesellschaften wie der Lufthansa eingesetzt werden. Bei Cargolux bezieht sich die Berechnung auf die eingesetzten reinen Frachtflugzeuge vom Typ Boeing 747-400F. Beide Tools liefern auch eine Angabe zur zurückgelegten Flugstrecke.

Nahezu alle Fluggesellschaften konzentrieren sich bei der Berechnung von Treibhausgasemissionen auf den CO_2-Ausstoß. Die Berechnung von weiteren Treibhausgasen wird in der Regel nicht berücksichtigt. Die Luftfrachtunternehmen wollen damit vor allem die Diskussion um die zusätzliche Klimawirksamkeit von Emissionen ihrer Triebwerke in höheren Schichten der Atmosphäre vermeiden (*siehe hierzu auch Kapitel 1.3*).

6.7.2 Eigentümer und Partner

Eigentümer des SAS- und Cargolux-CO_2-Rechners ist die jeweilige Fluggesellschaft.

6.7.3 Methoden und Datenquellen

Beim SAS-Rechner sind (abhängig von der Entfernung) die durchschnittlichen Energieverbräuche je Flugzeugtyp hinterlegt, die auf der Strecke zum Einsatz kommen. Das Tool berücksichtigt damit, dass der Energieverbrauch je Tonnenkilometer Fracht auf längeren Strecken deutlich geringer ist als auf Kurzstrecken (*siehe Kapitel 4.5*).

Elektronische Berechnungstools

Der Cargolux-Rechner hingegen nutzt für jede Flugstrecke immer den gleichen Durchschnittswert von 522 Gramm CO_2 pro transportierter Tonne Fracht und Kilometer Flugstrecke (tkm). Dies ist der Jahresflottendurchschnitt der Luxemburger Frachtfluggesellschaft.

Bei der Entfernungsberechnung verweisen beide Tools auf die Nutzung der Großkreisentfernung (GCD). Umwege, die durch An- und Abflugverfahren an Flughäfen, Warteschleifen, Gewitter oder Gründen der Flugsicherung auftreten, werden nicht berücksichtigt.

6.7.4 Qualität und Bedeutung des Berechnungstools

Das SAS-Tool liefert sehr nützliche Werte zur Ermittlung von CO_2-Emissionen für Belly-Fracht. Gerade zu diesen Werten geben andere Airlines in der Regel selten Auskunft. Was jedoch fehlt, ist eine ausführliche Dokumentation der Berechnungsmethode. Es ist beispielsweise nicht dokumentiert, wie die Allokation der Emissionen zwischen Fracht und Passage exakt erfolgt.

Das Cargolux-Tool liefert nur sehr pauschale Werte, da unabhängig von der Flugentfernung immer mit dem gleichen Durchschnittswert gerechnet wird. Solche Werte finden sich oft auch in den Umweltberichten der Fluggesellschaften. Das Tool bietet damit nur eine grobe Orientierung. Zudem wird nur ein Flugzeugtyp berücksichtigt.

Beide Internetrechner lassen sich aber nutzen, um die GCD-Flugentfernung zwischen zwei Airports zu bestimmen. Allerdings nutzt das Cargolux-Tool in der Regel immer Luxemburg als Start- oder Zielflughafen.

Internet-Tipp
Fluggesellschaft SAS
http://www.sasems.port.se

Fluggesellschaft Cargolux
http://www.cargolux.lu

ICAO-CO_2-Rechner (Passagierverkehr)
http://www2.icao.int/en/carbonoffset/

6.8 CO_2-Rechner der Seereeder

6.8.1 Umfang und Verfügbarkeit

Mehrere Seereedereien haben im Jahr 2010 ein kostenlos zugängliches Internettool zur Ermittlung der CO_2-Emissionen beim Transport entwickelt und freigeschaltet – darunter beispielsweise die Hong Konger Reederei OOCL, die koreanische Hanjin Shipping und die deutsche Hamburg Süd. Der Fokus dieser Rechner liegt auf dem Bereich Seeschifffahrt. Zugehörige Vor- und Nachläufe können nur teilweise ermittelt werden. Die Tools berechnen ausschließlich die direkten CO_2-Emissionen (Tank-to-Wheel, ohne Emissionen der Kraftstoffvorketten). Weitere Treibhausgasemissionen werden nicht erfasst. Kältemittelverluste bei temperaturgeführten Transporten sind nicht berücksichtigt.

Nach Auswahl vorgegebener Versand- und Empfangshäfen ermittelt das Tool abhängig vom Ladungsgewicht die CO_2-Emissionen. Ebenfalls ausgegeben wird die zurückgelegte Entfernung je Verkehrsmittel. Statt dem Ladungsgewicht kann je nach Reederei auch die Einheit TEU gewählt werden.

6.8.2 Eigentümer und Partner

Eigentümer der CO_2-Rechner sind die jeweiligen Reedereien. Die Berechnungsmethode basiert auf den Vorgaben der Clean Cargo Working Group (CCWG) – einer Arbeitsgruppe von knapp 30 Reedereien, Spediteuren und Verladern in den USA. Insgesamt 14 führende Seereedereien darunter Maersk, Hapag Lloyd und Hamburg Süd sind Mitglied dieser Gruppe.

6.8.3 Methoden und Datenquellen

Basis für die Berechnungen ist der durchschnittliche Energieverbrauch je Ladungsgewicht und zurückgelegter Strecke. Dieser wird von jeder Reederei auf Basis der eigenen Flotte ermittelt. Die CCWG-Methode rechnet dabei mit hundertprozentigen Kapazitätsauslastungen (sogenannte nominale Stellplatzkapazität in TEU), was zu geringeren CO_2-Emissionen je Ladungseinheit führt als wenn realistischere Auslastungen angenommen werden.

6.8.4 Qualität und Bedeutung des Berechnungstools

Der Vorteil dieser Tools ist, dass führende Reeder eine einheitliche Berechnungsmethode nutzen und diese mit unternehmensspezifischen Energieverbrauchsdaten hinterlegen. So wird eine gewisse Vergleichbarkeit der Emissionen zwischen den Transportanbietern möglich. Da jedoch die Kapazitätsauslastungen nicht berücksichtigt werden, spiegeln die Daten aber nicht die realen CO_2-Emissionen des Transportes wieder. Diese können auch nicht in wirklichkeitsnahe Emissionen

Elektronische Berechnungstools 6

umgerechnet werden, da keine realen Auslastungsdaten von den Reedereien zur Verfügung gestellt werden. Nachteilig ist auch die sehr schlechte Dokumentation der Methode und Datengrundlage. Keiner der Reeder und auch nicht die CCWG veröffentlichen die Berechnungssystematik. Diese war bisher nur Mitgliedern zugänglich.

Sollte sich eine Mehrzahl der weltweit führenden Reedereien entschließen, CO_2-Emissionen nach der CCWG-Methode zu berechnen, dann könnte sich dies zu einem Standard entwickeln. Voraussetzung hierfür wäre aber auf jeden Fall eine Offenlegung der Berechnungsmethoden. Parallel zu den Reedern erarbeitet derzeit aber auch die International Maritime Organization (IMO) einen „Energy Efficiency Operational Indicator (FEOI)", der pro Schiff die spezifischen CO_2-Emissionen unter Berücksichtigung der Auslastung ausweisen soll. Damit würden realitätsnähere Standardwerte für die Seeschifffahrt zur Verfügung stehen (*siehe Kapitel 4.5.3*).

Internet-Tipp
Reederei OOCL
http://www.oocl.com/eng/aboutoocl/Environmentalcare ooclcarboncalculator

Reederei Hanjin
http://www.hanjin.com/eservice/alps/en/co2/Co2.do

Reederei Hamburg Süd
http://www.hamburg-sued.com/ecommerce-hs/carbonfootprint

Clean Cargo Working Group (CCWG)
http://www.bsr.org/consulting/working-groups/clean-cargo.cfm

6.9 Rechnervergleich

Ausgabewerte der CO_2-Rechner	Entfernung	Tank-to-Wheel		Well-to-Wheel	
	Lt. Rechner	CO_2	CO_2e	CO_2	CO_2e
Lkw-Transport: (40-Tonner, Euro V, Adblue) von Hamburg nach Mailand. Sendungsgewicht 700 kg					
EcoTransIT[1]	1105 km	39,5 kg	40,4 kg	46,1 kg	48,6 kg
NTM Calc	1114 km	44,5 kg	–	–	–
Map&Guide[1]	1112 km	45,5 kg	–	–	–
CO_2Tec	1111 km	41,4 kg	–	–	–
Bahn-Transport: (Elektrozug) von Hamburg nach Mailand. Sendungsgewicht 700 kg					
EcoTransIT[1]	1105 km	0 kg	0 kg	10,9 kg	11,8 kg
NTM Calc	1105 km	0 kg	–	–	–
Luftfracht: (Belly) von Hamburg nach Mailand. Sendungsgewicht 700 kg					
EcoTransIT[2]	1000 km	734 kg	741 kg	840 kg	858 kg
NTM Calc	900,6 km	543 kg	–	–	–
SAS[2]	911 km	843 kg	–	–	–
Seefracht: (Container) von Hamburg nach Shanghai, 1 TEU					
EcoTransIT[3]	19.995 km	2,85 t	2,88 t	3,20 t	3,27 t
EcoTransIT[4]	19.995 km	1,91 t	1,93 t	2,15 t	2,20 t
NTM Calc[5]	20.000 km	2,23 t	–	–	–
OOCL	20.755 km	1,52 t	–	–	–
Hanjin[5]	21.520 km	1,50 t	–	–	–
Hamburg Süd[6]	25.922 km	2,28 t	–	–	–

[1] Leerfahrtenanteil: 0 %, 60 % Kapazitätsauslastung
[2] Boeing 747-400
[3] Beladungsgrad 67 %
[4] Beladungsgrad 100 %
[5] 10,5 t Ladungsgewicht pro TEU
[6] Umladung in Lázaro Cárdenas / Mexiko

Tab. 6.9-1: Vergleich der CO_2-Rechner anhand einer Beispielrechnung für unterschiedliche Transporte [eigene Berechnungen]

Literaturverzeichnis

[AG Energiebilanzen 2011] Arbeitsgemeinschaft Energiebilanzen (AG Energiebilanzen): Heizwerte der Energieträger und Faktoren für die Umrechnung von spezifischen Mengeneinheiten in Wärmeeinheiten zur Energiebilanz 2000–2009. Berlin 2011.

[Airbus 2009] Airbus Global Market Forecast 2007–2026. Blagnac Cedex 2009.

[Atmosfair 2009] Atmosfair (Hrsg.): Der Emissionsrechner. Methodischer Grundlagenbericht. Berlin 2009.

[Bäckström 2003] Bäckström, S.: Beschreibung der vorgeschlagenen NTM-Methode und Kommentierung des EcoTransIT-Vorschlags. Persönliche Mitteilung vom Februar 2003, zitiert in: IFEU et al.: EcoTransIT - Ecological Transport Information Tool for Worldwide Transports. Heidelberg, Berlin, Hannover 2010.

[BDB 2011] Bundesverband der Deutschen Binnenschiffahrt e.V. (BDB): Geschäftsbericht des BDB 2010/2011. Duisburg 2011.

[BMU et al. 2009] Bundesministerium für Umwelt, Naturschutz und Reaktorsicherheit (BMU), Umweltbundesamt (UBA), Öko-Institut: Memorandum Product Carbon Footprint. Positionen zur Erfassung und Kommunikation des Product Carbon Footprint für die internationale Standardisierung und Harmonisierung. Berlin 2009.

[BMVBS 2009] Bundesministerium für Verkehr, Bau und Stadtentwicklung (BMVBS): Bekanntmachung der Regeln für Energieverbrauchskennwerte und der Vergleichswerte im Nichtwohngebäudebestand. Berlin 2009.

[Boeing 2009] Boeing (Hrsg.): 747F Family Performance Summary / 747-8F carries 20 Tonnes more Payload. Chicago 2009.

[Borken et al. 1999] Borken, J., Patyk, A., Reinhardt, Guido A., IFEU: Basisdaten für ökologische Bilanzierungen – Einsatz von Nutzfahrzeugen in Transport, Landwirtschaft und Bergbau. Braunschweig, Wiesbaden 1999.

[BSR 2011] Business for Social Responsibility (BSR): Beyond the Factory Gates: How Brands Improve Supply Chain Sustainability Through Shipping and Logistics Clean Cargo Working Group Tools for Measuring and Reducing Environmental Impacts, 2011.

[Climate Service Center 2010] Climate Service Center (www.climate-service-center.de), Hamburg 2010, Abruf August 2010.

[Contargo 2011] Krieger, V. (Contargo GmbH & Co. KG): Dieselverbrauch Binnenschiffe der Contargo-Binnenschiffsflotte. Persönliche Mitteilung vom 15.8.2011.

[DB 2009] Deutsche Bahn AG: Nachhaltigkeitsbericht 2009. Berlin 2009.

[DB Schenker 2011] DB Schenker: Taking responsibility. Providing solutions. Environmental Brochure 2011. Berlin 2011.

[DEFRA 2008] Department for Environment, Food and Rural Affairs (DEFRA): 2008 Guidelines to Defra's GHG Conversion Factors: Methodology Paper for Transport Emission Factors. London 2011.

[Deutsche Post DHL 2010] Deutsche Post DHL: Changing ways. Sustainability Report 2009. Bonn 2010.

[DLR 2000] Deutschen Zentrum für Luft- und Raumfahrt (DLR): Datenbanken mit Emissionsprofilen von zivilen Jets, erstellt im Rahmen der Studie ‚TÜV-Rheinland / DIW / Wuppertal Institut für Umwelt, Klima, Energie: Maßnahmen zur verursacherbezogenen Schadstoffreduzierung des zivilen Flugverkehrs', F&E-Vorhaben 105 06 085 im Auftrag des Umweltbundesamtes. Köln 2000 (unveröffentlicht).

[DSLV 2011] Deutscher Speditions- und Logistikverband (DSLV) (Hrsg.): Leitfaden „Berechnung von Treibhausgasemissionen in Spedition und Logistik", bearbeitet von Öko-Institut und IFEU-Institut. Bonn, 2011.

[Ecoinvent 2010] Swiss Centre for Life Cycle Inventories (Hrsg.): EcoInvent. Ökobilanzdatenbank, Version 2.2 2009.

[EMEP-EEA 2010] EEA (European Environment Agency): EMEP/EEA Air Pollutant Emission Inventory Guidebook 2009 – Civil and Military Aviation (früher: EMEP/CORINAIR Emission Inventory Guidebook). Kopenhagen 2010.

[EPS 2004] Railway Association of Canada and Environment Canada: Locomotive Emissions Monitoring Program 2003; Environmental protection series: EPS 2/TS/17. Ottawa 2004.

Literaturverzeichnis

[EU-Richtlinien 2009/30/EG] Richtlinie 2009/30/EG des Europäischen Parlaments und des Rates vom 23. April 2009 zur Änderung der Richtlinie 98/70/EG im Hinblick auf die Spezifikationen für Otto-, Diesel- und Gasölkraftstoffe und die Einführung eines Systems zur Überwachung und Verringerung der Treibhausgasemissionen sowie zur Änderung der Richtlinie 1999/32/EG des Rates im Hinblick auf die Spezifikationen für von Binnenschiffen gebrauchte Kraftstoffe und zur Aufhebung der Richtlinie 93/12/EWG. Amtsblatt der Europäischen Union L140/88, 5.6.2009.

[GEMIS 4.7] Öko-Institut (Hrsg.): GEMIS 4.7 – Gesamt-Emissions-Modell Integrierter Systeme. EDV-Modell. Darmstadt/Berlin, 2011 (derzeit noch nicht veröffentlicht).

[Graßl et al. 2007] Graßl, H., Brockhagen, D.: Climate forcing of aviation emissions in high altitudes and comparison of metrics. An update according to the Fourth Assessment Report, IPCC 2007. Hamburg 2007.

[Günther 2011] Günther, M.: Systemwahl nur nach DIN V 18599? Vergleich von Industriehallenheizsystemen. UPONOR Kongress 2011. Arlberg 2011.

[Haberl 2005] Haberl, A.: Erhöhung der Containertragfähigkeit durch Absenkung des Doppelbodens bei großen Containerschiffen. Diplomarbeit an der TU-Hamburg-Harburg. Hamburg 2005.

[Havers 2008] Havers, K.: Die Rolle der Luftfracht bei Lebensmitteltransporten. Aktuelle Entwicklungen in Deutschland und deren ökologische Folgen. Magisterarbeit an der Humboldt-Universität zu Berlin. Berlin 2008.

[HBEFA 3.1] INFRAS AG u. a.: Handbuch Emissionsfaktoren des Straßenverkehrs (HBEFA), Version 3.1, im Auftrag der Umweltbundesämter von Deutschland, der Schweiz und Österreich sowie weiterer Länder. Bern 2011.

[Hünecke 2008] Hünecke, K.: Die Technik des modernen Verkehrsflugzeuges. Stuttgart 2008.

[ICAO 2008] International Civil Aviation Organization (ICAO): ICAO Carbon Emissions Calculator. Montreal 2008.

[IFANE 2010] Institut für alternative und nachhaltige Ernährung (IFANE): Flugimporte von Lebensmitteln und Blumen nach Deutschland. Eine Untersuchung im Auftrag der Verbraucherzentralen. Gießen 2010.

[IFEU 1996] Institut für Umwelt- und Energieforschung (IFEU): Verkehrsleistung und Luftschadstoffemissionen des Personenflugverkehrs in Deutschland von 1980 bis 2010. F&E-Vorhaben 105 06 085 im Auftrag des Umweltbundesamtes. Heidelberg 1996.

[IFEU 2008] Institut für Umwelt- und Energieforschung (IFEU) in Kooperation mit Insitute of Comprehensive Transportation of National Development and Reform Commission of China (ICT): Transport in China: Energy Consumption and Emissions of Different Transport Modes. Gutachten im Auftrag der KfW Entwicklungsbank. Heidelberg 2008.

[IFEU 2010] Knörr, W., unter Mitarbeit von F. Kutzner, U. Lambrecht, A. Schacht: Fortschreibung und Erweiterung „Daten- und Rechenmodell: Energieverbrauch und Schadstoffemissionen des motorisierten Verkehrs in Deutschland 1960–2030" (TREMOD, Version 5). Heidelberg 2010.

[IFEU et al. 2010] IFEU – Institut für Energie- und Umweltforschung Heidelberg, Öko-Institut, IVE / RMCON: EcoTrasnIT - Ecological Transport Information Tool for Worldwide Transports. Methodology and Data. Im Auftrag von DB Schenker Germany und International Union of Railways. Heidelberg, Berlin, Hannover 2010.

[IFEU/Öko-Institut 2011] Institut für Umwelt- und Energieforschung (IFEU); Öko-Institut: Implementierung eines eigenständigen Moduls zur Berechnung des Flugverkehrs in das bestehende TREMOD-System. F&E-Vorhaben im Auftrag des Umweltbundesamtes. Berlin, Hannover 2011.

[Ilgmann 1998] Ilgmann, G.: Gewinner und Verlierer einer CO2-Steuer im Güter- und Personenverkehr. Ottobrunn 1998.

[IMO 2009] International Maritime Organization (IMO) (Hrsg.): Second IMO GHG Study 2009, bearbeitet von Buhaug, Ø., Corbett, J.J., Endresen, Ø., Eyring, V., Faber, J., Hanayama, S., Lee, D.S., Lee, D., Lindstad, H., Markowska, A.Z., Mjelde, A., Nelissen, D., Nilsen, J., Pålsson, C., Winebrake, J.J., Wu, W., Yoshida, K. London 2009.

[IPCC 1999] Intergovernmental Panel on Climate Change (IPCC): Aviation and the Global Atmosphere. A Special Report of IPCC Working Groups I and III in collaboration with the Scientific Assessment Panel to the Montreal Protocol on Substances that Deplete the Ozone Layer. Cambridge 1999.

[IPCC 2007] Intergovernmental panel on climate change (IPCC): Fourth Assessment Report: Climate Change 2007, Chapter 2: Changes in Atmospheric Constituents and in Radiative Forcing. 2007.

Literaturverzeichnis

[IPCC 2007a] IPCC Fourth Assessment Report: Climate Change 2007, Mitigation of Climate Change, Seite 328.

[IPCC Assessment Report 2007] IPCC Fourth Assessment Report: Climate Change 2007, The Physical Science Basis, Seite 135.

[ITP 2007] Intraplan Consult München (ITP): Prognose der deutschlandweiten Verkehrsverflechtungen 2025, München 2007.

[Jahn 2010] Jahn, D.: Energieeffizienz in der Intralogistik. Präsentation auf dem LogiMAT Forum „Green Logistics" am 4.3.2010 in Stuttgart.

[Lang 2007] Lang, G.: Passagierflugzeuge – Das aktuelle Typenbuch. München 2007.

[Lufthansa 2010] Deutsche Lufthansa AG (Hrsg.): Geschäftsbericht 2009. Frankfurt/M. 2010.

[Lufthansa Cargo 2007] Lufthansa Cargo (Hrsg.): Fleet and Unit Load Device Brochure. Frankfurt/M. 2007.

[MergeGlobal 2006] MergeGLOBAL: Steady climb - MergeGlobal forecasts accelerating intercontinental air freight demand growth through 2010, in: American Shipper, Nr 8/2006, S. 64-87.

[Monitoring Leitlinie 2008–2012] Monitoring Leitlinie 2008–2012, EU-Kommission, 2007/589/EG vom 18. Juli 2007.

[Monitoring Leitlinien für den Luftverkehr 2009] Monitoring Leitlinien für den Luftverkehr, EU-Kommission, 2009/339/EG vom 16. April 2009.

[NTM 2010] NTM-CO2-Internetrechner (www.ntmcalc.se), Abruf Februar 2011.

[Öko-Institut 2000] Öko-Institut: Ökologischer Break-Even-Point einer Wasseraufbereitung für ein Flugzeug des Typs Airbus A 340. Endbericht im Auftrag der AOA Apparatebau Gauting GmbH. Berlin: 2000

[Öko-Institut 2009] Fritsche, U., Rausch, L. et al.: GEMIS 4.6 – Gesamt-Emissions-Modell Integrierter Systeme. Umwelt- und Kostenanalyse von Energie-, Transport- und Stoffsystemen. Darmstadt, Berlin 2009 (EDV-Modell kostenfrei abrufbar über www.gemis.de).

[Öko-Institut 2010] Öko-Institut: Treibhausgasbilanz für ausgewählte Transporte der Havelländischen Eisenbahn (hvle). Kurzstudie. Berlin 2010.

[Öko-Institut et al. 2009] Seebach, D. (Öko-Institut), Pehnt, M. (IFEU – Institut für Energie- und Umweltforschung Heidelberg), Irrek, W. (Wuppertal Institut für Klima, Umwelt, Energie), Seifried, D. (Büro Ö-Quadrat): Umweltnutzen von Ökostrom: Vorschlag zur Berücksichtigung in Klimaschutzkonzepten. Diskussionspapier. Freiburg, Heidelberg, Wuppertal 2009.

[Öko-Institut et al. 2009a] Öko-Institut, Lehrstuhl für Verkehrssysteme und -logistik der Technischen Universität Dortmund, Deutsche Post DHL: Maßnahmen zur Minderung der Treibhausgasemissionen stationärer und mobiler Prozesse in Logistikunternehmen am Beispiel Deutsche Post DHL (StaMoLo). Endbericht zum BMBF-Forschungsprojekt. Berlin, Dortmund, Bonn 2009.

[PBL 2010] Netherlands Environmental Assessment Agency (PBL): No growth in total global CO2 emissions in 2009. June 2010, Seite 6.

[PIANO 2008] Pianox: Aircraft Emissions and Performance User's Guide. Woodhouse Eaves 2008.

[PLANCO 2007] Planco Consulting in Zusammenarbeit mit Bundesanstalt für Gewässerkunde: Verkehrswirtschaftlicher und ökologischer Vergleich der Verkehrsträger Straße, Schiene und Wasserstraße. Schlussbericht im Auftrag der Wasser- und Schifffahrtsverwaltung des Bundes. Essen, Koblenz 2007.

[prEN 16258:2011] CEN-Normentwurf prEN 16258:2011 „Methode zur Berechnung und Deklaration von Energieverbrauch und Treibhausgasemissionen von Transportdienstleistungen". Berlin 2011.

[Progtrans 2010] Progtrans AG: World Transport Reports Edition 2010/2011. Basel 2010.

[REWE 2009] REWE Markt GmbH, Pressmitteilungen des Unternehmens. April 2009.

[Schmied 2010] Schmied, M., Öko-Institut, Berlin: Vortrag auf VerkehrsRundschau-Konferenz „CO2-Messung in der Logistik", Dezember 2010 in Düsseldorf.

[Stern Report 2006] Stern, Nicholas: Bericht des ehemaligen Weltbank-Chefökonomen und Leiters des volkswirtschaftlichen Dienstes der britischen Regierung vom 30. Oktober 2006.

Literaturverzeichnis

[Tesco 2009] Tesco Inc, Pressmitteilungen des Unternehmens. Mai 2009

[TREMOD 2011] TREMOD-Endbericht „Daten- und Rechenmodell: Energieverbrauch und Schadstoffemissionen des motorisierten Verkehrs in Deutschland 1960–2030" (TREMOD, Version 5); IFEU Heidelberg: Aktualisierung der Werte durch IFEU Heidelberg im August 2011, Seite 30 (bis nicht veröffentlicht).

[TT Lines 2009] TT Lines: Werte für Energieverbrauch, Kapazitäten und Auslastungen. Persönliche Mitteilung 2009, zitiert in: IFEU et al.: EcoTransIT – Ecological Transport Information Tool for Worldwide Transports. Heidelberg, Berlin, Hannover 2010.

[TU Graz/Rexeis 2010] Rexeis, Martin, Technische Universität Graz: Vortrag auf VerkehrsRundschau-Konferenz „CO_2-Messung in der Logistik", Dezember 2010 in Düsseldorf.

[UBA 2010] Informationen des Umweltbundesamtes (www.umweltbundesamt.de), Abruf Oktober 2010.

[UBA/TREMOD 2010] Umweltbundesamt (Hrsg.): CO_2-Emissionsminderung im Verkehr in Deutschland Mögliche Maßnahmen und ihre Minderungspotenziale, Sachstandsbericht des Umweltbundesamtes 5/2010, Seite 68.

[UBA 2011] Informationen des Umweltbundesamtes (www.umweltbundesamt.de und www.anpassung.net), Abruf Juni 2011.

[UNFCCC 2009] United Nations Framework Convention on Climate Change (UNFCCC): Daten zum internationalen Verkehr (www.unfccc.int), Abruf Oktober 2010.

[UNFCCC 2009/Nationaler Inventurbericht 2009] United Nations Framework Convention on Climate Change (UNFCCC) Nationaler Inventurbericht 2009, Deutschland

[UNFCCC 2010] United Nations Framework Convention on Climate Change (UNFCCC), Länderdatenbank im Internet: www. www.unfccc.org; Abruf: Oktober 2010

[USDOT 2011] U.S. Department of Transportation (USDOT) – Bureau of Transportation Statistics: National Transportation Statistics 2011. Washington: 2011

[VBD 2004] Versuchsanstalt für Binnenschiffbau Duisburg (VBD), Europäisches Entwicklungszentrum für Binnen- und Küstenschifffahrt: Technische und wirtschaftliche Konzepte für flußangepaßte Binnenschiffe. Im Auftrag des Bundesministers für Verkehr, Bau- und Wohnungswesen. Duisburg: 2004

[VCI 2010] Verband der Chemischen Industrie (VCI), „VCI-Leitfaden zur Ermittlung der CO_2-Emissionen in der Logistik der chemischen Industrie" 2010,

[VDKL 2009] Verband Deutscher Kühlhäuser und Kühllogistikunternehmen (Hrsg.): Leitfaden für eine Verbesserung der Energieeffizienz in Kühlhäusern. Bonn, 2009

[VerkehrsRundschau 2011] VerkehrsRundschau (Hrsg.): Jährlich erscheinende Verbrauchstabelle für LKW-Transporte 2011. München 2011.

[VerkehrsRundschau 2011a] VerkehrsRundschau (Hrsg.): Energieverbrauchstabelle für Kühltransporte. München 2011 (bisher nicht erschienen).

[VerkehrsRundschau/Grünig 2011] Vortrag von Gerhard Grünig, Fahrzeugtester der VerkehrsRundschau-Redaktion, VerkehrsRundschau-Fachkonferenz „LKW und Fuhrpark – Einkauf, Betrieb und Verwertung", Düsseldorf 2011.

[WBCSD/WRI 2004] World Business Council for Sustainable Development (WBCSD) / World Resources Institute (WRI) (Hrsg.): A Corporate Accounting and Reporting Standard. Revised Edition, 2004.

[Weilhart 2010] Weilhart, M.: Leitfaden als Hilfestellung, in: KKA Kälte Klima Aktuell – Ausgabe Großkälte 2010. Gütersloh 2010.

[WESKA 2011] Verein für europäische Binnenschifffahrt und Wasserstraßen e.V. (Hrsg.): WESKA 2011 – Europäischer Schifffahrts- und Hafenkalender. Duisburg 2011.

[WSV 2011] Wasser- und Schifffahrtsverwaltung des Bundes (WSV): Veränderungen des Schiffsbestandes der deutschen Binnenflotte im Jahr 2010: Zentrale Binnenschiffsbestandsdatei. Mainz 2011.

[Zadek 2011] Zadek, H.: Nachhaltigkeit von Logistikzentren: Emissionsbewertung – Ressourcenschonung – Energieeffizienz. LOGISTIK HEUTE - Forum auf der CeMAT 2011, Forum: Green Warehousing. Präsentation am 5.5.2011 in Hannover.